ÉTUDES ET ESSAIS SUR LA RENAISSANCE
sous la direction de Mireille Huchon
87

Grammaire du français de la Renaissance

Sabine Lardon et
Marie-Claire Thomine

Grammaire du français de la Renaissance

Étude morphosyntaxique

PARIS
ÉDITIONS CLASSIQUES GARNIER
2009

ISBN : 978-2-8124-0093-3

Sabine Lardon est Maître de Conférences à l'Université de Savoie, où elle enseigne la langue et la littérature de la Renaissance.

Marie-Claire Thomine est Maître de Conférences à l'Université de Paris-Sorbonne.

AVANT-PROPOS

Cet ouvrage s'adresse à tous ceux qui pratiquent, étudient ou enseignent la langue de la Renaissance. Notre but est de proposer une introduction à la langue française du XVIe siècle, dont une étude d'ensemble reste à faire. Ce travail, qui nécessiterait le dépouillement systématique d'un vaste *corpus*, pourrait être l'œuvre d'une équipe et nous souhaitons qu'il puisse un jour être réalisé.

Les grandes notions morphosyntaxiques retenues ont été replacées dans une perspective historique afin de donner une vision de l'évolution de la langue. Pour cela, nous avons mis à profit les différentes études existant sur la langue du moyen âge, du moyen français, de la Renaissance ou de l'âge classique en incluant les travaux les plus récents. Toutes nos sources sont données entre parenthèses, les références renvoyant aux ouvrages signalés en bibliographie (section I). La base Frantext nous a fourni des exemples sur un *corpus* de 152 textes défini entre les dates 1500 et 1599. Sont également rappelées à chaque fois que leurs analyses diffèrent des nôtres, les positions de quelques-uns des principaux grammairiens du XVIe siècle : Palsgrave, Sylvius, Meigret, R. Estienne et Ramus, dont l'étude est un complément souvent indispensable pour aborder la langue de la Renaissance à travers les notions grammaticales qui étaient réellement les siennes. En revanche, nous avons choisi de ne pas traiter, en raison de leur ampleur, les problèmes ortho-typographiques, que nous réservons pour une étude ultérieure.

Nous dédions cet ouvrage à Mireille Huchon, qui nous a donné le goût de la langue de la Renaissance et dont l'enseignement nous a guidées pour la réalisation de ce travail. Qu'elle soit chaleureusement remerciée pour sa relecture attentive et ses précieux conseils, ainsi qu'Olivier Bertrand, Nadia Cernogora, Benjamin Fagard, Thérèse Le Flanchec, Jean Lecointe et Véronique Montagne. Nous remercions enfin tout particulièrement Claude Blum, pour son soutien et son indéfectible patience à notre égard.

AVERTISSEMENT

Les études dont nous précisons seulement l'auteur, la date et les pages renvoient aux ouvrages de référence présentés dans la bibliographie.

La mention « *op. cit.* » (« art. cit. » pour les articles) renvoie aux « compléments bibliographiques » donnés en tête de chapitre.

Les références de l'étude de Louis Terreaux : *Ronsard, correcteur de ses œuvres. Les variantes des « Odes » et des deux premiers livres des « Amours »*, Genève, Droz, 1968, renvoient à l'édition Laumonier et non à l'édition de « La Pléiade » que nous utilisons pour nos propres citations.

Les références aux différents livres de Rabelais sont indiquées par les abréviations suivantes : PA, *Pantagruel* ; GA, *Gargantua* ; TL, *Tiers Livre* ; QL, *Quart Livre* ; CL : *Cinquiesme Livre* ; PP : *Pantagrueline Prognostication*.

Pour deux des œuvres nous fournissant des exemples, nous indiquons les couches du texte : c'est le cas des *Essais* de Montaigne (où nous reprenons le classement selon les couches A, B et C, proposé par Pierre Villey) et de *L'Institution de la religion chrétienne* de Calvin. Pour cette dernière, nous avons pris pour texte de base l'édition de 1560 et précisons, pour chaque passage, la date de première publication, d'après les indications de l'éditeur Jean-Daniel Benoît ; lorsque l'extrait convoqué figure dès la première édition française de 1541, nous donnons également les références dans l'édition d'Olivier Millet.

Par commodité, nous utilisons les abréviations usuelles : AF pour « ancien français » ; MF pour « moyen français » ; FM pour « français moderne ».

PRÉSENTATION DES GRAMMAIRES DU XVIE SIÈCLE UTILISÉES

Complément bibliographique : Colombat, B., Lazcano, E., *Corpus représentatif des grammaires et des traditions linguistiques*, Paris, Société d'Histoire et d'Épistémologie des Sciences du Langage (SHESL), 1998 (t. 1), 2000 (t. 2) - numéros spéciaux de la revue : *Histoire, Epistémologie, langage,* H. S. n° 2, 1998 et n° 3, 2000. Mise en ligne : htpp://ctlf.ens-lsh.fr.

Nous avons retenu quelques-unes des grammaires les plus célèbres de l'époque. Ponctuellement, nous évoquons, en outre, les études d'Etienne Dolet, de Peletier du Mans ou de Henri Estienne mentionnées dans la bibliographie.

PRÉSENTATION DU *CORPUS*

John Palsgrave, *L'éclaircissement de la langue française (1530),* Paris, Champion, 2003. Fac-similé avec traduction et notes par Susan Baddeley.

Cet ouvrage, rédigé en anglais, est destiné à présenter la langue française à la noblesse anglaise. De ce fait, Palsgrave est peu dépendant de la logique de la langue latine qui n'influe sur son étude que de manière ponctuelle (par exemple dans la terminologie qu'il utilise pour désigner les différentes fonctions syntaxiques : nominatif, accusatif, etc.). Il compare en revanche la langue française à la langue anglaise. Ce point de vue particulier lui permet de se distinguer, de manière souvent remarquable, des grammairiens français qui suivront.

Le livre se présente en trois parties. Le livre I est consacré à la prononciation. Le livre II aborde la partie grammaticale en présentant les neuf parties du discours (qui sont : l'article, le nom, le pronom, le verbe, le participe, l'adverbe, la préposition, la conjonction et l'interjection) et leurs accidents respectifs, sur lesquels le livre III apporte des compléments sous forme d'annotations.

Palsgrave exploite un *corpus* d'auteurs qui témoigne souvent d'un état de langue antérieur au XVIe siècle. Susan Baddeley signale en effet en note (p. 32, n. 3) que Palsgrave cite le plus souvent le *Roman de la Rose* de Jean de Meung (fin XIIIe siècle), Alain

Chartier (début du XVe siècle) et deux de ses contemporains : Jean Lemaire de Belges et Octovien de Saint Gelais.

Jacques Dubois (dit Sylvius), *In linguam gallicam Isagœge, unà cum ejusdem Grammatica latinogallica, ex Hebrœis, grœcis, & Latinis authoribus*, Paris, Robert Estienne, 1531. *Introduction à la langue française suivie d'une grammaire (1531)*, Paris, Champion, 1998. Fac-similé de l'édition originale accompagné d'une traduction et de notes par Colette Demaizière.

Jacobus Sylvius est le nom latin sous lequel Jacques Dubois a publié son œuvre. *L'Introduction à la langue française inspirée des écrivains hébreux, grecs, et latins* de Sylvius est une étude, rédigée en latin, consacrée aux lettres et qui donne lieu à une réforme orthographique dont Sylvius présente la synthèse en exergue : « Caractères nouveaux et divers de lettres et de signes dont il nous a fallu user pour une représentation plus parfaite des sons français » (p. 203).

Egalement rédigée en latin, la grammaire latino-française qui suit étudie les huit parties françaises du discours (nom, pronom, verbe, adverbe, participe, conjonction, préposition et interjection) selon leurs accidents respectifs. Comme son titre l'indique, l'étude procède systématiquement par rapprochement avec les langues latine, grecque ou hébraïque, l'attention du grammairien se portant tout particulièrement sur l'étymologie. Cette démarche amène parfois certaines incohérences, comme lorsque Sylvius distingue un infinitif futur d'après le tour latin *amatum ire*, mais rendu en français par *g'aimerai*. Pour les adverbes, les prépositions et les conjonctions, Sylvius procède par liste, en donnant les équivalents français des termes latins. Certaines formes grammaticales citées témoignent de l'origine picarde du grammairien. Succincte, la grammaire de Sylvius fait, entre autres, l'économie des définitions. L'auteur s'en justifie au tout début de l'ouvrage (p. 90 / 305), en expliquant que la définition des différentes parties du discours est déjà connue d'après les grammairiens latins.

Louis Meigret, *Le tretté de la grammere françoeze*, Paris, Chrestien Wechel, 1550. Genève, Slatkine Reprints, 1972.

Rédigé en français, le traité de Meigret a été publié dans l'orthographe réformée de l'auteur, laquelle se calque sur la prononciation suivant le principe d'équivalence un signe = un son.

La numérotation des chapitres laisse entrevoir des subdivisions. La première réunit les chapitres sur la langue. Le chapitre 6, « du langage ou oraison », présente les huit parties du discours « outre les articles » : le nom, le pronom, le verbe, le participe, la préposition, l'adverbe, la conjonction et l'interjection. Ce sont ces parties et leurs accidents que vont détailler les subdivisions suivantes. Très dense, la grammaire de Louis Meigret présente de longs développements sans alinéa (l'édition en orthographe modernisée de Franz Josef Hausmann tente judicieusement de remédier à cette difficulté en présentant le texte sous forme de paragraphes numérotés, ce qui en allège relativement la lecture). Si elle est donc difficile d'accès pour le lecteur moderne, elle est cependant très riche et Estienne comme Ramus emprunteront à Meigret ses analyses et ses exemples.

Robert Estienne, *Traicté de la grammaire Francoise*, chez Robert Estienne, 1557. Genève, Slatkine Reprints, 1972.

Remarquablement claire, la grammaire de Robert Estienne suit une démarche rigoureuse et systématique, encore empreinte du modèle latin dans sa tentative de trouver en français l'équivalent des cas latins. Robert Estienne commence par une présentation générale de la langue française et de son alphabet (p. 5-13). Il présente ensuite chacune des neuf parties du discours (nom, article, pronom, verbe, participe, adverbe, conjonction, préposition et interjection) dont il donne à chaque fois une définition avant d'en étudier les accidents.

Pierre La Ramée, dit Ramus, *Gramere*, Paris, André Wechel, 1562 ; *Grammaire*, Paris, André Wechel, 1572. Genève, Slatkine Reprints, 1972.

Ramus donne une première édition de sa *Gramere*, écrite en orthographe réformée, en 1562, puis une édition revue et augmentée en 1572, présentée sur deux colonnes (l'une en orthographe conservatrice, l'autre en orthographe ramiste) à partir du chapitre 8 (c'est-à-dire en excluant les chapitres consacrés à la présentation du système d'écriture).

Si Ramus s'inspire de Meigret auquel il emprunte de nombreux développements et exemples, il s'affranchit également de son modèle en adoptant des positions originales sur plusieurs points, en ne parlant plus des accidents des différentes parties du discours et en adoptant une structure particulière. Le développement se présente ainsi sous la forme d'un dialogue entre le disciple et son précepteur, identifiés respectivement par les initiales D et P au fil du texte. Les interventions du disciple servent essentiellement à lancer le sujet de chaque chapitre. Le propos est organisé en deux parties, l'une consacrée à l'étymologie et l'autre à la syntaxe, que le précepteur définit comme étant « la seconde partie de Grammaire qui enseigne le bâtiment des mots entre eux par leur propriété, et est presque seulement en convenance et mutuelle communion des propriétés » (1562, p. 77). A noter qu'en 1562, un chapitre intitulé « syntaxe » (p. 76-78) marque indistinctement encore le début de cette seconde partie qui est mieux détachée dans la grammaire de 1572, organisée en deux livres (syntaxe, p. 124). Cette construction binaire de la grammaire ramiste en complique certes l'usage, puisqu'il faut chercher à plusieurs endroits les éléments relatifs à une même forme grammaticale, mais elle fait également son originalité et son intérêt.

PRINCIPES DE CITATION

Nous citons les textes de Palsgrave et de Sylvius d'après les traductions françaises établies respectivement par Susan Baddeley et Colette Demaizière.

Nous indiquons à chaque fois la pagination du fac-similé et de la traduction.

Pour le texte de Palsgrave, nous introduisons, dans les exemples, l'emploi de l'apostrophe et des accents afin d'en faciliter la lecture et nous identifions par les abréviations L2 et L3 les livres de sa grammaire (présentation des parties du discours et annotations).

Afin d'en faciliter la lecture, les citations de Meigret et de Ramus sont transcrites en orthographe modernisée, en conservant la ponctuation originale.

Pour Ramus, nous distinguons par les chiffres romains I et II, les deux parties de ses grammaires (présentation des parties du discours et syntaxe).

Pour Robert Estienne enfin, nous nous basons sur le *reprint* de l'édition originale en nous contentant d'introduire les modifications d'usage : distinction *i*/*j*, *u*/*v* ; accentuation des finales ; emploi de l'apostrophe, distinction des homonymes (*à*/*a*, *où*/*ou*).

BIBLIOGRAPHIE

Les ouvrages généraux que nous évoquons dans notre étude sont identifiés par le nom de l'auteur et la date d'édition. Pour leur référence complète, se reporter à la présente bibliographie (I, 2).

Un petit nombre d'ouvrages sont identifiés à l'aide de leur abréviation usuelle. Il s'agit de :

HLF : Brunot, *Histoire de la Langue française* (*infra* I, 2).

GLLF : *Grand Larousse de la langue française* (*infra* I, 2, Bonnard).

TLF : *Trésor de la langue française* (*infra* I, 3).

FEW : Walther von Wartburg, *Französisches Etymologisches Wörterbuch* (*infra* I, 3).

I – ÉTUDES GRAMMATICALES

1) GRAMMAIRES ANCIENNES

Dolet, Etienne, *La Maniere de bien traduire d'une langue en aultre. D'advantage De la punctuation de la langue francoyse. Plus. Des accents d'ycelle*, Lyon, Etienne Dolet, 1540 ; Genève, Slatkine Reprints, 1972.

Dubois, Jacques (dit Sylvius), *Introduction à la langue française suivie d'une grammaire (1531)*, Paris, Champion, 1998. Fac-similé de l'édition originale accompagné d'une traduction et de notes par C. Demaizière.

Estienne, Henri, *Conformité du langage français avec le grec*, Genève, Slatkine Reprints, 1970. Rééd. de Paris, 1853.

Estienne, Henri, *Deux Dialogues du nouveau langage français italianizé*, Paris, A. Lemerre, 1885, 2 vol.

Estienne, Henri, *La Precellence du langage français*, Paris, J. Delalain, 1850.

Estienne, Robert, *Traicté de la grammaire francoise*, chez

Robert Estienne, 1557, suivi par : *Les Declinaisons des noms et verbes* (1546), *De Gallica verborum declinatione* (1540), *La maniere de tourner en langue francoise les verbes actifz, passifz, gerundifz, supins et participes* (1532), *La maniere de tourner touts especes de noms latins, en nostre langue francoyse* (1540), *Les mots francois selon lordre des lettres* (1544). Genève, Slatkine Reprints, 1972.

Estienne, Robert, *Traicté de grammaire francoise (1557)*, éd. C. Demaizière, Paris, Champion, 2003.

La Ramée, Pierre de (dit Ramus), *Gramere*, Paris, André Wechel, 1562 ; *Grammaire*, Paris, André Wechel, 1572. Genève, Slatkine Reprints, 1972.

La Ramée, Pierre de (dit Ramus), *Grammaire*, éd. C. Demaizière, Paris, Champion, 2001. Texte de 1572.

Meigret, Louis, *Le tretté de la grammere francoeze*, Paris, Chrestien Wechel, 1550. Genève, Slatkine Reprints, 1972. *Le Traité de la Grammaire française (1550),* Gunter Narr Verlag Tübingen, 1980. Edition annotée en orthographe modernisée par F. J. Hausmann.

Palsgrave, John, *L'éclaircissement de la langue française (1530),* Paris, Champion, 2003. Fac-similé de l'édition originale avec traduction et notes par S. Baddeley.

Peletier Du Mans, Jacques, *Dialogue de l'Ortografe et Prononciacion Françoese* (1555), Genève, Droz, 1966.

Vaugelas, F. C. de, *Remarques sur la langue françoise (1647)*, fac-similé de l'édition originale ; éd. J. Streicher, Genève, Slatkine Reprints, 1970 (rééd. 2000).

Vaugelas, F. C. de, *Nouvelles remarques sur la langue françoise*, ouvrage posthume, 1690, Genève, Slatkine Reprints, 1972.

2) ÉTUDES GÉNÉRALES RÉCENTES

Arrivé, M., Chevalier, J.-C., *La Grammaire*, Paris, Klincksieck, 1975, chapitre I, « Première époque : 1530-1660 ».

Arrivé, M., Gadet, F., Galmiche, M., *La Grammaire d'aujourd'hui, guide alphabétique de linguistique française*, Paris, Flammarion, 1986.

Aslanides, S., *Grammaire du français*, Unichamp-Essentiel, Paris, Champion, 2001.

Benoist, A., *De la syntaxe française entre Palsgrave et Vaugelas*, Paris, E. Thorin, 1877.

Bonnard, H., fiches de grammaire du *Grand Larousse de la langue française*, 1981-1989.

Brunot, F., Bruneau, C., *Précis de grammaire historique de la langue française*, Paris, Masson, 1969.

Brunot, F., *Histoire de la langue française*, Paris, A. Colin, 1966-1967.

Buridant, C., *Grammaire nouvelle de l'ancien français*, SEDES, 2000.

Calas, F., Rossi, N., *Questions de grammaire pour les concours*, Paris, Ellipses, 2001 (chap. 2, p. 59-70, « étude des pronoms dans le sonnet 48 des *Regrets* de Du Bellay »).

Chaurand, J., (dir), *Nouvelle histoire de la langue française*, Paris, Le Seuil, 1999.

Damourette, J., Pichon, E., *Des mots à la pensée, essai de grammaire de la langue française*, Paris, Editions D'Artrey, 1911-1940 (7 vol.). Rééd. chez Vrin.

Dees, A., *Actes du IVe Colloque International sur le Moyen Français*, Amsterdam, Rodopi, 1985.

Denis, D., Sancier-Chateau, A., *La Grammaire du français*, Paris, Le Livre de Poche, 1994.

Ducrot, O., Schæffer, J.-M., *Nouveau dictionnaire encyclopédique des sciences du langage*, Paris, Seuil, 1995.

Ducrot, O., Todorov, T., *Dictionnaire encyclopédique des sciences du langage*, Paris, Seuil, 1972.

Fouché, P., *Le Verbe français. Etude morphologique*, Paris, Klincksieck, 1967.

Foulet, L., *Petite syntaxe de l'ancien français*, Paris, Champion, 1923.

Fournier, N., *Grammaire du français classique*, Lettres Sup, Paris, Belin, 1998.

Fragonard, M.-M., Kotler, E., *Introduction à la langue du XVIe siècle*, Lettres 128, Paris, Nathan Université, 1994.

Gougenheim, G., *Etudes de grammaire et de vocabulaire français*, Paris, Picard, 1970.

Gougenheim, G., *Grammaire de la langue française du seizième siècle*, Paris, Picard, 1974.

Grevisse M., *Le Bon Usage. Grammaire française*, Paris / Louvain-la-Neuve, Duculot / De Boeck, 1993, 13e édition établie par A. Goosse.

Haase, A., *Syntaxe française du XVIIe siècle*, traduite par M. Obert, Paris, Picard, 1898 ; Delagrave, 1916 et 1935.

Hamel, M., « Agrippa d'Aubigné, *Tragiques II*, explication grammaticale et stylistique », *L'Information grammaticale*, n° 48, 1991, p. 8-16.

Huchon, M., *Rabelais grammairien, de l'histoire du texte aux problèmes d'authenticité*, Genève, Droz, Etudes rabelaisiennes, tome XVI, 1981.

Huchon, M., *Le Français à la Renaissance*, « Que sais-je ? », Paris, P.U.F., 1988.

Huguet, E., *Etude sur la syntaxe de Rabelais comparée à celle des autres prosateurs de 1450 à 1550*, Paris, 1894. Rééd. : Genève, Slatkine Reprints, 1967.

Jokinen, U., Sihvonen-Hautecœur, P., (éds), *Approches du moyen français*, Jyväskylä, University of Jyväskylä Press, 1988.

Joly, G., *Précis d'ancien français*, Paris, Armand Colin, 1998.

Jouanna, A., *La France du XVIe siècle : 1483-1598*, Paris, P.U.F., collection « Premier Cycle », 1997.

L'Information grammaticale, « La langue du XVIe siècle »,

n° 74, juin 1997 et n° 75 (2e partie), octobre 1997.

Le Bidois, G. et R., *Syntaxe du français moderne*, Paris, Picard, 1967.

Le Flanchec, V. D., Tournon, A., *Essais de Montaigne, Livre III*, Paris, Atlande, 2002 (« Etudes de langue et de style », p. 203-283 par V. D. Le Flanchec).

Le Goffic, P., *Grammaire de la phrase française*, Paris, Hachette, 1993.

Lorian, A., *Tendances stylistiques dans la prose narrative française du XVIe siècle*, Paris, Klincksieck, 1973.

Marchello-Nizia, C., *L'évolution du français. Ordre des mots, démonstratifs, accent tonique*, Paris, Armand Colin, 1995.

Marchello-Nizia, C., *Histoire de la langue française aux XIVe et XVe siècles*, Paris, Nathan, 1997.

Marchello-Nizia, C., Picoche, J., *Histoire de la langue française,* Paris, Nathan, 1998.

Marchello-Nizia, C., *Le français en diachronie : douze siècles d'évolution*, Paris, Ophrys, 1999.

Martin, R., Wilmet, M., *Manuel du français du moyen âge. 1. Syntaxe du moyen français*, Bordeaux, Sobodi, 1980.

Ménard, P., *Syntaxe de l'ancien français*, Bordeaux, Bière, 1988.

Moignet, G., *Systématique de la langue française*, Paris, Klincksieck, 1981.

Moignet, G., *Grammaire de l'ancien français*, 2e édition revue et corrigée, Paris, Klincksieck, 1984.

Monneret, P., Rioul, R., *Questions de grammaire pour les concours*, Paris, P.U.F., 1999.

Neumann, S.-G., *Recherches sur le français des XVe et XVIe siècles et sur sa codification par les théoriciens de l'époque*, Gleerup, Lund et E. Munksgaard, Copenhague, 1959.

Nyrop, K., *Grammaire historique de la langue française*, Genève, Slatkine, 1979 ; Syntaxe, tomes 5 et 6.

Pellat, J.-C., Riegel, M., Rioul, R., *Grammaire méthodique du français*, Paris, P.U.F, 1994.

Perret, M., *L'énonciation en grammaire du texte*, Nathan Université, Lettres 128, Paris, 1994.

Popin, J., *Précis de Grammaire fonctionnelle du français*, 1. Morphosyntaxe, Paris, Nathan Université, Lettres 128, n° 23, Paris, 1993.

Serbat, G., *Les Structures du latin*, 3e édition revue et augmentée, Paris, Picard, 1986.

Soutet, O., *La Syntaxe du français*, Que sais-je ?, Paris, P.U.F., 1989.

Soutet, O., *Etudes d'ancien et de moyen français*, Paris, P.U.F., Linguistique nouvelle, 1992.

Spillebout, G., *Grammaire de la langue française du XVIIe siècle*, Paris, Picard, 1985.

Terreaux, L., *Ronsard correcteur de ses œuvres. Les variantes des Odes et des deux premiers livres des Amours*, Genève, Droz, 1968.

Trudeau, D., *Les Inventeurs du bon usage (1529-1647)*, Paris, Éditions de Minuit, 1992.

Wagner, R. L., Pinchon, J., *Grammaire du français classique et moderne*, Paris, Hachette, 1990 (1ère éd. 1962).

Wilmet, M., éd., *Sémantique lexicale et sémantique grammaticale en moyen français*, colloque de septembre 1978, Bruxelles, V.U.B.

Wilmet, M., *Grammaire critique du français*, Hachette Supérieur, Louvain, Duculot, Paris, Hachette, 1997.

Wionet, C., « Les zones d'instabilité de la langue du XVIe siècle à partir des *Amours* de Ronsard (1553) », *L'Information grammaticale*, n° 76, janvier 1998, p. 12-19.

Zink, G., *Morphologie du français médiéval*, Paris, PUF, 1989.

3) DICTIONNAIRES

Corpus des dictionnaires des XVIe et XVIIe siècles [Estienne, Nicot, Cotgrave, Ménage, Richelet, Académie, Furetière, Corneille], Champion électronique.

Dictionnaire historique de l'orthographe française, ss. la dir. de N. Catach, Paris, Larousse, 1995.

Godefroy, *Dictionnaire de l'ancienne langue française et de tous ses dialectes, du IXe au XVe siècle*, Kraus Reprint, Nendeln / Liechtenstein, 1969 (t. 1 à 10) [*reprint* de l'éd. Paris, 1880-1902]. [Champion électronique].

Huguet, E., *Dictionnaire de la langue française du seizième siècle*, Paris, Champion, 1928 (t. 1)-Didier, 1967 (t. 7). [Champion électronique].

Trésor de la langue française. Dictionnaire de la langue du 19e et du 20e siècle, Paris, Klincksieck, éd. du CNRS, 1971-1994. [Consultable en ligne].

Walther von Wartburg, *Französisches Etymologisches Wörterbuch*, Tübingen, J.C.B. Mohr, 1948-1965.

4) CONCORDANCES

Concordance des Œuvres de François Rabelais, J. E. G. Dixon et J. L. Dawson, Genève, Droz, 1992 [fondée sur l'éd. Boulenger : Paris, Gallimard, La Pléiade, 1970].

Concordance des Essais *de Montaigne*, R. E. Leake, Genève, Droz, 1981 (2 vol.) [fondée sur l'éd. Villey : Paris, P.U.F.].

5) RAPPORTS DE CONCOURS PORTANT SUR LA LANGUE DES AUTEURS DU XVIE SIÈCLE

a) Agrégation de Lettres Modernes

1985, Ronsard, *Hymne de Calaïs et Zethes*, v. 337-364 ; syntaxe : l'emploi des formes en *–ant*.

1989, Rabelais, *Gargantua*, ch. 16 (extrait) ; syntaxe : les propositions subordonnées.

1995, Du Bellay, *Les Regrets*, 48 ; syntaxe : la fonction sujet.

1999, Jean de La Taille, *Saül le furieux*, I, v. 80-106 ; morphosyntaxe : l'expression de la négation.

2005, Louise Labé, *Desbat de Folie et d'Amour*, Discours II ; morphosyntaxe : la fonction sujet.

2008, Du Bellay, *L'Olive*, 78 ; morphosyntaxe : la transitivité du verbe.

b) Agrégation de Grammaire

1988, Maurice Scève, *Délie*, 79.

1995, Du Bellay, *Les Regrets*, 88 ; syntaxe : l'expression de la négation ; les constructions de *faire*.

1997, Clément Marot, *Ballades*, « A Ma Dame la Duchesse d'Alençon » ; grammaire : les pronoms atones (clitiques) et leur absence.

2005, Louise Labé, *Sonnets*, 22 ; morphosyntaxe : les adjectifs.

II – ÉDITIONS DE RÉFÉRENCE DES TEXTES CITÉS

Alcripe, Philippe de, *La Nouvelle fabrique des excellents traicts de verité*, éd. F. Joukovsky, Genève, Droz, 1983 [1580-1596].

Aneau, Barthelemy, *Alector ou Le Coq*, éd. M. M. Fontaine, Genève, Droz, 1996 [1560].

Anonyme, *Voiage et pelerinage de sainte Caquette*, *in Le Recueil de Trepperel : Les Farces*, éd. E. Droz et H. Lewicka, Droz, Genève, 1971 [1518].

Anonyme, *Sottie à cinq personnages des sots « escornez »*, *in Le Recueil de Trepperel : Les Sotties*, Genève, Droz, Slatkine Reprints, 1974 [1525].

Anonyme, *Ulenspiegel*, éd. J. Koopmans et P. Verhuyck, Antwerpen, Rotterdam, De Vries – Brouwers, 1988 [1530].

Aubigné, Agrippa d', *Œuvres*, éd. H. Weber, J. Bailbé et M. Soulié, Paris, Gallimard, La Pléiade, 1969.

Baïf, Jean Antoine de, *Mimes, enseignemens et proverbes*, éd.

J. Vignes, Genève, Droz, 1992 [1576].

Baïf, Jean Antoine de, *Le Brave*, éd. S. Maser, Genève, Droz, 1979 [1567].

Belleau, Rémy, *La Reconnue*, éd. J. Braybrook, Genève, Droz, 1989 [éd. posthume 1578].

Bèze, Théodore de, *Chrestiennes méditations*, éd. M. Richter, Genève, Droz, 1964 [1583].

Boaistuau, Pierre, *Le Théâtre du monde*, éd. M. Simonin, Genève, Droz, 1981 [1558].

Boaistuau, Pierre, *Bref discours de l'excellence et dignité de l'homme*, éd. M. Simonin, Genève, Droz, 1982 [1558].

Boaistuau, Pierre, *Histoires tragiques*, éd. R. A. Carr, Paris, Champion, 1977 [1559].

Brantôme, Pierre de, *Les Dames galantes*, éd. M. Rat, Paris, Garnier, 1960 [éd. posthume 1664].

Bruès, Guy de, *Les Dialogues de Guy de Bruès contre les nouveaux académiciens*, éd. P. P. Morphos, Baltimore, The Johns Hopkins Press, 1953 [1557].

Calvin, Jean, *Institution de la Religion chrestienne*, éd. J.-D. Benoit, Paris, Vrin, 1957-1963 [éd. de 1560] ; éd. O. Millet, Genève, Droz, 2008 [éd. de 1541].

Chassignet, Jean-Baptiste, *Le Mespris de la Vie et Consolation contre la Mort*, éd. H. J. Lope, Genève, Droz / Paris, Minard, 1967 [1594].

Des Masures, Louis, *Tragedies sainctes* : *David combattant, David triomphant, David fugitif*, éd. C. Comte, Paris, 1907 [1566].

Des Périers, Bonaventure, *Nouvelles récréations et joyeux devis, I-XC*, éd. K. Kasprzyk, Paris, Champion, 1980 [jusqu'à la nouvelle 90] ; au-delà : *Conteurs français du XVIe siècle*, éd. P. Jourda, Paris, Gallimard, La Pléiade, 1965 [1558].

Des Périers (?), Bonaventure, *Cymbalum Mundi*, éd. P. Nurse, préface de M. A. Screech, Genève, Droz, 1983 [1537].

Du Bellay, Joachim, *Œuvres poétiques*, éd. D. Aris, F. Joukovsky, Paris, Classiques Garnier, 1993, 2 volumes.

Du Bellay, Joachim, *La Deffence, et Illustration de la Langue Françoyse*, éd. J.-C. Monferran, Genève, Droz, 2001 [1549].

Du Fail, Noël, *Propos rustiques*, éd. R. Dubuis, G.-A. Pérouse, Genève, Droz, 1994 [1547].

Du Fail, Noël, *Les Baliverneries d'Eutrapel*, éd. G. Milin, Paris, Klincksieck, 1969 [1549].

Du Fail, Noël, *Contes et discours d'Eutrapel*, éd. Hippeau, Paris, Jouaust, 1875 [1585].

Du Saix, Antoine de, *La Touche naifve pour esprouver l'amy et le flateur inventée par Plutarque, taillée par Erasme et mise à l'usage francoys*, éd. R. Aulotte, Paris, Klincksieck, 1971 [1537].

Estienne, Charles, *Paradoxes*, éd. T. Peach, Genève, Droz, 1998 [1561].

Estienne, Henri, *Apologie pour Hérodote*, éd. B. Boudou, Genève, Droz, 2007 [1566].

Flore, Jeanne, *Contes amoureux*, éd. G.-A. Pérouse, Lyon, CNRS, PUL, 1980 [1537].

Garnier, Robert, *Porcie*, éd. J.-C. Ternaux, Paris, Champion, 1999 [1568].

Garnier, Robert, *Cornélie*, éd. J.-C. Ternaux, Paris, Champion, 2002 [1574].

Garnier, Robert, *Marc Antoine, Hippolyte*, éd. R. Lebègue, Paris, Les Belles Lettres, 1974 [1578 et 1573].

Garnier, Robert, *La Troade*, éd. J.-D. Beaudin, Paris, Champion, 1999 [1579].

Garnier, Robert, *Antigone ou La Piété*, éd. J.-D. Beaudin, Paris, Champion, 1997 [1980].

Garnier, Robert, *Les Juifves*, éd. S. Lardon, Paris, Champion, 2004 [1583].

Garnier, Robert, *Les Juifves, Bradamante*, éd. R. Lebègue, Paris, Les Belles Lettres, 1979 [resp[t]. : 1583 et 1582].

Gournay, Marie de, *Le Promenoir de Monsieur de Montaigne*, éd. J.-C. Arnould, Paris, Champion, 1996 [1594-1641].

Gournay, Marie de, *Œuvres complètes*, éd. dirigée par J.-C. Arnould, Paris, Champion, 2002, 2 volumes [1641].

Grévin, Jacques, *César*, éd. E. S. Ginsberg, Paris, Minard, Genève, Droz, 1971 [1561].

Grévin, Jacques, *Les Esbahis*, éd. E. Lapeyre, Paris, Champion, 1980 [1562].

Gringore, Pierre, *Œuvres polémiques rédigées sous le règne de Louis XII*, éd. C. J. Brown, Genève, Droz, 2003 [1500-1513].

Jodelle, Etienne, *Cléopâtre captive*, éd. E. Balmas, Paris, Gallimard, 1968 [1553].

Jodelle, Etienne, *L'Eugène*, *in Œuvres complètes*, II, éd. E. Balmas, Paris, Gallimard, 1968 [1573].

Jodelle, Etienne, *Théâtre complet, III, Didon se sacrifiant*, éd. J.-C. Ternaux, Paris, Champion, 2002 [1573].

L'Estoile, Pierre de, *Registre-journal du regne de Henri III*, t. 1 : (1574-1575), éd. M. Lazard, G. Schrenck, Genève, Droz, 1992 ; t. 2 (1576-1578), 1996 ; t. 3 : (1579-1581), 1997 ; t. 4 : (1582-1584), 2000 ; t. 5 : (1585-1587), 2001. [1574-1587].

La Boétie, Etienne de, *De la Servitude volontaire ou Contr'un*, éd. M. Smith, Genève, Droz, 1987 [1553-1554].

La Chesnaye, Nicolas de, *La Condamnation de Banquet*, éd. J. Koopmans et P. Verhuyck, Genève, Droz, 1991 [1508].

La Gessée, Jean de, *Les Jeunesses*, éd. G. Demerson, Paris, S.T.F.M., 1991 [1583].

La Péruse, Jean de, *Poésies complètes,* éd. J. A. Coleman,

Exeter, University of Exeter Press, 1992 [1554].

La Péruse, Jean de, *La Médée,* éd. J. A. Coleman, Exeter, University of Exeter, 1992 [1556].

La Taille, Jacques de, *Alexandre*, éd. N. Smith, Exeter, University of Exeter, 1975 [1573].

La Taille, Jean de, *Les Corrivaus*, éd. L. Drysdall, Paris, Didier, 1974 [1573].

La Taille, Jean de, *Saül le furieux*, *La Famine ou Les Gabeonites,* éd. E. Forsyth, Paris, S.T.F.M, 1998 [1572-1573].

Labé, Louise, *Œuvres complètes*, éd. E. Guidici, Genève, Droz, 1981 [1555].

Larivey, Pierre de, *Les Esprits,* éd. M. Lazard, M. J. Freeman, Genève, Droz, 1987 [1579].

Larivey, Pierre de, *Le Laquais*, éd. M. Lazard et L. Zilli, Paris, Nizet, 1987 [1579].

Lavardin, Jacques de, *La Célestine*, éd. D. L. Drysdall, London, Tamesis books, 1974 [1578].

Lemaire de Belges, Jean, *La Concorde des deux langages*, éd. J. Frappier, Genève, Droz, 1947 [1513].

Lemaire de Belges, Jean, *La Concorde du genre humain*, éd. P. Jodogne, Bruxelles, Palais des Académies, 1964 [1509].

Lemaire de Belges, Jean, *Le Traicté de la différence des schismes et des conciles de leglise*, *in Œuvres*, éd. J. Stecher, Genève, Slatkine Reprints, 1969 [1523].

Marguerite de Navarre, *L'Heptaméron*, éd. N. Cazauran, Folio Classique, Paris, Gallimard, 2000 [d'après l'édition Gruget de 1559] ; pour la comparaison avec le Ms. BNF Fr. 1512 : éd. Michel François, Paris, Garnier, 1967.

Marguerite de Navarre, *La Coche*, éd. R. Marichal, Genève, Droz, 1971 [1541].

Marguerite de Navarre, La *Complainte pour un detenu*

prisonnier et les *Chansons spirituelles, in Œuvres complètes*, t. IX, éd. M. Clément, Paris, Champion, 2001 [1547].

Marguerite de Navarre, *Théâtre, in Œuvres complètes*, t. IV, éd. G. Hasenohr et O. Millet, Paris, Champion, 2002 [1547].

Marot, Clément, *Œuvres poétiques complètes*, éd. G. Defaux, Paris, Garnier, T.I, 1990 et T.II, 1993.

Marot, Jehan, *Le Voyage de Gênes*, éd. G. Trisolini, Genève, Droz, 1974 [1507].

Marot, Jehan, *Le Voyage de Venise*, éd. G. Trisolini, Genève, Droz, 1977 [1526].

Montaigne, Michel de, *Les Essais*, éd. P. Villey, Paris, P.U.F, 1924, nombreuses rééditions [1580, 1588].

Palissy, Bernard, *Recepte veritable*, éd. K. Cameron, Genève, Droz, 1988 [1563].

Palma-Cayet, Pierre-Victor, *L'Histoire prodigieuse du Docteur Fauste*, éd. Y. Cazaux, Genève, Droz, 1982 [1598].

Paré, Ambroise, *Textes choisis*, éd. L. Delaruelle et M. Sendrail, Paris, Les Belles lettres, 1953.

Paré, Ambroise, *Des Monstres et des prodiges*, éd. J. Céard, Genève, Droz, 1971 [1573].

Pasquier, Etienne, *Choix de lettres*. Volume 1 : *Lettres sur la littérature et la langue*, éd. D. Thickett, Genève, Droz, 1956 [1562].

Pasquier, Etienne, *Les Recherches de la France*, éd. dirigée par M.-M. Fragonard et F. Roudaut, Paris, Champion, 1996, 3 volumes [1665].

Poissenot, Bénigne, *L'Esté*, éd. G. A. Pérouse, M. Simonin, D. Baril, Genève, Droz, 1987 [1583].

Rabelais, François, *Œuvres complètes*, éd. M. Huchon, Paris, Gallimard, « La Pléiade », 1994. Les références aux différents livres sont indiquées par les abréviations suivantes : PA, *Pantagruel* ; GA, *Gargantua* ; TL, *Tiers Livre* ; QL, *Quart Livre* ;

CL : *Cinquiesme Livre* ; PP : *Pantagrueline Prognostication.*

Ronsard, Pierre de, *Œuvres complètes,* éd. J. Céard, D. Ménager, M. Simonin, Paris, Gallimard, « La Pléiade », 1993-1994 (2 vol.).

Ronsard, Pierre de, *Œuvres complètes*, IV : Les *Amours (1552),* éd. P. Laumonier, Paris, Nizet, 1982.

Satyre Ménippée, éd. C. Labitte, Paris, Charpentier, 1865 [1594].

Scève, Maurice, *Délie*, éd. F. Joukovsky, Paris, Dunod, 1996 [1544].

Sponde, Jean de, *Meditations sur les Pseaumes*, éd. S. Lardon, Paris, Champion, 1996 [1588].

Tahureau, Jacques, *Les Dialogues*, éd. M. Gauna, Droz, Genève, 1981 [1565].

Turnèbe, Odet de, *Les Contens*, éd. N. B. Spector et R. Aulotte, Paris, Nizet, 1983 [1584].

Tyard, Pontus de, *Mantice*, éd. S. Bokdam, Genève, Droz, 1990 [1558].

Tyard, Pontus de, *Le Solitaire premier*, éd. S. F. Baridon, Genève, Droz, Lille, Giard, 1950 [1587].

Vienne, Philibert de, *Le Philosophe de court*, éd. P. M. Smith, Genève, Droz, 1990 [1548].

Vigenère de, Blaise, *L'Histoire de la décadence de l'Empire grec, et establissement de celuy des Turcs, comprise en dix livres par Nicolas Chalcondyle*, Paris, Nicolas Chesneau, 1577 [1577].

Vigneulles, Philippe de, *Les Cent Nouvelles Nouvelles*, éd. C. H. Livingston, Genève, Droz, 1972 [1515].

CHAPITRE I : LE NOM ET L'ADJECTIF

Complément bibliographique : S.-G. Neumann, *Recherches sur le français des XVe et XVIe siècles et sur sa codification par les théoriciens de l'époque*, Lund, Gleerup / Copenhague, Ejnar Munksgaard, 1959, p. 28-68.

I – LE NOM

Remarque préliminaire : dans la classification grammaticale de l'époque, le nom recouvre le « nom substantif » et le « nom adjectif ». Les substantifs se suffisent à eux-mêmes et se subdivisent en « noms propres » et en « noms communs » ou « appellatifs ». Les adjectifs ne font sens qu'en rapport avec un substantif dont ils précisent la qualité ou la quantité.

1) LES TRACES DE LA DÉCLINAISON

1. En ancien français, le nom se décline en cas sujet et cas régime. P. Ménard (1988, § 1, rmq. 2, p. 20) signale des atteintes à la déclinaison dès le XIIe siècle (avec une disparition plus rapide à l'Ouest).

En moyen français, C. Marchello-Nizia (1997, p. 121-125) relève des traces de déclinaison dans tous les textes, mais son emploi incohérent témoigne de son déclin.

Il n'en subsiste plus que des traces exceptionnelles au début du XVIe siècle, dans des emplois hérités du moyen âge. C'est en particulier le cas :

2. Avec le nom *amour* : *Prince d'Amours* (Marot, *L'Adolescence clementine*, Ballades, I « Des enfans sans soucy », v. 37).

> => Dans cet exemple, la présence d'un *s* désinentiel du cas sujet singulier pour un complément du nom qui devrait être au cas régime (sans *s* au singulier pour la 1ère déclinaison) révèle que la distinction des cas n'est plus perçue. P. Ménard (1988, § 1, rmq. 3, p. 21) apporte comme preuve d'atteinte à la déclinaison l'emploi, en ancien français, d'*Amours* / *Amors* sans déterminant et pourvu d'un *s* au cas régime singulier (alors qu'il s'agit de la désinence du cas sujet singulier) pour désigner l'amour divinisé ou personnifié.

3. Avec le nom *Dieu* en emploi lexicalisé dans des expressions héritées du moyen âge : *Dieu grace* ou *Dieu mercy* (grâce à Dieu), *Dieu gard* (que Dieu vous garde). L'absence du *s* désinentiel du cas sujet singulier dans ce dernier exemple atteste l'évolution de la langue vers une suppression totale de la déclinaison nominale.

=> G. Gougenheim (1974, p. 39) cite l'expression *se m'aist Dieu(x)* (que Dieu m'aide) qu'utilisent, avec variantes, Baïf, Des Périers, Rabelais et Béroalde de Verville, et dans laquelle le *x*, qui remplace le *s* de flexion du cas sujet, peut être soit présent soit absent. A noter qu'il observe également des traces de déclinaison avec les indéfinis *nulz* ou *riens* (dans lequel le *s* du cas sujet a été étendu au cas régime).

=> Rabelais fait un usage plaisant de la déclinaison : *Pensez vivre joyeulx de par li bon Dieu, et li bons homs.* (TL, 2, p. 358). Dans son édition, en note (n. 2, p. 1373), M. Huchon parle d'une « reconstitution fantaisiste de l'ancien français ». Cette phrase présente, en effet, un emploi incohérent des déclinaisons, aussi bien du nom que de l'article. La préposition amenant l'emploi du cas régime, l'on devrait avoir : *le bon Dieu* (*li* est la forme du cas sujet singulier de l'article) et *les bons homes* (*li* est le cas sujet pluriel de l'article et le nom *hom* admet un *e* au pluriel : *home[s]*).

=> Les grammairiens de notre *corpus* ne mentionnent plus ces traces de déclinaison. Lorsqu'ils envisagent, parmi les accidents du nom (substantif ou adjectif), le cas ou la déclinaison, c'est pour les réduire à une simple variation en nombre (distinction singulier-pluriel : Meigret, « Des Noms », ch. 1, p. 20 v° ; Ramus, 1562, I, 5, p. 41), dans la mesure où, en français, à l'instar de l'hébreu, cas et déclinaisons sont désormais marqués par le jeu des articles (Palsgrave, L2, sixième accident du substantif, f° 32 r°, p. 128 / 445 ; Sylvius, « Le Nom », « déclinaison », p. 95-96 / 311 ; R. Estienne, les accidents des noms : « cas » et « déclinaison », p. 17-18).

2) Le genre

4. Au XVIe siècle, beaucoup de noms sont d'un autre genre qu'en français moderne. Pour l'expliquer, les linguistes avancent plusieurs hypothèses tout en reconnaissant leurs limites. Selon N. Catach (*Dictionnaire historique de l'orthographe française*, § 148, p. 1186-1187) en effet, le changement de genre est lié à l'histoire spécifique de chaque mot. Tout au plus peut-on distinguer certaines tendances :

l'influence de l'initiale vocalique qui fait passer du masculin au féminin ;

la tendance à écrire avec un *e* final certains mots utilisés au féminin et inversement à supprimer le *e* pour les mots masculins ;

la tendance des emprunts et des mots savants à être d'abord masculins ;

l'influence d'une terminaison en *s, x, z* qui rend le mot plus instable car le genre n'est pas graphiquement marqué ;

le choix du suffixe.

Amour, au XVIe siècle, conserve le genre féminin de l'ancien français : *Pareille amour nous avons eprouvée, / Pareille peine aussi nous souffrons ores.* (Du Bellay, *L'Olive*, 24, v. 12-13).

=> L. Terreaux (1968, p. 92) signale des corrections de Ronsard destinées à changer le genre d'un nom : *guide* : masculin dans VII, 24.9, devenu féminin en 1571 ce qui est l'unique genre donné par Nicot et Cotgrave ; *hymne* : féminin en III, 147.513, devenu masculin en 1571 ce qui est le genre habituel ; *foudre* : féminin en II, 112.95, devenu masculin en 1567 et de nouveau féminin en 1578, genre dans lequel le donnent Nicot et Cotgrave ; *œuvre* : masculin en II, 48.6, devenu féminin en 1571, genre donné par Cotgrave (Nicot ne précise pas).

E. Huguet (1894, p. 21-39) livre une étude attentive de ces changements de genre chez Rabelais. Il met ainsi en lumière toute la complexité du problème.

Les noms en *–eur* (< *-or, -orem*) sont devenus féminins par analogie avec d'autres noms abstraits. Mais Rabelais les emploie au masculin par retour au genre étymologique (ex. *erreur, humeur, odeur, teneur* lequel est masculin quand il a son sens étymologique de « continuité » et féminin quand il a le sens de « contenu d'un écrit »).

Certains noms masculins ou neutres en latin sont devenus féminins en français, sans doute à cause de leur terminaison féminine (*e* muet). Rabelais peut leur redonner leur genre étymologique (*asperge, Bacchanales, escriptoire*, etc.), voire les employer indifféremment dans l'un ou l'autre genre (comme c'est le cas pour *etude*).

Certains noms en *–a(i)ge* issus d'étymons latins masculins en *–aticum* s'emploient au féminin (en raison de leur terminaison féminine), puis reviennent parfois au masculin. D'autres noms en *–a(i)ge* d'origines diverses ont subi la même évolution par analogie. On trouve chez Rabelais plusieurs noms en *–a(i)ge* féminins, aujourd'hui redevenus masculins (*eage, oraige, oultraige, ouvraige*).

Certains noms étymologiquement féminins sont devenus masculins en français moderne, soit à cause de leur terminaison masculine, soit par analogie avec des mots de signification analogue. C'est le cas des noms *art, sort, arbre*, de genre incertain chez Rabelais qui les emploie indifféremment dans les deux genres, parfois dans la même phrase : *Du cousté de la tour Cryere estoit le vergier plein de tous arbres fructiers, toutes ordonnées en ordre quincunce.* (Rabelais, GA, 55, p. 145).

De nombreux noms issus du grec ont un étymon masculin ou neutre. Rabelais les emploie au masculin (*comète, épigramme, épithète*). En français moderne, presque tous ceux qui ont une terminaison féminine sont devenus féminins, mais il ne s'agit pas d'une loi générale.

Huguet détaille des cas difficiles : *tige*, aujourd'hui féminin, masculin au XVIe siècle, malgré son étymologie (< lat. *tibia-æ*) et sa terminaison féminine ; *reste*, souvent féminin au XVIe siècle, mais devenu masculin par la suite, peut-être parce qu'il est souvent employé dans le sens neutre représenté en français par le masculin ; *guide*, féminin au XVIe siècle et devenu masculin ensuite malgré sa terminaison, peut-être parce qu'il est souvent employé pour désigner un homme (ou métaphoriquement une chose).

3) Le nombre

5. Changement de nombre : c'est le cas de *pleur* attesté au singulier. Il s'agit moins, en fait, d'un changement de nombre que d'une évolution sémantique. Au XVIe siècle, *pleur* (masculin singulier) désigne l'action de pleurer et *pleurs* (féminin pluriel) dénote les larmes. L'on avait donc deux noms distincts. Dans les textes toutefois leur distinction sémantique reste ténue : *Tout pleur seroit à finir inutile / Mon dueil, qui n'est qu'au meillieu de sa peine.* (Du Bellay, *L'Olive*, S25, v. 7-8) ; *Qu'elle se face belle, et reprenne son teint / Qui par ses longues pleurs estoit si fort desteint.* (Garnier, *Bradamante*, v. 1771-1772).

=> Parmi les cas d'évolution possible du nom, N. Catach évoque la distinction des sens singulier / pluriel (*Dictionnaire historique de l'orthographe française*, § 148, p. 1186).

6. Changement de forme : pour certains noms, il y a eu réfection du singulier sur le pluriel (voir G. Gougenheim, 1974, p. 51-52).

C'est le cas des noms anciennement en *–el* (pluriel en *–eaux* par vocalisation du *l* en *u* devant la désinence du pluriel), pour lesquels on a refait un singulier analogique en *–eau* : *oisel > oiseau.* Pour ces noms, la réfection est généralisée au XVIe siècle, bien que des traces de singulier en *–el* subsistent pendant tout le siècle (surtout dans la première partie).

Pour les noms en *–al*, en revanche (pluriel en *–aux*), la réfection est rare. On peut cependant trouver les singuliers *animau, chevau* ou des pluriels en *-als* (*madrigals*) par volonté d'uniformiser les formes du singulier et du pluriel : *prenez bien tant de loisir de vouloir escouter la cause d'ung povre animau que je suis,* (Des Périers, *Cymbalum mundi*, « Dialogue III », paroles de Phlegon, p. 31).

=> Henri Estienne condamne la réfection des noms en *–al* : « CEL. (...) pour retourner à nos courtisans, pour le moins ils ne commettent pas ces fautes lourdes et grossieres que commettent les plus rustaux : comme de dire, *Une flabe* [fable], *Un chevau*, *Un vieux homme.* PHIL. : Quant est de ce mot *Chevau*, je n'ay pas souvenance de leur avoir ouy dire : mais si ay bien d'avoir ouy les deux autres, » (*Deux Dialogues du langage françois italianizé*, I, p. 145).

7. Pluriel interne : la « pluralité interne » désigne une approche sémantique pratiquée du moyen âge au XVIe siècle et qui conçoit certains objets comme un ensemble constitué de plusieurs unités. On distingue, par exemple, le singulier *une arme* et le pluriel interne *unes armes* qui désigne l'armement complet du soldat. ☞ Chapitre II.4.

8. Singulier à sens pluriel : dans des constructions qui évoquent la pluralité, le substantif peut être au singulier et préciser seulement la nature de cette pluralité qu'un élément du co-texte suffit à signifier. C'est le cas, par exemple, avec :

> un adverbe : *par trop d'angoisse* (Garnier, *Les Juifves*, v. 2103). *De ce premier sang respandu ruisselleront dans peu d'heure ces rouges Oceans des Ames innocentes.* (Sponde, *Meditations sur les Pseaumes*, « Méditation sur le psaume XIIII. ou LIII. », l. 49-51) ;
>
> un nom dénotant un ensemble : *un monceau de pierre* (Garnier, *Les Juifves*, v. 1552) ;
>
> un adjectif : *les cieulx / S'estoient vestuz d'un manteau precieux / A raiz ardens, de diverse couleur.* (Du Bellay, *L'Olive*, 2, v. 2-4) ;
>
> un indéfini : *maint* peut être suivi indifféremment du singulier (plus d'un) ou du pluriel (plus de deux) ☞ chapitre VII.30.

La pluralité peut même se déduire de manière indirecte d'un élément du contexte : *et les heures passant / Avec vos compagnons en esbat innocent.* (Garnier, *Les Juifves*, v. 1761-1762). Le nom *esbat* [jeu, amusement] est au singulier et indique la nature de l'occupation ; la multiplicité est suggérée par l'indication de temps.

☞ Pour l'accord du verbe avec un sujet singulier à valeur collective, voir le chapitre IX.4.

II- L'ADJECTIF

1) MORPHOLOGIE

Le féminin des adjectifs épicènes en latin

9. Les adjectifs épicènes en latin (adjectifs de la deuxième classe du type *fortis-fortis*, dont le masculin et le féminin sont identiques) donnent une forme unique pour le masculin et le féminin en ancien français.

Une réfection analogique a permis de créer une forme féminine distincte en *e* sur le modèle des adjectifs issus de la première classe latine (du type *bonus, bona > bon / bonne*). G. Moignet (1984, p. 29) en signale des occurrences dès *La Vie de saint Alexis* (XIe siècle) ou *La Chanson de Roland* (fin XIe – début XIIe siècle).

Au XVIe siècle, cette réfection est quasi générale. Subsistent cependant encore quelques formes sans *e*.

10. C'est le cas pour l'adjectif *vert* qui admet trois féminins : *vert, verte* et *verde* : *Aux plus beaux jours de mes verdes années* (Du Bellay, *L'Olive*, 45, v. 13).

Le féminin *vert* semble en voie de disparition et se maintient surtout dans la première moitié du siècle. E. Huguet, dans son dictionnaire (t. 7, p. 450), le relève chez Lemaire, Marot et Rabelais : *Et comment Panurge maria le roy Anarche, et le feist cryeur de saulce vert* (Rabelais, PA, 31, p. 327, titre du chapitre). Rabelais présente 4 occurrences du féminin *vert* (toujours dans *saulce vert*, PA 31), contre 2 du féminin *verte* et 11 du féminin *verde* (dont *saulce verde* dans TL, 2), auxquelles s'ajoutent 4 occurrences du pluriel *verdes*. Chez Montaigne, l'unique forme féminine est *verte*.

=> L'adjectif *vert* est issu du latin *viridis* (*viridis > vird > vert*). La forme phonétique est donc *vert*, mais la graphie étymologique *verd* subsiste jusqu'en 1935, tandis que la graphie *vert* est attestée par le *Dictionnaire* de l'Académie à partir de 1762 (N. Catach, *Dictionnaire historique de l'orthographe française*, § 119, p. 1169-1170). En cohérence avec les proportions observées pour le féminin, l'on a, chez Rabelais, 23 occurrences du masculin *verd(s)* contre 5 de *vert* ; chez Montaigne, à l'inverse, la graphie *vert(s)* domine avec 5 occurrences contre 1 seule de *verd*.

11. C'est surtout le cas pour l'adjectif *grand / grant* qui a résisté le plus longtemps à la réfection. C. Marchello-Nizia (1997, p. 125-128) constate que la forme épicène est encore majoritaire à la fin du XVe siècle. Au XVIe siècle, elle demeure courante tout au long du siècle et s'emploie en concurrence avec la forme refaite. La répartition de la forme féminine ancienne *grand* et de la forme refaite *grande* obéit à des critères syntaxiques (C. Marchello-Nizia, *ibid.* ; S.-G. Neumann, 1959, p. 50-68).

La forme *grand / grant* domine très largement dans des emplois d'adjectif épithète antéposé. S.-G. Neumann montre qu'elle s'impose en particulier dans certaines expressions lexicalisées (*faire grant chere, a grant peine*), pour indiquer la quantité (*la plus grant partie, grant chose*) ou avec un nom de sentiment (*grant joye, honte, crainte, peur*...).

La forme *grande* s'emploie en fonction attribut ou comme adjectif épithète postposé. La présence d'une initiale vocalique (du nom qualifié), d'un adverbe d'intensité ou d'un déterminant sont des facteurs qui favorisent son choix.

=> L. Terreaux (1968, p. 93-94) note que Ronsard considère la forme *grand* au féminin comme « une facilité métrique qu'il s'applique à faire disparaître très régulièrement », ce qu'attestent ses nombreuses corrections.

=> Selon Palsgrave (L3, annotations sur le 3e accident de l'adjectif, f° 80 r°, p. 222 / 585), l'on emploie la terminaison masculine *grant* [grant *in his masculyne termynation*] quand l'adjectif est antéposé à un substantif féminin (*une grant pitié*) et *grande* quand il est postposé, sauf dans *mere grant*. Palsgrave précise que cette règle n'est pas bien respectée en poésie (d'où : *en ma grande cité*).

=> Au XVIIe siècle, Vaugelas renvoie à l'usage en constatant qu'il y a « certains mots comme consacrez à cette elision », parmi lesquels *grand'peine, grand'chere, grand'mere, grand'pitié, grand'Messe, grand'Chambre*, etc. En revanche, « en ceux où l'Usage n'a pas estably cette elision, il ne la faut pas faire » : par exemple *grande meschanceté, grande sagesse* (*Remarques*, 1647, « Quand il faut dire, *grande* devant le substantif, ou *grand'* en mangeant l'*e* », p. 168).

=> En français moderne, l'on conserve encore certains de ces emplois figés : *grand-messe*, *grand-route, grand-voile, grand-chose* et surtout *grand-mère* d'emploi usuel.

Au XVIe siècle, la graphie épicène *grand* domine avec 6370 occurrences dans Frantext contre 1196 de *grant*, encore attesté sur tout le siècle. Le féminin refait est *grande* (pluriel *grandes*).

La forme *grand* devant un substantif féminin est souvent écrite avec une apostrophe comme si le *e* avait été élidé. Etienne Dolet, dans *Les Accents de la Langue Francoyse* (*La manière de bien traduire d'une langue en aultre* [1540], p. 36), identifie ce signe comme une apocope, typographiquement semblable à l'apostrophe et marquant la suppression d'une voyelle ou d'une syllabe à la fin d'un mot (par ex. *grand'chose*). L'usage de l'apostrophe révèle donc que les auteurs ne considèrent plus *grand* comme une graphie ancienne, mais comme la forme élidée de *grande* qui s'impose à l'esprit comme la forme normale de référence. Pour erroné qu'il soit, l'usage de l'apostrophe au XVIe siècle marque donc une progression dans le sens de la réfection.

=> C'est dans la 8e édition de son dictionnaire (1932-1935, p. 1609), que l'Académie recommande de remplacer l'apostrophe, jusque là en usage, par un trait d'union. Le trait d'union apparaît comme plus satisfaisant que l'apostrophe : ainsi l'adjectif n'est pas pris indépendamment, mais considéré comme partie intégrante d'une locution figée dans un état ancien de sa graphie.

Les masculins à double forme

12. La réfection du féminin des adjectifs épicènes ne doit pas être confondue avec celle du masculin de certains adjectifs issus de la première ou de la deuxième classe latine. Le *e* final étant senti comme le morphème désinentiel du féminin, on le supprime dans les masculins par réfection afin d'obtenir un couple masculin sans *e* / féminin avec *e*. C'est le cas :

13. Des adjectifs français issus des adjectifs latins en *–icus, -ica* : ceux-ci donnent étymologiquement un masculin en *–ique* qui entre en concurrence, à partir du moyen français, avec un masculin refait en *–ic* (*-icq, -iq*), dont il reste encore des traces au XVIe siècle (*politic*, *unic*,...).

=> Pour les adjectifs français issus des adjectifs latins en *–cus* (comme *magnificus*), Palsgrave recommande un masculin en *–q* / *cq* plutôt qu'en *–que* / *cque*. Palsgrave opte donc pour la forme qui maintient la distinction morphologique entre le masculin sans *e* et le féminin en *e* (L3, annotations sur l'adjectif, f° 78 r°, p. 218 / 580).

=> C'est encore le cas au XVIIe siècle, où F. Brunot et C. Bruneau (1969, § 110) relèvent *pratic* dans les premières éditions des *Caractères* de La Bruyère. Pour l'évolution de ces formes en *-c*, voir N. Catach, *Dictionnaire historique de l'orthographe française*, § 120, p. 1170. Le français moderne a conservé *public*. Pour *laïque* en revanche, la forme en *–que* s'est imposée.

14. Des adjectifs en *–l* (*-al*, *-el*, *-il*) : *fidel, gentil, tranquil, fictil* [= « d'argile », « fictif », « inconstant »] : *Tout nostre foible effort y seroit inutil.* (Garnier, *Les Juifves*, v. 1694). La base Frantext donne une occurrence de *fictil* et une de *tranquil* chez Rabelais (TL, 1552, respectivement Prologue et chap. XXI).

=> La prononciation de la consonne finale a entraîné l'adjonction d'un *e* au masculin (le FM a conservé *gentil* avec finale muette).

Ces adjectifs issus de la seconde classe latine connaissent également une réfection du féminin par adjonction d'un *–e*.

=> En moyen français, C. Marchello-Nizia (1997, p. 129-130) constate un décalage dans l'évolution en fonction des adjectifs : pour les adjectifs en *–al*, les formes en *e* deviennent au XVe siècle plus fréquentes que les formes sans *e* ; tandis que pour les adjectifs en *–el*, elles prédominent dès le XIVe siècle et s'imposent au XVe siècle, où les formes sans *e* ont disparu du *corpus* consulté. Pour les adjectifs en *–il*, les formes sans *e* semblent dominer. Au XVIe siècle, *L'Heptaméron* de Marguerite de Navarre fournit encore 4 occurrences de *gentil femme* contre 3 de *gentille femme*. ☞ Chapitre XV.3 pour l'adverbe en *–ment* correspondant.

15. D'adjectifs divers comme *perplex(e)*, attesté au masculin avec ou sans *e*, ou comme *indigest* que E. Huguet, dans son dictionnaire, ne donne que dans cette graphie pour le masculin (nous avons donc les entrées *perplexe* mais *indigest*, respectivement t. 5, p. 734 et t. 4, p. 608) : *et en sursault me resveiglay tout fasché, perplex, et indigné.* (Rabelais, TL, 14, p. 393).

16. Certains adjectifs admettent deux formes au masculin : une forme en *–l* et une forme en *–u*.

En français moderne, la distinction ne concerne que les adjectifs épithètes antéposés : si le nom qualifié commence par une initiale vocalique ou un h muet, on emploie la forme en *–l*, s'il commence par une initiale consonantique, on emploie la forme en *–u* (ex : *un beau parti* / *un bel homme*).

Au XVIe siècle, cette règle n'est pas appliquée et l'on peut avoir des formes en *–l* devant consonne ou des formes en *u* devant voyelle, ainsi que des pluriels en *–l* (*fols, vieils*) : *Faites à ce vieil corps tout supplice endurer :* (Garnier, *Les Juifves*, v. 1082) ; *deux vieils et sages seigneurs.* (M. de Navarre, *L'Heptaméron*, N10, p. 156). Au singulier, la vitalité de *vieil* est bien attestée (408 occurrences dans Frantext contre 343 de *vieux* singulier et pluriel confondus). Au pluriel en revanche, Frantext ne donne que 14 occurrences de *vieils* et 4 de *vieilz*. Pour *fol*, la forme en *–l* semble dominer au singulier comme au pluriel avec, dans Frantext, 569 occurrences de *fol* contre 31 de *fou* et au pluriel 117 occurrences de *fols* et 124 de *folz* contre 7 de *fous*.

=> Les mots en *–ol* se prononcent en *–ou*, sauf dans le cas particulier d'un adjectif devant initiale vocalique. Nous en avons pour témoin, au XVIe siècle, Peletier du Mans (*Dialogue*, 1ère partie, p. 57, c'est Théodore de Bèze qui parle) : « D'autre part, nous écrivons *Fol, sol, mol, col, Pol* : Et touteffois nous prononçons *fou, sou, mou, cou, Pou*. Vrai est que nous disons quelquefois *fol*, ainsi qu'il s'écrit : qui est, quand il s'ensuit une voyelle : Et quand aux autres, nous n'oserions les écrire autrement : tant pour garder l'étymologie, que par ce que les féminins de tels noms, sont en *ole* : comme *fole, mole* ». Cette prononciation est confirmée, au XVIIe siècle, par Vaugelas (*Remarques*, 1647, p. 13-14) : « Et aprés tous les mots qui finissant par *ol*, se prononcent en *ou*, comme *fol, mol, col*, & autres semblables, qu'on prononce *fou, mou, cou, c'est un fou* ». E. Huguet cite toutefois, dans son dictionnaire (t. 4, p. 145, article « fol »), plusieurs cas de rimes en *o* fermé : *folz / voz* (*Sotties*, II, 185).

=> L'usage actuel se met en place en français classique (voir Vaugelas, *Remarques*, 1647, « *Bel, & beau* », p. 328-329).

17. Pour les adjectifs en *–eur*, la chute du *r* final dans la prononciation a entraîné une confusion avec les adjectifs en *–eux*, d'où des féminins en *–euse* (sur ce point, voir N. Catach, *Dictionnaire historique de l'orthographe française*, § 118, p. 1169). E. Huguet intègre ainsi, dans son dictionnaire (t. 2, p. 218), l'adjectif *chasseux* (« chasseur ») : « *Oiseleur :* Cauteleux ou caut, patient, chasseux. » (M. de La Porte, *Les Epithètes*, Paris, G. Buon, 1580, p. 288 r°), auquel correspond le féminin *chasseuse* que le co-texte peut rapprocher du nom *chasseur* : *Las ! quantes fois, elle qui fut chasseuse, / Devant chasseurs fuit toute paoureuse.* (Marot, *second livre de la Métamorphose*) ; *Pour l'ayde qu'elle*

[Diane] preste par sa lumiere aux chasseurs nocturnes, elle tient nom de chasseuse. (Pontus de Tyard, trad. de Léon L'Hébreu [Leone Ebreo], *De l'Amour*, Lyon, J. de Tournes, 1551).

2) Les degrés de l'adjectif

Le comparatif

18. Au moyen âge, il existe des comparatifs synthétiques pour les adjectifs : *bon* (*buens*, *mieudre, meillor*), *mauvais* (*maus, pire, peior*), *grand* (*granz, graindre, graignor* / *maire, maior*), *petit* (*petiz, mendre, menor*), *jeune* (*juene, joindre* / *genvre, joignor*), *beau* (*beaus, belisor*), *haut* (*haus, halçor*), *gens* (*genz, gençor*), *fort* (*forz, fortre, forçor*). G. Moignet (1984, p. 31-32) constate toutefois leur faible valeur comparative : ils sont souvent employés comme positifs intensifs (*palais hauçor* = « très haut palais ») et sont couramment accompagnés d'un article avec une valeur de superlatif relatif.

19. Au XVIe siècle, seuls trois adjectifs présentent encore des comparatifs synthétiques : *bon, mauvais* et *petit*. D'autres formes subsistent dans des emplois spécifiques en perdant leur sens comparatif : « un enfant majeur », « les ordres mineurs ».

=> Les formes synthétiques peuvent servir de base à la formation d'un adverbe en *–ment* ☞ chapitre XV.2.

Désormais vieillie, la forme *greigneur*, comparatif synthétique de *grand*, est en voie de disparition : *Mais celle part, comme on dit, la greigneur,* (Scève, *Délie*, 19, v. 8). Ronsard l'emploie mais la corrige ensuite (I, 105, 2 corrigé en 1578 ; selon L. Terreaux, 1968, p. 98).

=> Palsgrave (4e accident du nom adjectif, f° 33 r°, p. 130 / 448) et Sylvius (« Les accidents du nom », « comparaison », p. 91 / 306-307), sont les seuls grammairiens consultés à mentionner cette forme à côté de *meilleur*, *pire* et *moindre*. Palsgrave conseille toutefois de lui préférer *plus grand* (L3, annotations sur le 4e accident, f° 80 v°, p. 223 / 587) et Sylvius précise que *grenieur* est rare. Il semble donc que cette forme disparaisse rapidement dans la première partie du XVIe siècle.

Mage (< *major* ; = « principal », « supérieur ») figure dans les expressions *le juge mage* ou *la place mage* (« grand-place »).

La forme analytique du comparatif peut s'employer à la place de la forme synthétique, comme *plus bon* : *Une autre moins belle que toy, / Mais d'une nature plus bonne,* (Ronsard, *Le Second Livre des Amours*, chanson 5 « Fleur Angevine de quinze ans... », 1556, v. 13-14), corrigé en *Mais plus que toi courtoise et bonne,* en 1560 et en *Mais de bien meilleure nature,* en 1578.

=> Palsgrave (L2, 4e accident du nom adjectif f° 33 r°, p. 130 / 448) signale que pour *pire*, *greigneur* et *moyndre*, l'on peut également avoir le comparatif en *plus*, qu'il recommande d'ailleurs dans ses annotations pour les deux derniers (L3, annotations sur le 4e accident des noms adjectifs, f° 80 v°, p. 223 / 587). Concernant *pire, moindre* et *meilleur*, Meigret (« Du comparatif », ch. 2, p. 27 r°) et Ramus (1562, II, « Convenance du comparatif », p. 83) jugent inacceptables *plus bon* ou *plus mauvais* (que Ramus qualifie de « solécisme[s] »). Il n'en va pas de même de *plus petit*, que Meigret tolère à côté de *moindre*.

=> Ramus constate en outre (1572, II, 3, p. 137) que le « vulgaire » dit parfois, comme les Grecs, *plus meilleur* pour *meilleur*. Henri Estienne (*Conformité du langage françois avec le grec*, ch. 1 « Du nom français », p. 78, obs. 9) accepte cet emploi populaire dans la mesure où il est imité du grec.

20. Le comparatif d'égalité se construit à l'aide de *autant* / *aussi* (*pas tant*, *pas si* en contexte négatif) ... *comme* : *Quant à moy, dist-il, si je pensois que le passetemps que je vouldrois choisir fust aussi agreable à quelcun de la compaignie comme à moy, mon opinion seroit bientost dicte ;* (M. de Navarre, *L'Heptaméron*, prologue, p. 8).

L'emploi de la conjonction *que* pour introduire le comparant est déjà possible, mais demeure minoritaire : *autant fort que Sanson, aussi beau que Absalon :* (Rabelais, QL, prologue, p. 525-526).

=> Au XVIIe siècle, la construction *aussi* (*autant*) ... *comme* est condamnée depuis Malherbe et cède progressivement devant *aussi ... que* dans la seconde moitié du siècle (N. Fournier, 1998, § 547).

21. Le comparatif d'inégalité se construit à l'aide de *plus* / *moins ... que*.

Le comparant peut également être introduit par la préposition *de* quand le second terme est une expression numérique ou un pronom : *Qu'oncq ne souffris homme de moy plus grand,* (Marot,

L'Adolescence clementine, « Le Jugement de Minos », v. 29).

=> L. Terreaux (1968, p. 98) relève un emploi avec un nom pluriel chez Ronsard où *de* est contracté avec *les* : *Qui moindre des Rois ne soit* (I, 64, 42), corrigé en *vassal des Rois* en 1555.

=> P. Ménard (1988, § 120, p. 120) constate des cas de confusion entre *de* et *que* dès le XIIIe siècle. L'usage de la préposition *de* est fréquent en ancien français pour introduire le complément du comparatif devant un pronom personnel senti comme le sujet du verbe sous-entendu (selon P. Ménard, 1988, § 120 et 256). Cette préposition ne s'emploie plus désormais, avec *plus* ou *moins*, que devant un nombre : *plus de trois ; moins de deux kilomètres.*

=> G. Gougenheim (1974, p. 61) remarque que la langue du XVIe siècle distingue le comparatif d'égalité (rendu par *comme*) et le comparatif d'inégalité (qui emploie des mots-outils de caractère abstrait : *que, de*). Les deux ont été unifiés au XVIIe siècle : « Il faut voir dans cette normalisation l'effet des tendances rationnelles du XVIIe siècle ». A l'inverse, les langues anglaise et allemande conservent la distinction (*than* / *as*, *als* / *wie*).

=> G. Serbat (1986, p. 89-90) rappelle qu'en latin classique le complément du comparatif est introduit par *quam* ou se construit avec l'ablatif seul [*Petrus doctior quam Paulus* / *Petrus doctior Paulo*]. Assez tôt sont apparus des emplois prépositionnels d'abord avec *a* (d'où, chez Ovide, *a te dignior* = « plus digne que toi », textuellement « plus digne à partir de toi »), puis avec *de* (attesté à partir du IVe siècle devant un nombre : *plus de XXX pedibus* = « plus de trente pieds »). L'emploi de la préposition *de* est attesté, seul ou en concurrence avec d'autres tours, dans toutes les langues romanes et il est usuel en roumain ou en italien (*piu grande di te* : « plus grand que toi »).

22. L'on peut employer au comparatif des adjectifs qui ne peuvent plus admettre de degré en français moderne, comme *excellent* ou *parfaict* : *Di que c'est quelque essence visible, & je t'en monstreray de plus excellentes,* (Sponde, *Meditations sur les Pseaumes*, « Méditation sur le psaume XIIII. ou LIII. », l. 360-361) ; *Qui est plus excellent, la mort, ou la Vie ?* (*Ibid.*, l. 424-425).

Le superlatif relatif ou comparatif généralisé

23. Au XVIe siècle, comme au moyen âge, il n'y a pas de différence entre le comparatif (*plus beau, moins beau*) et le superlatif relatif (ou comparatif généralisé : *le plus beau, le moins beau*).

Au XVIe siècle en effet, l'article est encore souvent absent. Absence qui entraîne, pour le lecteur moderne, des risques de confusion entre comparatif et superlatif : *il faut laisser jouer cette partie aux citoyens plus vigoureux et moins craintifs* [superlatif relatif] *qui sacrifient leur honneur et leur conscience (...) ; nous autres, plus foibles* [comparatif], *prenons des rolles et plus aisez et moins hazardeux* [comparatif]. (Montaigne, *Essais*, III, 1, p. 791 B).

L'article peut être présent ou absent dans une même phrase : *Moy, je m'offre par mes opinions les plus vives et par la forme plus mienne.* (Montaigne, *Essais*, III, 1, p. 791 B). Dans le deuxième syntagme, l'on pourrait faire l'hypothèse que la présence de l'article défini devant le nom *forme* dispense de sa répétition avec le tour superlatif (qui ne porte pas ici sur un adjectif).

=> Selon G. Gougenheim (1974, p. 61), l'article n'est présent que lorsque la syntaxe le nécessite. Il cite *Jouoit aux barres avecques les plus fors.* (Rabelais, GA, 23, p. 69) où l'article semble un moyen de substantivation et *envoyerent un predicateur le plus apparent de leur convent,* (M. de Navarre, *L'Heptaméron*, N41, p. 405) où l'article peut être dû à la présence d'un complément.

24. Cette absence de distinction est à rapprocher du fait que les grammairiens du XVIe siècle considèrent les périphrases en *plus* + adjectif comme des comparatifs.

=> Meigret (« Du Superlatif », ch. 3, p. 28 v°-29 r°) étudie la construction *le plus grand d'entre* qu'il considère comme un comparatif, tout en la rapprochant du superlatif : « Et combien que le comparatif semble avoir plus grande véhémence et faire l'office du superlatif, et que nous puissions dire, que *Pierre soit le plus grand d'entre les Français* : sa grandeur (peut-être) ne sera pas telle, que nous l'osions dire être *tresgrant homme* : car le Superlatif par *très*, signifie l'excellence de son Positif [de la forme positive de l'adjectif], sans qu'il soit besoin de le paragonner [comparer] à autre. » (p. 28 v°) Il aborde également cette construction comparative dans le chapitre consacré aux articles (p. 20 r°-v°), tout comme R. Estienne (p. 20).

Ramus est plus ambigu. Selon lui le « superlatif est toujours absolu : comme, *Platon très sage* » (1562, II, « Convenance du comparatif », p. 83). Mais plus loin, dans son chapitre consacré à

« La syntaxe des adverbes, principalement des prépositions » (II, p. 114), il étudie la construction superlative *le plus* pour rapprocher son fonctionnement de celui du comparatif : « Semblablement le superlatif est bâti par ces prépositions [*de, du, des*] comme aussi par la préposition *Entre* avec *Plus*, qui reçoit alors l'article : comme, *Le lion est le plus hardi de la troupe*, *Du troupeau*, *Des animaux*, *Entre les animaux*. Ici se garde la convenance ja devant dite au comparatif : car le lion est un de la troupe (...). Et faut ici noter que l'article et le comparé conviennent plutôt au genre du gouverné [le comparant] : comme nous disons mieux, *Le lion est la plus cruelle des bêtes*, que *Le lion est le plus cruel des bêtes* » (p. 114-115). Ramus évoque ici la nécessaire « convenance » entre le comparé et le comparant (le « gouverné ») en reprenant un développement que Meigret rattache au comparatif (« Du Comparatif », ch. 2, p. 28 r°-v°). En 1572, il ne mentionne tout d'abord que le comparatif en *plus* et le superlatif en *très* (I, 10 « de la comparaison & diminution des noms », p. 68-69), mais dans la partie consacrée à la syntaxe (II, 3, « du comparatif, et superlatif », p. 137-138), il distingue cette fois clairement deux sortes de superlatif : l'un, « absolu & simple », en *très*, l'autre en *plus* ou *moins* avec article, marquant ainsi une évolution vers le classement actuel.

Palsgrave rattache également la construction *le plus* + adjectif au superlatif (L2, 4e accident du nom adjectif, f° 33 r°, p. 130 / 447-448) : le superlatif se forme en ajoutant *le* ou un possessif (*mon, ton, son,...*) devant le comparatif : *le plus blanc, mon plus blanc.* Dans tous les autres cas, il s'agit d'un comparatif (*nul plus blanc, ung plus blanc...*). Mais pour augmenter ou amoindrir la qualité d'une chose sans en faire de comparaison, l'on emploie devant l'adjectif *trop, fort, moult, tres, peu, gayres* [guère], *goutte* (Susan Baddeley, dans son édition p. 448, n. 2, remarque cependant qu'elle n'a jamais trouvé dans un texte *goutte* + adjectif), ainsi que *autant, bien, tant, si* et *davantage* ajoutés dans les annotations (L3, annotations sur le 4e accident des noms adjectifs, f° 80 v°-81 r°, p. 223-224 / 587).

Toutefois, qu'ils y voient un superlatif ou un comparatif, tous les grammairiens consultés étudiant cette construction, notent la présence d'un article antéposé (voire d'un possessif selon Palsgrave).

La présence de l'article commence donc à être sentie comme nécessaire.

=> L. Terreaux (1968, p. 99) constate que Ronsard corrige les superlatifs relatifs en leur ajoutant l'article : *De leurs presens plus beaus* (II, 118, 12) devient *De leurs dons les plus beaux* (1578).

=> Au XVIIe siècle, Vaugelas imposera la présence de l'article immédiatement devant *plus*, *moins* ou *mieux* et soutient que ce n'est pas parler français que de manquer à cette règle appliquée en poésie comme en prose (*Remarques*, 1647, « Adjectif, quand il veut un article à part, outre celuy du substantif », p. 75-76). Mais il faut attendre le XVIIIe siècle pour que l'article se régularise.

25. Exprimé, l'article s'accorde en genre et en nombre avec le nom (ou pronom) et l'adjectif : *je ne les entreprens que par où ils sont les plus roides.* (Montaigne, *Essais*, I, 26, p. 148 C).

Le superlatif absolu en *-issime*

26. Ces formes, imitées du latin et de l'italien, sont rares en moyen français, mais deviennent à la mode au XVIe siècle chez les lettrés et les courtisans. A. Lorian (1973, p. 54) les signale chez les « italianisantes » Jeanne Flore et Hélisenne de Crenne. Mais on les observe surtout en emploi plaisant chez les prosateurs (Rabelais, Du Fail, Des Périers, Brantôme,...) (A. Lorian, *ibid.* ; E. Huguet, 1894, p. 46-47) : *Et si jamais feut vray en l'art de medicine le dict du vieil Hippocrates de Lango, (...), il est en cestuy endroict verissime.* (Rabelais, TL, 24, p. 425).

=> Ces formes sont critiquées par Meigret et Ramus : « Au regard de la nouvelle invention des Superlatifs Latins en *ssime* : comme *Illustrissime*, *Reverendissime*, *Invictissime*, que nous pouvons appeler superlatifs titulaires, l'usage de la langue Françaíse ne les peut goûter : et encore moins digérer. » (Meigret, « Du Superlatif », ch. 3, p. 28 v°). Ramus reprend ce développement en 1572 (I, 10, « de la comparaison et diminution des noms », p. 69).

L'emploi des adverbes

27. Pour marquer le superlatif absolu, l'on emploie, au XVIe siècle, l'adverbe intensif *tres* [*très*]. Plusieurs adverbes à valeur intensive interviennent également en renforcement dans les tours comparatifs (*trop, tant,...*) ou superlatifs (*si...*). Pour leurs effets stylistiques, voir A. Lorian 1973, p. 55-56.

28. Le superlatif absolu en *tres* + adjectif. *Tres* fonctionne comme une sorte de préfixe superlatif, ce qui explique qu'il soit souvent soudé avec l'adjectif.

Pour les grammairiens du XVIe siècle, la périphrase en *tres* caractérise le superlatif. Ceux-ci distinguent, en effet, le comparatif construit à l'aide de l'adverbe *plus* (*plus fort que...*, *le plus fort de...*) et le superlatif, construit à l'aide de l'adverbe *tres* sans être suivi d'un comparant, dans la mesure où il exprime le degré extrême d'une qualité (☞ Sylvius, « Le Nom », « la comparaison », p. 91-92 / 306-308 ; Meigret, « Du comparatif », ch. 2, p. 26 v°-28 v°, « Du Superlatif », ch. 3, p. 28 v°-29 r° ; Ramus, 1562 : II, « Convenance du comparatif », p. 82-83, 1572 : I, 10, p. 68-69 ; R. Estienne, « Les accidents des noms », « comparaison », p. 15). Parmi les grammairiens du *corpus*, Palsgrave et Ramus font exception en prenant en compte, dans les superlatifs, la construction *le plus... de* ☞ *supra* § 24. Sylvius rappelle que cette périphrase en *tres* est généralement écrite en un seul mot (*tresbon*). R. Estienne en cite pour exemples *tresdocte, tresfort, tresbon* (*op. cit.* p. 15) et Ramus *tressaige*, *treshonnoré, tressavant, tresheureux, trespendart, tresempoisonneur* avec donc des noms substantifs ou adjectifs, ainsi que des adverbes (1562, p. 83 ; 1572, p. 68 et p. 137-138).

=> L'adverbe *tres* vient du latin *trans* (= « au-delà de »). Mais Sylvius en donne une fausse étymologie en le rapprochant de l'adverbe grec *tres*, au sens du latin *ter* (= « trois fois ») (*ibid.*, p. 91-92 / 307). A sa suite, R. Estienne (*ibid.*) et Ramus (1572, II, 3 : « du comparatif, et superlatif », p. 137-138) adoptent cette explication étymologique erronée.

=> Cet emploi de *très* est fréquent au moyen âge (mais assez rare à date ancienne selon G. Moignet, 1984, p. 270) et disparaît après le XVIe siècle.

=> Selon P. Ménard (1988, § 299), le lien très fort de *très* avec l'adjectif ou l'adverbe sur lequel il porte fait qu'il n'en est plus perçu comme distinct et peut alors être précédé d'un autre adverbe intensif.

Il peut être renforcé par l'adverbe intensif *si* en corrélation avec un tour consécutif *si tres* + adjectif...*que* : *Si treslas fut d'environner le Monde / Le Dieu volant, qu'en Mer il s'abysma :* (Scève, *Délie*, 94, v. 1-2).

=> Cette construction *si tres...que* s'emploie avec des adjectifs, mais également avec des adverbes. La base Frantext donne ainsi 24 occurrences de *si tres* + adjectif...*que* ; 18 occurrences de *si tres* + adverbe...*que* (dont 11 avec un adverbe en *–ment*, 3 de *si tres bien...que* ainsi que plusieurs constructions adverbiales : *monter si tres hault que, poursuyvre de si tres pres que, si tres en paix que, aimer si tres tant que*...) auxquelles s'ajoutent 16 occurrences de *si tres fort que* ou de *si tres fort...que* en emploi adverbial : *Et en disant, ryoient si tres fort qu'ilz ne pouvoient parler de grant piece.* (Philippe de Vigneulles, *Les Cent Nouvelles Nouvelles*, N81, p. 319-322) ; *La dame, [...], fut si tres fort ferue au cueur du dart d'amour qu'elle ne sçavoit que dire* (Philippe de Vigneulles, *Les Cent Nouvelles Nouvelles*, N99, p. 399). R. Estienne (« Des Adverbes », p. 81) signale *fort* et *bien* parmi les adverbes de qualité et précise que les adverbes de comparaison permettent de construire les comparatifs (*plus, moins*) ou superlatifs (*tres*) aussi bien des noms adjectifs que des adverbes qui en dérivent : *tresbien, tresmal, tressagement* (*ibid*., p. 79-80).

29. ***Trop*** (= « beaucoup ») signifie le plus haut degré et pas forcément l'excès. Il s'emploie en renforcement d'un comparatif de supériorité synthétique ou se construit à l'aide de l'adverbe *plus*, pourvu ou non d'un comparant : *Car ta vertu de trop meilleur alloy, / Qu'Or monnoyé, ny aultre chose exquise, / Te veult du Ciel (ô tard) estre requise,* (Scève, *Délie*, 23, v. 3-5) ; *Mais j'ose bien me donner ceste gloyre, / Que ma constance est trop plus admirable.* (Du Bellay, *L'Olive*, 7, v. 13-14) ; *A vous elle est trop plus doulce que miel,* (Marot, *Le Balladin*, v. 188).

30. Abverbe de renforcement en *–ment*. L'association d'un adverbe en *–ment* comme *infiniment* ou *extremement* et d'un adjectif est à la mode : *& la peau luy est demeurée entiere, mais certes bruslée & bazannée infiniment.* (Sponde, *Meditations sur les Pseaumes*, « Méditation sur le psaume L. », l. 579-581). H. Estienne dénonce cette mode chez les courtisans : « [à la cour] Il vous faudra avoir ordinairement en la bouche ce mot *Infiniment*, ou ce mot *Extremement*. Et dire, *Je vous suis infiniment obligé* » (*Deux Dialogues du nouveau langage françois Italianizé*, t. 1, p. 138).

L'emploi de *tout* précédé d'une préposition

31. L'idée de supériorité peut être soulignée par la présence d'un comparant renforcé par *tout* (pronom ou déterminant) précédé d'une préposition (*sur*, *entre*) : *Ton chef royal hardiment bien hault pousse / Et apparoy entre tous les plus beaux / Comme un thaureau sur les menuz troupeaux* (Du Bellay, *L'Olive*, 3, v. 5-7) ; *Qui d'aussi loing devant les autres passe, / Que le parfaict de vostre belle face / Hausse le chef sur toute aultre beaulté.* (*ibid.*, 50, 12-14).

Substantivation

32. Les adjectifs (simples ou composés) au superlatif relatif peuvent être substantivés : *Quand au plus doulx serain de nostre vie* (Scève, *Délie*, 31, v. 2).

33. Les adverbes de comparaison peuvent être substantivés afin d'exprimer un degré extrême : *le plus* ou *le mieux* signifient ainsi « ce qui est au plus haut point, ce qu'il y a de plus élevé » : *Nature (...) / Prodigue vous donna tout son plus et son mieux,* (Du Bellay, *Les Regrets*, 168, v. 1-2).

Comme un nom, l'adverbe substantivé peut alors admettre un complément qui précise la qualité possédée : *Adonis jà cliné / Perdit le plus de sa nayve grace.* (Scève, *Délie*, 11, v. 3-4).

3) Syntaxe de l'adjectif

a) Place de l'adjectif

34. En ancien français, l'adjectif peut être couramment antéposé ou postposé au substantif. G. Moignet (1984, p. 345-348) montre que cette place a déjà une valeur expressive.

> L'antéposition charge l'adjectif d'une valeur classifiante qui fait entrer le nom dans une catégorie générale (cela concerne en particulier les adjectifs *granz, petiz, bons, maus* [mauvais], *beaus, hauz, riches, gentiz, sainz, vieuz, juenes,...*[il s'agit des formes du cas sujet singulier, d'où la désinence *s/z*]).
>
> A l'inverse, la postposition introduit une qualification tardive à valeur particularisante (c'est le cas des adjectifs de couleur à l'exception de *blanc*, souvent antéposé).
>
> Certains adjectifs, comme les adjectifs affectifs, se construisent indifféremment des deux manières, mais l'antéposition est plus expressive.

35. En moyen français, C. Marchello-Nizia (1997, p. 398) donne une liste détaillée des types d'adjectifs antéposés ou postposés. Cette liste s'accorde avec les analyses de G. Moignet, à l'exception des adjectifs de couleur qu'elle donne pour souvent antéposés. Les adjectifs qu'elle cite cependant (*blanc, jaune, noir, vermeil,...*) nous permettent de comprendre la raison de cette antéposition : il s'agit d'adjectifs symboliques et traditionnels qui font entrer dans une catégorie générale (par exemple celle de la beauté féminine type) et qui n'ont rien de particularisant.

36. Les observations de G. Moignet et de C. Marchello-Nizia demeurent pertinentes au XVIe siècle. La syntaxe de l'adjectif s'inscrit donc dans la continuité du système médiéval.

Le chapitre 1 du *Tiers Livre* de Rabelais confirme, dans l'ensemble, la valeur classifiante de l'adjectif antéposé (avec *petitz, grande, bonne, nouveau*) et la valeur particularisante de l'adjectif postposé (*espritz tyrannicques, roy inique, histoires antiques, loix commodes*). La nature narrative du texte entraîne cependant une nette domination de la postposition, avec parfois des cas ambigus : l'adjectif *antique* est ainsi indifféremment antéposé (*ses antiques et feaulx subjectz*) et postposé (*les histoires antiques*), tandis que dans *terres loingtaines* et *regions estranges* [étrangères], l'adjectif peut avoir une valeur classifiante.

A l'inverse, les nouvelles de *L'Heptaméron* de Marguerite de Navarre s'inscrivent dans un schéma prédéterminé (nouvelle tragique, édifiante, comique,...) qui entraîne la prédominance de l'antéposition. Le récit de la nouvelle 2 comporte ainsi 17 adjectifs épithètes, dont 12 antéposés : *vraye, petite, pauvre* (2 fois), *honnestes, grand, bon* (2 fois), *chaste* (2 fois), *meschante, jeune* - un choix et une place qui révèlent la portée morale édifiante de la nouvelle. Les 5 adjectifs postposés sont : *espée nüe, plaies mortelles, signes si evidens, visage joyeux, femme si vertueuse*. On peut distinguer deux cas : les adjectifs particularisants relatifs à la situation narrative (*nüe, mortelle, joyeux*) et les adjectifs classifiants renforcés par l'adverbe intensif *si* qui semble ici entraîner la postposition (*si evidens, si vertueuse*). Une nouvelle à rire, comme la nouvelle 29, ne modifie pas ces conclusions. Plaisante et brève, elle exploite une trame comique convenue, celle d'un ménage à trois, d'où une très nette domination des adjectifs descriptifs classifiants : *un riche homme laboureur, une belle jeune femme, le pauvre laboureur, si bonne quantité* auxquels s'ajoutent des expressions lexicalisées *bonne chere, grand mercy* et le substantif *bon homme* en cours de lexicalisation ; contre un seul cas d'adjectif épithète postposé, *le mary vieil et pesant,* redoublé d'ailleurs par un tour attributif : *il estoit rude et robuste.* Ces deux adjectifs sont eux aussi descriptifs, mais à la différence des adjectifs descriptifs antéposés qui posent des types, ceux-ci sont relatifs à l'intrigue (et donc particularisants), la force du mari conduisant la femme à user de ruse.

Le début de l'essai III.1 de Montaigne (p. 790-791 B) amène quelques remarques complémentaires, avec, parmi les adjectifs antéposés : *grand, vraye, fauces* et l'adjectif affectif *tendre*, mais également *je ne sçay quelle aigre-douce poincte de volupté maligne* et *les fondamentalles conditions de nostre vie.* Dans ces deux exemples, les adjectifs ont une valeur particularisante, mais l'antéposition semble être emphatique. Avec l'adverbe intensif *si*, le texte présente les deux possibilités, antéposition (*d'une si naturelle possession que*) et postposition (*vice si desnaturé*).

De ces trois études, il ressort que si l'antéposition possède bien, au XVIe siècle, une valeur classifiante et prédomine avec certains adjectifs, elle n'est jamais systématique : un même adjectif peut ainsi être antéposé ou postposé selon son rôle dans le texte, avec parfois des nuances ténues entre les deux positions. L'antéposition semble également posséder une valeur emphatique, mais avec l'adverbe intensif *si* la place est variable. Parce qu'elle n'est pas indifférente enfin, la place de l'adjectif peut être amenée par la nature même du texte (qui impose la prédominance de l'une ou l'autre position).

=> En 1572 (II, 1, p. 126, « de la convenance du nom avec le nom »), Ramus estime que l'ordre de la syntaxe française « bien fort requis » est *vin blanc, bonnet rouge* et qu'on ne doit donc pas dire, comme le font les Picards, *blanc vin* ou *rouge bonnet.* Palsgrave fait également de la postposition l'usage normal de la langue française, laquelle se distingue en cela de l'anglais : *a whyte horse > ung cheval blanc* (L2, 7e accident de l'adjectif, f° 33 v°, p. 131 / 450). Il explique que l'adjectif est postposé quand il apporte une distinction et permet de préciser un mot : *le pain blanc, bis, rassis, tendre…* (L3, annotations sur le 7e accident de l'adjectif, f° 82 r°-v°, p. 226 / 591).

b) L'accord de l'adjectif

37. Lorsqu'un adjectif se rapporte à deux substantifs coordonnés, il n'est, le plus souvent, exprimé qu'une fois et s'accorde presque toujours avec le plus proche (accord de proximité). Cet usage vaut de l'ancien français jusqu'à la fin du XVIIe siècle : *Pire que d'un lion et d'un tygre sauvage.* (Garnier, *Les Juifves*, v. 1484) ☞ A rapprocher du chapitre IX.2, accord de proximité du verbe.

=> Palsgrave aborde ce point en expliquant qu'en français comme en latin, l'adjectif s'accorde avec le substantif le plus proche (*les regnes et les puissances establyes*) et que le masculin « englobe » le féminin [*the masculyn gender conceyveth the femynine*] (*cent thoreaux et cent vaches blancz*) (L3, annotations sur le 3e accident de l'adjectif, f° 80 r°, p. 222 / 586).

=> Ce type d'accord de voisinage est hérité du latin, où l'usage le plus courant est d'accorder l'épithète avec le nom le plus proche : *Ardor gaudiumque maximum* [Une ardeur et une joie extrêmes].

=> Au XVIIe siècle, l'accord de proximité se maintient jusqu'à la fin du siècle (syllepse de genre ou de nombre) (N. Fournier, 1998, § 55). Malherbe pose la règle moderne en commentant un vers de Desportes « Pour rendre mon desir et ma peine eternelle. » (*Les Amours de Diane*, livre II, sonnet 3) : « *Eternelle* se rapporte à la peine ; que deviendra le désir ? » s'interroge Malherbe[1]. Vaugelas revient sur la règle de Malherbe en jugeant que l'accord pluriel, imité du latin (qui impose la supériorité du masculin sur le féminin quand les deux genres sont réunis) choque l'oreille : plutôt que *le cœur et la bouche ouverts*, il vaut donc mieux dire : *le cœur et la bouche ouverte.* Lorsque les deux substantifs cependant sont suivis d'un verbe [avec donc un adjectif en fonction attribut], l'accord se fait normalement au pluriel selon la forme du verbe : *le mari et la femme sont importuns* (*Remarques*, 1647, « Un adjectif avec deux substantifs de différent genre », p. 82-85).

38. Lorsque deux adjectifs sont juxtaposés, l'accord se fait, du moyen âge jusqu'au XVIe siècle, en tenant compte de la nature variable de l'adjectif et sans considérer sa valeur adverbiale : *je*

[1] Nous citons d'après Philippe Desportes, *Les Amours de Diane*, éd. critique par V. E. Graham accompagnée du commentaire de Malherbe, Genève, Droz / Paris, Minard, 1959, vol. 2, p. 197.

ne vis jamais homme des contrées de deçà (...) qui ne blessast les oreilles pures françoises. (Montaigne, *Essais*, II, 17, p. 639 A).

=> Cet usage s'est conservé, en français moderne, dans des tours du type : *des fenêtres grandes ouvertes* ou *des fleurs fraîches écloses* (F. Brunot et C. Bruneau, 1969, § 128).

c) Emplois de l'adjectif

39. La dérivation impropre. Les poètes de la Pléiade recommandent l'usage de l'adjectif substantivé et de l'adjectif adverbialisé : « Uses donques hardiment (...) De l'adjectif substantivé, comme *le liquide des Eaux, le vuide de l'Air, le fraiz des Umbres, l'epes* [épais] *des Forestz, l'enroué des Cimballes*, pourveu que telle maniere de parler ajoute quelque grace, et vehemence, et non pas *le Chault du feu, le froid de la Glace, le dur du Fer,* et leurs semblables. (...) Des Noms pour les Adverbes, comme *ilz combattent obstinez*, pour *obstinéement*, *il vole leger,* pour *legerement* » (Du Bellay, *Deffence,* II.9, p. 159-160) [le propos concerne ici les « noms adjectifs » ☞ *supra* I, remarque préliminaire].

40. L'adjectif adverbialisé équivaut à un adverbe de manière : *Que ses Princes pleurans autour du char saigneux, / Mourable en son palais le conduirent soigneux.* (Garnier, *Les Juifves*, v. 401-402).

=> Son origine remonte au latin où certains adverbes sont tirés d'adjectifs neutres à l'accusatif ou à l'ablatif : *solus, a, um* > *solum* (accusatif = « seulement ») ; *rarus, a, um* > *raro* (ablatif = « rarement »).

=> L'emploi adverbialisé de l'adjectif s'observe à toutes les époques, depuis l'ancien français. F. Brunot et C. Bruneau (1969, § 379) signalent l'expression « voir rouge » créée au XIXe siècle ou « achetez français » au XXe siècle. Ils condamnent cet emploi dans la mesure où le sens d'un adjectif, qui qualifie un nom, diffère de celui de l'adverbe, qui qualifie un verbe.

=> R.-L.Wagner et J. Pinchon (1990, p. 148) remarquent qu'il est parfois difficile de distinguer un adjectif attribut (construit avec un verbe autre qu'un verbe d'état) et un adjectif adverbialisé. Ils citent cet exemple de Colette : *Il* [le soleil] *luit blanc sur les ardoises* où *blanc* est un adjectif attribut dans lequel on pourrait également voir un adverbe. Dans ce vers de Garnier *L'onde de Siloé court sanglante,* (Garnier, *Les Juifves*, v. 63), *sanglante* est un adjectif attribut (la phrase équivaut pour le sens à « l'onde sanglante / ensanglantée court »), mais peut revêtir une nuance adverbiale en faisant porter ici son effet sur le verbe *courir* afin de produire l'impression frappante d'un flot de sang qui se répand.

41. L'adjectif substantivé se construit, la plupart du temps, avec un substantif complément. Le tour équivaut, sur le plan sémantique, à nom + épithète, mais il retourne de manière originale la logique syntaxique de la construction et permet d'insister sur la valeur de l'adjectif qui semble résumer l'essence même du nom et non en préciser une propriété : *Au fond d'enfer va pleurer tes ennuiz, / Parmy l'obscur des eternelles nuitz : / (...) / Ose-tu bien ô charongne puante ! / Empoisonner le serain de mon jour !* (Du Bellay, *L'Olive*, 100, v. 9-10 et 13-14).

E. Huguet (1894, p. 43) relève l'emploi de l'adjectif substantivé au sens neutre pour évoquer une chose : *Il y convenoit tout mangeable manger :* (Rabelais, TL, 2, p. 360).

42. L'adjectif attribut (du sujet ou de l'objet) à valeur résultative s'emploie avec un verbe dont il renforce le sens en marquant le résultat : *Si ores, l'ayant fait nombreux multiplier,* (Garnier, *Les Juifves*, v. 39) *; Les Pins, qui croissent si hauts, / Ne peurent attaindre egaux / A la hauteur des ondees.* (*ibid.*, v. 172-174).

43. L'adjectif qualificatif, épithète d'un pronom. Un adjectif peut qualifier un pronom personnel sujet ou complément du fait de la plus grande autonomie dont jouit encore celui-ci à l'époque (☞ chapitre III.12 et 32).

Exemple avec un pronom sujet : *pauvre je le vey,* (Garnier, *Les Juifves*, v. 403).

Exemple avec un pronom complément : *La faim, plus que le fer, palles nous combatoit,* (*ibid.*, v. 709).

L'adjectif qualificatif peut également accompagner un pronom relatif : *Au lieu de l'Eternel, de nostre Dieu vivant, / Qui a fait ciel et terre, et qui jaloux n'endure / Un homme s'incliner devant sa creature.* (Garnier, *Les Juifves*, v. 84-86) ; *[vos amis] Qui mutins vous ont fait elever contre moy.* (*ibid.*, v. 970). Dans ce dernier exemple, l'adjectif peut se rapporter au pronom relatif sujet (*qui*) ou au pronom personnel complément (*vous*).

44. L'adjectif à valeur de complément déterminatif. Selon

E. Huguet (1894, p. 40-42), Rabelais utilise volontiers l'adjectif épithète à valeur de complément déterminatif : *des cornes bovines* = « des cornes de bovins » (TL, 14, p. 393). C'est là une particularité syntaxique plutôt que lexicale et un trait caractéristique de l'auteur, absent chez ses prédécesseurs ou chez ses contemporains : « Il faut voir là tantôt une intention comique, tantôt une de ces affectations de latinisme dans lesquelles il tombe quelquefois » (p. 42).

CHAPITRE II : L'ARTICLE

Compléments bibliographiques : H. Bonnard, « Sur une règle d'effacement de l'article en moyen français », *Sémantique Lexicale et Sémantique grammaticale*, éd. M. Wilmet, Bruxelles, V.U.B., 78, p. 155-183. J. Chaurand, « Verbes supports et emploi ou absence de l'article », *Langages*, n° 102, juin 1991, p. 7-22. B. Combettes, « Marqueurs de généricité et ordre des mots. Article défini et déterminant zéro en moyen français. », dans G. Kleiber éd., *Rencontre(s) avec la généricité*, Paris, Klincksieck, 1987, p. 9-32 ; *id.*, « Détermination nominale et syntaxe du groupe verbal dans *Les Juives* de Robert Garnier », *Des noms, nomination, désignation, interprétation*, sous la dir. de F. Neveu, Paris, SEDES, 2000, p. 53-66, spé. p. 54-57. C. Marchello-Nizia, « Les verbes supports en diachronie. Le cas du français », *Langages*, n° 121, mars 1996, p. 91-98. S.-G. Neumann, *Recherches sur le français des XVe et XVIe siècles et sur sa codification par les théoriciens de l'époque*, Lund, Gleerup / Copenhague, Ejnar Munksgaard, 1959, p. 68-120 (*uns*) et « L'article indéfini », p. 121-184. Th. Venckeleer, « La constitution des syntagmes nominaux dans le *Roman de Jehan de Paris* », *in* R. Martin, *Etudes de syntaxe du Moyen Français*, Université de Metz, 1978, Klincksieck, p. 73-81, spé. p. 78-79.

I – MORPHOLOGIE

1) LES FORMES DE L'ARTICLE DÉFINI

1. L'article défini dérive des démonstratifs latins (*ille, illa, illud*) et sert à actualiser le procès.

> => Le pronom démonstratif latin *ille* a donné en français, d'une part des pronoms personnels (*ille* > *il*, *illórum* > *leur*), d'autre part des articles définis (*ille* > *le*, *illa* > *la*). G. Serbat (1986, p. 104-105) cite un texte du VIIIe siècle où le démonstratif latin est employé comme déterminant avec une valeur proche de l'article défini français.

La déclinaison de l'article s'est altérée au cours du XIVe siècle, jusqu'à disparaître au XVe siècle (C. Marchello-Nizia, 1997, p. 141). Il n'en reste plus de trace au XVIe siècle.

2. Les formes contractées. Ces formes sont courantes en AF (☞ chapitre III.7) et en moyen français (C. Marchello-Nizia,

1997, p. 142-143). Au XVIe siècle, certaines sont en régression ou en voie de disparition.

De + le = dou et *del* qui s'effacent devant *du* dès le XIVe siècle, tendance qui se confirme au XVe siècle ; *de + les = des*.

A + le = au et *al* (plus rare) ; *a + les = as* puis *aus* qui apparaît à la fin du XIIIe siècle et *aux* qui est la forme normale au XVe siècle.

En + le = ou (*on*), forme la plus fréquente, encore très vivante en moyen français et *el* / *eu* ; *en + les = es*. Ces formes contractées peuvent signifier *en le* (*les*), *dans le* (*les*), *au* (*aux*).

> E. Huguet (1894, p. 53-55) rappelle que l'on a encore chez Rabelais *ou, on* pour le singulier, mais que ces formes sont rares chez ses contemporains. Pour *on*, tous les exemples qu'il cite dans son dictionnaire (t. 5, p. 515, art. « *on*-2 ») sont tirés de Rabelais ou de Jean Bouchet (1545) : *Tout ce que sommes et qu'avons, consiste en trois choses, En l'ame, on corps, es biens.* (Rabelais, TL, 29, p. 444). Les occurrences de *ou*, quoique rares, sont plus diversifiées et s'observent durant tout le siècle : *Beroalde estant logé dans le logis de la Royne ou cloistre Sainct Agnan* (d'Aubigné, *Sa Vie à ses enfants*, p. 388 [1563]).
>
> La forme plurielle *es*, en revanche, reste courante durant tout le siècle. Elle s'écrit avec ou sans accent : *Les uns des champs es forteresses retiroient meubles,* (Rabelais, TL, Prologue, p. 346) ; *Je me desrobe és bois, ou me pers és vallées,* (Ronsard, *Elégies*, « Second Discours de Genévre », v. 30). Elle ne devient archaïque qu'au XVIIe siècle et ne subsiste plus que dans des titres figés devant un nom pluriel : *docteur ès lettres*.
>
> Dès le XIVe siècle, l'on note des cas de confusion entre *au* / *ou, on* au singulier et *aux* / *es* au pluriel (C. Marchello-Nizia, 1997, p. 143). Cette confusion est encore courante au XVIe siècle (☞ chapitre XVII.5-6).

2) LES FORMES DE L'ARTICLE INDÉFINI

3. L'article singulier *un* dérive du numéral latin *unus, una, unum*. Sa graphie courante est *ung*.

=> C'est celle qu'adoptent, par exemple, Palsgrave, R. Estienne ou encore Ramus dans la colonne en orthographe conservatrice de sa grammaire de 1572 (*un* étant son équivalent dans la colonne en orthographe phonétique). Dans son développement sur les noms numéraux (p. 100 / 315), Sylvius dénonce cette graphie *ung* qu'on utilise pour *un* sous prétexte d'éviter la confusion avec *vii* (sept) : d'une part le risque de confusion est inexistant puisque *vii* s'écrit avec un point sur les *i* et que le substantif qui suit est au pluriel ; d'autre part, cela rompt l'unité du masculin et du féminin (il faudrait alors écrire *ugne* ou *unge*).

☞ Pour l'emploi pronominal de *un* / *une*, voir chapitre VII.28.

4. L'article pluriel *uns* : au moyen âge, les formes *uns* / *unes* ont une valeur collective et marquent ce qu'on appelle le pluriel interne ☞ se reporter au chapitre I.7.

Elles sont parfois encore attestées, au XVIe siècle, avec des noms qui ne s'emploient qu'au pluriel ou qui désignent des objets composés de plusieurs éléments (pluriel interne) : *unes armes* (l'armement composé de plusieurs éléments), *uns degrez* (un escalier composé de plusieurs marches), *uns souliers* (une paire de souliers).

=> Palsgrave et Meigret signalent ce pluriel. Selon Palsgrave (L3, annotations sur les deux articles, f° 1 v°, p. 186 / 537), les formes plurielles *ungz, unes* s'emploient uniquement avec des substantifs dépourvus de singulier, qui n'ont qu'une forme plurielle (et dont il donne la liste dans ses annotations sur le substantif, ch. 53, f° 12-13, p. 207-209 / 567-568). Dans son étude sur les numéraux (« Du nombre des noms », ch. 7, p. 37 v°), Meigret conteste le pluriel de *unes lettres*, qui repose sur un usage imité du latin et jugé par certains élégant, mais qu'il estime pour sa part rude et sans propos dans la mesure où *un* n'a pas de pluriel. Il remarque, en revanche, que *un* peut parfois équivaloir au pronom *aucun* et admettre alors un pluriel : *les uns achetaient, et les autres vendaient.*

Dans son dictionnaire, E. Huguet (t. 7, p. 379, art. « un ») fait état d'un emploi beaucoup plus large, au sens de « des », sans qu'on puisse parler ici de pluriel interne : *unes haynes et inimitiez*, *unes dames*,...

Il mentionne également l'emploi en tête d'énumération (où *uns* est en quelque sorte la somme distributive de plusieurs *un* dont il opère la synthèse) : *Il* [Ronsard] *a en nostre langue representé uns Homere, Pindare, Theocrite, Virgile, Catulle, Horace, Petrarque* (Pasquier, *Les Recherches de la France*, L. VII, ch. 6, p. 1423).

=> Cet emploi n'est plus évoqué au XVIIe siècle, où l'on utilise désormais les articles pluriels *des* ou *les* au lieu du pluriel interne : *un gant* / *des gants* ; *un degré* = « un escalier » / *des degrés* = « des marches » ; *une arme* / *les armes* = « l'armement du soldat ».

5. L'article pluriel *des*.

Au moyen âge, il n'y a pas d'article indéfini pluriel : l'on emploie le substantif seul.

Cet usage se poursuit en moyen français, mais l'article indéfini pluriel apparaît au début du XIVe siècle, avec les formes *de* et *des* qui peuvent s'employer toutes deux devant le substantif ou avec un adjectif épithète antéposé. Dès cette époque cependant, l'on a tendance à préférer *des* dans le premier cas et *de* dans le second (C. Marchello-Nizia, 1997, p. 145).

Au XVIe siècle comme en moyen français, il y a, au pluriel, deux possibilités : soit il n'y a pas de déterminant ; soit l'on utilise *de* / *des* avec une tendance à employer plutôt *des* + noms et *de* + adjectif + nom.

=> L. Terreaux (1968, p. 107) constate que Ronsard hésite entre *des* et *de* avec un groupe adjectif + nom : *de gros motz venteux* (VII, 227, 48) est corrigé en *des gros mots* en 1557 puis le passage est entièrement modifié en 1560.

=> Selon H. Bonnard (art. cit., spé. p. 170 et 177), l'on a utilisé la préposition *de*, mais qui ne peut marquer seule l'actualité et doit s'accompagner d'un article défini (*de* + *les*) quand un adjectif ne vient pas remplir cette fonction. Par ailleurs, la forme *des* qui s'impose comme pluriel indéfini est homophone de *les, ces, mes*,... et présente donc une cohérence morphologique avec les autres déterminants pluriels du nom. La préférence pour la forme *des* sentie comme forme plurielle indéfinie peut expliquer que Montaigne l'emploie presque systématiquement devant un adjectif, là où la forme *de* est pourtant de rigueur.

=> Au XVIIe siècle, Vaugelas recommande clairement l'emploi de *de* devant l'adjectif et de *des* devant le substantif au nominatif et à l'accusatif : *d'excellens hommes / des hommes excellens*. Il note cependant que cette distinction bien connue n'est pas respectée dans la plupart des provinces et par bon nombre d'écrivains (*Remarques*, 1647, « *De*, & *des* articles », p. 330-331).

II – L'EMPLOI DES ARTICLES

1) LE DÉVELOPPEMENT DE L'ARTICLE

6. A la différence du grec, le latin n'a pas d'articles. Une spécificité des langues romanes a consisté à en introduire progressivement. La création date du bas latin ou de la période prélittéraire de ces langues. Le développement de l'article a été rapproché de la disparition progressive de la déclinaison du nom. L'existence d'une déclinaison du nom, même réduite à deux cas (cas sujet et cas régime), fait, qu'au moyen âge, l'absence d'article (article zéro[1]) est fréquente.

7. Si l'article zéro est encore fréquent en moyen français, la dégradation de la déclinaison à partir du XIVe siècle (☞ chapitre I.1) entraîne une plus forte présence des articles : le cas régime est devenu, dans la langue orale, le seul cas nominal ; le cas sujet tombe en désuétude dans les textes écrits également, et l'évolution phonétique ne fait plus entendre (sauf en liaison) le *s* final qui distingue les formes du singulier et du pluriel (il marque, pour les noms de la 1ère déclinaison, le cas sujet singulier et le cas régime pluriel et il est absent au cas sujet pluriel et au cas régime singulier). Le rôle de l'article est de pallier cette disparition des cas, afin de permettre de distinguer les formes, en particulier du singulier et du pluriel.

> => Certains grammairiens de l'époque sont sensibles à ce rôle. Robert Estienne définit les articles comme « de petis mots d'une syllabe, faisans ung mot, desquels on se sert pour donner à cognoistre les cas des Latins » (« Des Articles », p. 18) et son fils Henri Estienne remarque que les cas du nom se notent par

---

[1] L'expression est une création de G. Guillaume qui appelle « zéro », « traitement zéro » ou « article zéro » l'absence d'article, *Le Problème de l'article et sa solution dans la langue française*, Paris, Nizet / Québec, Presses de l'Université Laval, 1975. Sur le rapport entre article zéro et article défini, voir en particulier l'avant-propos.

l'adjonction d'un article ou particule, suivant en cela l'usage du grec et non du latin (*Conformité du langage françois avec le grec*, ch. 1, obs. 1, p. 49-50).

8. Le processus de disparition de la déclinaison étant achevé au XVIe siècle, l'emploi de l'article continue de s'étendre. Cette tendance s'accentue à partir de 1550 et les auteurs eux-mêmes recommandent sa présence, qui n'est cependant pas encore systématique.

Du Bellay : « Garde toy aussi de tumber en un vice commun, mesmes aux plus excellens de nostre Langue, c'est l'omission des Articles. » (*Deffence,* II.9, p. 161).

Ronsard : « Tu n'oublieras jamais les articles, et tiendras pour tout certain que rien ne peut tant deffigurer ton vers que les articles delaissez : » (*Abbregé de l'Art poetique françoys,* « De l'h », t. II, p. 1183).

=> L. Terreaux (1968, p. 101-112) montre comment Ronsard se corrige en rétablissant l'article défini ou indéfini dans tous les cas de figure, et en particulier devant un nom abstrait. Il relève ainsi 23 cas de correction, dont la moitié entre 1552 et 1560.

=> Au XVIIe siècle, Vaugelas dénonce l'absence d'article comme un barbarisme (*Remarques*, 1647, « Du barbarisme, premier vice contre la pureté », p. 570) et soutient que « Notre langue à l'imitation de la Grecque, aime extremement les articles » et ne peut s'en dispenser avec grâce que dans de rares cas (*ibid.*, « *Il a esprit, il a esprit & cœur* », p. 170-171 – voir aussi « *Faire pièce* », p. 316-318). L'absence d'article se maintient cependant jusqu'à la fin du siècle dans un certain nombre de cas, avec même une relative tendance à remettre à la mode l'article zéro : Vaugelas condamne ainsi le tour *il a esprit* en dénonçant cette nouvelle façon de parler qui fait fureur à Paris, mais qui est condamnée à la Cour et par les bons écrivains (*ibid.*, « *Il a esprit, il a esprit & cœur* », p. 170-171).

2) LES EMPLOIS DE L'ARTICLE

L'article défini

9. Du fait de son origine démonstrative, l'article défini s'emploie dans deux cas en particulier :

pour évoquer une réalité dont on a déjà parlé ou qui est nettement identifiée par le contexte (notion citée, partie du corps, fraction d'un ensemble,...) ;

et de manière expressive pour faire référence à une réalité bien connue, à un type traditionnel (article de notoriété : ex. *la lune*).

=> Henri Estienne (*Conformité du langage françois avec le grec*, chapitre 5 « De l'article françois », observation 1, p. 122) rapproche sur ce point le français du grec : l'emploi d'un nom sans article marque la généralité (*on luy a faict autant d'honneur que s'il eust esté roy*) et l'emploi avec article la spécificité : *on luy a faict autant d'honneur que s'il eust esté le roy.* Dans ce dernier exemple, un Français comprend ainsi qu'il s'agit du roi de France et un Espagnol du roi d'Espagne.

☞ Pour l'emploi de l'article défini avec un numéral, voir chapitre VIII.9.

L'article indéfini

10. L'origine numérale de *un* fait qu'au moyen âge (P. Ménard, 1988, § 8), comme au XVIe siècle, l'article indéfini désigne une personne ou une chose nettement individualisée et distincte des autres de sa catégorie, mais dont on n'a pas encore parlé (il marque une première apparition dans le texte). Il fonctionne donc en relation avec l'article défini qui vient le relayer.

=> Henri Estienne (*Conformité du langage françois avec le grec*, chapitre 5 « De l'article françois », observation 1, p. 123) définit particulièrement bien l'emploi de *un*, tout en contestant, en raison de sa valeur indéterminée, l'appellation d'article : « Il est bien vray que nous adjoustons quelquesfois ceste particule *un*, encores que nous ne voulions point specifier quelque certain entre autres ; comme en l'exemple precedent, *On luy a faict autant d'honneur que s'il eust esté roi* : on pourroit adjouster cest *un* devant *roy*, et dire, *Autant que s'il eust esté un roy*. (...) Il faut entendre que ceste particule *un* s'appelle improprement *article*, et est quelquesfois du tout superflue (comme en l'exemple precedent, *Un roy*, n'est autre chose que si on disoit, *Quelque roy*), quelquesfois elle n'est point superflue, mais est comme une piece servant à l'usage du cas (comme on dit, *Voila un livre*, et non pas, *Voila livre*), et toutesfois tant s'en fault qu'elle soit article, que mesmes elle luy est opposee.

Car si je di, *Voila le livre*, ce propos-la est comme opposé à cestuy-ci, *Voila un livre* : d'autant que ce premier parle particulierement d'un certain livre, le second parle generalement, et laisse incertain de quel livre on entend. Ainsi est-il quand nous disons, *Voila un galand, Voila le galand* : car on pourra dire, *Voila un galand*, de celuy lequel on n'aura jamais veu auparavant, et mesmes duquel on n'aura point ouy parler ; mais, *Voila le galand*, ne se dira que de celuy duquel on aura tenu quelque propos auparavant, ou touchant lequel autrement on s'entrentend bien [c'est-à-dire au sujet duquel l'on a une entente mutuelle qui permet de comprendre de quoi l'on parle]. »

11. L'article tend à être exprimé lorsqu'il accompagne un substantif renvoyant à un référent bien déterminé. Il s'emploie également avec une valeur expressive proche de son origine numérale.

Avec le sens indéfini de « un certain » suivi d'un nom propre : *Entre les autres esclaves qui furent presentez au peuple en ce combat des bestes, fut un Androdus,* (Montaigne, *Essais*, II, 12, p. 477 A).

Avec le sens étymologique de « un seul », « un même » : *Tout ce troupeau captif d'une voix vous supplie,* (Garnier, *Les Juifves*, v. 595).

☞ Pour l'emploi de *un* avec un numéral, voir chapitre VIII.8.

3) L'ARTICLE ZÉRO

12. L'article est absent lorsqu'un mot du co-texte est porteur d'un sens fort ou dans tout contexte porteur d'indétermination (absence d'actualisation), soit d'un point de vue sémantique, dans un propos à valeur générale, soit d'un point de vue syntaxique, dans des tours porteurs de généralité ou d'une certaine virtualité.

Absence de l'article défini

13. Dans un contexte porteur d'une certaine indétermination.

C'est le cas de propos à valeur générale dans lesquels l'actualisation du nom n'est pas nécessaire : mot abstrait, emploi à valeur générale, nom pluriel désignant un nombre indéterminé ou un groupe,...

Dans un emploi littéraire, des noms abstraits comme *amour* ou *nature* semblent avoir très vite été personnifiés et employés comme noms propres (G. Moignet, 1984, p. 107 ; C. Marchello-Nizia, 1997, p. 137-138) : *Nature est un doux guide,* (Montaigne, *Essais*, III, 13, p. 1113 B) ; *Quand voz beaux yeulx Amour en terre incline,* (Du Bellay, *L'Olive*, 94, v. 1).

14. Avec un nom propre[2] (de personne, de lieu,...) qui est suffisamment déterminé en soi.

Avec un nom géographique, l'article commence à être attesté à partir du XIIIe siècle, mais reste rare et dans tous les cas incompatible avec les prépositions de lieu (G. Moignet, 1984, p. 106). Sa présence progresse en moyen français.

=> Au XVIe siècle, les grammairiens (R. Estienne, « Des Articles », p. 20 ; Ramus : 1572, II, 2, « de la convenance des articles », p. 132) signalent l'emploi de l'article défini devant un nom de lieu (pays, région, fleuve,... : *la Seine, la France, la Picardie*). Ramus, toutefois, remarque qu'il peut être également absent et cite des exemples avec préposition : *Il coule en Seine, Tu t'en vas en Italie.*

L'article peut être absent en poésie. On peut ainsi comparer : *Non gueres loin de ce fameux rivage, / Où Meine va dedans Loyre se rendre.* (Du Bellay, *L'Olive*, 59, v. 7-8) et *Encor' dira que la Touvre, et la Seine, / Avec' la Saone arriveroient à peine / A la moitié d'un si divin ouvrage :* (*ibid.*, 62, v. 9-11). Dans le premier exemple, l'absence d'article est amenée par l'évocation de la Loire, fleuve angevin que l'auteur divinise et saisit, généralement, de manière allégorique dans le recueil (elle se répercuterait sur le Maine par souci de symétrie). Dans le second, les fleuves sont les métonymies topographiques d'un nom d'auteur et désignent respectivement Saint-Gelays, Héroët et Scève.

---

[2] Certains grammairiens (par ex. D. Denis et A. Sancier-Chateau, 1994, p. 57-60) parlent d'« article zéro » « lorsque l'article est effacé en surface mais peut être rétabli en structure profonde » (*ibid.*, p. 57) et d'« absence d'article » dans des cas où l'article est inutile, comme par exemple avec un nom propre.

15. Devant un nom coordonné plusieurs cas peuvent se présenter : on peut avoir absence totale d'article ou mise en facteur commun du premier article, même avec des noms de genres ou de nombres différents (zeugma grammatical ☞ chapitre XVIII.4).

Cette absence d'article, totale ou partielle, permet d'accentuer le lien entre deux noms lorsque leur sens le veut (appartenance à un même champ sémantique) : *allerent à l'enterrement et funerailles,* (Rabelais, PA, 3, p. 226) ; *les seigneurs et dames François* (M. de Navarre, *L'Heptaméron*, prologue, p. 55).

=> Au XVIIe siècle, Vaugelas condamne fermement l'absence d'article devant un nom coordonné et demande de dire : *les peres & les meres sont obligez* (*Remarques*, 1647, « Du barbarisme, premier vice contre la pureté », p. 570). Sur le plan pratique l'article se régularise, mais l'usage du zeugma se maintient jusqu'à la fin du siècle (N. Fournier, 1998, § 204).

Dans le cas d'une énumération, l'on observe un usage relativement libre de l'article, qui peut être présent ou absent devant l'un ou l'autre terme : *Puis luy getta de sa barque, qu'il portoit à sa ceincture, plus de dix et huyct cacques et un minot de sel, dont il luy emplit et gorge et gouzier, et le nez et les yeulx.* (Rabelais, PA, 29, p. 318) ; *Je suis le roc de foy non variable, / Que vent, que mer, que le ciel importune,* (Du Bellay, *L'Olive*, 35, v. 5-6). ☞ Le coordonnant *ni* s'emploie avec une même souplesse, voir chapitre XVI.6-7.

Absence de l'article indéfini

16. En fonction apostrophe, apposition ou attribut et en particulier après ***(il) y a* ou *c'est* + nom** : *Tu es Prince voir'ment, mais Prince desloyal.* (Garnier, *Les Juifves*, v. 1442).

Selon S.-G. Neumann (1959, p. 153-154), l'article peut également être absent devant un substantif sujet sans épithète ou qualifié par l'adjectif *grand*. Avec un attribut, l'article indéfini accompagne souvent un substantif qualifié par un adjectif, à l'exception des noms désignant une personne. Ces constats sont intéressants et nous amènent à faire la remarque suivante : la présence d'un qualificatif permet de bien préciser le substantif et de renvoyer à un référent précis (d'où la présence de l'article), tandis qu'avec un nom désignant une personne, l'attribut peut prendre une valeur générique et renvoyer à un type connu (comme celui du « prince déloyal » dans l'exemple ci-dessus, d'où l'absence d'article) ; quant à l'adjectif *grand*, il est porteur d'un sens fort et entraîne donc l'absence d'article.

Dans la construction *c'est* + nom, l'étude de S.-G. Neumann (1959, p. 166-169) montre que la présence de l'article est déjà attestée à la fin du XVIe siècle. Dans le livre I des *Essais* de Montaigne dont la publication date de 1580 (chap. 1 à 20), S.-G. Neumann constate que, dans la majorité des cas, l'article indéfini est exprimé, en particulier lorsque le substantif est un nom abstrait accompagné d'une extension (adjectif, groupe prépositionnel, relative). L'article est en revanche absent dans les formules qui expriment un jugement (*c'est pitié, c'est merveille*) ou avec le nom *chose* (porteur d'une certaine indétermination).

=> Meigret (« Des Articles », ch. 7, p. 20 r°) et Ramus (1562 : II, « Convenance des articles », p. 80 ; 1572 : II, 2, p. 131) expliquent que l'article peut être absent après *y a il, est il, n'y a il, il n'y a, il n'est* et après le verbe substantif [*être*] : *il n'est homme ni femme* ; *je suis homme.*

=> Le tour *c'est* + nom, qui est encore en usage au début du XVIIe siècle, est déclaré subitement vieilli par Vaugelas qui réclame désormais la présence de l'article indéfini (*Remarques*, 1647, « *C'est chose glorieuse* », p. 220).

17. En fonction complément direct d'un verbe, où l'absence d'article peut être sentie comme un moyen de mieux souder le substantif complément au verbe en formant une locution : *Que l'exemple de nous vous apporte terreur.* (Garnier, *Les Juifves*, v. 1282). C'est en particulier le cas après des verbes comme *avoir, faire, mettre, prendre, donner,...* qui forment avec leur complément une locution verbale.

=> Meigret (« Des Articles », ch. 7, p. 20 r°) et Ramus (1562, II, « Convenance des articles », p. 80), dans les exemples qu'ils donnent des différentes manières de parler où l'article est absent, ajoutent : *vous connaissez homme riche de cent mille écus.* En 1572 (II, 2 « de la convenance des articles », p. 131), Ramus précise explicitement qu'il s'agit du cas où le nom est « gouverné » par un verbe (ici en fonction complément d'objet).

Selon B. Combettes (art. cit., 2000, p. 63), ce type de construction sans article ne se rencontre qu'avec l'ordre verbe + complément et il oppose ainsi *qui la vengence en fait* à *qui leur vont faire hommage* (Garnier, *Les Juifves*, v. 1398 et 1292).

18. Dans une phrase interrogative, négative (ou restrictive), hypothétique, impérative ou comparative : *Resolus à la mort, plus que Lionnes fieres,* (Garnier, *Les Juifves*, v. 707) ; *Hà, Monsieur, je vous prie ayez propos plus sains.* (*ibid.* v. 929). Les énoncés au futur peuvent être porteurs de la même nuance de virtualité : *Vous acquerrez victoire à jamais memorable.* (*ibid.*, v. 1024).

B. Combettes (art. cit., 2000, p. 54-56) explique que la présence d'un négatif entraîne souvent l'absence d'article dans la mesure où il vide le substantif de tout référent précis et lui donne une valeur virtuelle : *L'on ne voit à grand'peine homme qui s'y tempere :* (Garnier, *Les Juifves*, v. 275).

Cela reste valable dans un tour restrictif : *Depuis, sa postérité / N'a commis qu'iniquité,* (*ibid.* v. 157-158) et avec un substantif qualifié accompagné de l'intensif *si* : *Il n'est malheur si grand que l'espoir ne nourrisse.* (*ibid.* v. 680). B. Combettes souligne, dans ce dernier exemple, l'association du négatif avec l'adverbe intensif *si* qui fait tendre la phrase vers la généralisation et lui confère une valeur virtuelle non actualisée.

A l'inverse, l'article est exprimé dès lors que l'on renvoie à un référent précis et non plus potentiel : *Dieu ne punira point un fait tant inhumain ?* (*ibid.* v. 445). B. Combettes oppose judicieusement *Je voudroy n'avoir point un tel desastre veu.* (v. 582) à *Jamais un Roy tel crime impuni ne relaisse.* (v. 656) avec, dans le premier exemple, un référent précis et, dans le second, une valeur générale et gnomique du propos malgré son référent anaphorique (un crime tel que celui commis par le roi juif) (voir aussi ci-dessous § 19).

19. Quand le nom est accompagné d'un indéfini marquant la ressemblance ou la différence : *Je luy veux bien donner autre punition.* (Garnier, *Les Juifves*, v. 218).

S.-G. Neumann (1959, p. 152) observe un usage particulier de l'article avec l'indéfini *tel*. Celui-ci est présent quand *tel* a une valeur anaphorique et renvoie à ce dont on vient de parler, mais il est souvent absent quand *tel* a une valeur cataphorique et annonce une précision qui suit. Ces conclusions cependant sont fondées sur le roman *Jehan de Paris* (1495) et ne sont pas reprises dans la seconde partie de l'étude de S.-G. Neumann portant sur les *Essais* de Montaigne (I, 1-20). Or l'exemple suivant nous amène à les nuancer : *se tenant seure, qu'une telle beauté, que la sienne, ne pouvoit estre que bien receuë :* (M. de Navarre, *L'Heptaméron*, N70, p. 561). Il nous semble que l'article indéfini est exprimé dès lors qu'il accompagne un substantif dont l'identité est précisée en amont (valeur anaphorique) ou en aval (valeur cataphorique) du texte.

B. Combettes (art. cit., p. 58-59) est plus circonspect que S.-G. Neumann : « Dans le cas de *tel* et de *même*, les occurrences [avec ou sans article] paraissent plus "équilibrées", sans qu'il soit nettement possible de dégager des facteurs justifiant les emplois » et il oppose ainsi dans *Les Juifves* de Garnier : *Jamais un Roy tel crime impuni ne relaisse.* (v. 656) à *Voudriez-vous que j'allasse un tel crime endurer ?* (v. 282). L'on pourrait cependant dire que dans le premier cas le tour négatif peut avoir une certaine influence sur l'absence de déterminant (☞ *supra* § 18). Par ailleurs, Nabuchodonosor oppose ici à la reine juive, qui implore sa grâce, une formule gnomique. Le crime des Juifs s'inscrit donc dans un schéma générique porteur d'indétermination (= « un crime de cette sorte ») qui justifie sa punition et la rend objective. A l'inverse, au vers 282, Nabuchodonosor affronte son conseiller qui vient d'énoncer une maxime : *Le supplice au delit ne vueillez mesurer.* (v. 281) et le roi babylonien choisit ici d'insister sur la réalité d'un crime que l'article rend palpable (= « ce crime-ci »). Les vers suivants de Du Bellay pourraient confirmer cet usage hésitant dont fait mention B. Combettes : *Telle clarté à voir luy est nuysante, / Et si le faict aveugle devenir. /.../ Que si mes yeulx avoient un tel pouvoir, / J'estimeroy' plus fermes les avoir, / Que n'a l'oyseau à Jupiter sacré.* (Du Bellay, *L'Olive*, 6, v. 7-8 et 12-14). Toutefois, l'absence d'article dans la première occurrence (avec pourtant un référent anaphorique) pourrait être due au fort accent qui pèse sur le mot *telle*, imposant la présence de la dame en tête de vers.

20. Après une préposition ou un adverbe de quantité (qui peut être senti comme un indéfini) : *et met son armee en pieces, avec grand carnage et mortalité :* (Garnier, *Les Juifves*, argument). Dans cet exemple, la présence de l'adjectif *grand* peut également justifier l'absence d'article (☞ *supra* § 16).

L'étude de S.-G. Neumann (1959, p. 156-159) amène à nuancer ce cas. Il relève en particulier que l'article indéfini est souvent présent après la préposition *de* avec un nom de matière ; qu'avec la préposition *à*, la présence de l'article particularise et concrétise le substantif; qu'avec la préposition *en* de la même façon, l'article soutient une évocation précise, mais qu'il s'efface dès que le substantif revêt une valeur abstraite générale.

4) Le cas de l'article partitif

21. Au moyen âge (P. Ménard, 1988, § 12, p. 29-30), l'emploi de l'article partitif est très rare pour les choses qui ne se dénombrent pas par unité. Pour exprimer une quantité ou une portion indéterminée, l'on trouve en concurrence le nom seul, sans préposition ni article, ou le nom précédé de la seule préposition (*de*).

=> P. Ménard (*ibid.*, rmq. 2) rappelle que l'emploi de la préposition *de* s'est développé à partir du latin vulgaire (*de pane edere* = « manger du pain ») et s'est étendu en ancien français par analogie avec l'emploi de la préposition *de* après les adverbes de quantité (*poi de vin* [peu de vin]) ou après négation (*point de vin*).

22. En moyen français, l'article partitif cesse d'être exceptionnel (C. Marchello-Nizia, 1997, p. 148-149). Au XIVe siècle, presque tous les textes en présentent des occurrences, mais il demeure minoritaire par rapport à l'article zéro. Les deux solutions (présence ou absence du partitif) peuvent coexister dans la même phrase. Dans la plupart des cas, le partitif détermine des noms désignant une nourriture ou une boisson.

23. Au XVIe siècle, l'emploi de l'article partitif se généralise : *Comme je fais conscience de manger de la viande le jour de poisson,* *aussi fait mon goust de mesler le poisson à la chair :* (Montaigne, *Essais*, III, 13, p. 1103 B).

=> Certains grammairiens du XVIe siècle mentionnent l'emploi « partitif » des formes *de / du*.

Selon Meigret (« De la préposition », ch. 1, p. 120 v°-121 r°), *de* ou *du* sont « partitifs » avec un numéral (*j'ai mangé de trois viandes* = « de trois portions d'elles ») ou avec certains verbes (*je mange du mouton, de la volaille*).

Ramus ne signale cet emploi partitif que dans la grammaire de 1572 (II, 12, ch. 12 « des prépositions », p. 192-193) : « *de, du* et *des* peuvent désigner part ou espèce comme *boire de l'eau. Il y a du vin. Dérober de l'argent : Il y a de l'âne. Il y a du fer, C'est du vin. Il y a des poissons à la rivière. Il y a des bêtes à la forêt (...) Je mange du mouton.* » Il ajoute (p. 194-195) qu'on peut également dire *Jamais ne mangeras pain*, sans article, avec ce commentaire : « Néanmoins en ces dernières formules la différence est manifeste. » Il faut donc comprendre que lorsque l'on désigne du pain en général l'article est absent, mais lorsque l'on désigne une partie du pain (sens partitif), l'on emploie *de / du*.

Une distinction que l'on retrouve chez Henri Estienne qui aborde ce point dans le chapitre 1 consacré au nom (*Conformité du langage françois avec le grec*, obs. 1, p. 50-51) quand il évoque le cas génitif. Alors que les Latins disent indifféremment *panem edere*, les Français, à l'exemple des Grecs, distinguent *manger pain*, *manger le pain* et *manger du pain*. La première construction a une valeur générale : *Il a juré qu'il ne mangeroit jamais pain ni boiroit vin*, tandis que la particule *de / du* laisse entendre « partie » ou « une partie » et s'étend à toute sorte de noms : *il lui a desrobé de son argent* = « une partie de son argent ».

Palsgrave se distingue des grammairiens français en concevant des pronoms « partitifs et distributifs » [*partitives and distributives*], *aulcun, quelcun, chascun...* qui seraient les équivalents français de *any, some, none* et *no* (L2, « Du pronom », f° 34 r°-v°, p. 132-133 / 452). Or, lorsque *some* signifie une partie de quelque chose, l'on utilise la préposition *de* : *baille moy du pain, allez querir de l'eaue* [de l'eau] (L3, annotations sur le pronom, f° 112 r°, p. 252 / 621-622 et annotations sur la préposition f° 414 r°, p. 298 / 679, 5e accident).

CHAPITRE III : LES PRONOMS PERSONNELS

Compléments bibliographiques : A. de Kok, *La place du pronom personnel régime conjoint en français. Une étude diachronique*, Amsterdam, RODOPI, 1985 ; « Les causes et l'évolution de la place du pronom personnel régime conjoint en français », *Travaux de linguistique* 14/15, 1987, p. 133-144. G. Moignet, *Les pronoms personnels français, essai de psycho-systématique historique*, Paris, Klincksieck, 1965. I. Morrison, « Remarques sur les pronoms allocutifs chez Rabelais », *Zeitschrift für romanische Philologie*, 104, p. 1-11. H. Naïs, « Etude sur le pronom personnel réfléchi », *in* R. Martin, *Etudes de syntaxe du moyen français*, Univ. de Metz, 1978, p. 55-62. R. Van Deyck, « La place des pronoms personnels conjoints », *Actes du Vᵉ Colloque sur le Moyen Français*, 1986, p. 109-122. S. Vlassov, « La codification de l'emploi des pronoms sujets en français dans les grammaires du XVIᵉ et du XVIIᵉ siècle », *L'Information grammaticale*, n° 74, juin 1997, p. 43-46. C. Wimmer, « De quelques emplois du pronom personnel chez La Bruyère », *L'Information grammaticale*, n° 48, 1991, p. 22-24. G. Zink, *Morphosyntaxe du pronom personnel (non réfléchi) en moyen français (XIVᵉ-XVᵉ siècles)*, Genève, Droz, 1997.

I - DÉFINITION

1. Définition établie d'après P. Monneret, R. Rioul (1999, p. 52-53).

Du point de vue syntaxique, les pronoms personnels peuvent être distingués :

selon leur fonction (le pronom de la P3 varie selon la fonction qu'il occupe : *il / le / lui*) ;

par leur comportement dans la phrase : les formes disjointes possèdent une autonomie syntaxique, les formes conjointes ne peuvent être séparées du verbe que par une autre forme conjointe ou par le premier élément de la négation *ne*.

Du point de vue sémantico-référentiel, peuvent être distinguées les formes suivantes :

Les pronoms personnels à valeur de déictiques, dont l'interprétation recourt au contexte énonciatif : *je / me / moi*, *tu / te / toi* (personnes de l'interlocution), *nous, vous,* (association de personnes) ; ils sont aussi appelés pronoms nominaux.

Les pronoms personnels à référence anaphorique, dont l'interprétation recourt au contexte linguistique : ce sont les pronoms représentants de la P3 et de la P6 ; les pronoms des P4 et P5 peuvent, dans certains cas, fonctionner comme représentants et comme nominaux : *mon père et moi, nous vous offrirons le repas* ; *nous = moi + toi / vous ; nous = moi + lui / eux / elle(s).*

=> Cette distinction entre éléments à fonction de déterminants (qui désignent directement leurs référents dans la situation de communication : *je, tu, nous, vous*) et éléments à fonction anaphorique est un grand trait roman (C. Marchello-Nizia, 1999, p. 19).

=> La catégorie des « pronoms personnels » n'existe pas au XVIe siècle. Palsgrave (« L2, « Du Pronom », f° 34 r°, p. 132 / 451) est le plus proche de notre classement dans la mesure où il rassemble toutes les formes que nous considérons comme des « pronoms personnels » dans une catégorie unique qu'il appelle : « pronoms primitifs » [*primitives*]. Pour Meigret (« Des Pronoms », ch. 1, p. 47 v°), R. Estienne (« Des Pronoms », « Des Espèces », p. 22) et Ramus (de préférence 1572 : I, 2, « Des pronoms », p. 70-73), les mots que nous classons parmi les pronoms personnels sont considérés : soit comme des démonstratifs, s'ils sont de personnes 1 et 2 (du singulier ou du pluriel), car le pronom est alors défini par la situation d'énonciation : *je* par exemple désigne le locuteur ; soit comme des relatifs, s'ils nécessitent un référent dans le discours, ce qui est le cas des pronoms de troisième personne. R. Estienne précise que *il* (*li*, *luy*) est tantôt relatif, tantôt démonstratif [allusion sans doute à son emploi impersonnel, sans référent].

Les pronoms personnels à référence par défaut qui ont le plus souvent une référence générique (le pronom *on*).

F. Calas et N. Rossi (2001, p. 62-63) ajoutent la « référence nulle » : c'est le cas du pronom impersonnel *il*, sémantiquement vide, pur indice grammatical de fonction sujet pour les verbes impersonnels.

II - LES FORMES

1) MISE AU POINT MORPHOLOGIQUE

2. Les bases latines correspondent à deux sources :

pour les personnes de l'allocution : les pronoms personnels correspondants en latin (*ego, tu, nos, vos*) ;

pour la personne représentée : *se* pour le réfléchi et *ille* pour les formes non réfléchies (c'est à partir du latin postclassique que le démonstratif *ille* est utilisé comme pronom personnel).

Les pronoms adverbiaux ou adverbes pronominaux *en* et *y* viennent respectivement de *inde* et de *ibi*.

3. En ancien français, le système des pronoms personnels est d'une rare complexité, qui a laissé des traces en FM. Il oppose une forme sujet à deux (pour les P1, 2, 4 et 5) ou trois formes de cas régime (pour les P3 et 6, où sont distingués les formes toniques et atones, les cas régime direct et indirect). De tous les pronoms, ce sont les personnels qui ont la déclinaison la plus complexe et la plus diversifiée. Cette déclinaison résiste bien :

masculin singulier, *il* (sujet), *le* (régime direct), *li* (régime indirect atone), *lui* (régime indirect tonique) ;

masculin pluriel : *il, les, eus, leur* ;

féminin singulier : *elle, la, li, li ;*

féminin pluriel, *elles, les, elles, leur.*

=> Les pronoms personnels se déclinent encore jusqu'en FM : cas sujet : *je, tu, il, elle, on, ils, elles* ; cas régime : *me/moi, te/toi, le/lui, la/lui, nous, vous, les/leur, se* ; formes disjointes, acasuelles : *moi, toi, lui, elle, eux, elles, soi.* C'est également le cas des relatifs et des interrogatifs (☞chapitre VI.3-4).

Les genres sont maintenus à 3 en ancien français, avec l'existence d'un neutre.

La distinction du genre animé féminin et masculin est bien représentée pour le régime indirect tonique (*lui* au masculin, *li* au féminin). Le régime indirect atone confond, en revanche, masculin et féminin : *li*.

Les personnes 3 et 6 connaissent une forme spécifique pour le réfléchi : *se / soi*.

Les cas régimes direct et indirect ont une double forme (sauf pour les personnes 4 et 5 – *nos, vos*) :

ténue hors accent (fonction conjointe) = formes non-prédicatives (régime direct : *me, te, le, la / les / se*, régime indirect : *li, lor*) ;

forte sous l'accent (détachement autonome) = formes prédicatives (*moi, toi, lui, li, eus, eles).*

=> Cette distinction entre formes prédicatives et formes non prédicatives est un des traits typiques de la langue française. Elle n'existe pas en latin (voir R. Martin, M. Wilmet, 1980, § 261 ; G. Moignet, 1965, p. 168).

=> G. Guillaume parle de « pronoms ontiques » pour les formes prédicatives ou disjointes et de « pronoms existentiels » pour les formes non prédicatives ou conjointes (cité par G. Moignet, *op. cit.*, p. 31).

=> Les grammaires les plus récentes (par exemple N. Fournier, 1998, p. 21) opposent les « pronoms clitiques » (ou conjoints) et les « pronoms non-clitiques » (ou disjoints).

4. En moyen français

Le système des pronoms personnels, réfléchis et adverbiaux est fort complexe, plus qu'en AF et FM, au point que dans certains cas relevés par C. Marchello-Nizia (1997, p. 221 *sq.*), la langue offre la possibilité d'un choix entre plusieurs formes ou constructions possibles.

Les principaux changements qui s'opèrent en MF concernent, selon G. Moignet (*op. cit.*, p. 133) :

la substitution de la graphie *ils* à *il* pour le cas sujet pluriel et de *lui* à *li* pour le cas régime indirect (qui s'effectuent toutes deux au cours du XIVe siècle) ;

la promotion du cas unique dans le pronom prédicatif : *moi, toi, soi, lui, eux* (mais l'ancien système, qui autorise l'emploi de *je, tu, il, ils* en position prédicative, cohabite avec le nouveau) ;

la poussée de *il(z)* féminin, qui semblait irrésistible en 1500, mais qui a été rejetée par le XVIe siècle (G. Zink, *op. cit.*, p. 383 et G. Moignet, *op. cit.*, p.129).

5. Au XVIe siècle, les formes sont les mêmes qu'en FM.

Au pluriel toutefois, l'on rencontre parfois encore la forme *ilz* pour le féminin.

Les exemples sont fréquents dans les farces : *Les matrosnes et les gardiennes / Chiffreront toutes les antiennes, / Les verseletz et les respons / De nostre saincte, j'en respons, / Ilz diront là qui boit et joue, / Et qui est tendre de la coue.* (Anonyme, *Voiage et pèlerinage de sainte Caquette*, p. 88).

F. Brunot (*HLF*, I, p. 421 et II, p. 313) en relève plusieurs exemples chez Marot, Ronsard, Rémy Belleau ou dans le *Journal d'un bourgeois de Paris : Garde sauves nos Avettes, / Qu'ils portent force fleurettes / Tousjours en leurs petits trous : /* (Ronsard, *Les Hynnes,* Appendices, Hynne 12, « Des Peres de famille, A Monsieur S. Blaise sur le chant, *Te rogamus, audi nos* », v . 63-65).

6. Emplois de *leur / leurs*

Une forme *leurs* du pronom personnel s'est développée au XVIe siècle (F. Brunot, *HLF*, 2, p. 313). Il s'agit là d'une des graphies caractéristiques de Rabelais, comme l'a montré M. Huchon : « dans les éditions revues par Rabelais, du *Pantagruel* au *Quart Livre, leurs* ne cesse de s'imposer. » (1981, p. 210) : *il leurs mordoit les aureilles. Ilz luy graphinoient le nez.* (GA, 11, p. 35) ; *« Je croy que ces marroufles voulent que je leurs paye icy ma bien venue... »*, (GA, 17, p. 48).

Il ne s'agit pas d'une graphie inconnue ; elle est fréquente chez Philippe de Vigneulles : *Et le seigneur archeprebtre, qui en estoit fort mal contens, leurs dit, en soy excusant,* (*Les Cent Nouvelles Nouvelles,* N4, p. 71) ; *souverainement leurs admonestoit de faire aumosnes,* (N8, p. 80).

=> Sylvius (p. 108-109 / 324) donne *leurs* comme l'une des formes (masculin et féminin pluriel) des pronoms français issus du démonstratif latin *illis* (*ego illis donavi, ge leurs hai doné*). Meigret (« Des cas et déclinaisons des Pronoms », ch. 6, p. 60 r°-v°) et Ramus (« Convenance des pronoms », 1562 : II, p. 86-87 et 99 ; 1572 : II, 4, p. 143-144), en revanche, distinguent bien *leur* « pronom relatif » invariable signifiant « à eux » et *leur* « pronom possessif » variable en nombre (*leur / leurs*).

7. Les cas d'enclise

On trouve, en AF, les formes contractées suivantes, construites à partir des pronoms *le* et *les* :

Enclise	Le	Les
Je	*gel, jel*	*ges*
Ne	*Nel, nul, nu (nou)*	*nes*
Se Si	*sel* *sil, sel*	*ses*
Qui Que	*quil* *qel*	*quis*
À	*al*	*as*
De	*del*	*des*
En	*el*	*es*

La plupart de ces formes ont disparu au XVIe siècle ou sont en voie de disparition ☞ voir chapitre II.2.

2) Valeurs sémantiques des formes

Les formes de l'interlocution

8. L'emploi de *nous* pour *je* est circonscrit au XVIe siècle à deux principaux cas.

Le *nous* de majesté, employé par le Roi (la formule *A nostre plaisir* clôt les ordonnances et édits royaux) ou les personnes de haut rang : *nous, Guilliaulme de Nassau, Prince d'Orange* (la « sainte Alliance » d'août 1568, *in* A. Jouanna, 1997, p. 449) ; *nous voulons d'ores en avant que tous arrests, ensemble toutes autres procedures, soient de nos cours souveraines et aultres subalternes et inferieures, (...) soient prononcez, enregistrez et delivrez aux parties en langaige maternel françois.* (Ordonnance de Villers-Cotterêts, 15 août 1539, cité par F. Brunot, *HLF*, I, p. 30, note 1).

Le *nous* de modestie employé dans les écrits, notamment dans les préfaces : *Nous ne disons pas que la France soit un estat composé de trois façons de gouvernement, ni divisé en trois en puissance absoluë et esgalle, chacune ayant la sienne : mais nous disons seulement qu'il semble qu'il le soit,* (Du Haillan, *Histoire de France*, 1576, *in* A. Jouanna, 1997, p. 530) ; l'alternance de *je* et *nous* n'est pas rare dans un même texte, voire dans une même phrase : *Au moyen de quoy, puisque les Propos d'aucuns Rustiques (que je nomme Païsans, Vilains ou Ignobles) nous sont en main, il ne sera, me semble, hors de propos,* (Du Fail, *Propos Rustiques*, « Maistre Leon Ladulfi au lecteur », p. 38).

=> Le verbe et le nom ou pronom surposé [sujet] devant être à la même personne, Meigret (« Des cas et déclinaisons des Pronoms », p. 53 v°) condamne, comme dénués de raison, les tours *j'étions, j'y allions* que certains tentent d'introduire en français, mais dont beaucoup se moquent. Ramus (1562, II, « La convenance du nom avec le verbe », p. 92-93) se fait l'écho de cette critique quand il signale l'emploi du *nous* pour les rois et les magistrats que la langue vulgaire a parfois voulu imiter : « à l'exemple de quoi le vulgaire a ordinairement en la bouche *Je dirons*, *Je ferons*, qui est toutefois estimé ridicule par les Grammairiens. » S'il se contente, en 1562, de rapporter cette critique, il s'en démarque explicitement en 1572 (II, 7, « de l'anomalie du nombre et de la personne », p. 164-165), en précisant que l'usage va à l'encontre de ces censeurs qui, eux-mêmes, usent de cette façon de parler.

9. En latin classique, rappelle K. Nyrop (1979, § 193 *sq.*), on dit *tu* à tout le monde ; la création en français d'un *nos* emphatique amène celle d'un *vos* de politesse. Pour l'adresse à Dieu, l'usage médiéval permet l'emploi de *tu* et de *vous* (*ibid.*, § 201) ; quant à l'emploi de titres honorifiques, il se continue après la Renaissance (on pourra consulter F. Brunot et C. Bruneau, 1969, § 232 et 233).

I. Morrison a travaillé sur les pronoms allocutifs chez Rabelais et parvient aux conclusions suivantes (art. cit., p. 11) : l'emploi de *tu* et de *vous* est très régulier ; cet usage peut régner : 1°/ d'une classe à l'autre (ex : d'inférieurs à supérieurs, on dit *vous*) ; 2°/ d'une sous-classe à l'autre (ex : de pères à fils, on dit *tu,* c'est-à-dire de supérieurs à inférieurs, dans les limites de la hiérarchie familiale) ; 3°/ d'un personnage à l'autre (ex : frère Jean tutoie Panurge).

En prenant pour textes témoins deux pièces de Garnier, nous avons fait les constatations suivantes : dans *Hippolyte*, *tu* est employé systématiquement pour s'adresser aux dieux, Phébus (Hippolyte, v. 155), l'Amour (Phèdre, v. 463), Diane (Phèdre, v. 1131), Jupiter (Hippolyte, v. 1439) ; le pronom *tu* permet aussi de s'adresser à soi-même (monologue de Phèdre, II, v. 416 *sq.*, monologues de la nourrice, v. 1885 *sq.* et de Thésée, v. 2345 *sq.*). Phèdre emploie *tu* pour s'adresser à sa sœur, Ariane (v. 1427). *Vous* est employé dans le dialogue entre les personnages présents sur scène (la nourrice s'adressant à Phèdre, et réciproquement, les dialogues de Phèdre et d'Hippolyte). Mais Hippolyte, dans sa colère, tutoie Phèdre un court instant (v. 1463-1468). Le pronom *tu* peut donc être à la fois marque de suprême respect (lorsqu'on s'adresse à Dieu, aux dieux) ou être au contraire tout à fait familier (Hippolyte insulte Phèdre). Le père, Thésée, emploie le *tu* pour s'adresser, en son absence, à son fils Hippolyte dans le contexte de la colère : *Tu vis monstrueux enfant, tu vis donque impuny,* (v. 1767) ou de l'affection : *Or adieu mon enfant, que bien tost puisses-tu / Voir les champs Elysez, loyer de ta vertu.* (v. 2379-2380).

De même, dans *Les Juifves*, on rencontre plusieurs valeurs du pronom *tu* : *tu* affectueux employé par Amital évoquant son fils, Joachas : *Pauvre Prince et chetif, à peine tu avois / Tenu le royal sceptre en ta dextre trois mois,* (v. 425-426) ; *tu* de respect pour s'adresser à Dieu, à Sion (le chœur, v. 477 *sq.*), à la nuit (Amital, v. 509), au Soleil (La Royne, v. 566) ; *tu* de mépris lorsque Nabuchodonosor s'adresse à Sédécie (v. 1375 *sq.*) : Sédécie garde d'abord son calme et répond par *vous* ; tout un échange de stichomythies oppose alors le *tu* méprisant de Nabuchodonosor au *vous* plein de dignité de Sédécie (v. 1419-1460). Mais la cruauté inébranlable du tyran provoque finalement l'emportement de Sédécie, qui emploie alors le *tu* insultant : *Sus donc cruel Tyran, assouvi ton courage,* (v. 1479), *Fay ce que tu voudras, monstre horrible,* (v. 1491).

=> Ramus est particulièrement sensible aux emplois en syllepse de nombre - ici le pluriel pour le singulier (1562, II, « La convenance du nom avec le verbe », p. 91-92 ; 1572 : II, 7, « de l'anomalie du nombre et de la personne », p. 162-163). Il signale, entre autres, l'emploi de *vous* pour *tu* : *vous* marquant la modestie ou la révérence et *tu* une plus grande affection (*Mon Dieu regarde moi*). Selon Meigret (« Des cas et déclinaisons des Pronoms », p. 53 v°), l'usage de *vous* à valeur de singulier est plus fréquent en français que celui de *tu*. Meigret précise que le verbe est alors au pluriel, mais l'adjectif ou participe au singulier (*vous êtes un homme de bien, qui pour votre bonne vie êtes tenu sage et prudent*) et Ramus que le substantif qui suit [en fonction attribut] est au singulier (*Vous êtes le premier homme du monde*).

Les pronoms représentants

10. L'emploi de *il* comme pronom neutre avec le sens de *cela* est signalé par E. Huguet (1894, p. 59), qui propose les exemples suivants : *Mais il me cousta beaucoup.* (Rabelais, PA, 17, p. 279) ; *Il ne faut point plorer de tout cecy que je vous compte : Car peult estre qu'il n'est pas vray.* (Des Périers, *Nouvelles Récréations*, N1, p. 15-16) ; *Tant s'en faut que cela doive obscurcir la gloire de Dieu que plutost il l'esclarcit.* (Calvin, *Institution*, I, 5, p. 72 [1560]).

III - LA FONCTION SUJET

1) EMPLOI DE *JE, TU, IL, ILS* COMME PRONOMS PRÉDICATIFS

11. Les deux systèmes (☞ *supra* § 4 pour le MF) cohabitent encore au XVIe siècle : les pronoms sujets *je, tu, il(s)* peuvent être employés comme pronoms prédicatifs et non conjoints.

G. Moignet (*op. cit.*, p. 140) relève l'exemple suivant, où le recours aux deux systèmes permet un effet stylistique par un jeu sur la variété : *Je boy comme un templier, et je* tanquam sponsus, *et moy* sicut terra sine aqua. (Rabelais, GA, 5, p. 18-19), ou encore : *Je (combien que indigne) y fuz appellé* : (*ibid.*, 1, p. 10). On rencontre chez Marot : *Cy est le Duc Annibal de Cartaige, / Et je le grand Empereur Alexandre,* (*L'Adolescence clémentine*, « Le Jugement de Minos », v. 18-19).

=> Palsgrave (L3, annotations sur le pronom, 4e accident, f° 101 r°, p. 230 / 595-596) évoque l'emploi du « cas oblique » (c'est-à-dire de la forme tonique de type *moy*) avec un adverbe, une préposition, une conjonction ou une interjection ; en réponse, avec *être*, à une question ; quand il y a répétition de pronoms et avec le mode impératif.

=> On trouve, au XVIIe siècle, quelques cas exceptionnels de l'emploi de *je* disjoint, qui survit jusqu'à nos jours dans la formule figée *je, soussigné(e)*...

12. Cette autonomie du pronom personnel prédicatif lui permet d'être qualifié :

par un adjectif épithète (☞ sur ce point, voir chapitre I.43) : *Je sot cuidois, que ce, que l'on dit Romme, / Fust une Ville ainsi petite,* (Marot, *L'Adolescence clémentine*, « Première églogue », v. 45-46) ;

par une apposition : *Je, doncques, petit entre les autres, ayant experimenté en la tienne venerable magnificence la sentence de Pline qui dit :* (Lemaire de Belges, *La Concorde du genre humain*, Prologue, p. 49) ; *tu, George dit* [appelé George], *labourant prime et nonne,* (*ibid.*, v. 269) ;

par une subordonnée relative : *Doncques dist Panurge, si je qui suis petit disciple de mon maistre monsieur Pantagruel,* (Rabelais, PA, 18, p. 285) ; *Mais qui es-tu qui devers moy t'en viens ?* (La Taille, *Saül le furieux*, v. 1198).

Cette autonomie lui permet également d'être séparé du verbe :

par un complément circonstanciel : *puis après advint que je, mardi XXVI de decembre, l'an de grace mil cincq cens et wit, la feste du premier martir, lendemain de Noël, je viz visiblement de mes yeulx la tres sacrée majesté imperialle,* (Lemaire de Belges, *La Concorde du genre humain*, p. 71) ; *sans point de faulte, tu, en ce cas, ne viens pas à frauder de ta gloire* (*ibid.*, Prologue, p. 49-50) ;

par une incise : l'on relève plusieurs exemples dans une même page de Rabelais : *Je (dist Panurge) entreprens de entrer(...)* ; *Je (dist Epistemon) sçay tous les stratagemates (...)* ; *Je (dist Eusthenes) entreray par atravers leurs tranchées, (...)* ; *Je (dist Carpalim) y entreray si les oyseaulx y entrent* : (PA, 24, p. 302) ; *Tu (dist Eutrapel) es trop heureux, et plus que saige,* (Du Fail, *Baliverneries*, I, p. 16). La plupart de nos exemples sont empruntés à Jean Lemaire de Belges et Rabelais, les seuls auteurs, avec Barthélemy Aneau, à employer régulièrement ce tour ; Henri Bonnard (*GLLF*, p. 4186), dans le cas de Rabelais, y voit l'affirmation d'un goût pour l'archaïsme ou le latinisme et E. Huguet (1894, p. 56-59) y voit l'influence, sur Rabelais, de la langue des Grands Rhétoriqueurs.

Ce phénomène n'est pas exclusivement réservé au pronom

personnel des personnes 1 et 2, comme le laisse penser le choix de nos exemples, mais il est très peu répandu avec la P3, *il* et *ilz* étant normalement non prédicatifs. E. Huguet (1894, p. 58) relève des exemples de relatives ayant pour antécédent *il / ils* : *maudit soit-il qui se feindra !* (Du Fail, *Propos Rustiques*, 3, p. 59) ; *que maudit fust-il qui le devoit raccoutrer.* (10, p. 131). On ajoutera l'exemple suivant, où *ilz* est qualifié par l'indéfini *tous* : *Ilz tous tenoient Gaster pour leur grand Dieu :* (Rabelais, QL, 58, p. 675).

13. Le tour *c'est il* se rencontre chez plusieurs auteurs : *Qui feut bien fasché et marry ce fut il.* (Rabelais, QL, Prologue, p. 526). M. Huchon (Rabelais, *Œuvres complètes*, p. 1488, note 10) note sa présence chez Marot. Nous en relevons également un exemple dans le théâtre de Marguerite de Navarre : [Prou] *: Voyez le là ! /* [Trop] *: Ma foy, c'est il !* [Peu] *: Voyez le là ! /* [Moins] *: Qu'il est subtil !* (*Trop, prou, peu, moins*, v. 345-346).

Le tour peut se trouver au pluriel : *car ce sont-ils qui cerchent d'éblouir les yeux des simples ignorans,* (Calvin, *Institution*, I, 11, p. 134 [1551]).

=> Palsgrave (L3, annotations sur le pronom, 4e accident, 3e et 4e exemples, f° 101 r°, p. 230 / 595 *sq.*) explique que les pronoms de « cas oblique » (c'est-à-dire les formes toniques) s'emploient dans les réponses : *ce fut luy* et non *il* (p. 598). Meigret (« Des cas et déclinaisons des pronoms », ch. 6, p. 50 v°-51 r°) juge incongrus les tours *c'est moi, c'est toi, c'est nous, c'est vous, c'est eux* (ou *ce sont ils* qu'il estime cependant meilleur). Ceux-ci, bien qu'usités, lui semblent mal venus et l'on doit leur préférer des réponses plus brèves et plus élégantes (comme l'emploi du seul pronom : *moi, toi,...*). Le problème ne réside pas seulement dans la lourdeur de ces tournures, mais dans le décalage qu'elles instaurent entre la forme du verbe (P3 du verbe *être*) et celle du pronom postposé. Ramus se fait l'écho de cette critique (1562, II, « La convenance du nom avec le verbe », p. 93-94 ; 1572 : II, 7, « de l'anomalie du nombre et de la personne », p. 166-168). La même critique est adressée aux tours interrogatifs correspondants ☞ chapitre XV.26.

14. Selon G. Moignet (*op. cit.*, p. 142), le FM peut donc être défini, entre autres critères, par l'interdiction faite aux pronoms *je, tu, il, ils* de quitter le plan intra-verbal.

=> Cette interdiction n'a été possible que parce les pronoms *moi, toi, lui, eux* ont été inventés pour leur correspondre dans le plan spatial extra-verbal.

En revanche, les pronoms du genre féminin *elle, elles* et les pronoms *nous, vous* ont pu, dès les origines, fonctionner comme sujets disjoints ou conjoints.

2) Extension du pronom prédicatif régime à la fonction sujet

15. L'emploi du type *moi* (*toi, lui, eux*) *et* (+ nom ou pronom) connaît une grande extension en MF et l'emporte définitivement au XVIe siècle (G. Moignet, *op. cit.*, p. 112). Ce n'est qu'au XVe siècle qu'on voit apparaître l'usage de *moi, toi, etc.* dans des questions ou des réponses.

16. *Moy* peut entrer dans la composition d'une proposition de type participial :

avec un participe de forme active (forme en *–ant*) : *Et quand je note que moy faisant à l'un visaige plus ouvert, et chere meilleure que es autres, le paillard pense avoir sa depesche le premier*, (Rabelais, TL, 3, p. 362) ;

ou avec un participe de forme passive (participe passé) : *deux gemeaulx Aigneletz, / Qu'elle a laissez (moy contrainct) tous seuletz,* (Marot, *L'Adolescence clémentine*, « Première églogue », v. 33-34) ; *Puis moy tumbé, Amour, qui ne permet / Finir mon dueil, soudain les luy remet,* (Du Bellay, *L'Olive*, 37, v. 12).

17. *Moy* peut être qualifié par un adjectif épithète : *Mais (ô moy sot !) de quoy me doy-je plaindre,* (Du Bellay, *L'Olive*, 37, v. 9).

18. En phrase attributive, dans les constructions clivées, il y a concurrence en MF entre les tours *ce sui je / c'est moi*. La tournure revient de nombreuses fois dans l'*Institution de la religion chrestienne* de Calvin : *Le Seigneur dénonce par le Prophète : « Ce suis-je, ce suis-je, Israel, qui efface tes iniquitez à cause de moy. »* (I, 13, p. 160 [1541] ; éd. O. Millet, IV, p. 223 / 583) ; la formule connaît une variante intéressante (III, 4, p. 114, [1541] ; éd. O. Millet, p. 320 / 758) : *Ce suis-je, ce suis-je moy qui efface tes iniquitez, Israel.* Quatre autres occurrences de la tournure hybride *ce suis-je moy* montrent que nous sommes à une époque intermédiaire de coexistence des deux systèmes. (voir N. Fournier, 1988, § 30).

3) L'OMISSION DU PRONOM SUJET

19. Le phénomène est un héritage du latin et de l'AF.

En latin, la flexion en personne est assignée au verbe, l'emploi du pronom personnel des P1 et P2 ne s'exerce au nominatif qu'à des fins d'expressivité ; à la P3, le pronom personnel est inexistant (☞ *supra* § 2). La tendance à expliciter le pronom sujet des deux premières personnes et l'invention d'un pronom de la P3 datent du latin postclassique (G. Moignet, *op. cit.*, p. 41 et p. 105-106).

En AF, la flexion en personne se dégage du verbe et se trouve désignée par le pronom, qui constitue en quelque sorte la flexion préposée (parfois postposée) du verbe. En très ancien français, l'emploi du pronom répond à une intention stylistique d'insistance ou d'opposition, mais l'effacement progressif des flexions verbales rend de plus en plus nécessaire cet emploi, qui connaît une forte expansion aux XIIe et XIIIe siècles. Le pronom devient alors la marque de la personne sujet.

20. En FM, le pronom sujet peut être omis dans les cas d'une liaison étroite, par coordination ou juxtaposition, d'un verbe avec un autre de la même personne ; au XVIe siècle, l'omission du pronom sujet est encore courante, même en dehors de ces cas.

Pronom personnel sujet omis dans la coordination non étroite, même avec changement de personne : *Helas et nous irons sans demeurée / Vers le Pais d'Affricque l'alterée : / La plus grand part en la froide Scytie / Habiterons : ou irons en Parthie / (...) / Au fleuve Oaxe impetueux de Crete.* (Marot, *L'Adolescence clémentine*, « Première églogue », v. 132-137).

Omission du pronom existentiel quand le pronom prédicatif de la personne est énoncé. L'omission du pronom *je* domine ainsi dans *L'Heptaméron* en présence de la tournure *moy qui* : *Et moy, qui la [la vertu] voy reluyre soubs le voile du plus parfaict corps qui onques fut, qui est le vostre, la veux servir et honorer toute ma vie,* (M. de Navarre, *L'Heptaméron*, N26, p. 320). C'est également le cas chez Montaigne : *Moy, qui le plus souvant voyage pour mon plaisir, ne me guide pas si mal.* (*Essais*, III, 9, p.

985 B).

Avec les verbes à sujet neutre ou les verbes unipersonnels : *J'aymois à me parer, quand j'estoy cabdet, à faute d'autre parure, et me sioit bien :* (Montaigne, *Essais*, III, 6, p. 902 B) ; *Il n'est si facheux mal, qu'un mal qui tient à l'os, / Et n'est si grand'douleur, qu'une douleur muette.* (Du Bellay, *Les Regrets*, 48, v. 14), on peut proposer ici deux explications : la coordination et l'emploi du verbe impersonnel (l'exemple est analysé par F. Calas, N. Rossi, 2001, p. 69) ; *En ce monde n'est rien perpetuel ;* (P. Gringore, *L'Union des Princes*, v. 109). On peut rencontrer *y a* pour *il y a ;* l'omission du pronom personnel semble un moyen d'éviter l'homophonie entre *il* (prononcé [i]) et *y* (sur ce point ☞ se reporter au chapitre VI.29) : [Nabuchodonosor] *Peut-on estre cruel envers un tel parjure ? /* [Sédécie] *Comme en une autre chose y faut garder mesure* (Garnier, *Les Juifves*, v. 1423-1424).

En apostrophe : *O qui, domteur du monde, avez sous vostre loy / Ce terrestre Univers,* (Garnier, *Les Juifves*, v. 989-990) ; dans les deux cas suivants, c'est le pronom de rappel qui est omis : *O Annibal, mon hault cueur magnanime / Ne peult souffrir, que par gloire sublime / Vueilles marcher par devant mes Charroys,* (Marot, *L'Adolescence clémentine*, « Le Jugement de Minos », v. 1-3) ; *Delaisse donq' ô cruelle obstinée ! / Ce tant doulx nom, ou bien te monstre telle,/ Qu'ainsi qu'en tout sembles estre immortelle, / Sembles le nom avoir par destinée.* (Du Bellay, *L'Olive*, 4, v. 6-8).

Lorsqu'est présent, en tête de proposition, un adverbe concessif, selon une règle de syntaxe médiévale, encore respectée au XVIe siècle, qui réclame alors l'omission du pronom personnel sujet : *On me donne la genne, et si* [pourtant] *n'ose crier, / On me voit tormenter, et si n'ose prier / Qu'on ait pitié de moy.* (Du Bellay, *Les Regrets*, 48, v. 9 et 10).

Lorsqu'un élément du co-texte éclaire sur l'identité du sujet. Un simple pronom complément peut permettre l'ellipse : *On luy voit une bouche, & ne sçauroit parler,* (Garnier, *Les Juifves*, v. 79) ; *Las s'il advient, qu'en mon petit Royaulme / Revienne encor, je le regarderay, / Et des Ruines fort je m'estonneray.* (Marot, *L'Adolescence clémentine*, « Première églogue », v. 143-145).

4) L'EMPLOI DU PRONOM SUJET

21. Dans la pratique, l'emploi du pronom sujet s'est développé de façon décisive au cours de la période finale de l'AF.

En MF, le pronom sujet s'institue progressivement comme pronom existentiel, dénué de prédicativité (G. Moignet, *op. cit.*, p. 145).

Au XVIe siècle, l'emploi du pronom commence à être senti comme obligatoire.

Meigret (« Des personnes du Pronom », ch. 2, p. 48 r°-v°) rappelle ainsi que les pronoms de première ou deuxième personne doivent toujours être « exprès ou sur-entendus » [exprimés explicitement ou implicitement] ; parfois, un nom peut y être ajouté : *je Charles ai écrit cette présente ; fais cela Pierre.* Les pronoms de troisième personne (qui sont démonstratifs), en revanche, ne sont pas toujours exprimés et l'on emploie souvent à leur place le nom (*Pierre rit*).

Ronsard recommande au poète l'emploi de *je, tu* en exceptant lui aussi les pronoms de P3 : « autant en est des pronoms primitifs, comme *je*, *tu*, que tu n'oublieras jamais » (*Abbregé de l'Art poetique françoys*, t. II, p. 1183). Il emploie d'ailleurs régulièrement *je* et *tu*, mais omet plusieurs fois *il (ils*) (L. Terreaux, 1968, p. 124).

=> Au XVIIe siècle, Malherbe reproche à Desportes de ne pas employer le pronom, mais pratique lui-même, assez couramment, une telle omission (voir F. Brunot, *H.L.F*, III, 2e partie, p. 476-491 et N. Fournier, 1998, § 4-6). Vers la fin du siècle, l'omission du pronom est définitivement condamnée en principe. Vaugelas (*Remarques*, 1647, p. 420-421) refuse l'omission, lorsque « la construction change tout à fait », c'est-à-dire lorsqu'il y a changement de personne, et « lors qu'elle est interrompuë par une particule separative ou disjonctive, comme *mais, ou*, et autres semblables. »

=> Cet emploi quasi obligé de *je, tu, il, ils* est un des critères qui définissent le FM.

22. Le pronom sujet non prédicatif peut être renforcé par l'ancien cas régime prédicatif : le tour *moi, je* date du MF.

23. L'emploi du pronom de rappel

G. Gougenheim (1974, p. 69-70) signale la fréquence de cet emploi pléonastique « pour reprendre devant le verbe un sujet nominal qui en est séparé par une apposition, une subordonnée circonstancielle, une subordonnée relative, etc. » ; il propose les exemples suivants : *Le barbier voyant bien que le bon homme n'estoit malade que d'aprehension, pour le contenter, il y mit un appareil legier,* (Des Périers, *Nouvelles Récréations,* N11, p. 63) ; *L'ame qui n'a point de but estably, elle se perd :* (Montaigne, *Essais*, I, 8, p. 32 A), auxquels on peut ajouter celui-ci : *Qui remet son injure il se rend mesprisable.* (Garnier, *Les Juifves*, v. 904).

Le pronom personnel peut également exercer cette fonction de rappel par rapport à un démonstratif ☞ chapitre V.36.

24. Le renforcement par *mesme [même]*

Le pronom personnel renforcé met l'accent, au XVIe siècle, tout autant sur la personne que sur la qualité incarnée : *Car Dieu est eslevé par dessus tout en bonté, c'est la bonté luy mesme : & l'homme se veautre au bourbier de ses malices, c'est la malice luy-mesme.* (Sponde, *Méditations sur les Pseaumes*, « Méditation sur le psaume XIIII. ou LIII. », l. 532-534) ☞ chapitre VII.41.

25. Le pronom *on* : la personne sujet indéterminée

L'indétermination de *on* lui vaut une disponibilité qui va s'accroître avec l'évolution de la langue : *on* peut se substituer à *je* dès l'ancien français, à *ils* dès la fin du XIIIe siècle, à *nous*, à *il* puis à *tu* pendant la période du MF. En FM, *on* prend un caractère omnipersonnel (G. Moignet, *op. cit.*, p. 133).

Au XVIe siècle, *on*, qui signifie en somme « certaines gens, la plupart des gens », apparaît fréquemment sous la forme de *l'on* (qui a pour origine l'article + le substantif *hom*) : *durant lequel temps on luy repetoit les leçons du jour d'avant.* (Rabelais, GA, 23, p. 65) ; *mais au dedans l'on reservoit les fines drogues, comme Baulme, Ambre gris,...*(*ibid.*, *Prologe*, p. 5).

=> Meigret (« Des cas et déclinaisons des Pronoms », ch. 6, p. 56 r°) note que le pronom *on* s'emploie avec les verbes impersonnels (*on dit, on aime* pour le latin *fertur*, *amatur*) et peut alors s'associer à l'article *le* : *l'on dit*. L'article est en particulier nécessaire quand *on* est postposé à un verbe terminé par un *e* clos et bref : *aime l'on*. Il est préférable au *t* (*aime t'on*) que Meigret juge sans propos dans la mesure où les verbes en *–er* n'ont pas de *t* final à la troisième personne du singulier. Ramus signale également cet usage en 1572 (II, 8, « du verbe infiny, & impersonnel, Item du participe. » p. 170-171), mais sans établir de préférence, le *t* étant, selon lui, d'une élégance équivalente. A signaler que Palsgrave (L2, « Du pronom », « Les pronoms primitifs », f° 34 r°, p. 132 / 451) donne trois formes équivalentes : *len, lon, on* (avec les formes en *l* soudées, l'apostrophe n'étant pas encore en usage dans l'édition de *L'Eclaircissement*).

G. Gougenheim (1974, p. 69-70) note que l'on trouve *ils* pour *on*, « peut-être par latinisme », en particulier chez Montaigne : *Je ne suis pas bon naturaliste (qu'ils disent)* (I, 18, p. 75 A).

On pour *nous* peut se rencontrer dans la langue poétique : *Ils* [nos anciens] *appelloyent brigand ce qu'on dit entre nous / Homme qui s'accommode, et ce nom est plus doux ;* (d'Aubigné, *Les Tragiques*, II, v. 243-244).

26. Postposition et euphonie

On rencontre, au XVIe siècle, quelques cas de postposition du pronom personnel *je* que le FM refuse pour des raisons d'euphonie : *Las qu'ay je dit ? quelle fureur me presse ? / Perds je le sens* ? (Marot, *L'Adolescence clémentine*, « Oraison contemplative devant le Crucifix », v. 134-135) ; *Songe je, ou si vray est ce qu'on me dict ?* (Rabelais, GA, 28, p. 82) ; *Combien de sottises dis-je et respons-je tous les jours, selon moy ;* (Montaigne, *Essais*, III, 8, p. 929 B).

Dans le cas d'un pronom personnel postposé à initiale vocalique, la présence du *t* euphonique à l'écrit n'est pas régulière au XVIe siècle et celui-ci est encore souvent absent : *en vain ton fils a il rien faict pour moy,* (Sponde, *Meditations sur les Pseaumes*, « Méditation sur le psaume L. », l. 1060).

Lorsqu'il est présent, le *t* euphonique peut être soudé au verbe : *mandierat-il donc maintenant ses propres biens ? questerat-il ses propres thresors,... ?* (*ibid.*, l. 905-906).

Lorsqu'il est absent à l'écrit, le *t* euphonique peut toutefois intervenir dans la prononciation du mot. Le témoignage de

Peletier du Mans nous éclaire à ce sujet : dans la première partie du *Dialogue* (p. 57), l'auteur met en scène Théodore de Bèze (partisan d'une graphie conservatrice) qui signale la prononciation avec un *t* euphonique, qu'il ne rend cependant pas obligatoire et ne désire pas intégrer dans l'écriture : « Souvent aussi nous prononçons des lettres qui ne s'écrivent point, Comme quand nous disons, *dine ti* ? *ira ti* ? et écrivons *dine il ? ira il* ? et serait chose ridicule, si nous les écrivions selon qu'ils se prononcent. » Dans la seconde partie (p. 126), ce point est repris par Sauvage qui soutient l'opinion de Théodore de Bèze, mais il est nuancé par Dauron, partisan d'une graphie réformée : « Mais vous savez qu'il n'est pas défendu de prononcer *ira il ?* et que ceux qui le diront on ne les saurait justement reprendre : Comme vous trouvez ès poètes assez souvent *vous sembl'il* ? et non point *vous semble til* ? » Dans tout l'ouvrage, Peletier écrit *y a il*, *a il*,...

Avec le pronom *on* postposé, l'hiatus est évité grâce à l'emploi de la forme *l'on* (article + *on*) : *Combien en a l'on veu se laisser patiemment brusler et rotir pour des opinions empruntées d'autruy,* (Montaigne, *Essais*, II, 32, p. 725 A).

=> Meigret préfère la première option, Ramus admet les deux ☞ voir *supra* § 25.

IV - LA FONCTION OBJET

1) Omission du pronom objet

27. Le pronom objet peut être absent :

Comme pronom de rappel : *Pour saluer de joyeuses aubades / Celle qui t'a, & et tes filles liquides, / Deifié de ce bruyt eternel.* (Du Bellay, *L'Olive*, 3, v. 12-14).

Dans la suite *le, la, les + lui / leur* : *il voulloit dire qu'on luy bailla son howe et sa truelle, car il estoit terrillon, comme dit est, et sa femme luy donna et luy dit* : (Philippe de Vigneulles, *Les Cent Nouvelles Nouvelles*, N91, p. 353) = « le luy donna » ; *L'Heptaméron* fournit les deux types d'emplois pour *luy donner congé* : *Il alla aussi prendre congé de la mere du Roy, laquelle luy donna aussi joyeusement qu'elle l'avoit receu comme parent et amy,* (N17, p. 224) ; *demanda congé à son maistre de se retirer chez ses parens : qui le luy donna à grand regret*, (N26, p. 318).

Dans une construction en facteur commun (☞ chapitre XVIII.4), un même pronom peut, sans être répété, fonctionner avec deux verbes comme régime direct de l'un et régime indirect de l'autre. G. Gougenheim (1974, p. 70) propose l'exemple suivant : *Mon amy, puis que Dieu nous a privé d'enfans, et donné assez de biens*, (M. de Navarre, *L'Heptaméron*, N13, p. 176).

Cette construction est possible aussi avec des pronoms qui ont des formes différentes pour les deux fonctions : *En lieu de les aller querir et bailler la main* (Rabelais, GA, 42, p. 116).

2) Place du pronom personnel objet

28. Complément de l'impératif

Au XVIe siècle, l'usage suit encore celui de l'ancien français, qui interdit l'emploi, en première position dans la phrase, d'une forme atone. ☞ Sur ce point, se reporter au chapitre XI.6-9.

29. Complément de l'infinitif

Je le dois faire, il le faut faire est l'ordre des mots prédominant au XVIe siècle. L'étude des *Essais* de Montaigne montre que c'est le cas, avec le verbe *falloir* :

que la tournure soit positive : *Il le faut juger par luy mesme,* (I, 42, p. 259 A) ; *s'il le faut ainsi dire.* (II, 2, p. 340 A) ;

ou négative : *il ne le faut espargner* (I, 26, p. 153 A) ; *il ne me le faut chercher guiere loing,* (II, 25, p. 689 A).

Le seul cas où l'on relève l'ordre moderne comporte une suite de deux pronoms régimes direct et indirect : *il faut le leur quitter* (III, 5, p. 856 B). ☞ Voir ci-dessous § 30.

=> Pour le XVIIe siècle, voir N. Fournier (1998, § 106).

30. Avec un pronom personnel de régime indirect

Le régime direct précède généralement le régime indirect : *aussi souvant je les vous veulx mectre devant les yeux*, (M. de Navarre, *L'Heptaméron,* N47, p. 452) ; *Nous, de nostre costé, / Apporté vous avons ce notable argument, / Pour le vous faire à tous servir d'enseignement.* (Des Masures, *David fugitif*, v. 26-28).

=> C'est seulement au XVIIe siècle que les grammairiens (Oudin,

Vaugelas,…) vont préconiser l'ordre moderne, qui s'impose vers 1620 (voir N. Fournier, 1998, § 105 et 105 *bis*).

3) EMPLOIS PARTICULIERS

31. Emploi d'une forme forte devant l'infinitif ou la forme en *-ant*

L'usage médiéval imposait l'emploi d'un personnel à forme forte devant l'infinitif prépositionnel (*de moi proier*) ou devant la forme en *–ant* (*en moy issant* qui signifie « en m'en allant »).

Cet usage se perpétue, au XVIe siècle, uniquement avec le pronom réfléchi (☞ *infra* § 36-38) et dans quelques rares cas ; nous les avons principalement rencontrés chez Philippe de Vigneulles, dans *Les Cent Nouvelles Nouvelles* :

> devant l'infinitif : *elle faisoit maniere de soy aprester.* (N18, p. 105) ;
>
> et surtout devant une forme en *–ant : en soy excusant* (N4, p. 71), *et soy pensant que bien facillement le pourroit faire…* (N16, p. 97), *en soy courrouçant* (N18, p. 104), *en soy disnant* (N20, p. 114), *en soy mocquant de luy* (N23, p. 125), *en soy riant* (N31, p. 151).

En FM, les formes *me, te, se* ont remplacé *moi, toi, soi* ; dans les autres cas, les formes *lui, nous, vous, leur* ont été maintenues.

32. Autonomie du pronom personnel objet

Comme le pronom personnel sujet (☞ *supra* § 12), le pronom personnel objet peut être qualifié par un adjectif : *nous vous laissons, pauvrettes, / De ces barbares sugettes,* (Garnier, *Les Juifves,* v. 843-44) ; *La faim (…) palles nous combatoit,* (*ibid.*, v. 709) ; *tu me fuis dolente !* (*ibid.*, v. 2011), où *palles* et *dolente* qualifient respectivement *nous* et *me.*

33. Le datif d'intérêt ou « datif éthique »

Il peut désigner la personne concernée par une action : *nous vous joignons les mains,* (Garnier, *Les Juifves*, v. 598) ; *soyez-nous tel,* (*ibid.*, v. 999) ; *On me va prononcer mon rigoureux arrest.* (*ibid.*, v. 1298).

Ou traduire une idée de possession : *le pouls luy defaillit,* = « son pouls défaillit » (Garnier, *Les Juifves*, v. 412) ; *Ne leur estoy-je pas successeur legitime ?* (*ibid.*, v. 1439) ; *Et vous estant amis & ne vous l'estant pas.* = « Et en étant vos amis, et en ne l'étant pas. » (*ibid.*, v. 1178).

=> Cet usage semble imité du latin et de tournures du type : *est mihi liber* (« j'ai un livre ») (voir G. Serbat, 1986, p. 62).

=> On notera parallèlement que la préposition *de* employée avec le pronom personnel peut équivaloir à un possessif (☞ chapitre IV.16) : *La souvenance d'elle / Faict mon cueur esveiller.* (Marot, *L'Adolescence clémentine*, *Chansons*, 11, v. 11-12).

Le datif joue également un rôle dans la narration, impliquant dans l'action l'auditeur ou le lecteur du récit : *Lors Sire Rat va commencer à mordre / Ce gros lien : vray est qu'il y songea / Assez long temps : mais il le vous rongea / Souvent & tant, qu'à la parfin tout rompt :* (Marot, *L'Adolescence clémentine*, *Epîtres*, 11, « A son ami Lion », v. 62-65) ; *Le passant, qui n'estoit facile à effriter, meit à l'instant la main à l'espée, et vous luy donna si beau coup sur la main de laquelle arrestoit son cheval, qu'il la luy trencha tout netement ;* (Philippe d'Alcripe, *La Nouvelle Fabrique*, N38, p. 82).

=> En 1572 (II, 4 ; « de la convenance des Pronoms », p. 139), Ramus signale comme un « Francisme » les constructions imitées du grec ou du latin : *Frotte moi bien ce galand. Que tu nous y mettes bon ordre. Je le vous équiperai.* Henri Estienne (*Conformité du langage françois avec le grec*, ch. 2 « Du pronom français », p. 80-88, obs. 1) rattache cet usage au grec plutôt qu'au latin où il demeure limité. Parmi ses exemples : *regarde-moy la grace de ce galand* (p. 80), *Et aussitost mon homme vous empoigne (ou vous va empoigner) un gros baston, et commence à charger* (p. 81), *Vostre galand* (p. 83), *cest homme-la ne m'ha point bonne physionomie* pour « ne me semble point avoir » (p. 87), *Mais toy, tu nous has une veue qui passe celle de Lynceus* (p. 84).

V - LE PRONOM PERSONNEL RÉFLÉCHI

34. La construction pronominale des verbes a beaucoup plus d'extension au XVIe siècle qu'aujourd'hui.

☞ Sur cette question, se reporter au chapitre IX.1.

Fusion des pronoms réfléchi et non réfléchi

35. Quand deux pronoms atones, réfléchi et non réfléchi, de forme identique, sont juxtaposés, les deux formes fusionnent : *Nous sommes rebellez, voire, je le confesse.* (Garnier, *Les Juifves*, v. 655) = « nous nous sommes rebellés ».

Emploi du réfléchi tonique *soi* au sens déterminé ou indéterminé

36. L'emploi de *soi* marque un certain progrès au XVIe siècle, que G. Brandt (cité par G. Moignet, *op. cit.*, p. 149) explique par la tendance du français littéraire à imiter la syntaxe du latin.

=> Selon Grevisse (1993, § 640, p. 979 4°), la concurrence entre *soi / lui, elle(s), eux* existe depuis les origines (elle s'observe dans la *Chanson de Roland*), mais c'est au début du XVIIe siècle que *soi* commence à reculer devant *lui, elle(s), eux.*

37. Rabelais fait de *soy* un usage beaucoup plus fréquent que ses contemporains, comme l'ont montré E. Huguet (1894, p. 66-70) et H. Naïs (art. cit., p. 55-62).

C'est un choix stylistique de l'auteur, décelable à la fois dans le recours systématique à des constructions déjà archaïques au XVIe siècle et dans l'invention d'un usage qui n'existait pas dans l'ancienne langue : l'emploi de *soy* devant un verbe conjugué à un mode personnel. H. Naïs n'en relève que trois exemples chez Rabelais: *je fays es presens qui soy aident de mon art et service.* (QL, Epître liminaire, p. 517) ; *Pantagruel soy complaignoit de ceste guerre.* (*ibid.*, 42, p. 636) ; *De faict en Plaute certain Parasite soy complainct et deteste furieusement les inventeurs d'horologes* [*sic*] *et quadrans,* (*ibid.*, 64, p. 690).

Les 47 occurrences de *soy* dans *Gargantua* fournissent un bon *corpus* d'étude et permettent de repérer les cas suivants :

Emploi de *soy* avec un infinitif ou une forme en *–ant*, trait syntaxique caractéristique de l'ancienne langue ☞ *supra* § 31.

Renvoyant à un sujet déterminé désignant une personne : *c'estoit passetemps celeste les veoir ainsi soy rigouller.* (4, p. 17) ; *Comment Gargantua soy peignant faisoit tomber de ses cheveulx les boulletz d'artillerye* (37, (titre), p. 102) ; ou une chose : *bastisoient plusieurs petitz engins automates : c'est à dire : soy mouvens eulx mesmes.* (24, p. 73).

Renvoyant à un sujet indéterminé : *et la plus grande resverie du monde estoit soy gouverner au son d'une cloche,* (52, p. 138).

Renvoyant à un pronom indéfini (en l'occurrence *chacun* dans les exemples suivants) : *quelque argument et raison : laquelle un chascun peut soubdain par soy comprendre sans aultrement estre instruict de personne,* (10, p. 31) ; *et à chascun donna cheval pour soy soulager au reste du chemin*, (45, p. 124).

Emploi de *soy* après une préposition :

Se rapportant à un nom déterminé, désignant une personne : *Auquel lieu estant, et voyant tant de gens, à l'entour de soy : dist clerement :* (17, p. 48) ; *Adoncques pensa en soy mesmes que c'estoit assez massacré et tué,* (44, p. 121) ; une chose : *le froc, et la cogule tire à soy les opprobres, injures et maledictions du monde*, (40, p. 110).

Se rapportant à un nom indéterminé : *les excés incomparables, qui en ses terres, et subjectz ont esté par toy, et tes gens commis, es quelz n'a esté obmis exemple aulcun d'inhumainité. Ce que luy est tant grief de soy* (31, p. 86) = « ce qui lui est pénible en soi ».

Se rapportant à un pronom indéfini : *aulcun* (qui a, au XVIe siècle, le sens positif de « quelqu'un » ☞ chapitre VII.11) : *Par ceste raison quand le temps venu estoit que aulcun d'icelle abbaye, ou à la requeste de ses parens, ou pour aultres causes voulust issir hors, avecques soy il emmenoit une des dames, celle laquelle l'auroit prins pour son devot, et estoient ensemble mariez.* (57, p. 149).

Soy fonctionne également comme pronom de reprise renvoyant à un sujet déterminé : *(mondict pere) se donna mancipe et serf voluntaire, soy et sa postérité :* (50, p. 134) ; *(Picrochole) delibera en icelle ville se heberger soy et ses gens et refraischir de sa cholere pungitive.* (28, p. 82) : on notera que dans ce dernier exemple, le réfléchi apparaît deux fois, atone en position préverbale, tonique comme pronom de rappel en position postverbale.

38. A l'inverse de Rabelais, Montaigne fait du pronom réfléchi tonique *soi* un usage moderne : les emplois relevés dans le livre

III des *Essais*, à l'exception d'un seul, sont prépositionnels.

Rapporté à une personne, *soi* s'emploie :

avec un sujet indéterminé, de sens vague ou général : *Miserable à mon gré, qui n'a chez soy où estre à soy,* (III, 3, p. 828 C) ; *Chacun doit avoir juré à soy-mesme ce que les Roys d'Ægypte faisoyent solemnellement jurer à leurs juges :* (III, 1, p. 797 B) ; *Si le monde se plaint de quoy je parle trop de moy, je me plains de quoy il ne pense seulement pas à soy.* (III, 2, p. 805 C) ; *il n'est personne, s'il s'escoute, qui ne descouvre en soy une forme sienne,* (III, 2, p. 811 B) ; *On ne se marie pas pour soy, quoi qu'on die ;* (III, 5, p. 850 B) ;

avec un infinitif : *la coustume concede à cet aage plus de liberté de bavasser et d'indiscretion à parler de soy.* (III, 2, p. 806 B) ;

dans une tournure impersonnelle : *Ce n'est pas estre amy de soy, et moins encore maistre, c'est en estre esclave,* (III, 3, p. 819 B) ;

dans la locution adverbiale *à part soi* : *Je ne luy voy rien juger apar soy,* (III, 2, p. 815 B).

Rapporté à un inanimé, nous l'avons rencontré dans 10 emplois sur les 25 relevés : *La justice en soy, naturelle et universelle, est autrement reiglée,* (III, 1, p. 796 B) ; *si nous avons promis chose meschante et inique de soy :* (III, 1, p. 801 C).

Dans deux seuls cas, *soy*, en parlant d'une personne, se rapporte à un sujet de sens bien déterminé : *Ce fut un ingenieux destour, dequoy le Sieur de Himbercourt sauva et soy et d'autres,* (III, 4, p. 831 B) ; *Quintilian dict avoir veu (...) ; et de soy mesmes qu'ayant prins à esmouvoir quelque passion en autruy, il l'avoit espousée* (III, 4, p. 838 C).

=> Pour les emplois au XVIIe siècle, voir N. Fournier, 1998, § 274-277 ; pour les emplois en FM, D. Denis et A. Sancier-Chateau, 1994, p. 412.

VI - LES PRONOMS ADVERBIAUX *EN* ET *Y*

39. Emploi du pronom adverbial *en*

En (< latin *inde*) représente un nom de chose précédemment énoncé et signifie *de cela* : *En icelle vous entendrez plus au long comment les Geands nasquirent en ce monde : et comment d'iceulx par lignes directes yssit Gargantua pere de Pantagruel : et ne vous faschera si pour le present je m'en deporte.* (Rabelais, GA, 1, p. 9).

Il est aussi très fréquemment employé pour représenter des personnes : *Tel disoit estre Socrates : par ce que, le voyans au dehors, et l'estimans par l'exteriore apparence, n'en eussiez donné un coupeau d'oignon :* (Rabelais, GA, *Prologe*, p. 5) ; *Et en est le nombre si infiny, qu'à la verité j'auroy meilleur marché de mettre en compte ceux qui l'ont crainte.* (Montaigne, *Essais*, I, 14, p. 54 A) ; *en* renvoie ici à *ceux de tous sexes et conditions et de toutes sectes és siecles plus heureux, qui ont ou attendu la mort constamment,* évoqués plus haut.

☞ Pour la concurrence entre *en* et le possessif, voir chapitre IV. 17.

40. Emploi du pronom adverbial *y*

Y vient de l'adverbe latin *ibi*, qui signifie *là*. Dans cette fonction d'adverbe locatif, *y* marque le lieu où l'on est et *où* le lieu où l'on va.

=> *Y* et *dont* (☞ ch. VI.44) posent un problème de classification aux grammairiens de notre *corpus*. Dans son chapitre consacré aux adverbes (1562, II, « La syntaxe des adverbes, principalement des prépositions », p. 111 ; 1572, II, 11, p. 185), Ramus signale *y* et *dont,* qui signifient « quelque relation ». Pour Meigret (« Pronoms », « Des cas et déclinaisons des Pronoms », ch. 6, p. 58 v°) et R. Estienne (« Des pronoms », p. 29), *y* possède une double nature. Estienne rapporte simplement que certains le qualifient de « Pronom relatif d'actions & passions, autant en pluriel, qu'en singulier » et qu'il a également une valeur de lieu. Meigret entend ne pas confondre l'adverbe indiquant un lieu et le « pronom relatif » renvoyant à une action ou passion (singulier ou pluriel) *il me dresse beaucoup de méchancetés, mais j'y donnerai bon ordre.* Selon lui, *y* ne désigne jamais une « substance spécifique » : l'on ne peut donc pas dire *je vous envoie des hommes, pour y aviser* à moins d'y ajouter « quelque action, ou passion » : comme *je vous envoie un cheval malade, pour y aviser.*

Comme *en*, il représente une chose précédemment énoncée et signifie *à cela, en cela, par cela, pour cela*, etc. : *Parquoy vesquirent longuement d'un costé et d'autre en cest amitié, jusques à ce que la vieillesse y meist ordre.* (M. de Navarre, *L'Heptaméron*, N3, p. 87) ; *Je vous supplie, ma dame, de me dire s'il ne vous plaist pas m'y donner toute aide et faveur à vous possible.* (*ibid.*, N26, p. 320) ; *aussi n'estes-vous pas exercitée à la guerre, pour user des stratagemes y requis,* (*ibid.*, N 46, p. 443).

=> Pour le XVIIe siècle, G. et R. Le Bidois (1967, § 308) signalent l'exemple suivant : *Vous me haïssez donc ? – J'y fais tout mon effort*, (Molière, *Amphitryon*, v. 1400).

Il peut renvoyer, au XVIe siècle, à des personnes : *ceste fuitte seulement luy faisoit penser qu'elle aimoit le gentil-homme. Parquoy il luy deffendit que jamais il ne luy advint d'y parler en public ny en privé, luy asseurant que la premiere fois qu'elle y parleroit, qu'il la tueroit sans pitié ne compassion.* (M. de Navarre, *L'Heptaméron*, N15, p. 204) ; *Et, quant il y eut demandé pourquoy c'estoit, elle luy dist* (*ibid.*, N15 ; c'est la leçon proposée par l'édition M. François, manuscrit FR 1512, éd. Garnier, p. 120 ; l'édition Gruget de 1559 propose : *Et quand il luy demanda pourquoy elle pleuroit : elle luy dist* - éd. N. Cazauran, p. 204).

G. Gougenheim (1974, p. 71) relève que *y* s'emploie au XVIe siècle, comme encore aujourd'hui dans des parlers régionaux, en matière d'attribut, pour représenter un adjectif ou un nom (au lieu de *le* ou *la*) : *Et depuis ledit seigneur (...) se nommoit Phelippot par manière de passe-temps, et disoit qu'il n'auroit plus nom Phelippes. Et y fut depuis souvent appellé* (Des Périers, *Nouvelles Récréations*, N15, p. 80).

CHAPITRE IV : LES POSSESSIFS

Compléments bibliographiques : S. Monsonego, « *Nous* dans le texte narratif au XVe », *Verbum*, 9, 1986, p. 275-301. C. Wionet, « Les zones d'instabilité de la langue du XVIe s. à partir des *Amours* de Ronsard (1553) », *L'Information grammaticale*, n° 76, janvier 1998, p. 12-19. P. Wunderli, « Les structures du possessif en moyen français », *in* R. Martin (éd.), *Etudes de syntaxe du moyen français*, Université de Metz, 1978, p. 111-152.

I - DÉFINITION ET HISTORIQUE

1) DÉFINITION

1. « Les mots possessifs signifient une référence à la catégorie de la personne, utilisée pour déterminer ou qualifier les êtres. Autrement dit, ils signifient la personne à laquelle un être peut être rattaché dans un rapport de l'ordre de l'appartenance, entendue dans un sens large. » (G. Moignet, 1984, p. 40).

2) MISE AU POINT MORPHOLOGIQUE

2. L'évolution des possessifs met en lumière une tendance profonde du français, relevée par C. Marchello-Nizia (1999, p. 19 et p. 152) : la généralisation d'une distinction entre éléments à fonction de déterminant et éléments à fonction anaphorique. Cette distinction s'est opérée pour les possessifs et pour les démonstratifs dans le courant du MF.

Comme le latin, le français indique nettement le genre et le nombre pour la chose possédée (*mon, ma, mes*).

Pour les possesseurs, il indique clairement s'il y en a un ou plusieurs, puisqu'il a des « possessifs de l'unité » (*mon, ton, son, ma, ta, sa*) et des « possessifs de la pluralité » *(notre, votre, leur, nos, vos, leurs*).

A la différence du latin, le français n'a pas de possessif réfléchi : *son, sa, ses* est ambigu en français.

En revanche, le possessif latin *suus, sui, sua, suœ* ne pouvait renvoyer qu'au possesseur sujet de la proposition. Si le possesseur n'était pas sujet, on employait le pronom personnel au génitif.

Le latin *suus* était indifférent au nombre du possesseur ; grâce à la création de *leur* (qui a pour origine *illorum*, la forme génitif masculin pluriel du pronom *ille*), le français *son, sa, ses* est exclusivement possessif de l'unité.

Le français a créé d'autre part une forme nouvelle de représentants possessifs (*le mien, le tien*, etc.), qui combine deux formes françaises : l'article et la forme accentuée du possessif.

Le latin n'avait qu'une seule forme de possessif de l'unité pour chaque personne (*meus, tuus, suus*), pouvant fonctionner comme adjectif lorsqu'il était appliqué au nom (*meum librum*) ou comme représentant, quand il en était détaché (*meus est* = « cela est mien »). « Par le jeu des lois phonétiques, notent G. et R. Le Bidois (1967, § 331 à 348), le possessif latin, en passant en français, prit selon sa fonction dans la phrase des formes différentes : comme adjectif, la forme atone, *mon, ton, son* ; comme attribut, la forme tonique, *mien, tien, sien*. Si la forme atone fut toujours réservée exclusivement au possessif en fonction de simple adjectif, par contre la forme tonique fut longtemps commune au possessif adjectif et au possessif attribut. »

3. En AF, les possessifs sont marqués par une distinction entre formes atones (employées comme déterminants) et formes toniques (les adjectifs possessifs).

Cette deuxième série est compatible avec l'article, le démonstratif et certains indéfinis.

Elle peut aussi s'employer sans déterminant, en fonction d'attribut, ou dans des formules du type : *soe merci* = « grâce à lui », *maugré mien* = « malgré moi », *vostre veiant* = « sous vos yeux » (☞ *infra* § 23).

« L'adjectif possessif, note G. Moignet (1984, p. 121), peut être référé à l'article en l'absence d'un substantif non répété : [...]. C'est ce qu'on appelle d'ordinaire le "pronom possessif". En réalité, c'est l'article qui fonctionne comme un pronom et qui est qualifié par le possessif. »

Les possessifs se déclinent jusqu'au XIVe siècle : pour le masculin *mes* (cas sujet singulier), *mon* (cas régime singulier), *mi* (cas sujet pluriel) et *mes* (cas régime pluriel).

4. En MF, les analyses de P. Wunderli (art. cit., p. 111-152) permettent de dégager les points suivants :

La disparition du cas sujet à partir du XIVe siècle entraîne la réduction des formes faibles (atones) des trois personnes du singulier au paradigme actuel (*mon, ma, mes*).

Les formes toniques se rencontrent fréquemment à cette époque, de même qu'en AF.

Le type article défini + possessif tonique + substantif est attesté maintes fois (*le mien cuer*, chez Villon).

Plus fréquent encore, le type avec article indéfini (*ung mien amy*, dans les *Quinze Joies de mariage*).

D'une extrême rareté en revanche en MF est le type démonstratif + possessif tonique + substantif, qui « ne semble avoir connu un regain de faveur qu'aux XVIe et XVIIe siècles, peut-être sous l'influence de la syntaxe italienne. » (P. Wunderli, art. cit., p. 124).

Mais la fréquence des formes atones dépasse de loin celle des formes toniques.

L'emploi simultané du possessif atone et d'un article (ou d'un autre déterminant) est devenu extrêmement rare (du type *ceste sa femme*, *ceste ma requeste*).

Un changement s'est opéré en MF selon P. Wunderli (art. cit., p.129) : « En AF aussi bien les formes toniques que les formes atones ne pouvaient être interprétées que comme adjectifs. [En MF], les formes toniques sont bien restées des adjectifs, mais les formes atones ne le sont probablement plus : nous les regardons déjà comme des articles et les interprétons de la même manière que leurs descendants modernes. »

Les formes toniques peuvent former à elles seules une phrase ou un énoncé, elles sont *prédicatives* ; les formes atones, qui n'ont pas cette possibilité, sont *non prédicatives*.

Cette opposition entre formes prédicatives ou non prédicatives n'existe pas pour les pluripossessifs (singulier et pluriel) : *nostre, vostre, lor*.

En ce qui concerne la P3 des pluripossessifs, une opposition numérique n'y existait pas primitivement. Dans les deux cas, c'était *leur* (< *illorum*) qu'on employait.

=> K. Nyrop, 1979, II, p. 90 ; L. Foulet, 1923, p. 162-163 ; P. Ménard, 1988, p. 36.

A partir du XIIIe siècle commence à apparaître un *–s* analogique pour le pluriel, tout d'abord dans le Nord et le Nord-Est.

En moyen français, la graphie avec *–s* est devenue courante, mais des restes assez fréquents de l'ancien usage subsistent encore.

5. Au XVIe siècle, les possessifs connaissent la fin de la concurrence possible entre formes dites « faibles » (*mon, ma ; ton, ta*, etc.) et formes « fortes » (*mien, tien, sien*).

La tournure du type *ce mien ami* n'est pas rare au XVIe siècle.

=> Palsgrave cite indifféremment : *le mien desir* et *comme il avoit fait du sien* (L3, annotations sur le pronom, ch. 18, f° 106 r°-v°, p. 240-241 / 608-609). Pour Sylvius également (« Le Pronom », p. 110-111 / 325-326), ces formes s'emploient avec un article ou un substantif dans les affirmations : *mon ami* ou *le mien ami*. La position de Meigret témoigne d'une évolution, puisqu'il signale la construction du possessif avec un nom exprimé (*le mien courroux*), mais en précisant qu'il s'agit d'une manière de parler « plus usitée en poésie qu'en prose » (« Des cas et déclinaisons des Pronoms », ch. 6, p. 59 v°). Ce tour n'est pas signalé par Ramus qui précise que *mesme* est le seul pronom à pouvoir être accompagné à la fois de l'article et du substantif (« Convenance des pronoms », 1562 : II, p. 89 ; 1572 : II, 4, p. 151).

II- LES FORMES

6. Emploi de *leur* devant un substantif pluriel

La forme invariable *leur*, continuation du démonstratif pluriel latin *illorum*, subsiste de loin en loin jusqu'au XVIIe siècle (voir C. Marchello-Nizia, 1997, p. 178-179, G. et R. Le Bidois, 1967, § 358).

D'après nos recherches dans Frantext, le phénomène semble se limiter au début du siècle. Nous avons rencontré des exemples chez Jean Lemaire de Belges : *Le prince doncq, bien semblant des hardiz, / le noble enfant tenant en main toudis, / s'assit joieux dedens ung riche throne, / comme il sembloit, pour entendre leur dictz.* (*La Concorde du genre humain*, p. 65) ; *le traicté de paix conclu et accordé (...) entre lesdis princes et leur confederéz.* (*ibid.*, p. 71) ; chez Jean Marot dans *Le Voyage de Venise* ou chez Philippe de Vigneulles : *il y laissairent causy la piaulx ou le molle de leur chaipiaulx.* (N60, p. 254 – voir aussi N87, 94 et 95). Lorsque Rabelais emploie la forme en 1534 et en 1552, il semble qu'elle soit déjà archaïque : *les bestes suz leur ventrées n'endurent jamais le masle masculant*, (GA, 3, p. 16) ; *Mais jà ne seront telz Philosophes par leurs parolles pris.* (TL, 37, p. 466, corrigé sous presse par Rabelais en *leur*).

7. Formes particulières d'élision du déterminant possessif

En AF, le possessif féminin *ma, ta, sa* s'élidait devant un nom à initiale vocalique : *m'ame, m'amie, m'amour, m'espouse, s'espee* (les anciens textes ne comportent pas l'apostrophe).

Au XVIe siècle, la seule trace de cet emploi est contenue :

dans les expressions désormais figées *m'amie, t'amie, s'amie*, courantes, surtout la première, dans la poésie amoureuse, dans les farces, moralités et mystères : *ignores-tu / La rigueur, la douceur, la force, la vertu / Des beaux yeux de t'amie ?* (Ronsard, *Le Second Livre des Amours*, I, Chanson, p. 198, v. 13-15) ;

dans les locutions poétiques *m'amour, s'amour* : *De pareille amitié recompenser m'amour, / Sentant l'affection d'un autre dans moymesme :* (Ronsard, *Le Second Livre des Amours*, I, Elégie à son livre, p. 171, v. 166-167).

=> « Tout porte à croire, note S. G. Neumann (1959, p. 28-37), qu'en réalité les locutions *m'amour* et *m'amie* s'employèrent toutes deux dans la langue parlée et familière pendant le XVIe siècle, et même au-delà. »

=> Les grammairiens de la Renaissance consultés signalent l'emploi de *mon, ton, son* pour *ma, ta, sa* devant les noms féminins commençant par une voyelle (*mon âme*) en relevant le cas particulier de *m'amie, m'amour* (Palsgrave : L3, annotations sur le 3e accident du pronom, f° 106 v°, p. 241 / 609 ; Sylvius, « Le nom », « Le genre des noms », p. 94 / 310 ; Meigret, « Des cas et déclinaisons des Pronoms, » ch. 6, p. 59 r° ; R. Estienne, « Des Pronoms », 3e déclinaison, p. 30 ; Ramus, « Convenance des pronoms », 1562 : II, p. 83-84 ; 1572 : II, 4, p. 147-148). Palsgrave déconseille de suivre l'exemple du *Roman de la Rose* dans lequel l'on trouve *mamie, samour* [m'amie, s'amour] bien que dans le langage courant l'on puisse dire *mamour* pour *mon amour*. Estienne justifie l'apostrophe de *m'amie* par la volonté d'éviter une prononciation trop rude : « mais c'est en ostant *a* de *ma*, ou plutost *on* de *mon*, à cause que la prononciation seroit trop rude. » L'explication est peu pertinente dans la mesure où elle n'explique pas pourquoi, avec d'autres noms, l'on emploie *mon, ton, son* (au lieu de *ma, ta, sa*) face au même type de problème. Elle l'est d'autant moins que Meigret et Ramus justifient la substitution de *mon, ton, son* à *ma, ta, sa* devant une voyelle ou un h muet par la volonté d'éviter la dureté de cette même apostrophe qu'Estienne juge euphonique dans *m'amie*. Etienne Dolet (*Les Accents de la langue Francoyse*, p. 32) évoque le cas de *m'amie, m'amour* quand il traite de l'apostrophe : « Et par cela nous disons *m'amye*, pour *mon amye* : & *m'amour*, pour *mon amour*. (...) Et usons de tel parler tant en prose, qu'en rhythme [poésie] : mais plus souvent en rhythme. Et aussi *m'amye*, & *m'amour*, sont dictions plus usitées, que les deux aultres. »

On notera que la locution *m'amie* connaît des variantes graphiques : *mamie, ma mie.*

Mie existe comme mot indépendant depuis l'AF avec les sens de « maîtresse, bonne amie ».

Au XVIe siècle, une enquête menée dans le *corpus* de Frantext révèle que les seules occurrences de *mie* substantif se trouvent dans le théâtre, chez Marguerite de Navarre : *Ma mie, voilà ung propos / Qui est au vostre differant.* (*Comédie de Mont de Marsan*, sc. 3, v. 183-184) ; *Adieu, ma mie, car je pense / Que vous estes sur touttes folle.* (*ibid.*, sc. 4, v. 710-711) et surtout dans l'adaptation de *La Célestine* par Lavardin, qui présente de nombreuses formules d'apostrophe du type : *ma mere ma mie* (I, p. 59 ; IX, p. 159), *Hé Celestine ma mie !* (IV, p. 92), *madame ma mie* (VI, p. 122), *Ma tante ma mie* (VII, p. 135 ; IX, p. 158) ; l'emploi est plus rare à la personne 3, nous n'avons relevé qu'un seul exemple dans toute la pièce : *Alcibiades, lequel une nuict songeoit qu'il se voyoit couvert du manteau de sa mie*, (VI, p. 120).

Le dictionnaire Huguet ne propose qu'un exemple de cet emploi de *mie*, emprunté à la poésie : *Je souhaitte mie frisque et gaillarde.* (*Anciennes Poésies françaises*, A. Montaiglon, Paris, Jannet, Daffis, 1855-1878, I, 312).

=> On ne confondra pas ce substantif avec son homonyme *mie* (< *mica*, « mie de pain »), employé comme auxiliaire de négation ☞ chapitre XV.48.

8. Emploi de *mon, ton, son* devant des noms féminins à initiale vocalique

En MF, l'emploi de *mon, ton, son* devant les noms féminins à initiale vocalique est devenu la norme (P. Wunderli, p. 135-6).

Au XVIe siècle, l'ancien usage de l'élision ne s'est maintenu que dans les locutions figées étudiées au paragraphe précédent (☞ § 7). L'on rencontre couramment *mon ame, son espee, son avarice* : *Pourquoy fuys ainsi vainement celle, / Qui de mon ame a eu la meilleur part ?* (Scève, *Délie*, 263, v. 1-2) ; *mais tout en chemise avec son espée seulement en blessa si bien un, qu'il demeura sur la place.* (M. de Navarre, *L'Heptaméron*, Prologue, p. 59) ; *mais il n'y meit pas un denier du sien, car son avarice ne le permettoit.* (*ibid.*, p. 62).

=> Les grammairiens de la Renaissance signalent bien l'emploi de *mon, ton, son* pour *ma, ta, sa* devant un nom féminin (ou un adjectif antéposé, précise Palsgrave) commençant par une voyelle ou un *h* non aspiré, sur le modèle : *mon âme* (Palsgrave : L2, f° 36 r°, p. 136 / 457 ; L3, annotations sur le 3e accident du pronom, f° 106 v°, p. 241 / 609 ; Sylvius, « Le nom », « Le genre des noms », p. 94 / 310 ; Meigret, « Des cas et déclinaisons des

Pronoms, » ch. 6 , p. 59 r° ; R. Estienne, « Des Pronoms », 3e déclinaison, p. 30 ; Ramus, « Convenance des pronoms », 1562 : II, p. 83-84 ; 1572 : II, 4, p. 147-148). Palsgrave (L2) le justifie par la volonté de faciliter la prononciation en évitant la rencontre désagréable de deux voyelles [hiatus]. Meigret et Ramus y voient le moyen d'éviter la rudesse d'une élision (*mon ame* pour *m'ame*). A cette règle échappent des noms comme *m'amie, m'amour* et certains noms commençant par un h aspiré selon le « plaisir de l'usage » (Meigret, ex. : *sa hallebarde*).

Palsgrave, Estienne et Ramus y voient simplement la substitution de *mon, ton, son* masculins pour *ma, ta, sa* féminins. En 1572 (p. 148), Ramus constate d'ailleurs que, lorsqu'un adjectif commençant par une consonne est antéposé au substantif, l'on emploie bien le possessif féminin : *mon âme / ma pauvre âme*. Pour Sylvius en revanche, il ne s'agit pas d'un simple échange de « pronom » (selon la classification de l'époque), mais d'un problème qui tient au genre des noms concernés. Il pense en effet que certains noms sont « en quelque sorte d'un genre hésitant [*Postremo quædam velut dubii generis sunt*] comme *une espée, une ame* qui font *mon espée, mon ame* comme s'ils étaient masculins ou neutres [*tanquam masculina, aut neutra essent*] » afin de pouvoir échapper à la dureté de l'apostrophe : *mon espee* au lieu de *m'espée* avec élision de *ma* devant l'initiale vocalique. Il interprète donc, comme le note Colette Demaizière (p. 94 / 310, note 1), l'emploi euphonique de *mon* comme « une vraie marque de masculin ». Meigret y voit également un problème de genre hésitant, mais du pronom cette fois (et non plus du nom comme chez Sylvius) : « combien que *mon, ton, son*, sont aussi féminins avant les noms commençant par voyelle : comme *mon ame, ton avant-garde.* »

9. Au pluriel des 1e et 2e personnes subsistent, au XVIe siècle, les formes de cas régime *nostre(s), nos, vostre(s), vos*, qui sont ainsi distribuées :

Singulier de la personne ou de la chose possédée : *nostre* et *vostre* sont faibles ou forts : *Si ne nous despartirons de vostre maison sinon soubz le vostre et le leur congé :* (J. Flore, *Contes amoureux*, p. 194), le substantif est mis ici en facteur commun) ; *vous priant prendre tout à la meilleure part comme le vostre amy,* (Du Fail, *Propos rustiques*, 4, p. 69) ; *nostre compere maistre Huguet ha rosty en beaucoup de cuysines,* (*ibid.*, 2, p. 53).

Pluriel de la personne ou de la chose possédée : *nos* et *vos* sont affectés à la fonction des formes faibles, *nostres* et *vostres* aux fonctions des formes fortes : *Je ne puis bonnement (ô mes anciens Comperes et amys !) que je ne regrette ces nostres jeunes ans,* (Du Fail, *Propos Rustiques*, 2, p. 51) ; *Ô temps heureux ! ô siecles fortunés ! où nous avons veu noz predecesseurs peres de famille,* (*ibid.*, 2, p. 52).

III - LES EMPLOIS

1) LE DÉTERMINANT POSSESSIF (TYPE *MON*)

a) Phénomènes de combinaison et de composition

Avec d'autres déterminants

10. La construction du possessif combiné avec un autre déterminant distingue la langue ancienne de la langue moderne.

=> D. Denis et A. Sancier-Chateau (1999, p. 435) classent les déterminants possessifs dans la catégorie des déterminants spécifiques du nom (qui ne peuvent se combiner ni avec l'article, ni avec le démonstratif).

Au XVIe siècle, le possessif atone *mon, ton, son (ma, ta, sa)* peut se combiner avec un article ou un démonstratif (☞ voir également chapitre V.1).

Selon E. Huguet (1894, p. 80), repris par F. Brunot (*HLF*, 2, p. 418), cet usage se raréfie au XVIe siècle. Huguet en cite deux exemples, l'un de Rabelais : *Je ne sacrifie que à moy (aux Dieux poinct) et à cestuy mon Ventre le plus grand de tous les Dieux.* (QL, 58, p. 675) ; l'autre de Des Périers : *Vous devez scavoir que cestuy mon palefrenier me faict toutes les rudesses qu'il peult,* (*Cymbalum mundi*, III, p. 74). F. Brunot en ajoute deux autres : *ceste ma pauvre fille* et *cestuy mon maistre*, tirés de Larivey (*Le Fidelle*, II, 3 et I, 1).

=> F. Brunot puise également ses exemples, de façon moins convaincante, parmi les formes *vostre, nostre*, où formes fortes et faibles ne se distinguent pas. Difficile d'affirmer, comme il le fait, que la forme soit faible dans l'exemple suivant : *quelque vice, qui ait empesché ce vostre Roy de vous bien gouverner* (Dolet, *Les Gestes de Francoys de Valois*, Lyon, E. Dolet, 1540, 17).

Dans le cas d'une combinaison entre démonstratif et possessif, il semble, d'après notre propre enquête, que les formes toniques dominent pour le singulier, tandis que sont employées, pour le pluriel, des formes qui ne connaissent pas l'opposition morphologique tonique / atone : *Corbieu sus cestuy mien bureau ne se joue mon argentier*, (Rabelais, TL, 7, p. 373) ; *Attribuant toutesfois cestuy vostre commandement à plus grand honneur que mon merite* (J. Yver, *Le Printemps*, 3e journée, p. 1185).

Nous n'avons rencontré dans le *corpus* de Frantext aucune occurrence de *cestuy mon, cette (ceste) sa, cette (ceste) ma.*

Les formes du type *ceste leur* en revanche ne sont pas rares : *Et n'ont ces hommes, à mon avis, aucune plus grande raison de ceste leur si grande asseurance sinon cecy,* (Rivaudeau, *Aman*, Avant-parler à Monsieur de La Noue Chavaigne, p. 55) ; *en faveur et consideration de cette leur ancienne accointance,* (B. de Vigenère, *Histoire de la décadence de l'empire grec*, traduction de Chalcondyle, 1577, VI, 8, p. 410) ; *le moyen par cette leur inclination à contrefaire tout ce qu'ils voyoyent faire.* (Montaigne, *Essais*, III, 5, p. 875 C).

F. Brunot (*HLF*, 2, p. 419) signale également des exemples de combinaison du possessif avec l'article indéfini : *Un mon semblable ne devroit jamais venir aux mains* (Larivey, *Les Tromperies*, IV, 2). Les deux autres exemples sont moins convaincants, puisqu'il s'agit d'une forme *vostre* : *quand un bien vostre amy (Amadis de Gaule*, L.I, f°xix r°) ; *on m'a baillé une vostre lettre* (Joseph Scaliger, *Lettres*, 60).

Avec un participe

11. Composition avec le participe passé du verbe *dire*

Comme en MF, le possessif atone *mon* peut se combiner avec le participe passé *dit* pour former le déterminant composé *mondit* : *avant que présenter le vin à mondit Seingneur, comme on a coustume de faire aux Princes de son qualibre*, (P. de L'Estoile, *Registre-journal du regne de Henri III,* t. 2 (1576-1578), p. 11) ; *Mondit frere, contemplant sa face, qui estoit d'une vive couleur, monstrant estre bien saine,* (Paré, *Des monstres et des prodiges*, 21, p. 70).

=> En MF, le déterminant composé (*mondit, tondit*, mais également *ledit, dudit, audit*, etc.) est fréquent chez un auteur comme Froissart (C. Marchello-Nizia, 1997, p. 390).

=> Au XVIIe siècle, le participe passé *dit*, joint aux articles, pronoms et prépositions, est un style formulaire de grand usage au Palais : « Un Secretaire en contresignant ajoûte, Par mondit Seigneur un tel. On ne le dit gueres qu'en stile d'Affaires. », signale Furetière (1727), citant l'Académie.

12. Combinaison avec une forme en *–ant.* Les tournures *en mon dormant*, (tandis que je dormais), *en son estant* (en sa position droite) se rencontrent rarement au XVIe siècle. Frantext ne nous a fourni que deux occurrences : *Il m'estoit en advision / La nuit passee, en mon dormant, / Qu'il seroit bon que maintenant / Eussions o le prince parolle.* (Anonyme, *Sottie à cinq personnages des sots « escornez »*, p. 331) ; *rien je n'en say, sinon que en mon dormant (ne say si je songeoie ou non) me sembla ouyr quelques douces plainctes de ma dame,* (B. Aneau, *Alector ou Le Coq*, 3, p. 40). ☞ Voir chapitre XIII.48.

b) Répétition ou non du possessif devant une série coordonnée ou juxtaposée

13. G. et R. Le Bidois (1967, § 363 et 364) constatent qu' « autrefois, la langue, de même qu'elle ne faisait de l'article qu'un usage discret, modéré, ménageait beaucoup aussi l'usage du possessif. D'ordinaire, elle ne le répétait pas. » Est citée à l'appui une phrase de Calvin, où un même possessif est commun à plusieurs noms de genres différents : *ne dirons-nous aussi bien que la foy prend son commencement, accroissement et perfection de la Parolle ?* (*Institution*, IV, 14, p. 299, [1541] ; éd. O. Millet, X, p. 571/1226).

En prenant l'exemple d'un auteur précis, Marguerite de Navarre en son *Heptaméron*, l'on s'aperçoit que les deux types d'emploi sont à peu près aussi fréquents :

non répétition devant des substantifs, de genre semblable : *à quoy assistoit le gentil homme, qui (pour estre fort aimé et privé de son frere) n'estoit refusé d'estre à son habiller et deshabiller,* (N4, p. 90) ; *vous n'en tenez compte, ce que son enfance et jeunesse a supporté jusques icy :* (N15, p. 200) ;

et même de genres différents : *elle y arriva, passant de si estrangers lieux, et si difficilles à monter et descendre, que son aage et pesanteur ne la garderent point d'aller à pied* (Prologue, p. 56) ; *mettant tout son plaisir et recreation au service de Dieu.* (N13, p. 176) ;

ou au contraire, usage moderne avec l'emploi d'un possessif devant chaque substantif : *Il trouva son miroër et sa chandelle sur sa table,* (N4, p. 92) ; *la Comtesse luy communiquoit toutes ses affaires, et commandoit à son fils et à sa fille de l'entretenir, et croire ce qu'il leur conseilleroit.* (N10, p. 129) ; *car sa beaulté, son honnesteté, sa grace et ses vertuz meritoient bien...* (N15, p. 818, éd. de la Pléiade, qui propose le texte du manuscrit Fr 1512 ; le texte de l'édition Gruget offre un compromis entre les deux systèmes : *car sa beauté, son honnesteté, et vertuz, meritent bien,* éd. N. Cazauran, p. 207).

Plus qu'un usage spécifique du possessif, l'on peut y voir un trait de syntaxe de l'époque, qui pratique volontiers la mise en facteur commun ☞ chapitre XVIII.4.

c) La référence

14. Ambiguïté référentielle. La concurrence entre plusieurs antécédents possibles pour le terme anaphorique qu'est le déterminant possessif *son* existe au XVIe siècle : *et se hazarda de communiquer son entreprise à la contesse d'Arande avant que la declarer au Roy, pour en prendre son bon conseil.* (M. de Navarre, *L'Heptaméron*, N10, p. 150).

=> Pour le XVIIe siècle, voir N. Fournier (1998, § 241). Vaugelas, dans le chapitre intitulé « Des Equivoques » : « Aux pronoms possessifs, comme *il a tousjours aimé cette personne au milieu de son adversité.* Ce *son*, est equivoque ; car on ne sçait s'il se rapporte à *cette personne*, ou à *il, qui est celuy qui a aimé.* Quel remede ? il faut donner un autre tour à la phrase, ou la changer. » (*Remarques*, 1647, p. 586-587 ; également dans les *Nouvelles Remarques*, 1690, p. 422-425).

=> Pour le FM, voir D. Denis, A. Sancier-Chateau (1994, p. 437).

15. Emploi du déterminant possessif devant des noms de parties du corps. Le possessif renvoie au sujet, emploi ressenti aujourd'hui comme pléonastique : *Chasque mere portant son* *enfant en ses bras* (Garnier, *Les Juifves*, v. 778) ; *et en voulant parler d'un navire, parloit d'un cheval, comme celuy qui estoit ravy et hors de son sens :* (M. de Navarre, *L'Heptaméron*, N13, p. 177).

=> Cet emploi est hérité de l'AF (P. Ménard, 1988, p. 37) ; dans ces cas, en FM, l'article peut jouer le rôle de possessif.

=> Palsgrave, toutefois, mentionne bien la substitution d'un pronom personnel au possessif avec une partie du corps et en fait le 4e accident des pronoms dérivatifs [*pronownes derivatyves*, c'est-à-dire nos possessifs] (f° 36 r°, p. 136 / 457 et annotations sur le [4]^e^ accident, ch. 21, f° 107 r°, p. 242 / 610-611) : lorsque l'on désigne les parties du corps, le pronom dérivatif revient à sa forme primitive : *le bourreau primier* [en premier lieu] *luy benda les yeulx et puis luy couppa la teste. Tu te as blessé la main.* En fait, comme les exemples le montrent, le pronom dérivatif ne revient pas au pronom primitif correspondant, mais uniquement au pronom primitif *le, la* ou *les* (cas accusatifs P3 et P6), *ta* main devenant *la main* et non *te* (pronom du cas accusatif P2).

=> Au XVIIe siècle, les deux constructions (avec le possessif ou avec l'article défini) sont concurrentes, comme le note G. Spillebout (1985, p. 64) qui relève notamment cet exemple de La Bruyère : *Il va les épaules serrées, le chapeau abaissé sur ses yeux pour n'être point vu.* (*Œuvres complètes*, éd. Servois, Paris, Hachette, VI, 83, 6e édition, 1691). Voir également G. et R. Le Bidois (1967, § 371).

Le possessif est parfois employé là où la langue moderne emploierait un pronom personnel au datif (voir A. Haase, 1935, § 15) ; l'exemple suivant présente concurremment les deux emplois : *pendant qu'on bastit au tour d'eux un mur qui, venant à se hausser jusques à l'endroit des espaules de la femme, quelqu'un des siens, par le derriere prenant sa teste, luy tort le col ;* (Montaigne, *Essais*, II, 29, p. 708 C).

16. Le possessif objectif. Ce tour équivoque, présent dès l'AF (dans la *Chanson de Roland*, v. 3814 *: Vos estes mi felun*, « mes félons », pour dire « des gens qui me trahissez »), est fréquent au XVIe siècle : *Aussi bien suis-je assez punissable, estant celle / Qui au monde ay produit ce Roy vostre rebelle.* (Garnier, *Les Juifves*, v. 1103-1104) = « ce roi qui s'est rebellé contre vous » ; *Quelle grace veux-tu qu'à mes haineurs je face ?* (*ibid.*, v. 1455) ; *tu devois avoir / Tousjours sa crainte* (*ibid.*, v. 491-492) = « la crainte de Dieu » ; *tu te* *veux faire louër en leur vitupere,* (Sponde, *Méditations sur les Pseaumes*, « Méditation sur le psaume L. », l. 1371-1372), le possessif semble avoir une valeur objective, le méchant s'enorgueillissant des blâmes qu'il adresse à autrui ; *c'est ce qui luy secouë noz oppressions de la main.* (*ibid.*, l. 1219-1220) = « C'est ce qui lui fait tomber de sa main nos oppressions », c'est-à-dire « les oppressions dont il nous accable », le possessif *nos* étant à valeur objective.

=> G. et R. Le Bidois (1967, § 340) notent que la langue galante, au XVIe et au XVIIe siècles, abusait de : *mon haineux, ma cruelle, ma rebelle.*

On trouve fréquemment, dans cet emploi, la préposition *de* suivie du pronom personnel, tour qui semble toutefois en déclin par rapport au XVe siècle (F. Brunot, *HLF*, 2, p. 418) : *Que l'exemple de nous vous apporte terreur.* (Garnier, *Les Juifves*, v. 1282) ; *La souvenance d'elle / Faict mon cueur esveiller.* (Marot, *L'Adolescence clémentine*, Chanson 11, v. 11-12).

=> Vaugelas fait ce commentaire à propos des mots qui « ont un double usage, et une signification active et passive tout ensemble. Par exemple *estime*, est un mot qui se dit avec le pronom possessif & *de l'estime que l'on a de moy*, & *de l'estime que j'ay d'un autre*. Voicy comment. *Mon estime n'est pas une chose dont vous puissiez tirer grand avantage.* Icy, *estime*, est dans une signification active eu esgard à moy ; car il veut dire *l'estime que j'ay de vous*, & si je dis *mon estime ne depend pas de vous*, il est dans une signification passive ; car il veut dire *l'estime que l'on fait* ou *que l'on peut faire de moy.* » (*Remarques*, 1647, p. 562).

17. Concurrence entre *en* et le déterminant possessif pour référer à du non animé. Les exemples relevés au XVIe siècle se rapportent à des choses : *Contemple (dict il) quantes œuvres divines sont demonstrées en une seule matiere. (...) Qui penses tu qui les a ainsi faictes et formées ? qui en est le pere et la mere, sinon Dieu invisible ?* (Boaistuau, *Bref discours*, p. 55, l. 449-456) ; *La figure en est ronde et n'a de plat que ce qu'il faut à ma table et à mon siege, et vient m'offrant en se courbant, d'une veuë, tous mes livres, rengez à cinq degrez tout à l'environ.* (Montaigne, *Essais*, III, 828 C), *en* renvoie ici à la « librairie », la *figure* correspond à la forme de celle-ci. ☞ Sur cette question, voir également chapitre III.39.

=> Selon G. et R. Le Bidois (1967, § 379), la répartition des emplois : *son, sa, ses* réservés aux personnes, *en* aux choses, s'effectue au XVIIe siècle (voir N. Fournier, 1998, § 287).

18. Le possessif après *chacun*. Lorsque *chacun* (☞ chapitre VII.34) est en apposition avec *nous*, l'usage du XVIe siècle hésite entre le possessif de l'unité ou du pluriel (voir G. et R. Le Bidois, § 367-369).

Si l'on choisit Calvin comme auteur témoin, l'on note que l'emploi du possessif de la pluralité est possible dans un tel contexte : *Car si chacun avoit en soy tout ce qu'il luy faut, sans avoir affaire des autres, selon que nostre nature est orgueilleuse, chacun de nous mespriseroit ses prochains,* (*Institution*, IV, 3, p. 55 [1545]), on note ici le double emploi *nostre / ses* après *chacun* ; *il est bon qu'un chacun, pour plus grand exercice de prier, se constitue en son particulier certaines heures, lesquelles ne passent point sans oraison, et qu'en icelles toute l'affection de nostre cœur y soit entièrement appliquée.* (*ibid.*, III, 20, p. 400 [1541] ; éd. O. Millet, IX, p. 561/1199), on constate, là encore, un passage du possessif de l'unité à celui de la pluralité dans la même phrase.

Exemples empruntés à d'autres auteurs : *Or maintenant puis qu'ainsi va l'affaire, / Il reste à nous chacun son devoir faire,* (Des Masures, *David fugitif*, v. 2077-2078) ; *chacun à son tour et ordre, ils prenoient la collation de confitures et dragees,* (J. Yver, *Le Printemps*, 1, p. 1139) ; *On dit que naturellement chacun de nous se sent tirer d'une vertu occulte à ce où son esprit se plait le plus,* (B. Poissenot, *L'Esté,* 3e journée, p. 208).

d) Valeurs stylistiques

19. Emploi affectif du déterminant possessif devant un nom propre. Le déterminant est alors employé soit en apostrophe, soit dans le cours du discours (voir G. Gougenheim, 1974, p. 80).

Par imitation du genre épistolaire, le possessif en apostrophe affectueuse est fréquent dans *Les Regrets*, souvent associé à l'adjectif qualificatif *cher* : *Helas (mon cher Morel) dy moy que je feray, / Car je tiens, comme on dit, le loup par les oreilles.* (33, v. 13-14) ; *C'est ores, mon Vineus, mon cher Vineus, c'est ore / Que de tous les chetifs le plus chetif je suis,* (42, v. 1-2) ; voir également les sonnets 34, 36, 42, 47, 54, 85, 111, 113.

Dans *Les Regrets,* c'est aussi le possessif de la P2 qui peut prendre une valeur affective ; s'insérant alors dans le cours du discours, il procède d'un dédoublement de la figure du poète : *Ne t'esbahis Ronsard, la moitié de mon ame, / Si de ton Dubellay France ne lit plus rien,* (8, v. 1-2) ; *Conte, qui ne fis onc compte de la grandeur, / Ton Dubellay n'est plus, ce n'est plus qu'une souche* (21, v. 1-2, également 34, v. 13).

Le possessif de la P2 peut aussi évoquer une tierce personne : *Fay que de ta grandeur ton Magny se resente,* (160, v. 9 ; également 57, v. 9 ; 164, v. 1) ou un auteur favori : *Ceste mesme doulceur, et majesté Latine / Qu'en ton Virgile on voit,* (148, v. 10-11). La nuance affective peut être renforcée par un adjectif qualificatif : *Vineus, je ne viz onc si plaisante province, / Hostes si gracieux, ny peuple si humain, / Que ton petit Urbin,* (132, v. 1-3).

Le possessif de la P3 connaît aussi, plus rarement, le même type d'emploi : *Cependant que Magny suit son grand Avanson,* (16, v. 1), *A fin que si Bertran de son Salel se vante* (160, v. 10), *son Homere* (173, v. 2 et v. 6) et peut être renforcé par l'adjectif qualificatif hypocoristique *petit*, pour un nom de lieu : *Bien qu'il fut retiré en son petit Linterne.* (162, v. 11).

20. Emploi révérencieux

R. Martin et M. Wilmet (1980, § 220) notent qu'en MF, comme en FM, *mon, ma, mes* s'accompagnent librement d'un accent de déférence ou de soumission (*mon très redouté seigneur*). C'est le cas également au XVIe siècle, avec la locution *mon seigneur.*

Dans *L'Heptaméron*, la formule révérencieuse apparaît dans le contexte de la 12e (le gentilhomme serviteur du Duc de Médicis) et de la 70e nouvelles, mais les variantes offrent des cas intéressants : dans la leçon du manuscrit Fr. 1512, le gentilhomme s'adresse au Duc par le titre de *Mon seigneur* : *Mon seigneur, puis qu'il vous plaist, je parleray à elle et vous diray sa reponse.* (p. 788) ; *Mon seigneur, je vous vois querir celle qui n'entrera pas en ceste chambre sans rougir ; (ibid.*, p. 789) ; l'édition Gruget offre le titre de *Monsieur*, qui a également une valeur forte. Dans la nouvelle 70, qui met en scène le même type de protagoniste, un jeune gentilhomme et un Duc, un emploi sur deux de *Mon seigneur* est maintenu dans l'édition Gruget.

Dès le XVIe siècle, les tours les plus courants sont *Monsieur, Madame (Ma dame)*, qui restent toutefois réservés, au XVIe et au XVIIe siècles, aux supérieurs comme en témoigne Noël Du Fail : *Ce mot de Monsieur appartient privativement à la seule Noblesse ou Juges Royaux, et à nuls autres.* (*Contes et Discours d'Eutrapel*, ch. 31). Du Fail s'élève contre un certain nombre d'usurpations par les non-nobles de ce qu'il considère comme des privilèges de la noblesse (ici le titre de « Monsieur »). Une pièce de théâtre telle que *La Reconnue* de Rémy Belleau offre un bel éventail d'emplois dans le cadre de l'interlocution (les serviteurs aux maîtres, les bourgeois entre eux) et pour la désignation des personnages à la P3 dans les dialogues et les didascalies (les protagonistes principaux sont « Monsieur l'Advocat » et « Madame l'Advocate, sa femme »).

=> A propos des mots *Monseigneur, Monsieur, Madame, Mademoiselle*, Vaugelas remarque : « Ces mots que l'on doit inserer dans les lettres que l'on escrit, ou dans les discours que l'on fait aux personnes de condition, ou de respect, ne se peuvent pas mettre indifferemment en tous lieux. » (*Remarques*, 1647, p. 544-545).

21. Emploi du possessif pluriel de majesté ou de modestie

On rapprochera cet emploi de celui du pronom personnel ☞ chapitre III.8.

S. Monsonego (art. cit., p. 275-301) note un emploi stylistique de *nous* et *notre* dans *Les Cent Nouvelles Nouvelles*, marque de condescendance de la part du narrateur et invitation à la partager. Un tel emploi est fréquent surtout pour évoquer des personnages de condition sociale modeste : *nostre bon curé* (N7, p. 78), *nostre bourgeoise* (N17, p. 98), *nostre rusticque* (N23, p. 125), *nostre jeune marchans* (N28, p. 139). S. Monsonego y voit un trait stylistique propre aux *Cent Nouvelles Nouvelles*, qu'elle n'a rencontré dans aucune autre œuvre de son *corpus*, pas même dans les *Quinze Joies de mariage*.

Le procédé est ignoré en effet de *L'Heptaméron* ; il n'y en a que deux exemples chez Des Périers : *Pour revenir à nostre Curé de Brou,* (N35, p. 158) ; *Aussi nostre tailleur faisoit fort bien son mestier,* (N46, p. 190) et trois chez Du Fail : *Mais, quand nostre amoureux produit un baudrier bien clousté* (*Propos Rustiques*, 6, p. 88) ; « *Tousjours plus sain que sage !* » *respondit nostre ferial Guillaume.* (*ibid.*, 13, p. 153) ; *Voyla la plaisante histoire de nostre ferial estudiant qui mescongnoist le rateau,* (*Baliverneries*, 5, p. 64).

2) L'ADJECTIF POSSESSIF (TYPE *MIEN*)

a) Employé seul

22. Emploi comme épithète ou attribut

Le possessif tonique est fréquemment employé comme épithète dans un contexte poétique : *Ton doulx venin, grace tienne, me fit / Idolatrer en ta divine image / Dont l'œil credule ignoramment meffit / Pour non preveoir à mon futur dommage.* (Scève, *Délie*, 3, v. 1-4) ; *Idole mienne, ou fais que ses meurs fieres / Celle là puisse en humaines changer,* (*ibid.*, 297, v. 7-8) ; *Ourdis ô douce Lyre mienne, / Encor'un chant à cestui-ci, / Qui met ta corde Dorienne / Sous le travail d'un doux souci.* (Ronsard, *Les Odes*, I, 10, « Ode à Michel de L'Hospital », v. 727-730).

Le possessif peut s'employer également comme attribut : *Je l'eusse fait meilleur ailleurs, mais l'ouvrage eust été moins mien,* (Montaigne, *Essais*, III, 5, p. 875 B).

23. Emploi en complément absolu. Les formules jouissant d'une autonomie dans l'énoncé que relève G. Moignet (1984, p. 121), *moie coupe, soe merci, maugré mien, vostre veiant, en moie foie, de moie part* (☞ *supra* § 3) n'existent plus, semble-t-il, au XVIe siècle ; nous n'avons trouvé dans le *corpus* de Frantext aucune occurrence de formules de ce type.

=> *Maugré mien* cède la place au XVe siècle à *maugré moy*, signale C. Marchello-Nizia (1997, p. 394).

b) En combinaison avec un autre déterminant

24. Le possessif tonique associé avec un démonstratif, avec un article défini ou un indéfini

Ce type d'emploi, hérité de la langue médiévale, se maintient au XVIe siècle (voir H. Bonnard, *GLLF*, p. 4499-4500).

Chez Scève et Montaigne par exemple, le possessif tonique se combine :

avec le démonstratif : *cette mienne angoisseuse destresse* (*Délie*, 329, v. 4) ; *Ils disent aussi cette mienne vacation s'estre passée sans marque et sans trace.* (*Essais*, III, 10, p. 1021 B) ;

avec l'article indéfini (uniquement chez Montaigne) : *J'ay veu chez moy un mien amy,* (*Essais*, I, 25, p. 139 A) ;

avec l'article défini : *La mienne en elle honneste intention.* (*Délie*, 47, v. 4) ; *la mienne opinion* (*ibid.*, 61, v. 10). Chez Montaigne, l'emploi avec l'article défini se limite toutefois à l'expression de sens optatif *à la mienne volonté* : *Combien temerairement ont ils attaché Dieu à la destinée (à la mienne volonté, qu'aucuns du surnom de Chrestiens ne le facent pas encore !)* (*Essais*, II, 12, p. 528 A) ☞ chapitre X.12.

=> Les grammairiens du XVIe siècle évoquent la construction *le* + *mien* + substantif ☞ *supra* § 5.

=> Cet emploi du possessif tonique combiné avec un démonstratif ou avec un article défini ou indéfini perdure encore au XVIIe siècle (N. Fournier, 1998, § 203), mais il est condamné par Vaugelas en 1647 : « *Mien, tien, sien.* Ces trois pronoms ne se mettent plus dans le beau stile de la façon qu'on avoit accoustumé d'en user ; par exemple, on disoit autrefois, comme le disent & l'escrivent encore aujourd'huy ceux qui n'ont pas soin de la pureté du langage, *un mien frere, une tienne sœur, un sien amy.* Mais on ne s'en sert plus ainsi, & si l'on demande comme il faut donc dire, on respond que s'il y a plusieurs freres, il faut dire, *un de mes freres*, & s'il n'y en a qu'un, *mon frere*, de mesme *une de tes sœurs*, ou *ta sœur, un de tes amis,* ou *ton amy.* » (*Remarques*, 1647, p. 363-364).

=> En FM (selon M. Wilmet, 1997, § 258), les caractérisants singuliers *mien, tien, sien* s'antéposent presque toujours et récusent la combinaison avec l'article *le* (mais non avec le quantifiant-caractérisant *ce*, par exemple *cette mienne cousine*). On les cantonne pratiquement à la mention des liens de parenté collatérale ou aux emplois badins (ex : *un mien ami*, version drôlatique de *un de mes amis*).

c) Emploi pronominal du possessif tonique

25. Combiné avec l'article défini et employé sans le nom, le possessif tonique a une valeur pronominale et anaphorique : *Quiconques en boira, qu'amoureux il devienne : / Et puisse en la humant, une flame puiser / Aussi chaude qu'au cœur je sens chaude la mienne.* (Ronsard, *Le Second Livre des Sonnets pour Hélène*, 72, v. 12-14). Comme le suggère G. Moignet (1984, p. 121) à propos d'un exemple de même type, c'est l'article *la* qui fonctionne ici comme un pronom et qui est qualifié par le possessif.

=> Les grammaires modernes parlent dans ce cas de « pronoms possessifs » (par ex. D. Denis et A. Sancier-Chateau, 1994, p. 439-440).

26. Emploi substantivé

Le mien, le tien, le sien peuvent signifier au XVIe siècle « mon bien, ton bien, son bien » : *Le Faquin disoit en rien n'avoir ses viandes endommaigé : rien n'avoir du sien prins :* (Rabelais, TL, 37, p. 469 ; l'exemple est signalé par E. Huguet, 1894, p. 82) ; *Car quand un homme riche a donné quelque chose du sien,* (Calvin, *Institution*, III, 7, p. 173 [1541] ; éd. O. Millet, XVII, p. 796 / 1673) ; *Il n'est riche qui du sien n'use.* (Baïf, *Mimes*, II, v. 511).

Les miens, les tiens, les siens peuvent être employés au sens de :

« mes parents, mes proches », « mes alliés » : *Dieu [...], lequel je supplye plus tost par mort me tollir de ceste vie, et mes biens deperir davant mes yeulx, que par moy ny les miens en rien soit offensé.* (Rabelais, GA, 46, p. 125) ; *Aussi est-il celuy de tous les miens / En qui je voy multiplier mes biens.* (Des Masures, *David combattant*, v. 155-156) ;

ou lorsqu'il s'agit de Dieu, « mes fidèles » : *Je say que ta promesse eternelle tu tiens : Et ta misericorde est sans fin vers les tiens.* (*id.*, *David fugitif*, v. 1849-1850).

=> Sylvius (« Le Pronom », p. 112 / 327) et Meigret (« Des cas et déclinaisons des Pronoms », ch. 6, p. 60 v°) rappellent que *les miens, les tiens, les siens* peuvent désigner les parents (liens familiaux). Meigret y ajoute les amis ou les serviteurs.

Les nostres, les vostres évoquent l'appartenance à une même nation ou à un même parti : *Les nostres les forçoyent, puis ils forçoyent les nostres :* (Garnier, *Porcie*, v. 1546).

=> Sylvius et Meigret (mêmes références que ci-dessus) rappellent que *les nostres, les vostres, les leurs* évoquent les parents, serviteurs ou amis, ainsi que l'appartenance à un même lieu (ville, contrée, pays) ou à un même parti.

=> Les emplois de *le mien* au sens de « mes biens », « ma fortune », et *les miens*, pour « mes parents, mes alliés » existaient en MF (C. Marchello-Nizia, 1997, p. 179).

CHAPITRE V : LES DÉMONSTRATIFS

Compléments bibliographiques : A. Dees, *Etude sur l'évolution des démonstratifs en ancien et moyen français*, Groningen, Wolters-Nordhoff Publishing, 1969. C. Marchello-Nizia, *L'Evolution du français, ordre des mots, démonstratifs, accent tonique*, Paris, Colin, 1995. O. Soutet, *Etudes d'ancien et de moyen français*, Paris, P.U.F., 1992, ch. III, « Les séries démonstratives », p. 93-144.

I - DÉFINITION ET HISTORIQUE

1) DÉFINITION

1. Les démonstratifs peuvent être déterminants ou pronoms (on disait autrefois adjectifs ou pronoms).

Les déterminants démonstratifs font partie des quantifiants-caractérisants ; ce sont des déterminants essentiels (et non complémentaires), c'est-à-dire qu'ils ouvrent toujours le groupe nominal et ne peuvent en FM se combiner entre eux.

> Une telle combinaison peut toutefois se rencontrer au XVIe siècle : démonstratif / possessif dans ces exemples de Jean Lemaire de Belges : *autres dames jadis aliées en cestui ton vergier de Bourgoigne. (La Concorde du genre humain*, p. 68) et de Jeanne Flore : *ou bien dedans ce tien cœur de fer, que ne sont cestes nos peines et desirs enflambez ?* (*Contes amoureux*, p. 170).
> ☞ aussi voir chapitre IV.10.

> => Selon R. Martin et M. Wilmet (1980, § 259) et N. Fournier (1998, § 202), les articles, démonstratifs et possessifs sont mutuellement incompatibles (sauf les combinaisons avec inverseur : *de ces, un de ces, de mes*).

2. Les démonstratifs renvoient à une réalité présente dans la situation, qu'elle soit concrète ou linguistique. Ils ont principalement deux valeurs.

> Une valeur déictique : les démonstratifs sont des « indicateurs » qui servent à montrer, ils renvoient à un référent présent dans la situation d'interlocution et peuvent s'accompagner d'un geste de la main.

> Une valeur anaphorique ou cataphorique : ils représentent

une personne / une chose antérieurement exprimée ou une personne / une chose dont on va parler.

2) RAPPEL MORPHOLOGIQUE

Le système latin

3. Le latin dispose de trois groupes de pronoms-adjectifs démonstratifs.

Hic, hæc, hoc pour désigner une personne ou un objet rapproché dans l'espace, le temps ou la pensée.

Iste, ista, istud pour une personne ou un objet plus éloigné que *hic* ; le mot a parfois un sens péjoratif.

Ille, illa, illud pour une personne ou un objet plus éloigné que *hic* et *iste.*

L'on peut y ajouter *is, ea, id* qui n'est pas un véritable démonstratif et fonctionne comme anaphorique, pour rappeler la personne ou la chose dont on a parlé. Il a été délaissé.

Le latin vulgaire a renforcé les démonstratifs en les faisant précéder de l'épidéictique [présentatif] *ecce.*

Les combinaisons (soudées par proclise) *ecce* + *iste / ille* ont donné les formes *cist* et *cil* ;

la forme *hic* ne subsiste qu'en combinaison avec *ecce* : *ecce hoc* donne *ce.*

Le système en ancien français

4. Les démonstratifs de l'AF héritent du système latin :

l'opposition marquée est sémantique ;

il n'y pas de différenciation grammaticale entre pronom et déterminant.

Le démonstratif *ce* n'a pas de connotation spatiale, il est neutre, pronominal.

Les démonstratifs *cist* et *cil* comportent 5 cas :

	masculin		féminin	
CIST	singulier	pluriel	singulier	pluriel
CS	*cist*	*cist*	*ceste*	*cestes*
CR direct	*cest*	*cez*	*ceste*	*cestes*
CR indirect	*cestui*		*cesti*	
CIL	singulier	pluriel	singulier	pluriel
CS	*cil*	*cil*	*cele*	*celes*
CR direct	*cel*	*ceus*	*cele*	*celes*
CR indirect	*celui*		*celi*	

Comme déterminant :

les formes *cist, cest* et *ceste* sont plus fréquentes que les formes correspondantes *cil, cel* et *cele* ;

les formes *cestui, celui, cestes* et *celes* sont en revanche très faiblement représentées dans cet emploi.

Comme pronom :

la série *cist* est globablement aussi bien représentée que la série *cil*.

Pendant longtemps, l'opposition morphologique entre *cist* et *cil* distingue le démonstratif de la proximité (*cist*) et celui de l'éloignement (*cil*) (proximité et éloignement dans le temps, plus souvent que dans l'espace), non seulement à cause des personnes qu'ils représentaient (*cist* : deux premières personnes, *cil* : troisième personne), mais aussi par héritage étymologique.

Le système en moyen français

5. De l'ancien au moyen français, on voit se manifester :

la généralisation du cas régime ;

l'adoption, au pluriel, du déterminant indifférencié *ces*, d'où une absence de différenciation spatiale suppléée ensuite par l'adjonction de *–ci* et *–là*.

Le système des déterminants se met plus tôt en place que celui des pronoms. O. Soutet (1992, p. 134-136) note, chez les déterminants, une restructuration plus rapide que celle des pronoms ; les formes de la série *cil* reculent à partir du XVe siècle, *cele* résiste mieux. Du côté des pronoms, on ne constate pas la même spécialisation morphologique ; les séries *cist* et *cil* « font longtemps jeu égal ». Pour les pronoms, le système moderne n'est vraiment effectif qu'au XVIIe siècle.

6. On aboutit en moyen français au tableau suivant :

	masculin		féminin	
CIST	singulier	pluriel	singulier	pluriel
	ce *cet (cest)*	*ces*	*ceste* *(cete)*	*ces*
	cestui			
CIL	singulier	pluriel	singulier	pluriel
	(cil)	*ceux*	*cele*	*celes*
	celui			

=> Selon C. Marchello-Nizia (1995, p. 144), le système des démonstratifs en AF est constitué de trois paradigmes : « D'une part, il existe en AF, à partir de la fin du XIIe siècle et dans la majorité des provinces du nord de la Loire, non plus deux, mais trois paradigmes de démonstratifs *cil / cist / ce*, dont l'un présente des formes à divers égards neutralisées. D'autre part, il existe en AF trois types de formes de démonstratifs : des formes toujours atones, des formes pouvant être atones ou toniques, et des formes toujours toniques. (...) On aurait donc une micro-série toujours tonique, celle des formes très longues, *icelui, icestui, iceli, icesti.* »

A partir de la moitié du XIVe siècle, apparaissent les formes composées avec *ci* ou *là* ; elles ne se répandent vraiment qu'au siècle suivant.

7. C'est un changement radical que subit en français le système des démonstratifs ; on est passé, note C. Marchello-Nizia (1995, p. 115), « d'un système formel parfaitement symétrique en ancien français à un système absolument dissymétrique en français classique et moderne. » Les phénomènes majeurs qui contribuent à l'évolution du système (l'évolution dissymétrique des formes *cist* et *cil*, la conservation comme pronom des seules formes *celui, celle, ceus, celles*, et comme déterminant de *cest, ceste* ; la disparition des autres formes) s'expliquent par un parallélisme entre le système des démonstratifs et celui des pronoms personnels : c'est le système des pronoms personnels qui aurait fourni son modèle au sous-système des démonstratifs en français. On retiendra des analyses de l'auteur (1995, p. 149-178) les éléments suivants :

Cist, normalement utilisé jusqu'en 1250, devient rare ensuite et ne figure plus qu'exceptionnellement, dans quelques textes archaïsants du début du XIVe siècle.

Cil continue d'être utilisé durant la même période ; la rupture date de 1450 (chute brutale du nombre des emplois entre 1430 et 1450). Cette forme sujet *cil*, employée très majoritairement en fonction de pronom, manifeste à cette époque un parallélisme de comportement non plus avec la forme *cist*, mais avec la forme de pronom personnel sujet, *il*.

Celui est plus fréquemment pronom que déterminant alors que pour *icelui* c'est l'inverse ; c'est également le cas des couples *cele* et *icele*, et *celes* et *iceles* ; en effet, les formes longues préfixées en *i-* continuent d'être plus fréquemment déterminants que pronoms.

=> « Avant 1400, ni *celui* ni *celle* ne sont spécialisés dans l'emploi de pronom, et *cestui* continuait à être bien employé comme pronom lui aussi : Palsgrave, en 1530, définit *cettui* et *icettui* comme des pronoms, et on rencontre encore quelques emplois de *cettui(-ci)* dans la première partie du XVIIe siècle, surtout comme pronom ; à partir du milieu du siècle, cette forme est perçue comme nettement archaïque par Vaugelas, l'Académie et Richelet. En moyen français donc, trois formes occupent majoritairement les emplois pronominaux : *celui, cette, cestui.* » (C. Marchello-Nizia, p. 166) Pourquoi ces formes ? L'explication est fournie un peu plus loin (*ibid.*, p. 168) : « si ces formes-là, et non d'autres ou toutes les autres, ont été conservées comme pronoms démonstratifs, c'est que ce nouveau paradigme formait à un niveau supérieur un macro-système avec le système des formes des pronoms personnels. Au XVIe siècle d'ailleurs, le grammairien Meigret mettait déjà en rapport *il* et *icelui.* »

Les formes longues, préfixées en *–i*, suffixées en *–ui* ou *–i*, ou très longues (à la fois préfixées et suffixées) vont cesser, à partir du XVe siècle, de servir de déterminant marqué, en tête de phrase ou ailleurs ; elles sont employées dans une autre fonction, celle de pronom. Or, c'est justement à partir de cette époque que toutes les formes de démonstratif peuvent être accompagnées d'un suffixe supplémentaire en *ci* ou *là*.

II - LE SYSTÈME AU XVIE SIÈCLE

1) LES FORMES

8. Le système des démonstratifs au XVIe siècle propose des formes qui ne distinguent pas, morphologiquement, le proche et le lointain ; l'opposition spatiale n'étant plus morphologique, elle est désormais marquée par *–ci* et *–là*.

On trouve cependant çà et là des traces de l'ancien système : dans l'exemple suivant, de Maurice Scève, l'opposition du proche et du lointain est marquée par une opposition des formes : *Et ne te sont ne craincte, ne terreur / Fouldre des Dieux, et ton cruel meffaire. / Celle s'enflamme à la vengeance faire, / Cestuy t'accuse, et justice demande.* (*Délie*, 88, v. 5-8) ; *celle* renvoie au terme cité en premier (*fouldre*), *cestuy* réfère au terme le plus proche (*cruel meffaire*).

La distinction entre déterminants et pronoms n'est pas encore effective comme en FM ; une tendance s'affirme, qui correspond à une dynamique profonde de la langue, dont témoigne également l'évolution des démonstratifs, des possessifs et des indéfinis (C. Marchello-Nizia, 1999, p. 77). Il subsiste des variations régionales ou des variantes stylistiques (certains auteurs, Scève par exemple, font un usage très personnel des démonstratifs).

Sont employées comme déterminants surtout les formes *ce, cest, ceste, ces* ; comme pronoms, devant relative ou complément du nom, sont employées les formes *celui, ceux, cele, celes*.

Lorsque le démonstratif est déterminé par les particules adverbiales *ci* ou *là*, le système est le suivant :

les pronoms de la proximité sont : *cestui-ci, ceus-ci, ceste-ci,* et sporadiquement *cestes-ci* (Frantext ne fournit que 5 occurrences de la forme au pluriel contre 130 du singulier) ;

les pronoms de l'éloignement sont : *cestui-là* (et subsidiairement *celui-là*), *ceste-là* (et moins fréquemment *cele-là*) et au pluriel : *ceus-là, celes-là.*

a) Formes issues de *cist*

CE, CEST, CET / CESTE, CETTE (PL. : CES, CESTES, CETTES)

9. Toutes ces formes sont employées comme déterminants.

Exemples d'emploi comme déterminant : *Pensez que si ceste basteliere eut l'esprit de tromper deux si malicieux hommes,* (M. de Navarre, *L'Heptaméron*, N5, p. 100) ; *Et, à cette cause, voulans de toute cette suite continuer un corps, nous nous trompons.* (Montaigne, *Essais*, I, 38, p. 236 A), à *cette cause* = « pour ce motif ».

Certaines d'entre elles peuvent également être employées comme pronoms : *ceste (cette), cestes (cettes), cestuy* (☞ *infra* § 12). L'on rencontre chez Rabelais les formes *ceste, cestes, cestuy* employées comme pronoms ; chez Montaigne, les formes *cet, cette, ces*, (également *cettuy*) peuvent être suivies soit de *icy*, *-ci*, pour les objets rapprochés, soit de *–là*, pour les objets éloignés (☞ *infra* « Détermination » § 30) ; parmi ces formes, *cette* et *cettuy* peuvent être employées comme déterminants ou comme pronoms.

Exemples d'emploi comme pronom : *Je vous supplie, mes dames, regardez quel mal il vient pour une meschante femme, combien de maulx se feirent par le peché de ceste cy.* (M. de Navarre, *L'Heptaméron*, N1, p. 76) ; *Pour admirer, et louer cete là, / Dont le renom (pour cent graces, qu'elle a) / Merite bien cent immortalitez.* (Du Bellay, *L'Olive*, 20, v. 12-14).

Exemple avec les deux emplois : *[C] D'où naist cette Platonique subtilité que, ny ceux qui sçavent n'ont à s'enquerir, d'autant qu'ils sçavent, ny ceux qui ne sçavent, d'autant que pour s'enquerir il faut sçavoir de quoy on s'enquiert. [B] Ainsin en cette-cy de se cognoistre soy mesme,* (Montaigne, *Essais*, III, 13, p. 1075 C et B). Le déterminant *cette* a valeur cataphorique ; le pronom *cette-cy*, anaphorique, renvoie à un référent éloigné de quelques lignes (la science), en raison de l'addition. Ce pronom est d'autre part suivi d'un complément déterminatif. Une telle structure serait impossible en FM car le référent est trop éloigné ; le complément déterminatif serait possible, mais maladroit.

10. La graphie *cest* est encore bien vivante, 1585 occurrences dans Frantext contre 730 de *cet*.

L'œuvre narrative de Rabelais ignore la graphie *cet*, *L'Heptaméron* offre 73 *cest* contre 3 *cet*, Ronsard emploie 24 fois *cest* et 5 fois *cet* : *Cest an passé, cil qui est, regnera / Paisiblement avec ses bons amis.* (Rabelais, GA, 2, p. 13) ; *il failloit remectre cest affaire à la pluralité des opinions,* (M. de Navarre, *L'Heptaméron*, Prologue, p. 64) ; *Je plante en ta faveur cest arbre de Cybelle, / Ce Pin, où tes honneurs se liront tous les jours :* (Ronsard, *Le Second Livre des Sonnets pour Helene*, VIII, p. 383, v. 1-2).

La graphie moderne l'emporte en revanche chez Du Bellay : 3 *cest* dans *Les Regrets* (éd. J. Jolliffe, M. A. Screech, Genève, Droz, 1966) contre 8 *cet* et progresse au cours du siècle, comme en témoigne la proportion atteinte par les *Essais* de Montaigne : 353 occurrences de *cet* contre 1 seul emploi de *cest* : *Pajazet, apres cest aspre estour où il fut rompu par Tamburlan,* (*Essais*, I, 48, p. 294 C).

Dans la seconde partie du *Dialogue de l'Ortografe*, Peletier fait commenter par Dauron, partisan d'une graphie réformée, l'emploi de *cet* au lieu de *ce* devant initiale vocalique pour contester la graphie *cest* : « Si est-ce pourtant que l'écriture a usurpé *cet homme*, *cet œuvre*, au lieu de *ce homme*, *ce œuvre*: et toutefois la raison est pareille comme de *vous semble ti ? ira ti ?* qui est à cause de la concurrence des deux voyelles : là où les écrivains commettent erreurs infinies, y ajoutant *s*, et écrivant *cest homme*, *cest œuvre*, *cest honneur*. Et crois qu'ils ont été si sots en cuidant faire un grand tour de subtilité, de penser que le pronom, vint du latin *iste*. Et de là est tombé un autre erreur en la tête de ceux qui se sont avisés d'écrire, *ceste femme*, *ceste cause*, au lieu de *cete femme*, *cette cause*. » (p. 126)

=> R. Estienne adopte la graphie *cest* (*cestuy*). En revanche, Meigret écrit *cet* (*cetuy*) en orthographe réformée et Ramus *set* (*sete*), qu'il transcrit cependant par *cest* (*ceste*) dans la colonne en orthographe conservatrice de 1572. *Cest* semble donc la graphie traditionnelle, mais se prononce *cet*, d'où ses transcriptions en orthographes réformées (fondées sur la prononciation).

11. Le pluriel *cestes* est devenu rare ; nous en avons rencontré seulement 3 occurrences dans les *Contes amoureux* de Jeanne Flore et 3 dans le *Mantice* de Pontus de Tyard : *Quelles prieres ont esté par le passé qui ayent touché le tien desdaing, si cestes cy ne l'esmeuvent ?* (*Contes amoureux*, p. 171) ; *Ainsi pendant qu'ils empruntent une opinion de celles-là, cestes-cy incognues consultent d'un advis tout contraire. (Mantice*, p. 115).

CESTUY, CETTUY, CETUY

12. Il s'agit de l'ancien datif du type *cet-* (comme *celui* était primitivement le datif du type *cel-*).

Comme déterminant, *cestuy* ne se rencontre que chez quelques auteurs.

L'on en trouve plusieurs occurrences chez Jean Marot : *cestuy fait, Cestuy More (Le Voyage de Gênes*, v. 1248 et 1258), *cestuy Roy, cestuy an, cestuy affaire (Le Voyage de Venise*, v. 154, 624, 1866) ; chez Jeanne Flore : *Cestuy Gean estoit contemneur des haulx Dieux,* (*Contes amoureux*, p. 105), dans deux cas en combinaison avec le possessif tonique : *cestuy vostre excellent et celeste corps* (p. 127) et *cestuy mien pauvre cœur* (p. 176) ; également chez Bernard Palissy, dans sa *Recepte veritable* : *afin que par cestuy escrit vous ayez un certain tesmoignage* (p. 236) ; les *Essais* de Montaigne offrent 3 emplois combinés avec le possessif : *Cettuy vostre estre, que vous joüyssez, est egalement party à la mort et à la vie.* (*Essais*, I, 20, p. 92-93 A) ; *cettuy leur propre ressentiment,* (*ibid.*, I, 46, p. 280 C) ; *Cetuy mesme nostre Plutarque,* (*ibid.*, II, 2, p. 346 A).

Mais l'auteur qui, de loin, fait le plus grand usage de *cestuy* comme déterminant est Rabelais, qui l'emploie de plus en plus au fil des livres ; présent déjà dans *Pantagruel,* abondant dans *Gargantua (En cestuy temps qui fut la saison de vendanges*, 25, p. 73 ; *cestuy philosophicque repous*, 29, p. 84), le déterminant *cestuy* devient très fréquent dans le *Tiers Livre* : *Cestuy exemple me faict entre espoir et craincte varier,* (Prologue, p. 351) ; *O gens de cestuy monde heureux. (...) ...si cestuy monde, beat monde...* (4, p. 365). Inversement, un auteur comme Calvin, dans l'*Institution de la religion chrestienne*, ne fait aucun usage de *cestuy* comme déterminant (alors qu'il l'emploie fréquemment comme pronom, avec *–ci* ou *–là* ou devant une relative).

13. Comme pronom en revanche, *cestuy* est très employé, le plus souvent accompagné des particules adverbiales *–ci* ou *–là*.

=> Meigret (« Des cas et déclinaisons des pronoms », ch. 6, p. 55 r°) donne l'emploi de *cetuy* avec *ci* ou *là* pour le plus fréquent. Au pluriel, *cetuy* fait *ces*, tandis que *cetuy ci* et *cetuy là* empruntent la forme *ceux* de *celuy*. Au féminin, tous font *cette* qui est emprunté à *cet*. *Cetuy* (*ci* ou *là*) s'emploie sans nom (à la différence de *cet*) : on ne dit pas *cetuy homme, cetuy ci homme, cetuy là Pierre*, mais *cet homme*.

Cestui-ci a le plus souvent valeur déictique et semble marquer doublement la contiguïté (par son origine et par l'adjonction de *–ci*) : *n'ayant ny les peines ny les recompenses en l'autre monde que temporelles, comme sa vie en cestuy-cy n'est que temporelle,* (Montaigne, *Essais,* II, 12, p. 555 C) ; *Allons, car si tous nos discours estoient aussi longs que cestuy-cy, ce ne seroit meshuy faict.* (Pierre de Larivey, *Le Laquais*, I, 5, p. 98).

Cestuy-là est également fréquent avec une valeur déictique et marque l'éloignement dans l'espace : *elle appella ung petit paige qu'elle avoit, et, en luy monstrant le gentil homme, luy dist : « Voyez-vous bien cestuy-là, qui a ce pourpoint de satin cramoisi, et la robbe fourrée de loups cerviers ? »* (M. de Navarre, *L'Heptaméron*, N43, p. 422) ; ou dans le temps : *En croirons nous cestuy-là: « Quorum igitur causa quis dixerit effectum esse mundum? »*, (Montaigne, *Essais*, II, 12, p. 450 C).

☞ Pour l'emploi des particules de renforcement *–ci* et *–là*, voir *infra* § 30.

14. Le pronom *cestuy* a souvent valeur anaphorique : *vous me parlez de l'homme du monde, aux prieres duquel j'ay plus d'envie d'estre recommandé. Car si cestuy là n'est sainct et juste (allegant le passage, que « bien heureux est qui peult faire mal, et ne le faict ») je n'espere pas d'estre trouvé tel.* (M. de Navarre, *L'Heptaméron*, N25, p. 310).

Une étude des variantes de Ronsard est assez instructive sur la survie de *cestui*, qui a tendance à disparaître lorsque le poète récrit ses vers. Le texte de 1584 : *Cestuy d'une langueur se mine, / Et l'autre d'un soin nompareil, / Et cest autre par la famine / Perd la lumiere du Soleil.* (*Les Odes*, II, 12, v. 45-48) devient en 1587 : *Celuy par un procés se mine / Et se banist du doux sommeil / Et l'autre accueilly de famine...* On lisait *cetui-là* au vers 47 dans le texte primitif. Ronsard l'a remplacé par *cest autre*, dans l'intention de varier l'énoncé. Il eût pu, en effet, lui substituer facilement « celui-là » (L. Terreaux, 1968, p. 113).

La première leçon proposait une survivance de l'ancien système, *cestuy* gardant à lui seul, sans adjonction de la particule adverbiale *–ci*, la possibilité d'exprimer le proche ; c'est ce que l'on voit aussi dans cet exemple de Du Bellay, qui propose un balancement *cestuy, l'autre* : *Le chef doré cestuy blasonnera, / Cestuy le corps, l'autre le blanc ivoire / De l'estommac,* (*L'Olive*, 18, v. 1-3).

b) *Cil* et ses formes dérivées

CIL

15. *Cil* est encore en usage au XVIe siècle.

=> Palsgrave ne distingue pas *cil* et *celuy* qu'il pose comme équivalents *: cil ou celuy qui a la sancté ; cil ou celuy enfant* (L3, annotations sur le pronom, ch. 27, f° 111 r°, p. 250 / 619).

Ce n'est pas un archaïsme à l'époque, la forme est bien représentée (75 occurrences dans Frantext), surtout dans la langue littéraire et versifiée ; on la rencontre chez Jean et Clément Marot, Lemaire de Belges, Du Bellay, fréquemment dans le genre théâtral : Grévin, Des Masures, Rivaudeau, La Taille, Jodelle, Garnier et Pierre Matthieu. Chez les prosateurs (Rabelais, Jacques Yver ou Pierre de L'Estoile), la forme apparaît presque exclusivement dans les contextes poétiques et versifiés.

Ainsi dans *Gargantua*, 4 exemples sur 5 sont en vers : *Sept moys aprés, houstez en vingt et deux / Cil qui jadis anihila Carthage, / Courtoysement se mist en mylieu d'eux* (2, « Les Fanfreluches antidotées », p. 13) ; *Cest an passé, cil qui est, regnera / Paisiblement avec ses bons amis. (ibid.)* ; également 17, p. 49 ; 54 « Inscription mise sus la grande porte de Theleme », p. 144 ; 58, « Enigme en prophetie », p. 153. Clément Marot emploie, dans un même passage, les deux formes *cil* et *celluy* : *Aussi celluy, qui toute puissance a, / Renvoya cil, qui au boys la laissa, / Où elle estoit :* (*L'Adolescence clémentine*, *Epistres*, « Rondeau, duquel les lettres Capitales portent le nom de l'autheur », v. 10-12). On relève 4 occurrences chez Du Bellay (« A M. d'Avanson », et sonnet 62, v. 4 et 11, sonnets 115 et 183).

Le genre théâtral (comédies ou tragédies) fournit également plusieurs exemples : *Cil qui veut à Dieu se vouër / Ne sera jamais indigent.* (Etienne Jodelle, *L'Eugène*, v. 479-480) ; *Mourez pour cil, pour qui vous estes nez,* (La Taille, *La Famine*, v. 956).

Les *Essais* de Montaigne n'offrent que deux occurrences : *Tout ainsi que cil qui fut rencontré à chevauchons sur un baton,* (I, 28, p. 192 A) ; *Or cil n'a rien de genereux qui peut recevoir plaisir où il n'en donne point :* (III, 5, p. 894 B). Ronsard, corrigeant ses *Amours*, supprime la vieille forme *cil* (L. Terreaux, 1968, p. 113). A la fin du siècle en revanche, Jean de La Gessée, dans son recueil *Les Jeunesses* (1583), fait un usage important de la forme *c'il* (23 occurrences), dans des tournures avec une relative : *C'il qui n'a rien à soy, pour trop pouvre est tenu, / Et qui ne prend aussi, n'est point suget à rendre.* (II, 17, v. 13-14) ; *« Tout vient à point à c'il qui peut attendre » :* (IV, 44, v. 2).

CELUI, CELLE

16. L'emploi de *celluy, celle* comme déterminant est globalement peu fréquent. E. Huguet (1894, p. 94-97) en indique quelques exemples chez Lemaire de Belges, Du Fail, Calvin et surtout chez Rabelais.

Rabelais fait usage de *celluy* comme déterminant, dans une fonction anaphorique ou déictique (il s'agit d'un démonstratif de notoriété dans le dernier exemple) : *et celluy temps passa comme les petitz enfans du pays,* (GA, 11, p. 33) ; *celluy lieu est en ce nom diffamé, qu'il abonde en sorcieres* (TL, 16, p. 400) ; *vous sçavez que tous sont devenuz plus mutz que poissons, depuys la venue de celluy Roy servateur on quel ont prins fin tous oracles et toutes propheties :* (TL, 25, p. 426).

Maurice Scève, dans sa *Délie*, propose la séquence suivante, qui réunit l'expression du déictique et du possessif : *celle saison sienne, / Où le meurdrier m'a meurdry,* (224, v. 7-8).

Chez Montaigne, les emplois de *celui / celle* comme déterminant sont rares. L'on relève un exemple avec *celui* : *Celuy Sextius duquel Senecque et Plutarque parlent avec si grande recommandation,* (II, 12, p. 497 B) et un exemple avec *celle* : *celle nuict qu'on destine à faire des* enfans, (II, 2, p. 345 C).

=> Palsgrave (L3, annotations sur le pronom, ch. 27, f° 111 r°, p. 250 / 619) remarque que *cyl, celuy, ceulx, celle(s)* s'utilisent en fonction de rappel avec *qui* ou avec un nom : *celuy qui a la sancté est ryche assez ; celuy enfant dont je vous ay cy devant compté ; le duc de Lancastre et celuy de Lorraine.* Il témoigne ainsi d'un usage ancien que l'on ne retrouve plus chez Meigret (« Des cas et déclinaisons des pronoms », ch. 6, p. 55 r°-v°), R. Estienne (« Des Pronoms », 2e déclinaison, p. 25) et Ramus (« Convenance des pronoms », 1562 : II, p. 87 ; 1572 : II, 4, p. 144-145).

17. La locution de but, très usitée au XVIe siècle, *à cele fin que* (altérée ultérieurement sous la forme *à seule fin que*), dans laquelle le démonstratif a valeur de déterminant, constitue une exception notable par sa fréquence.

On la rencontre dans tous les genres littéraires.

Narration : *il me suffiroit seulement de menger de ce beau lard jaune, à celle fin que les Chiens me regardassent ;* (Du Fail, *Propos rustiques*, 13, p. 149) ;

Poésie : *Les bons propos, les raisons singulieres / Je voys cherchant, et les belles matieres / A celle fin de faire Œuvre duisante / Pour Dame, tant en vertus reluisante. (*Marot, *L'Adolescence clémentine, Epistres,* « Epistre du despourveu à ma Dame la duchesse d'Alençon, et de Berry, sœur unique du Roy », v. 44-47) ; *Marie, à celle fin que le siecle advenir / De nos jeunes amours se puisse souvenir* (*Le Second livre des amours*, « Elégie à Marie », v. 1-2), la locution disparaît toutefois dans les variantes de ce premier vers : *Ma seconde ame à fin que le siecle advenir* (1584), *Afin que nostre siecle et le siecle à venir.* (1587) (sur cette question, voir L. Terreaux, 1968, p. 525 et 534) ;

Théâtre : *je desire de pouvoir entrer dans vos yeux sans vous faire mal et y demeurer perpetuellement, à celle fin que vous soyez tousjours content,* (Turnèbe, *Les Contens*, V, 3, l. 2816-2819, p. 126) ; *Sortez, sortez, ô mes enfans, arriere / De ces tombeaux, venez à la lumiere, / A celle fin que plus clair vous voyez / Vostre malheur :* (La Taille, *La Famine*, IV, v. 825-828).

=> La locution est fustigée par Vaugelas : « *A celle fin que* est un fort mauvais mot, qui néanmoins est à la bouche de force honnêtes gens. *A icelle fin*, que quelques auteurs disent, est bien encore pis. *Pour et à icelle fin que*, que plusieurs disent aussi, est tout-à-fait barbare et insupportable. Il faut dire *afin que.* » (*Nouvelles Remarques*, 1690, p. 290).

18. L'emploi de *celui / celle* comme pronom prédomine.

Celui, pronom, peut être employé de façon autonome sans *ci* ou *là* et sans qu'il soit antécédent d'un relatif. Dans ce type d'emploi, L. Terreaux (1968, p. 113) indique un cas où Ronsard remplace *cétuy* par *celuy* ☞ *supra* § 14. On ajoutera ces deux exemples, chez Ronsard également : *Quiconque voudra suivre Amour ainsi que moy, / Celuy se delibere en penible tristesse / Vivre comme je vy. (Le Second Livre des Amours*, I, 53, v. 1-3) ; *Quiconque soit celuy, qu'en vivant il languisse, / Et de chacun haï luy mesme se haïsse, (ibid.*, I, « Elégie à Marie », p. 245, v. 55-56).

=> Selon les grammairiens toutefois (Meigret, « Des cas et déclinaisons des pronoms », ch. 6, p. 55 r°-v° ; R. Estienne, « Des Pronoms », 2e déclinaison, p. 25 ; Ramus, « Convenance des pronoms », 1562 : II, p. 87 ; 1572 : II, 4, p. 144-145), *cil* ou *celuy* est un démonstratif indéterminé qui a toujours besoin d'être suivi d'un relatif pour le préciser : *celuy est homme de bien qui vit selon Dieu.*

=> H. Bonnard (*GLLF*, p. 1212) remarque que « dans l'emploi pronominal, les formes simples conservent des emplois réservés aujourd'hui aux formes composées. » : *Celuy se doit d'une docte parole / Hors du tombeau tout vif se deterrer.* (Ronsard, *Les Odes*, II, 2, « A Calliope », v. 23-24).

19. Les formes modernes *celui-ci, celui-là*, qui font concurrence aux formes *cestui-ci, cestui-là*, se rencontrent chez Des Périers, Grévin, Jodelle, Lavardin, Turnèbe, Garnier et Montaigne. Frantext donne 1 occurrence de *celui-la*, 2 de *celui-là*, 8 de *celluy-là*, 3 de *celuy-la* et 68 de *celuy-là : Je les sçavois tous, fors celuy-là*, (Des Périers, *Nouvelles Récréations*, N16, p. 412).

M. Huchon (1988, p. 106-107) remarque que l'on relève chez Montaigne, contre 99 occurrences de *cestui-ci*, une seule forme de *celui-ci* , 5 de *celui-ci* et 72 de *celui-la.*

☞ Pour la double détermination *celuy-ci / là* + relative, voir *infra* § 31.

20. La forme *celuy-là* est souvent employée avec une fonction cataphorique.

Le démonstratif peut être utilisé dans le tour interrogatif *qui est celuy-là qui* à fonction d'indétermination. Nous en trouvons plusieurs exemples chez Grévin : *Car qui est celuy-là qui porteroit envie / Au pere tant humain de toute la patrie ?* (*César*,

III, 1, p. 141), ainsi que chez Jodelle : *Car qui est celuy-là qui sachant vrayement / Qu'il faulsera la foy de son traistre serment / Aura plustost en soy de refuser la crainte, / Que l'eternel remors d'avoir sa foy contrainte* (*Didon se sacrifiant*, v. 807-810).

Les *Essais* de Montaigne fournissent plusieurs exemples d'emploi du démonstratif *celuy* déterminé à la fois par la particule adverbiale *–là* et par une relative non conjointe : *Mais aussi à ce conte, celuy-là seroit excusable, qui sortiroit en telle façon, que la seureté et l'advantage demeurast de son costé*, (I, 5, p. 26 A) ; *L'ancien Menander disoit celuy-là heureux, qui avoit peu rencontrer seulement l'ombre d'un amy.* (I, 28, p. 193 A).

c) Les neutres *ce* (forme simple), *ceci*, *cela* (formes renforcées)

CE (forme prédicative)

21. Emploi comme sujet

Ce fait (tournure fréquente en contexte narratif ☞ *infra* § 23, notre analyse du chapitre 23 de *Gargantua*).

Ce pendant (à l'origine de l'adverbe *cependant*), de même que *ce nonobstant* propre à la langue de la procédure (☞ voir chapitres XV.22 et XIII.25), constituent des propositions participes.

Du Bellay fait un fréquent usage de *cependant* dans ses *Regrets*, dans une fonction adverbiale : *Las, et nous ce pendant nous consumons nostre aage / Sur le bord incogneu d'un estrange rivage,* (16, v. 9-10 et également sonnets 17, 21, 22, 23, 24), dans les locutions conjonctives *ce pendant que* (sonnets 57, 122, 172) et, plus rarement, *en ce pendant que* : *Mais bien en ce pendant que d'une main habile / Tu me laves la barbe, et me tonds les cheveulx,* (59, v. 11-12).

Ce me semble, encore employé aujourd'hui, est d'usage courant au XVIe siècle (Frantext propose 114 occurrences pour notre période), où il est souvent isolé du reste de la phrase par des virgules ou des parenthèses : *On moys de Octobre, ce me semble, ou bien de Septembre* (Rabelais, PA, 1, p. 217) ; *changer contenance et perdre grace pour la veüe d'elles ; lesquelles (ce me semble) faut que elles tiennent leurs cœurs avecques elles envelopés,* (Du Fail, *Propos Rustiques*, 6, p. 88).

Cette expression, qui correspond à une marque du locuteur, est très fréquente dans le dialogue théâtral : dix occurrences dans la trilogie de Des Masures : *Mais le Prince Abner (ce me semble) / Et Jonathan viennent ensemble. (David combattant,* v. 665-666) ; *Mais j'oy quelqu'un nous suivre, ce me semble.* (*David triomphant,* v. 315).

22. Emploi comme complément d'objet : *Et ce disant pleuroit comme une vache,* (Rabelais, PA, 3, p. 225) ; *Mon Dieu (ce diras tu) quel miracle est-ce cy,[...] ?* (Du Bellay, *Les Regrets*, 18, v. 5) ; *Qui est amy du cœur est amy de la bourse, / Ce dira quelque honneste et hardy demandeur*, (*ibid.*, 61, v. 1-2).

23. Dès le XVIe siècle, les tournures suivantes sont en voie de lexicalisation :

Ce crois-je connnaît 3 graphies concurrentes : *ce crois-je, ce croy je, ce croy-je.* L'on relève 6 exemples de *ce crois-je*, dont 4 dans les *Essais* de Montaigne : *je consentirois plustost, ce crois-je, de perdre la veuë que l'ouir ou le parler.* (III, 8, p. 922 B) ; *ce croy je* apparaît une fois chez Rabelais : *Vous n'y viendrez pas, ce croy je.* (TL, 30, p. 447). *Ce croy-je* est présent 19 fois dans Frantext, dont 8 fois chez Montaigne et 3 chez Du Bellay : *Tu me croiras (Ronsard) bien que tu sois plus sage, / Et quelque peu encor (ce croy-je) plus aagé,* (Du Bellay, *Les Regrets*, 26, v. 5-6)

Ce voyant présente 23 occurrences, parmi lesquelles deux emplois seulement en proposition participiale : *Mais le chevalier ce voyant, luy escrie de loing :* (Jeanne Flore, *Contes amoureux*, p. 187) ; *Ce voyant quelq'un de ses amis, luy demanda, quelle cause le mouvoit, à son corps, son esprit, son tonneau ainsi tormenter ?* (Rabelais, TL, Prologue, p. 348).

Les autres exemples, chez Rabelais, attestent d'une lexicalisation déjà bien engagée : *le plaisir que prendroys ce voyant, seroit petit,* (PA, 8, p. 242) ; *mais eulx ce voyant tirerent à l'espée* (PA, 25, p. 304) ; *Ce voyant Pantagruel en voulut autant faire,* (PA, 27, p. 310).

Ce dit, formule qui introduit le dialogue dans le récit, se construit avec un nom ou un pronom : *Nenny, ce dit le clerc.* (Philippe de Vigneulles, *Les Cent Nouvelles Nouvelles*, N2, p. 63) ; *Bien vray est il, ce dit Platon prince des philosophes, que,...* (Rabelais, PA, 18, p. 281) ; *Il n'est rien (ce dit-on en proverbe vulgaire) / Si sale qu'un vieux bouq, ne si prompt à mal faire / Comme est un jeune loup :* (Du Bellay, *Les Regrets*, 73, v. 9-11).

☞ Pour la condamnation de Vaugelas, au XVIIe siècle, voir *infra* § 24 (« *en ce* »).

Ce faire, ce faisant (locutions parfois précédées des prépositions *à* ou *en* : *à ce faire, en ce faisant*), *ce fait* :

A ce faire se rencontre chez Rabelais : *Qui le induict à ce faire ?* (GA, *Prologe*, p. 6) ; *A ce faire convierent tous les citadins de Sainnais, de Suillé :* (*ibid.*, 4, p. 17) ; Calvin emploie très souvent la tournure : *Il me semble qu'il y a eu deux raisons qui ont meu les anciens Pères à ce faire.* (*Institution*, II, 2, p. 25 [1541] ; éd. O. Millet, II, p. 44/272).

Ce faisant, chez Rabelais, fonctionne tantôt (dans la plupart des cas) comme une formule lexicalisée : *tournoya plus de cent tours les bras estenduz en croix, et crioit ce faisant à haulte voix.* (GA, 35, p. 99) ; *et ce faisant je te donne ma bougette,* (PA, 14, p. 265) ; tantôt comme une véritable proposition participiale : *Et aprés quelques années mourut de la mort Roland, ce faisant la vengeance divine et nous demonstrant ce que dit le Philosophe et Aulu Gelle,* (*ibid.*, 6, p. 235) : le participe *faisant* a ici un sujet qui lui est propre : *la vengeance divine.*

Le gérondif *en ce faisant* est fréquent chez Calvin : *Qui est-ce qui ne voit qu'ils se moquent de Dieu et du monde, en ce faisant ?* (*Institution*, IV, 13, p. 277 [1545]). Il est également attesté chez Montaigne : *je vous prie conserver en vostre mesmoire, affin qu'en ce faisant vous acqueriez la gloire de sinceres et veritables amis.* (*Essais*, II, 35, p. 748 A).

Dans le *Gargantua* de Rabelais (ch. 23), les emplois du pronom *ce*, dans sa valeur pleine et en fonction de sujet ou d'objet, permettent de rythmer un récit : *Pour mieulx ce faire, l'introduisoit es compaignies des gens sçavans,* (p. 64) ; *Ce faict estoit habillé, peigné, testonné, accoustré, et parfumé, [...]* ; *Ce faict yssoient hors, tousjours conferens des propoz de la lecture :* (p. 65) ; *Ce que faisant aprint en peu de temps tous les passaiges à ce competens en Pline, Athené,* (p. 66). Ces tournures intégrant le démonstratif neutre *ce* fonctionnent comme des outils narratifs, qui marquent les temps forts du récit et donnent l'idée d'un enchaînement d'activités.

Une enquête sur la tournure *ce faict / ce fait* confirme sa fréquence en contexte narratif : outre chez Rabelais, nous avons relevé plusieurs cas chez Philippe de Vigneulles et dans *L'Heptaméron* de Marguerite de Navarre : *Et puis, ce faict, s'en alla ledit curé coucher,* (Philippe de Vigneulles, *Les Cent Nouvelles Nouvelles*, N81, p. 314) ; *Et ce fait s'en retourna au palais sans faire semblant de rien.* (M. de Navarre, *L'Heptaméron*, N36, p. 379), aucun en revanche au théâtre ou chez Montaigne.

=> Au XVIIe siècle, Vaugelas range la locution dans le vocabulaire de la pratique : « On ne peut nier, que ces deux façons de parler *à ce faire, & en ce faisant*, ne soient fort commodes et fort ordinaires dans plusieurs de nos meilleurs Autheurs : mais elle ne sont plus aujourd'huy du beau stile, elle sentent celuy des Notaires. » (*Remarques*, 1647, p. 310).

24. Régime de préposition : *il luy vint une sueur enorme, dont elle sua toute la mer, qui par ce est salée :* (Rabelais, PA, 2, p. 223). Le démonstratif régime entre, en particulier, dans la composition de locutions adverbiales : *pour ce, sur ce, en ce.*

La locution *pour ce* est fréquente, en concurrence avec *c'est pourquoi / c'est pourquoy* (également répandu) :

Chez les prosateurs, Philippe de Vigneulles (qui n'emploie pas *c'est pourquoy)* en fait grand usage : *Et pour ce, proposa de dire telle chose, comme il fit, qu'ilz seroient plus fins que maistre Mouche s'ilz ne alloient à l'offrande, comme ilz firent.* (*Les Cent Nouvelles Nouvelles*, N37, p. 173). On en trouve 2 occurrences chez Rabelais : *Pour ce monsieur je requiers que par vostre seigneurie soit dict et declairé* (PA, 11, p. 256) ; *Pour ce l'on fist .XVII. grosses pommes de cuyvre* (*ibid.*, 33, p. 334) contre 7 de *c'est pourquoy* : *C'est pourquoy fault ouvrir le livre : et soigneusement peser ce que y est deduict.* (GA, *Prologe*, p. 6). Ses emplois sont nombreux dans *L'Heptaméron,* contre deux occurrences de *c'est pourquoy* (N70, p. 584 et N44, p. 432) : *Et pour ce, mes dames, vous vous garderez de nous comme le cerf (s'il avoit entendement) feroit de son chasseur.* (N16, p. 219) ; *et pource j'ay envie vous en racompter un,* (N32, p. 359).

pour ce se rencontre également en poésie : *Pour-ce aimez moy, ce pendant qu'estes belle.* (Ronsard, *Le Second Livre des Amours,* Appendices 6, v. 14) ; *Je veus lire en trois jours l'Iliade d'Homere, / Et pour-ce, Corydon, ferme bien l'huis sur moy : (ibid.*, Appendices, [114], v. 1- 2).

=> On ne confondra pas cet emploi avec la conjonction de subordination *pour ce que* : *Pource, dist Parlamente, que je n'en veux point cognoistre d'autres.* (M. de Navarre, *L'Heptaméron*, N43, p. 427).

Sur ce fonctionne comme locution adverbiale de temps : *Et sur ce envoya querir son frere pour l'emmener en son païs,* (M. de Navarre, *L'Heptaméron*, N42, p. 417), mais peut désigner aussi le sujet auquel on s'intéresse : *Je ravassois presentement, comme je faicts souvant, sur ce, combien l'humaine raison est un instrument libre et vague.* (Montaigne, *Essais*, III, 11, p. 1026 B).

En ce : *Et en ce, ceux qui sont les plus rusez et excellens sont les mieux reputez,* (Philibert de Vienne, *Le Philosophe de court*, p. 118) ; *Quiconques il soit, en ce a esté prudent, qu'il n'y a poinct mis son nom.* (Rabelais, GA, 9, p. 28).

=> Sur ces emplois du démonstratif neutre *ce* à valeur pleine, voir la mise au point de H. Bonnard (*GLLF*, p. 1212). Vaugelas condamne l'emploi de *pour ce, outre ce* et de l'incise *ce dit-il* : « Je dis que ce *pour ce*, pour dire *partant*, ou *à cause de cela*, n'est pas bon, & qu'il ne doit jamais estre employé à cet usage. Il se disoit autrefois, mais il ne se dit plus. » (*Remarques*, 1647, p. 308) ; « *Ce dit-il, ce dit-on.* On dit tous les jours l'un & l'autre en parlant, mais on ne le doit point dire en escrivant, que dans le stile bas. Il suffit de *dit-il, dit-on*, sans *ce*, & c'est ainsi qu'il s'en faut servir par parenthese, quand on introduit quelqu'un qui parle. *Outre ce* (...). Cette premiere façon de parler ne vaut rien, il faut dire *outre cela ;* » (*ibid.*, p. 308).

25. Le démonstratif neutre *ce* entre dans la formation de nombreuses locutions conjonctives, héritées du MF : *à ce que, en ce que, par ce que, pour ce que, sans ce que* et, plus rarement, *dès ce que, selon ce que* (2 conjonctions qui ne laissent que quelques traces dans la langue du XVIe siècle).

A ce que exprime le but : la locution apparaît à plusieurs reprises dans *Pantagruel* : *le feray imprimer à ce que chascun y apreigne comme je ay faict.* (20, p. 290) ; *Partez d'icy, et me rendez mes patenostres, à ce que mon mary ne me les demande.* (21, p. 294).

=> Au XVIIe siècle, Vaugelas juge la locution vieillie (*Remarques*, 1647, p. 308).

Par ce que, parce que : *Et par ce que c'estoit en temps serain et bien attrempé,* (GA, 16, p. 47) ; *Parce que (possible) Marion rioit plus voulentiers à Robin que à Gautier :* (Du Fail, *Propos Rustiques*, « Maistre Leon Ladulfi au lecteur », p. 40) ; on relève chez Montaigne les deux graphies, avec 59 occurrences de *par ce que* contre 20 de *parce que* : *Par ce que c'estoit luy ; par ce que c'estoit moy.* (*Essais*, I, 28, p. 188 C) ; *Non parce que Socrates l'a dict, mais parce qu'en verité c'est mon humeur,* (III, 9, p. 973 B) ; voici un exemple où les deux graphies se côtoient : *Elle (la mort) ne vous concerne ny mort ny vif : vif, parce que vous estes : mort, par ce que vous n'estes plus.* (I, 20, p. 95 C).

Sans ce que : *tout ainsi nous romprons la teste à noz Dipsodes, sans ce que nul de nous soit blessé,* (Rabelais, PA, 27, p. 311) ; *il braqua si à propos une colouvrine, que sans ce que ledict Marquis, voyant mettre le feu, se lança à quartier, il fut tenu qu'il en avoit dans le corps.* (Montaigne, *Essais*, I, 12, p. 46 A).

Selon ce que : *Mais en la mort des tiens, selon ce que je voy, / Tu te dois resjouir, car iceux je devoy / Mener en Gabeon, non pour sacrifier / Mais las, à celle fin de les crucifier.* (La Taille, *La Famine*, v. 705-708).

Dès ce que se rencontre plus rarement : *C'est des horribles faictz et prouesses de Pantagruel, lequel j'ay servy à gaiges dés ce que je fuz hors de page,* (Rabelais, PA, Prologue, p. 215).

On trouve peu souvent *en ce que* : *ceux qui sont excommuniez ne sont point jettez en ruine éternelle et en désespoir, mais seulement en ce que leur vie est condamnée, ils sont advertis que la damnation éternelle les attend, s'ils ne se repentent.* (Calvin, *Institution*, IV, 12, p. 247 [1541] ; éd. O. Millet, IV, p. 279 / 675) ; à ne pas confondre avec tous les cas, beaucoup plus nombreux, où *en ce que* ne constitue pas une locution grammaticalisée : *Platon a icy dessus esté à bon droit repris en ce qu'il impute tous péchez à ignorance,* (*ibid.*, II, 2, p. 50 [1541] ; éd. O. Millet, II, p. 63 / 306).

CECI, CELA

26. Les formes renforcées *ceci, cela* sont d'emploi courant au XVIe siècle, avec une nette prédominance de *cela* sur *ceci / cecy* : Frantext offre, pour notre *corpus*, 112 occurrences de *ceci* et 685 de *cecy* contre 4562 de *cela*.

Les grammairiens de l'époque établissent une distinction nette entre valeur de proximité (*ceci*) et d'éloignement (*cela*).

=> Palsgrave (L3, annotations sur le pronom, ch. 26, f° 110 v°, p. 249 / 618) rapproche *cecy* de *this* et *cela* de *that*. Meigret (« Des cas et déclinaisons des pronoms », ch. 6, p. 54 r°), R. Estienne (« Des Pronoms », 2e déclinaison, p. 25) et Ramus (« Convenance des pronoms », 1562 : II, p. 86 ; 1572 : II, 4, p. 141-142) précisent que *ceci* désigne une chose présente ou proche et *cela* une chose plus éloignée.

Dans les textes toutefois, ces formes ne connaissent pas une répartition aussi stricte.

Les Regrets de Du Bellay présentent 3 emplois de *ceci / cecy* : *Et ores (Sibilet) que je t'escry ceci, / Nous parlons de taureaux,* (122, v. 9-10) ; dans les deux autres cas, *cecy* est employé avec une fonction récapitulative ou conclusive pour laquelle le FM préfère *cela* : *Je discourois ainsi, / Et me vantois en moy d'apprendre tout cecy,* (32, v. 6-7) ; *Le mortel en cecy n'est semblable au divin.* (106, v. 14). Les emplois de *cela* sont plus fréquents (23 occurrences) et peuvent permettre des effets stylistiques : *Le sainct rayon qui part des beaux yeux de ta dame, / Et la saincte faveur de ton Prince et du mien, / Cela (Ronsard) cela, cela merite bien / De t'eschauffer le cœur d'une si vive flamme.* (8, v. 5-8). *Cela* est fréquemment utilisé par Du Bellay dans une fonction récapitulative, il constitue un bilan au terme d'une énumération qui a structuré tout le sonnet (15, v. 13 ; 81, v. 11 ; 180, v. 12) ou qui s'est déployée sur un seul vers (46, v. 11).

Chez Montaigne également, les emplois de *ceci* (2) / *cecy* (104) sont moins fréquents que les emplois de *cela* (411). On rencontre plusieurs cas du balancement *cecy, cela* : *S'ils jugent en parolles universelles : Cecy est bon, cela ne l'est pas,* (*Essais*, III, 8, p. 936 B) ; *qui cecy, qui cela, chacun selon son besoing.* (I, 35, p. 223 A) ; également III, 13, p. 1094 B ; III, 11, p. 1035 B. Quand Montaigne emploie *ceci/cecy*, c'est généralement dans sa fonction de présentatif : *Ceci m'advient aussi : que je ne me trouve pas où je me cherche ;* (I, 10, p. 40 C) ; *Ceci est aussi de Seneque : que le sage a la fortitude pareille à Dieu, mais en l'humaine foiblesse ;* (II, 12, p. 489 C), également I, 25, p. 133 A ; I, 26, p. 146 A; I, 30, p. 198 A. *Cela* est fréquemment employé comme élément d'articulation du récit ou du discours, après préposition, dans les tournures *outre cela*, (I, 10, p. 40 A ; I, 31, p. 205 A ; I, 42, p. 264 A), *apres cela* (I, 24, p. 125 A ; I, 31, p. 213 A), et dans la proposition participiale *cela faict* (I, 21, p. 101 C ; I, 30, p. 199 B ; I, 45, p. 274 A).

Ceci ou *cela* peuvent être employés comme antécédent d'une relative. L'on en relève huit occurrences dans *Les Regrets* de Du Bellay : *Sans vouloir estre plus, que cela que je suis,* (37, v. 2) ; *Ne dire à tous venans tout cela que lon pense,* (85, v. 7). Nous retrouvons ce cas dans les sonnets 125, v. 2-4 ; 136, v. 10 ; 149, v. 13-14 ; 181, v. 9. ☞ Voir *infra* § 31 la question de la double détermination.

=> Meigret (« Des cas et déclinaisons des pronoms », ch. 6, p. 54 v°) et Ramus (« Convenance des pronoms », 1562 : II, p. 86) dénoncent l'abus de *ceci* ou *cela* pour *ce* : *tout cela que vous dites ne sert de rien* pour *tout ce que vous dites.* Ces tours ne sont pas irrecevables mais ne constituent pas la manière de parler la plus agréable à l'oreille.

d) Les formes renforcées du démonstratif

27. *Iceluy, icelle, iceux, icelles* proviennent de *hic ecce *illui, illa, illos, illas*. Ces formes incluent la détermination (le préfixe *i-* qui vient du latin *hic*) sans renforcement par *–ci* ou *–là*.

=> Meigret (« Des cas et déclinaisons des Pronoms », ch. 6, p. 56 v°), R. Estienne (« Des Pronoms », 2e déclinaison, p. 27) et Ramus (« Convenance des pronoms », 1562 : II, p. 87 ; 1572 : II, 4, p. 145) expliquent qu'*iceluy* et *icelle* s'emploient pour *le, la, les*.

Selon Meigret et Ramus qui critiquent leur usage, il s'agit de pronoms « usurpés » par les « praticiens » [ceux qui ont l'expérience d'une pratique : commerçants, gens de justice familiers des procès, etc.] afin d'étoffer le discours : *J'ai acheté un cheval pour icelui t'envoyer* à quoi il faut préférer *pour te l'envoyer.*

Palsgrave considère pour sa part *yceluy, ycelle, ycestuy* comme des pronoms démonstratifs composés sur la base de *ce* (L2, « Du pronoms », « les démonstratifs », f° 34 r°, p. 132 / 452) et s'employant dans des tours renforcés : *this man* > *cestuy* mais *this selfe same man* > *ycestuy* (L3, annotations sur le pronom, ch. 28, f° 111 r°, p. 250 / 620).

A noter que Meigret et R. Estienne classent ces formes parmi les pronoms à la fois relatifs et démonstratifs du type *il, luy, elle* (dont elles sont synonymes), tandis que Ramus et Palsgrave les rattachent aux démonstratifs de type *cil* / *celuy* (tout en les rapprochant sémantiquement de *le, la, les* pour le premier).

Ces formes sont caractéristiques de la langue écrite et relèvent d'un style soutenu ; l'usage en est assez important, puisque Frantext propose 1044 occurrences d'*icelle*, 7 d'*icellui*, 380 d'*iceluy*, 37 d'*icelui*, 147 d'*icelluy*.

28. Ces formes en *i–* sont étudiées par C. Marchello-Nizia (1995, p.139-144) : l'étude traite de « la question des "formes longues" en ancien français (Xe-XIIIe siècles) : *icel, celui, icelui*, etc. » et regroupe les formes suffixées en *–ui* ou *–i* ou préfixées en *i–*. Sont dégagés, pour les formes « longues », les traits distinctifs suivants :

> Leur place : une forte proportion de ces formes se trouve en tête de phrase (début syntaxique) ou de vers (début rythmique), ou les deux.
>
> Leur emploi morphologique : les formes préfixées en *–i* sont surtout déterminants.
>
> La fonction du nom déterminé : les formes « longues » ou « très longues » (ex. : *icestui*) employées comme déterminants le sont majoritairement d'un substantif complément d'objet direct placé en tête de phrase.

D'où l'hypothèse (tirée des caractéristiques 1 et 3) que « l'emploi de ces formes "longues" ou "très longues" comme déterminant d'un substantif "marqué" est lui-même un élément de cette mise en évidence. »

> Rabelais fait un usage abondant des formes renforcées, comme pronoms et comme déterminants. Comme pronoms (avec la valeur d'un démonstratif ou d'un pronom personnel, comme le souligne E. Huguet, 1894, p. 89-90) : *A l'exemple d'icelluy vous convient estre saiges pour fleurer, sentir et estimer ces beaulx livres de haulte gresse (...). Car en icelle bien aultre goust trouverez, et doctrine plus absconce,* (Rabelais, GA, Prologe, p. 7). Comme déterminants : *En ce moyen entra en affection de icelle science numerale,* (GA, 23, p. 66) ; *Durant icellui repas estoit continuée la leçon du disner :* (*ibid.*, 23, p. 70) ; *iceluy jeu* (*ibid.*, 24, p. 71), *icelle journée* (*ibid.*, p. 72). Au total, 1 occurrence d'*iceluy*, 61 d'*icelluy* et 73 d'*icelle.*
>
> Montaigne n'emploie *icelle* (22 fois) et *iceluy* (7 fois) que comme pronoms : *Chiron refusa l'immortalité, informé des conditions d'icelle par le Dieu mesme du temps et de la durée, Saturne, son*

pere. (*Essais*, I, 20, p. 96 C) ; *Comme une herbe transplantée en solage fort divers à sa condition, se conforme bien plustost à iceluy qu'elle ne le reforme à soy.* (*ibid.*, III, 9, p. 992 C).

Du Bellay, dans *Les Regrets*, fait un usage unique de la forme : *D'où vient que nous voyons à Rome si souvent / Ces garses forcener, et la pluspart d'icelles / N'estre vieilles (Ronsard) mais d'aage de pucelles,* (*Les Regrets*, 98, v. 1-3).

2) LES EMPLOIS

a) La détermination

29. Le démonstratif peut être éloigné de son complément : *Celuy vrayement est fol, qui changeant l'asseurance / Du bien qui est present en douteuse esperance, / Veult tousjours contredire à son propre desir.* (Du Bellay, *Les Regrets*, 53, v. 12-14) ; *Celuy (me respondit alors) que voyez acoudé,* (Du Fail, *Propos Rustiques*, 1, p. 49).

On trouve également cette construction combinée avec la double détermination (☞ voir plus loin § 31).

Jacques de La Taille, dans un dialogue stichomythique, utilise en écho la construction *j'appelle cestuy-là...qui :* [Le Prophete] *J'appelle cestuy-là bien fol et temeraire / Qui s'expose à la mort, s'il n'en est necessaire.* [Aristarque] *J'apelle cestuy-là lasche et de peu de cueur,/ Qui craint, sans qu'il y aye occasion de peur.* (La Taille, *Alexandre*, v. 357-360).

Chez Marguerite de Navarre, on relève une prolepse de la proposition intégrative introduite par *qui* : *Car qui peult faire mal et ne le faict point, cestuy là est bien heureux.* (M. de Navarre, *L'Heptaméron*, N42, p. 420). Ce type de phrase à thématisation (c'est-à-dire avec détachement à gauche du sujet) est, selon N. Fournier (1998, § 193), « un tour caractéristique du français classique et obsolète en français moderne ».

30. Comme en FM, les particules adverbiales *-ci* et *-là* indiquent une opposition spatiale : *-ci* marque la proximité et renvoie à l'objet nommé en dernier lieu, *-là* indique l'éloignement et désigne l'objet nommé en premier.

Le singulier oppose *cestui-ci* (proche) et *celui-là* (lointain) ou (plus fréquent) *cestui-ci...cestui-là*. Le parallélisme des deux éléments permet des effets rythmiques et stylistiques.

Du Bellay les met au service de la satire: *Fait bon voir, qui de l'un, qui de l'autre se vante, / Qui met pour cestui-cy, qui met pour cestui-là, / Et pour moins d'un escu dix Cardinaux en vente.* (*Les Regrets*, 81, v. 12-14), ces vers combinent l'emploi de deux types de locution distributive, *l'un ... l'autre ; cestui-cy ... cestuy-là* ; *Cestui-là me deçoit d'une faulse louange,/ Et gardant qu'aux bons vers les mauvais je ne change,/ Fait qu'en me plaisant trop à chacun je desplais : / Cestui-cy me degouste, et ne pouvant rien faire / Qui luy plaise, il me fait egalement desplaire / Tout ce qu'il fait luymesme, et tout ce que je fais.* (*ibid.*, 67, v. 9-12).

Garnier les emploie à des fins pathétiques : *Mais quoy ? cestuy-là vit, cestuy-ci ne vit plus,/ Insensible, impassible, en un tombeau reclus.* (*La Troade*, v. 963-964) ; *Cestuy-cy veut gravir au haut d'un precipice, / Cestuy-là sur le toict d'un fumeux edifice, / Ou sur un pan de mur à demy consommé,* (*ibid.*, v. 1885-1887).

Calvin en fait usage à des fins didactiques : *Et se voulant déclairer maistre et dispensateur en toute liberté, il dit précisement qu'il ne fera miséricorde à cestuy-ci plustost qu'à cestuy-là, sinon entant qu'il luy plaira d'ainsi faire ;* (*Institution*, III, 22, p. 425 [1560]).

Ronsard, dans un jeu stylistique très subtil, substitue à l'ordre de proximité syntaxique un ordre de proximité subjectif : *Je parangonne au Soleil que j'adore / L'autre Soleil. Cestuy-là de ses yeux / Enlustre, enflamme, enlumine les Cieux, / Et cestui-cy nostre France decore.* (*Le Premier Livre des Amours*, 5, v. 1-4). L'astre (« l'autre Soleil ») est repoussé au loin (*cestuy-là*) pour imposer le rayonnement de la dame, plus proche de l'instance poétique par sa place sur terre et par l'amour qui lui est porté.

31. Les formes *ceste / cestuy* et *celle / celui* peuvent connaître une double détermination, par la particule adverbiale *–ci* ou *–là* et par une relative, emploi impossible en FM qui refuse la double détermination.

Les exemples de double détermination abondent pour *cestui* : *Qui est donc cestuy-ci / Qui pour vous combatant nous a trompez ainsi ?* (Garnier, *Bradamante*, v. 1639-1640) ; *on me demande : Qui estoit cestuy là qui jouoit un tel personnage ?* (Des Périers, *Nouvelles Récréations*, N30, p. 141) ; *Si celuy qui s'appreste à faire un long voyage, / Doit croire cestuy là qui a ja voyagé,* (Du Bellay, *Les Regrets*, 26, v. 1-2).

L'emploi de *cestuy*, seul, avec une relative est assez rare :

Cet autre plus fort se montre, / Bouleversant les plus fors, / Mais cettui qui le rencontre / Anéantit ses effors. (La Péruse, *Poésies complètes, Ode à J. Boiceau, Seigneur de La Borderie*, v. 77-80, p. 12).

Celuy-là peut également être suivi d'une relative : *Et suis esmerveillé qu'i[l] ne se soit encores trouvé Roy, ny prince, ny Seigneur, qui l'ait voulu essayer de ceste beste : Et dy que celuy la acquierra une immortelle louange qui premier en fera l'experience,* (Des Périers, *Nouvelles Récréations*, N88, p. 302-303) ; *Voicy doncq ce dit il, celuy la que vous cherchez.* (*ibid.*, N48, p. 197). C'est aussi le cas au pluriel : *Plus cruels sont les coups dont l'amour eguillonne, / Que ceux-là que la dextre homicide nous donne.* (Jodelle, *Didon se sacrifiant*, v. 2103-2104). Le sonnet 114 des *Regrets* est entièrement structuré par le démonstratif, à chaque fois pourvu d'une double détermination : *Dont le prince ne voit que par les yeux d'autruy, / N'entend que par ceulx-là, qui respondent pour luy,* (v. 3-4) ; *Telz sont ceulx-là (Seigneur) qu'aujourd'huy lon reserre* (v. 5) ; *Tel estoit cestui-là, qui du hault d'une tour,* (v. 12).

C'est une tournure que commencent à refuser les grammairiens de l'époque.

=> Pour Meigret (« Des cas et déclinaisons des Pronoms », ch. 6, p. 55 r°-v°), R. Estienne (« Des Pronoms », 2e déclinaison, p. 25) et Ramus (« Convenance des pronoms », 1562 : II, p. 87 ; 1572 : II, 4, p. 144-145), *cil* / *celuy* est un démonstratif indéterminé qui doit être suivi d'un relatif pour le déterminer et qui ne peut s'adjoindre *ci* ou *là* qui sont adverbes locaux et supposent une détermination. Meigret et Estienne dénoncent comme « barbare » et « sans propos » un tour à valeur générale comme *celuy là est homme de bien, qui sert bien Dieu*, dans lequel *celuy* suffit.

32. Comme les formes précédemment évoquées, *cela* peut être complété par une relative.

et les femmes, tout au rebours : c'est cela, qui les aprivoise, qui les faict aller et courir, (M. de Navarre, *L'Heptaméron*, N46, p. 443) ; *S'il est ainsi, ne murmurons / Mais patiemment endurons / Tout cela qui vient de sa main,/ Soit rigoureux ou soit humain.* (La Taille, *Saül le furieux*, v. 897-900). *Les Regrets* de Du Bellay en offrent 8 occurrences : *Mais cela qui se dit s'en vole par l'oreille, / Et cela qui s'escript, ne se perd pas ainsi.* (149, v. 13-14 - et 37 v. 2 ; 85 v. 7 ; 125 v. 2- 4 ; 136 v. 10 ; 181 v. 9).

33. Une autre détermination est possible : *ici*. La forme est bien représentée au XVIe siècle.

Pour notre *corpus*, Frantext propose 1 occurrence de *cet homme icy* et 6 de *cest homme icy* : *Cest homme icy avoit bruict de n'estre guieres bon mesnagier, Car il avoit vendu et dependu le bien de sa premiere femme.* (Des Périers, *Nouvelles Récréations*, N43, p. 180) ;

contre 1 occurrence de *cet homme-ci*, 4 de *cest homme cy*, 1 de *cest homme-cy* : *Si ce que cest homme-cy dit est vray, j'en puis bien donner ma part pour un liard.* (Turnèbe, *Les Contens*, l. 293-294). Dans *L'Heptaméron*, l'édition de Claude Gruget offre *cest homme cy* (N18, p. 229), là où le manuscrit de la BNF (Fr. 1512) donne *cest homme icy* (éd. M. François, p. 141).

Cet emploi est fréquent également au pluriel avec un nom : *en ces siecles icy* (Montaigne, *Essais*, II, 10, p. 417 A), *ces gens icy* (plusieurs occurrences dans les *Essais*, II, 12, p. 449 C, p. 538 A, p. 583 A, *etc.*) ou avec un pronom pluriel : *De celles icy je pourrois ainsi dire* (*ibid.*, III, 11, p. 1034 B) ; *Je tiens que de ces premiers il en va comme de ceux icy ;* (*ibid.*, I, 56, p. 320 C).

> => La tournure existe encore au XVIIe siècle, comme l'atteste cette remarque de Vaugelas : « Tout Paris dit, par exemple, *cet homme-cy, ce temps-cy, cette annee-cy*, mais la plus grand' part de la Cour dit, *cet homme icy, ce temps icy, cette année icy*, & trouve l'autre insupportable, comme reciproquement les Parisiens ne peuvent souffrir *icy*, au lieu de *cy.* » (*Remarques*, 1647, p. 366).

b) Constructions syntaxiques particulières

Ellipse du démonstratif

34. De la même façon que l'article (sur cette question du zeugma ☞ chapitre II.15 et XVIII.4), le démonstratif n'est pas obligatoirement repris devant des substantifs coordonnés.

A partir des exemples de *L'Heptaméron* et de Rabelais, l'on peut distinguer plusieurs cas.

> La mise en facteur commun du démonstratif intervient lorsque l'on coordonne des substantifs synonymes ou de sens proche : *ont esté ces griefz, et tords faictz* (Rabelais, GA, 31, p. 86) ; *ces haultes matieres et sciences profundes* (*ibid.*, *Prologe*, p. 7) ; *ceste ruyne et perte* (*ibid.*, 58, p. 152).

ou encore des substantifs non synonymes, mais que l'on met sur un même plan (même ordre d'idée) : *tous ces pauvres roys et papes de ce monde* (PA, 30, p. 326) ; *ceste insigne fable et Tragicque comedie* (TL, Prologue, p. 349).

Elle peut intervenir avec des substantifs d'un genre identique : *ces gouffres et guez mal plaisans* (GA, 9, p. 29), mais aussi de genres différents : *elle ne croioit rien de toutes ces follies et soupçons.* (M. de Navarre, *L'Heptaméron*, N15, p. 210) ; *ces fouaces et beaulx raisins,* (GA, 25, p. 75) ; *ceste tranquillité et repos d'estude* (PA, 8, p. 245).

Un unique démonstratif peut d'autre part déterminer un ensemble de substantifs : *ces registres, enquestes, replicques, reproches, salvations, et aultres telles diableries,* (PA, 10, p. 253) ; *tous ces grimaulx, artiens, et Intrans* (PA, 18, p. 285). L'exemple suivant offre le cas d'une double économie, du substantif et du démonstratif : *Pour ceste et aultres causes* (TL, 8, p. 376).

=> La mise en facteur commun du démonstratif peut être combinée avec une valeur laudative : *Alexandre, ce grand et Roy et philosophe*, (Montaigne, *Essais*, III, 13, p. 1078 B). L'adjectif qualificatif *grand* porte sur les deux substantifs ; la tournure *et...et* est un latinisme. Le FM, plus analytique, ne peut concentrer le propos à ce point.

35. La syntaxe du XVIe siècle autorise également l'économie du pronom démonstratif de rappel devant un complément déterminatif : *ny que les services d'un homme qui a dix mille livres de rente, ou qui a pris Casal, ou defendu Siene, luy soyent plus commodes et acceptables que d'un bon valet et bien experimenté.* (Montaigne, *Essais*, I, 42, p. 265 A).

=> Grevisse, 1993, § 1151, 1.

36. Reprise du démonstratif par le pronom personnel

L'on a affaire ici à un cas de thématisation (☞ *supra* § 29) du groupe pronominal sujet en prolepse: *Il ne se recognoit plus d'action vertueuse : celles qui en portent le visage, elles n'en ont pas pourtant l'essence,* (Montaigne, *Essais*, I, 37, p. 230 A) ; *Ceux qui l'aiment, ils s'y doivent adonner avec moderation,* (I, 39, p. 244 A).

=> Selon N. Fournier (1998, § 189), cette construction est pratiquée abondamment par le français classique.

37. La construction latine *comme celui qui* signifie « en homme qui », sur le modèle du latin *ut qui, quippe qui* : *Ce que je dis, comme celuy qui n'est ny juge ny conseiller des Roys ny s'en estime de bien loing digne, ains homme du commun,* (Montaigne, *Essais*, III, 11, p. 1033 B) ; *il vivoit toujours un vivre soldatesque, et se nourrissoit en pleine paix comme celuy qui se preparoit et accoustumoit à l'austerité de la guerre.* (*ibid*., II, 19, p. 670 A).

La tournure s'emploie également au féminin, *comme celle qui*, ou au pluriel (*comme ceux / celles qui*) : *Car quand Florinde venoit parler à luy privément (comme celle qui ne pensoit nul mal) le feu caché en son cueur le brusloit si fort,* (M. de Navarre, *Heptaméron*, N10, p. 130) ; *ils marcheoyent en desordre comme ceux qui cuidoient bien estre hors de tout dangier*, (Montaigne, *Essais*, I, 45, p. 275 B).

Et elle admet pour variantes *il n'est* ou *il n'y a celui qui*. Celles-ci sont fréquentes chez Rabelais, qui n'emploie pas *comme celui qui* (E. Huguet, 1894, p. 107-110) et chez Calvin : *il n'est* ou *il n'y a celui qui* : *il n'y eut celluy qui ne beust vingt cinq ou trente muys.* (Rabelais, PA, 20, p. 291) ; *Qu'on lise tous les Docteurs Grecs et Latins, il n'y a celuy qui n'en parle.* (Calvin, *Institution*, IV, 17, p. 445 [1545]).

=> Pour l'usage en FM du tour *il n'y a celui qui* pour « il n'y a personne qui ne », voir Grevisse, 1993, § 672, p. 1028.

38. Valeur expressive du démonstratif

Chez Ronsard, le jeu des variantes permet de percevoir la valeur stylistique de l'emploi du démonstratif : le démonstratif vient remplacer l'article défini à l'*incipit* du sonnet 37 (*Le Premier Livre des Amours*) : *Les petitz corps, culbutans de travers* (1553) devient *Les corps volans çà et là de travers* (1567), puis *Ces petits corps qui tombent de travers* (1578). Ce sont les petits corps bien connus, les atomes, dont Lucrèce a vulgarisé la théorie ; le démonstratif souligne le renvoi à des connaissances partagées par l'auteur et le lecteur. Au sonnet 9, le démonstratif remplace l'article indéfini pour traduire une certaine emphase : *Je sens garir une amoureuse rage / Qui me rafole au plus verd de mes mois.* devient *Je sens guarir ceste amoureuse rage* (v. 7-8).

Cet emploi emphatique du démonstratif est fréquent dans *Le Premier Livre des Amours*. Il permet notamment la célébration des beautés féminines : tout le sonnet 23 est ainsi structuré par la reprise du déterminant démonstratif : *Ce beau coral, ce marbre qui soupire / Et cet ebene ornement du sourci, / Et cet albâtre en voûte racourci, / Et ces saphirs, ce jaspe et ce porphyre : / Ces diamans, ces rubis, qu'un Zephyre / Tient animez d'un soupir adouci, / Et ces œillets et ces roses aussi, / Et ce fin or, où l'or mesme se mire : / Me sont dans l'ame en si profond esmoy,* (v. 1-9). Un poème du *Second Livre des Amours* reprend le procédé, mais sur le mode du regret, la mort ayant emporté les beautés célébrées : *Qui eust pensé que ces beaux yeux / Qui me faisoient si douce guerre, / Ces mains, ceste bouche et ce front / Qui prindrent mon cœur, et qui l'ont, / Ne fussent maintenant que terre ? / Helas ! où est ce doux parler, / Ce voir, cest ouyr, cest aller, / Ce ris qui me faisoit apprendre / Que c'est qu'aimer ?* (*Seconde partie : Sur la mort de Marie*, Stances, v. 50-58) ; également à la fin du poème : *Ren moy ce voir et cest ouir, / De ce parler fay moy jouyr,* (v. 157- 158).

Le même style pétrarquiste est à l'œuvre dans un sonnet de *L'Olive*, où Du Bellay, par un contre-rejet audacieux, met en valeur le déterminant démonstratif *celle* en l'isolant à la rime : *Ces cheveux d'or, ce front de marbre, et celle / Bouche d'œillez, et de liz toute pleine,* (65, v. 1-2).

=> R. Martin et M. Wilmet (1981, § 211, 3) analysent dans le *Testament Villon* un exemple assez proche : *Qu'est devenu ce front poly, / Cheveux blons, ces sourciz voultiz,* mais il s'agit d'une femme vieillie qui se contemple elle-même dans un miroir ; le démonstratif produit ici, selon les auteurs, « un effet secondaire de possessif. »

39. Valeur laudative ou péjorative. Le démonstratif *ce / cet / cette* peut avoir valeur :

laudative : *ce Dieu de science et de lumiere* (Montaigne, *Essais,* III, 13, p. 1075 B), où la périphrase désigne Apollon ;

péjorative : *A ma foiblesse si souvant recogneuë je doibts (...) cette arrogance importune et quereleuse,* (*ibid.*, III, 13, p. 1075 B).

40. Démonstratif de notoriété. *Cestui-là* peut renvoyer à un personnage connu de tous : *Eumolpe vint, Musée, Orphée, / L'Ascrean, Line, et cestuy-là / Qui si divinement parla, / Dressant à la Grece un trophée.* (Ronsard, *Les Odes*, I, 10, « A Michel de L'Hospital, chancelier de France », v. 553-556) ; *Heureux qui, comme Ulysse, a fait un beau voyage, / Ou comme cestuy la qui conquit la toison,* (Du Bellay, *Les Regrets*, 31, v. 2).

Cet emploi de notoriété s'observe également avec le pronom *ce*. Dans l'exemple suivant de Montaigne, le démonstratif est utilisé pour opérer une distinction entre deux auteurs connus (Pline le Jeune et Pline l'Ancien) : *Il se tire des escris de Cicero et de ce Pline (peu retirant, à mon advis, aux humeurs de son oncle), infinis tesmoignages* (Montaigne, *Essais*, I, 40, p. 249 A).

III - BILAN ET REMARQUES DIACHRONIQUES

41. Le système des démonstratifs connaît au XVIe siècle une évolution que C. Marchello-Nizia (1997, p. 151-171 et 1995, p.175) résume en ces termes :

> Le système des démonstratifs se réduit progressivement dans le courant du XVIe siècle pour se restreindre finalement aux formes *celui / ceux* et *cele / celes* (-ci / -là), c'est-à-dire à des formes qui peuvent s'analyser en : pronom démonstratif neutre + pronom personnel tonique : *ce-lui, c(e)-elle, c(e)-eux, c(e)-elles.*
>
> Les déterminants préfixés en *i-*, déterminants marqués, cessent d'être employés dans le courant du XVIe siècle.
>
> C'est un peu plus tard, au cours du XVIe et surtout du XVIIe siècle, que se généralise l'emploi des suffixes (anciens adverbes) *-ci* et *-là* à la fin du syntagme nominal (*ce livre-ci*) ou pronominal (*celui-ci*).

Un nouveau changement allait, au XVIIe siècle, affecter le micro-système des pronoms démonstratifs.

> Depuis le français classique, ils ne peuvent plus être employés de façon autonome. Ils sont nécessairement suivis soit de *-ci / -là*, soit d'un complément prépositionnel, souvent déterminatif (*celui de la ville, celle avec des fleurs, ceux de dehors...*), soit d'une relative (*celles qui / que / avec qui...*).
>
> On note enfin, comme pour les possessifs et les indéfinis, la systématisation de la distinction entre fonction pronominale et fonction déterminative.
>
> L'analyse de C. Marchello-Nizia est fondée sur une triple

hypothèse : elle propose un rapprochement entre sous-systèmes morphologiques et rattache les démonstratifs au macro-système des pronoms ainsi qu'au macro-système des déterminants ; elle souligne le rôle de l'accentuation : l'AF possédait encore un accent tonique de mot ; à la fin du XIVe siècle, s'opère un changement dans l'accentuation du français : « à un accent tonique de mots encore largement conservé succède un accent de fin de groupe de mots qui cesse d'être distinctif » (1995, p. 174). C'est précisément sous cet accent final que va se placer la particule *–ci* / *-là*.

42. Le système du FM est le fruit de cette évolution :

l'opposition est morphologique entre déterminants et pronoms ;

l'opposition spatiale est permise grâce à l'adjonction des particules adverbiales *ci* et *là*. Les pronoms se présentent sous la forme simple : *celui* (qui appelle la détermination) ou composée : *celui-ci* (qui inclut la détermination).

CHAPITRE VI :
INTERROGATIFS, EXCLAMATIFS, RELATIFS

Compléments bibliographiques : M. Glatigny, « Remarques sur les variations des relatifs au XVIe siècle », *L'Information grammaticale* n° 74, juin 1997, p. 47-51. G. Gougenheim, *Etudes de Grammaire et de vocabulaire français*, Paris, Picard, 1970, en particulier, « *Celui* et *ce* aux points de vue syntaxique et fonctionnel », p. 100-107 et « Les pronoms interrogatifs *que* et *quoi* », p. 108-112. U. Jokinen, *Les relatifs en moyen français ; formes et fonctions*, Université d'Helsinki, 1978. P. Kunstmann, *Le relatif-interrogatif en ancien français*, Genève, Droz, 1990 ; « Relatif et liaison : le cas du relatif dit "de liaison" », *Le moyen français, Philologie et linguistique. Approches du texte et du discours,* Actes du VIIe colloque international sur le moyen français publiés par B. Combettes et S. Monsonego, Paris, Didier érudition, 1997, p. 517-527.

REMARQUE PRÉLIMINAIRE

1. Nous avons regroupé, dans ce chapitre, trois types de mots qui ont la même morphologie, mais des emplois syntaxiques différents.

=> Sur cette question voir G. Moignet (1981, p. 179, § 284 et 285) qui souligne que *qui* et *quoi* « ne changent pas de nature quand ils sont affectés à l'expression de l'interrogation ou à un mécanisme de translation syntaxique. (...) L'interrogation est une attitude du locuteur, une modalité du discours ; elle est étrangère à la nature véritable, dans le plan de la langue, du pronom. »

Comme dans beaucoup de grammaires, l'exclamatif n'occupera que peu d'espace dans ce chapitre.

=> Chez P. Ménard, R. Martin et M. Wilmet, il n'est pas question des exclamatifs, mais de l'exclamation (courte rubrique, § 396 chez P. Ménard, 1988) ou de la proposition exclamative (R. Martin, M. Wilmet, 1980, § 350). En revanche, les relatifs et interrogatifs se voient attribuer de longs chapitres.

I - LES INTERROGATIFS

1) MISE AU POINT HISTORIQUE ET MORPHOLOGIQUE

2. En latin, le thème **Kwi-, *Kwo-, *Kwu-* est à l'origine de tous les pronoms et adverbes interrogatifs.

3. Le devenir des mots interrogatifs, analysé par Guy Serbat (1986, p. 158-159), nous renseigne également sur celui des relatifs, dont l'évolution morphologique, en l'absence d'antécédent, est la même.

Au nominatif, *qui* devient la forme unique pour le masculin et le féminin, éliminant *quæ*.

L'accusatif masculin *quem* est remplacé par *qui* en français. (*quem* donnera *que* pour le relatif avec antécédent : *qui vois-tu ?* mais *l'homme que tu vois*).

Le datif masculin *cui* « à qui », dont il reste quelques traces en AF a été absorbé par *qui*.

Le neutre *quid* a abouti à *que* (atone) et *quoi* (accentué).

4. A partir des 9 formes latines du pronom interrogatif singulier, le français ne conserve que trois formes, toutes pronominales.

En fonction adjectivale, *qualis* vient se substituer à *quis / qui* et donne *quel*.

Sur la même base est formé le pronom *lequel*, qui se répand en MF et dont le succès s'explique notamment par les oppositions qu'il permet, de genre (*laquelle*) et de nombre (*lesquels, auxquels*).

Uter a disparu.

Quando donne *quand,* mais *cur* (« pourquoi ») n'a pas laissé de traces ; lui ont été substitués des syntagmes prépositionnels formés avec *quid* : *pourquoi* < latin *pro quid.*

Quomodo (« comment ») est à l'origine de *com* en AF, d'où le FM a tiré *comme* et *comment.*

Quantum (« combien ») survit dans l'ancienne langue sous la forme *quant*.

5. Des 4 adverbes interrogatifs de lieu en latin : *ubi, quo, unde* et *qua*, seuls *ubi* et *unde* ont survécu, mais avec des modifications de sens.

Où s'emploie en effet aussi bien pour l'endroit où l'on est que pour celui où l'on va.

De unde est à l'origine de *dont*, interrogatif jusqu'au XVIe siècle, restreint ensuite au seul rôle d'adverbe relatif, équivalant à un relatif précédé de *de*.

6. Le latin usait d'autre part de particules interrogatives, *-ne, nonne, num, an*, qui ont toutes disparu dans les langues romanes.

2) FORMES ET EMPLOIS

a) En ancien français

7. En AF, le pronom interrogatif-relatif simple a la flexion suivante :

	masculin-féminin	neutre
CS	*qui*	*qui, que*
CR1 (tonique)	*cui, qui*	*quei, quoi (coi)*
CR2 (atone)	*que*	*que*

Il ne comporte pas de distinction du nombre.

L'AF possède deux déterminants interrogatifs, *quels* et *quanz*, qui ont la flexion des adjectifs qualificatifs (G. Moignet, 1984, p. 44-46).

b) En moyen français et au XVIe siècle

QUI

8. Qui peut interroger sur l'animé comme sur l'inanimé.

L'emploi de *qui* animé est très répandu au XVIe siècle, comme ici dans une interrogation rhétorique : *Et qui ne prend plaisir qu'un Prince luy commande ?* (Du Bellay, *Les Regrets*, 7, v. 12).

L'emploi de *qui* interrogeant sur l'inanimé prend de l'importance en MF ; « épicène absolu » (selon G. et R. Le Bidois,

1967, § 617), il ne se généralise qu'au XVe siècle (C. Marchello-Nizia, 1997, p. 213). On proposera pour le XVIe siècle l'exemple suivant : *Qui sont ces voix plaintives ?* (Garnier, *Les Juifves*, v. 971) ; le pronom interrogatif *qui* est ici attribut d'un sujet pluriel ; en FM nous emploierions le déterminant interrogatif *quelles*.

=> En position d'attribut *qui* inanimé perdure encore au XVIIIe siècle.

9. Au XVIe siècle, *qui* pronom interrogatif neutre est régulièrement employé là où nous disons *qu'est-ce qui* : *Qui le induict à ce faire ?* (Rabelais, GA, *Prologe*, p. 6) ; *Plustost esgayez-vous, qui vous peut effrayer ?* (Garnier, *Les Juifves*, v. 1725) ; cet usage persiste en français classique.

Parallèlement au succès de *qui* inanimé au XVe siècle, on trouve, vers la fin de ce même siècle, les premiers exemples de la périphrase *qu'est-ce qui* dans le même rôle (P. Kunstmann, *op. cit.*, p. 442). Au XVIe siècle, le *corpus* de Frantext nous fournit 21 occurrences de *qu'est-ce qui*, dont 5 chez Calvin : *Qu'est-ce qui les empesche de confesser du premier homme ce qu'ils sont contraints en despit d'eux accorder de tout le genre humain ?* (*Institution*, III, 23, p. 441 [1560]) et 12 exemples dans le théâtre : *Et qu'est-ce qui vous fait crever ?* (Baïf, *Le Brave*, v. 1620) ; *Et qu'est-ce que tu crains, / Et qu'est-ce qui te fait destordre ainsi les mains ?* (Garnier, *Porcie*, v. 1867-1868).

QUE

10. Le fonctionnement de *que* comme sujet, innovation du MF (selon R. Martin, M. Wilmet, 1980, § 403), n'a pas survécu. On disait (précise K. Nyrop, 1979, § 358-359) *que te faut, que te plaist, que te semble*, etc.

On relève encore au XVe siècle la locution figée *que vous plaist*. Au XVIe siècle, les 6 occurrences fournies par Frantext sont toutes issues de textes de théâtre : *Que vous plaist-il, Seigneur ?* (Des Masures, *David combattant*, v. 1392) ; *Qui m'appelle ? O monsieur ! que vous plaist il ?* (Larivey, *Les Esprits*, I, 2, p. 59) ; et dans la bouche du même personnage : [Frontin], *Faictes ce que vous voudrez.* [A Fortuné] *Que vous plaist il, Monsieur ?* (*idid.*, II, V, p. 99) ; *Que vous plaist-il, Madame ? Dites viste, car j'ay haste.* (Turnèbe, *Les Contens*, l. 1742-1743).

11. *Que* objet, sans antécédent, introduit une proposition interrogative indirecte[1]. Il a le sens de *ce que* : *Sçavez vous que disoit Octavian Auguste ?* Festina lente. (Rabelais, GA, 33, p. 93) ; *Mais quand elle demandoit qui c'estoit et que c'estoit, elles respondoyent, ...* (Des Périers, *Nouvelles Récréations,* N62, p. 231).

=> L'emploi est similaire dans le cas de *que* exclamatif ☞ *infra* § 24.

=> P. Kunstmann (*op. cit.*, p. 453) n'a pu « déterminer avec exactitude à quelle époque ont surgi les formes décumulées *ce qui / ce que*, après un verbe franchement percontatif tel que *demander*. Pour le MF, la concordance des *Cent Nouvelles Nouvelles* n'indique en cette situation que les morphèmes simples *qui* et *que.* »

=> N. Fournier (1998, § 309) note qu'au XVIIe siècle *que* peut encore être connecteur percontatif comme en AF (G. Moignet, 1984, p. 170) et au XVIe siècle (Gougenheim, 1974, p. 100). Si le tour ancien est encore très fréquent, les grammairiens toutefois prônent l'emploi de *ce que* : « On ne dit plus maintenant *que c'est*, comme l'on disoit autrefois. On dit, *ce que c'est.* Par exemple, M. de Malherbe dit, *Il n'y a point de loy qui nous apprenne que c'est, que l'ingratitude.* Aujourd'huy l'on dit, *qui nous apprenne ce que c'est que, etc.* » (Vaugelas, *Remarques*, 1647, p. 173 ; voir aussi Oudin, 1632, p. 128).

12. Au XVIe siècle et encore en français classique (N. Fournier, 1998, § 179), *que* est l'équivalent d'une préposition suivie de *quoi* en fonction de complément essentiel (*à quoi*) ou de circonstant (*pourquoi*).

La construction est fréquente avec le verbe *servir* (*que sert*). Elle est attestée dans tous les genres littéraires : poésie : *Que sert ton arc, qui rien ne te pourchasse, / Veu mesmement que par eulx je t'ay pris ?* (Scève, *Délie*, 327, v. 9-10) ; *Que sert à l'homme de piller / Tous les printemps de l'Arabie,/ (...) / S'il n'aime et s'il n'est point aimé ?* (Ronsard, *Les Odes,* V, 10, v. 18-24). Théâtre : *que sert tant se douloir, / Quand par douleur on ne peut mieus valoir?* (La Péruse, *Médée*, v. 813-814). Textes narratifs : *que sert*

[1] Il s'agit, selon la terminologie de J. Damourette et E. Pichon, d'une subordonnée percontative (*Des mots à la pensée, essai de grammaire de la langue française*, 1911-1940, t. IV, § 1247 et 1412).

il de s'en laver par dehors ? (Des Périers, *Nouvelles Récréations*, N77, p. 275).

Est fréquente également la tournure *que serait-ce ?* au sens de « qu'adviendrait-il ? » *: Si nous y mordions, que seroit ce de nous,* (Montaigne, *Essais*, II, 8, p. 395 B) ; *Oy Oy, que seroit-ce ?* (Jodelle, *L'Eugène*, III, 1, v. 1073).

QUOI

13. *Quoi* s'emploie seul dans une interrogation directe.

Il interroge sur l'identité et signifie « quelle chose ? » : *Mais pleust à dieu que vous l'eussiez coupé. – Quoy ? dist Grandgousier.* (Rabelais, GA, 6, p. 21) ; *Avois créé. Quoy ? Tant de beaulx et bons crediteurs. (...) Et faict. Quoy ? Debtes.* (Rabelais, TL, 3, p. 361) ;

ou a le sens plus vague d'une interjection ; la frontière est alors ténue entre interrogation et exclamation : *Gargantua respondit. « Quoy ? N'ay je faict suffisant exercice ? »*, (*ibid.*, 21, p. 56). Dans le texte primitif, reproduit par l'édition de M. Screech (Genève, Droz, 1970), cet exemple comporte un point d'exclamation : *Quoy ! N'ay je pas faict bel exercice ?* (*ibid.*, 20, p. 131) ; *Et quand on luy disoit, « Et Janicot, les blez, quoy ? »*, (Des Périers, *Nouvelles Récréations,* N77, p. 275) ; - *Voulez vous le poisson frict, ou bouilly, ou rosty ? ou quoy ?* (*ibid.*, N83, p. 292).

14. On relève des emplois de *quoi* sujet. Au XVIe et au commencement du XVIIe siècle, *quoi* introduisait parfois une interrogation indirecte : *mais je ne sçay quoy ly vint affaire pour celui jour, par quoy elle l'oublya,* (Philippe de Vigneulles, *Les Cent Nouvelles Nouvelles*, N15, p. 92) ; *et montrer (...), quelles et quantes couleurs sont en nature : et quoy par une chascune peut estre designé,* (Rabelais, GA, 9, p. 30).

15. *Quoi* régime direct, très général autrefois, s'est beaucoup restreint dès la Renaissance : *au reste, je ne sçay quoy premier en luy je doibve admirer, ou son oultrecuidance, ou sa besterie.* (Rabelais, GA, 9, p. 28) ; *Sçavez quoy ?* (*ibid.*, TL, 12, p. 387).

Au XVIe siècle, l'emploi prépositionnel est plus fréquent : *pour entendre en quoy, par qui, et comment il se sentoit oultragé,* (Rabelais, GA, 29, p. 84) ; *A quoy faire irayje à Romme ?* (Des

Périers, *Nouvelles Récréations*, N1, p. 16) ; *S'il nous en reste en gros de quoy faire notre effect,* (Montaigne, *Essais*, III, 9, p. 953 B). ☞ voir aussi chapitre XII.24.

La locution *je ne scay quoy* se fige au XVIe siècle, comme on le voit chez Noël Du Fail, qui en fait un emploi fréquent : *En bonne foy (dist Lubin), si ay-je autresfois ouy dire que, avec la graine de fougere, vous aviez fait je ne sçay quoy...*, (*Propos Rustiques*, 6, p. 90) ; *l'asseurant qu'il y avoit je ne sçay quoy de travers par le pais :* (*Les Baliverneries d'Eutrapel*, I, p. 10).

=> Le dictionnaire Huguet (vol 6, p. 713) l'analyse comme un substantif et propose deux exemples empruntés à Larivey : *Mais, bien que je sois tel, si ay je quelque grace, / Quelque je ne sçay quoy,* (*Les Facétieuses Nuits de Straparole,* traduites par J. Louveau et P. de Larivey, Bibl. elzév., Paris, Jannet, 1857, X, 2) ; *Je crains que ceste menée n'engendre quelque je ne sçay quoy.* (*Escolliers*, III, 5, *in Ancien théâtre français*, éd. Viollet-le-Duc, Bibl. elzév., Paris, Jannet, 1854-1867).

16. *De quoi* est employé dans le sens de « de ce que » : *Demandes-tu (Boucher) dequoy servent les vers, / Et quel bien je reçoy de ceulx que je compose ?* (Du Bellay, *Les Regrets*, 14, v. 13-14) ; le verbe *servir* connaît au XVIe siècle les deux constructions, *servir à* et *servir de.*

=> Le dictionnaire Huguet (vol. 6, p. 300) précise que *dequoy* se construit avec le subjonctif et donne des exemples d'emplois de *dequoy* comme substantif dans la tournure *avoir dequoy* : *ceste année sera bien fertile avecques planté de tous biens à ceulx qui auront de quoy.* (Rabelais, PP, 4, p. 927) ; on trouve également *le dequoy*, au sens de « l'argent, les biens » : *Ils voient que rien ne rend les hommes subjects à sa cruauté que les biens, qu'il n'y a aucun crime envers lui digne de mort que le dequoy,* (La Boétie, *Servitude*, p. 70).

DONT

17. *Dont* interrogatif local est moins fréquent que *d'où.* Il s'emploie toutefois encore, en MF et à la Renaissance :

dans l'interrogation directe : *Dont vient cela, Seigneur, je te supply*, (Marot, *Trente Premiers Psalmes*, 10, v. 1) ; *Par ta foid, dont viens tu et où va tu ?* (Philippe de Vigneulles, *Les Cent Nouvelles Nouvelles*, N98, p. 390) ; *« Mon amy dont viens tu à ceste heure ?* » (Rabelais, PA, 6, p. 232) ; « *Dont viens tu, Alcofrybas ?* » (*ibid.*, 33, p. 333) ;

dans l'interrogation indirecte : *après avoir entendu ses parolles et veu ses larmes coulans sur son visage comme ruisseaux, ignorant dont en venoit la source,* (M. de Navarre, *L'Heptaméron*, N19, p. 236) ; *le gentil-homme approcha, et luy demanda dont il venoit.* (*ibid.*, N31, p. 350).

=> Au XVIIe siècle, *dont* a perdu ses emplois dans l'interrogation directe – emploi interrogatif – et indirecte – emploi percontatif (N. Fournier, 1998, § 319).

☞ Pour *dont* relatif, voir *infra* § 44-50.

OÙ

18. Equivalant à une préposition suivie de *quoi* ou de *qui* (généralement *à qui* ou *à quoi)*, *où* est d'un emploi fréquent au XVIe siècle : *Respons, traistre, respons ; où t'es-tu confié / De guerroyer celuy qui t'a gratifié?* (Garnier, *Les Juifves*, v. 1389-1390).

=> A. Haase (1935, § 43) cite un exemple du XVIIe siècle : *Où vous exposez-vous ? et qu'allez-vous tenter ?* (La Fontaine).

☞ Pour *où* relatif, voir *infra* § 51-54.

QUEL

19. *Quel* déterminant interrogatif est bien représenté dans les plus anciens textes (P. Kunstmann, *op. cit.*, p. 447-448).

Quel épithète n'a pas varié au cours de l'histoire de la langue.

Quel attribut s'emploie, au XVIe siècle :

Pour interroger sur la qualité (c'était déjà le cas en AF, voir P. Ménard, 1988, § 387) : *luy faisant voyr quel il est en l'opinion commune, m'opposant à ses flateurs.* (Montaigne, *Essais*, III, 13, p. 1077 B) ; *representant des mœurs si essorées et vagabondes qu'il n'estoit cogneu ny de luy ny d'autre quel homme ce fust*, (*ibid.*), il s'agit ici d'une tournure passive avec impersonnel, *quel* introduit une proposition qui complète le sujet impersonnel ; *Je ne veux que Medee et ses actes infames / Pour montrer quelles sont toutes les autres femmes.* (Garnier, *Hippolyte*, v. 1273-1274).

Pour interroger sur l'identité : *Je n'ay (dit Pasithée) jamais bien entendu quelles sont ces fabuleuses Sirenes.* (Pontus de Tyard, *Solitaire premier*, p. 51) ; *Pauvre femme, je croy, en despit du Ciel nee, / N'as tu point eu encor assez de cognoissance / Quel fut Laomedon, et quelle est son engeance ?* (Jodelle, *Didon se sacrifiant*, v. 1990-1992).

L'expression *quel (la) le faire* (P. Ménard, 1988, § 93) disparaît en MF. On peut se demander si la tournure impersonnelle *quel il (y) fait* n'en est pas l'héritière.

On la rencontre chez les prosateurs (Marguerite de Navarre, Montaigne, Boaistuau) : *je suis deliberée de prendre l'estat, la robbe, et la vie telle que je voy la vostre, sans enquerir quel il y faict.* (*L'Heptaméron*, N19, p. 240-241) = « comment on s'y trouve » ; *je ne sçay ny quelle elle est, ny quel il faict en l'autre monde.* (*Essais*, III, 12, p. 1053 B) ; *Penetrons plus avant, regardons quel il faict en la trafique de marchandise.* (*Le Théâtre du monde*, II, p. 128).

20. *Quel* pronom interrogatif s'emploie en interrogation directe : *Retournons (dist Grandgousier) à nostre propos. Quel ? (dist Gargantua).* (Rabelais, GA, 13, p. 41) ; [Hippalque] *Je sçay bien un moyen pour brouiller tout l'affaire.* [Marphise] *Et quel ? ma grand amie.* (Garnier, *Bradamante*, v. 1261-1262).

21. *Quel* pronom à valeur partitive, peu répandu pour la période de l'AF, se développe par la suite : *quelle des bestes brutes ne vit plus libere et franche que nulle femme ?* (Jeanne Flore, *Contes amoureux*, p. 210).

On le trouve, en particulier, dans la tournure *quel(le) des deux* ? : *Par quel des deux sens verifierons nous sa veritable essence que nous cerchons ?* (Montaigne, *Essais*, II, 12, p. 597 A) ; *Je prens si grand plaisir d'estre jugé et cogneu, qu'il m'est comme indifferent en quelle des deux formes je le soys.* (*ibid.*, III, 8, p. 924 C).

=> Cet emploi est encore courant au XVIIe siècle.

LEQUEL

22. Cette forme, dont la première occurrence date de *La Chanson de Roland* (fin XIe – début XIIe siècle), se répand rapidement dans les différents genres littéraires et, peut-être aussi, à différents niveaux de langage, à en juger par la forte fréquence dans les œuvres de théâtre. G. et R. Le Bidois (1967, § 630) notent que « longtemps notre langue n'a pas fait de différence, pour l'emploi dans l'interrogation, entre *quel* et *lequel* ; elle usait indifféremment de l'un ou de l'autre soit comme nominal, soit comme adjectif épinglé à un nom. » : *et, allant après, avoit rencontré Marion la petite, ou la petite Marion, il ne luy challoit lequel,* (Du Fail, *Propos Rustiques*, 3, p. 57).

QUANT

23. Le déterminant *quant* (« combien ») est bien vivant en MF. F. Brunot (*HLF* 2, p. 322) considère qu'il est encore très employé dans la première moitié du XVIe siècle et tombe en décadence dans la seconde moitié du siècle : *Autrement s'il estoit permis à tous et toutes, de se marier à volonté, quants mariages cornuz trouveroit on ?* (M. de Navarre, *L'Heptaméron*, N44, p. 432).

Rabelais emploie la forme au pluriel, au féminin (6 occurrences de *quantes* dans notre *corpus* de Frantext) ou au masculin (4 emplois de *quants / quantz*) : *O quants aultres y entreront, avant que cestuy cy en sorte.* (GA, 5, p. 18) ; *vous sçavez quants princes, roys et republicques ont esté conservez, quantes batailles guaingnées, quantes perplexitez dissolues. (ibid*, 37, p. 468). La tournure *quantes fois* (2 occurrences) présente deux graphies (*quantesfoys, quantes foys*) : *O quantesfoys nous les avons veu,* (PA, Prologue, p. 214) ; *Quantes foys vous ay je ouy disant que le magistrat, et l'office descœuvre l'home,* (TL, 18, p. 405).

A la fin du siècle, Montaigne n'en fait plus guère usage : *Et en la main mesme de Socrates, son plus intime et plus familier amy, voyez à quants de bouts c'est un baston.* (II, 17, p. 654 C). L'emploi est ici intermédiaire entre adverbe (présence de la préposition *de*) et déterminant (accord de *quants*) ☞ chapitre VIII.10.

II - LES EXCLAMATIFS

QUE

24. *Que* exclamatif fonctionne comme marqueur de type de phrase et non comme subordonnant (P. Monneret, R. Rioul,

1999, p. 255) : *Que j'aye au moins confession !* (N. de La Chesnaye, *La Condamnation de Banquet*, p. 260-261).

> => N. Fournier (1998, § 179) note qu'en français moderne *que* s'est spécialisé en emploi exclamatif (valeur de haut degré) : *que tu es belle !* alors qu'en français classique, il est très usuellement interrogatif.

De même que l'interrogatif (☞ *supra* § 11), le pronom exclamatif *que* est fréquemment employé au XVIe siècle pour *ce que* : *Helas ! voyla que c'est d'offenser l'Eternel,* (Garnier, *Les Juifves*, v. 67) ; *voyez, & entendez que c'est de la Cité du Seigneur,* (Sponde, *Méditations sur les Pseaumes*, « Méditation sur le psaume XLVIII. », l. 945-946).

QUOI

25. Nous avons indiqué plus haut (☞ *supra* § 13) la frontière parfois ténue entre interrogation et exclamation pour l'usage du pronom *quoi,* fréquemment intégré à la phrase sans signe de ponctuation indiquant sa modalité *: Mais quoy j'entre plus avant en ceste matiere, que ne establissois au commencement,* (Rabelais, GA, 10, p. 33) ; *- Quoy, dist Tripet, ce gautier icy se guabele de nous. Qui es tu ?* (*ibid.*, 34, p. 97).

III - LES RELATIFS

1) FORMES ET EMPLOIS

Présentation générale

26. Le relatif assume trois fonctions.

> Représentation : il réfère de manière anaphorique à l'antécédent.
>
> Ligature : il introduit la relative et fait le lien entre principale et subordonnée.
>
> Rôle syntaxique : il remplit la fonction de membre de la proposition subordonnée relative.

Selon M. Huchon (1988, p. 109), la langue du XVIe siècle se caractérise par le privilège qu'elle accorde aux fonctions de représentation et de ligature du relatif.

=> Voir sur ce point A. Lorian (1973, p. 225), pour qui « la langue de la Renaissance (pour des raisons faciles à comprendre : imitation du latin, rapidité, désir d'accentuer et de relier, manque d'esprit d'analyse) accorde une importance exagérée » à la valeur de « facteur conjoignant ».

Pour la clarté de l'exposé, on partira de la distinction proposée par R. Martin et M. Wilmet (1980, p. 244) entre :

l'emploi autarcique (emploi sans antécédent) ;

l'emploi prépositionnel (dans cet emploi, relatif et interrogatif se confondent) : « en emploi autarcique ou prépositionnel, *qui* s'oppose à *que* - *quoi* comme l'animé s'oppose à l'inanimé, l'opposition de *que* et de *quoi* étant régie de son côté par des différences de prédicativité. » ;

l'emploi évocateur (avec antécédent, sans préposition) : « En emploi évocateur, l'opposition concerne la fonction, *qui* marquant alors le sujet et *que* le régime. »

Dont et *où* ont un emploi complexe dans la mesure où ils intègrent en eux une préposition.

QUI

En emploi évocateur

27. En emploi évocateur, *qui* est sujet incontesté dans l'animé comme dans l'inanimé : *J'eus la fiévre quarte quatre ou cinq mois, qui m'avoit tout desvisagé* ; (Montaigne, *Essais*, III, 13, p. 1098 B) ; nous sommes ici dans l'inanimé, mais on peut interpréter la construction de deux manières : *qui* a *fiévre* pour antécédent (et l'on a affaire à une relative détachée) ou représente une forme abrégée de *ce qui*, reprenant l'ensemble (voir paragraphe suivant).

28. *Qui* « neutre » avec une proposition pour antécédent se rencontre souvent au XVIe siècle : *sa prevoiance avoir esté telle que, contre l'opinion de tous, il eust mis à fin une si belle entreprinse : qui estoit l'honnorer à ses despens*, (Montaigne, *Essais*, I, 41, p. 256 A). C'est ici la fonction de ligature du relatif qui est soulignée.

=> Cet emploi existe encore en français classique. Le déterminatif *ce* dans cette construction, remarque A. Haase (1935, § 35), n'est devenu fréquent qu'à partir du XIVe siècle.

29. La confusion entre *qui* et *qu'il*, constante en MF (selon P. Kunstmann, *op. cit.*, p. 457), est encore répandue au XVIe siècle : *Mais quelle felicité peult avoir le chef qui a soubs sa tutelle et protection tant de milliers d'hommes, et qui faut qu'il veille pour tous,* (Boaistuau, *Le Théâtre du monde,* II, p. 144) ; *Rossignol mon mignon, qui par cette saulaye / Vas seul de branche en branche à ton gré voletant, / Et chantes à l'envy de moy qui vais chantant / Celle qui faut tousjours que dans ma bouche j'aye,* (Ronsard, *Le Second livre des Amours*, Appendices II, 91, v. 1-4). Le dictionnaire Huguet (tome 6, p. 289-290, art. « qui ») en donne de très nombreux exemples.

=> Au début du XVIIe siècle, Malherbe la corrige chez Desportes, mais la laisse encore échapper dans son *Commentaire* : *Franchise en la signification qui le met ici.* (IV, 835, cité par F. Brunot, *HLF*, 3, p. 293).

Cette confusion résulte de la prononciation : *il* étant réduit à [i] dans la prononciation, *qui* et *qu'il* se prononcent de la même manière, ce qui engendre des confusions graphiques.

=> Peletier du Mans offre un témoignage de cette confusion : il écrit ainsi *qu'iz* pour *qu'ils* au pluriel mais *qu'il* au singulier ; de la même façon, il écrit *iz* au pluriel, mais *il* au singulier. Cette distinction graphique ne doit pas toutefois nous faire conclure que le *l* de *il* s'entend au singulier. Quand il évoque la question du *t* euphonique, Peletier du Mans écrit en effet : « Souvent aussi nous prononçons des lettres qui ne s'écrivent point, Comme quand nous disons, *dine ti ? ira ti ?* et écrivons *dine il ? ira il ?* » (*Dialogue*, I, p. 57) où la graphie *dine ti* pour *dine il* montre bien que *il* se prononce [i] au singulier également. Meigret offre également un exemple de la confusion *qui* / *qu'il* dans un développement concernant les démonstratifs *cecy* et *cela* : « hors qu'ils ne peuvent jamais souffrir nom, et qui [qu'ils] peuvent démontrer sans suite de relatif » (p. 54 r°).

En emploi prépositionnel

30. En MF, *qui* inanimé prépositionnel se situe « en marge du paradigme » (U. Jokinen, *op. cit.*, p. 341).

Cet usage subsiste pourtant, voire se développe à la Renaissance : *Vous avez des causes tierces à qui vous en prendre ;* (Montaigne, *Essais*, III, 13, p. 1097 B) ; *C'est mon port de salut, par qui sera ma vie / De tant d'adversitez pour jamais affranchie.*

(Garnier, *Les Juifves*, v. 1307-1308) ; *Bien venu le bonheur de qui tu t'accompagnes :* (*ibid.*, v. 572).

=> Cet emploi est courant en français classique, en dépit des grammairiens (N. Fournier, 1998, § 280) ; ainsi, pour Vaugelas (*Remarques*, 1647, p. 55-56), « *qui*, au génitif, datif, et ablatif, en l'un et l'autre nombre, ne s'attribuë jamais qu'aux personnes. » ; le grammairien conçoit toutefois des entorses à la règle lorsque les choses morales sont évoquées « par prosopopée, comme on les represente souvent, sur tout dans la Poësie, qui en fait des Divinitez, ou des personnes celestes » ; « Il en est de mesmes des choses ausquelles on donne des phrases personnelles, comme je diray fort bien, *voilà un cheval à qui je dois la vie, voilà une porte à qui je dois mon salut, voilà une fleur à qui j'ay donné mon cœur,* & autres semblables, où l'on se sert des phrases qui ne conviennent proprement qu'aux personnes. » (voir également p. 118 et 575).

=> En FM, *qui* précédé d'une préposition ne s'emploie pas en parlant des choses.

En emploi autarcique

31. En AF et en MF (U. Jokinen, *op. cit.*, p. 214), *qui* sans antécédent, sujet virtuel et indéfini prend la valeur générale de « tout homme qui ». Il s'oppose à *celui qui*, qui peut aussi désigner une personne connue dont on ne veut ou ne peut pas donner le nom : *Qui se souvient des maux qu'il a couru, (...) se prepare par là aux mutations futures* (Montaigne, *Essais,* III, 13, p. 1073 B) ; *Qui baille à son amy la clef de son secret, / Le fait de son amy son maistre devenir.* (Du Bellay, *Les Regrets*, 140, v. 3-4) ; *Qui n'est cruel n'est pas digne de royauté.* (Garnier, *Les Juifves*, v. 910).

=> Cet emploi de *qui* comme relatif à valeur indéfinie est signalé pour le MF par R.-L. Wagner (1939, p. 514), U. Jokinen (*op. cit.*, p. 8-10), R. Martin et M. Wilmet (1980, § 409), C. Marchello-Nizia (1992, p. 160 ; 1997, p. 204) ; il subsiste jusqu'à la fin du XVIIe siècle. N. Fournier (1998, § 300) l'analyse comme un « emploi intégratif » (connecteur à valeur indéfinie dans les dites « relatives sans antécédent »).

Dans cet emploi, il n'est pas rare de trouver un *il* pléonastique de rappel devant le verbe principal, et ce jusqu'au XVIIe siècle (G. et R. Le Bidois, 1967, § 504-506) : *Qui dit que tu es sage, il dit la verité :* (Du Bellay, *Les Regrets*, 54, v. 2).

☞ Voir *infra* les remarques sur la relative substantivée, § 64.

32. La locution *à qui mieux mieux* remplace l'ancienne tournure *qui mieux mieux* (ou *qui plus plus*) ; pour R. Martin et M. Wilmet (1980, § 410), ce tour paraît résulter de la contamination de *qui mieux mieux* par *à qui mieux*. Dans Frantext, nous avons relevé :

13 occurrences de *à qui mieu(l)x mieu(l)x* : *commençoyent à jazer librement du fait d'agriculture, et à qui mieux mieux.* (Du Fail, *Propos Rustiques*, 3, p. 55) ; *et le reste à qui mieux mieux, crians à l'ayde, (ibid.*, 10, p. 132) ;

une seule occurrence de *qui mieulx mieulx,* chez Jean Lemaire de Belges qui emploie indifféremment les deux tours : *Chardonneretz, en diminutïons, / Lynottes, jayz, trestous à qui mieulx mieulx, / Firent ouÿr leurs jubilatïons.* (*La Concorde des deux langages*, p. 16) ; *chascun s'avança qui mieulx mieulx, tendant de baiser les relicques du temple veneriien ;* (*ibid.*, p. 34).

33. La relative indéfinie avec *qui* sujet a très souvent une valeur hypothétique. Cette construction, déjà possible en AF, se développe surtout en MF ; elle reproduit le tour latin *si quis* (avec *quis* employé au sens de *aliquis,* après *si, nisi*). *Qui* prend alors le sens de « si l'on ».

Montaigne l'emploie régulièrement, avec le présent ou l'imparfait de l'indicatif : *Il faut avoir femmes, enfans, biens, et sur tout de la santé, qui peut* ; (*Essais*, I, 39, p. 241 A) ; avec une forme en *–rait* : *Il y auroit un grand poinct gaigné pour le soulagement de nostre miserable condition humaine, qui pourroit establir cette proposition vraye tout par tout.* (*ibid.*, I, 14, p. 50 A) ; avec le subjonctif imparfait ou plus-que-parfait : *Quelque fois on me demandoit à quoy j'eusse pensé estre bon, qui se fut advisé de se servir de moy pendant que j'en avois l'aage*, (*ibid.*, III, 13, p. 1077 B). Dans cet exemple, il s'agit d'un subjonctif plus-que-parfait. Voici un autre exemple : *Ils se trouvent, sans le sentir, engagez en la hayne et detestation de leurs peuples pour des occasions souvent qu'ils eussent peu eviter, à nul interest de leurs plaisirs mesme, qui les en eut advisez et redressez à temps*. (III, 13, p. 1078 B) = « si on les en avait avisés », avec différence de sujet entre la principale (*ils*) et la subordonnée. ☞ Il convient de distinguer cette tournure de celle signalée *supra* § 31 : *Qui se souvient des maux qu'il a couru…*, où *qui* fonctionne comme relatif indéfini, au sens de *celui qui, tout homme qui.* Ici, *qui* exprime une hypothèse généralisée. Il s'agit dans les deux cas d'un relatif indéfini, mais la sémantèse est différente. La différence dépend de l'agent qui suit la relative indéterminée ; le premier emploi est assertif (thétique), le second est hypothétique.

=> L'emploi de la tournure avec une forme en *–rait* est fréquente au XVIIe siècle (A. Haase, 1935, § 40).

QUE

Sur la polyvalence de *que*, voir O. Soutet (1992, p. 59-61), G. et R. Le Bidois (1967, §560 à 595), P. Monneret, R. Rioul, (1999, p. 245-256) et A.Valli (1988, p. 471).

☞ Sur les principaux emplois de *que* conjonction au XVIe siècle, voir chapitre XVI.16-23.

En emploi évocateur

34. Emploi comme objet direct. *Que* a fonction d'objet direct, que l'antécédent soit de l'animé ou de l'inanimé : *Je le veulx, dist Grandgousier, bien entendre davant qu'aultre chose deliberer sur ce que seroit de faire.* (Rabelais, GA, 32, p. 89) ; *que* fonctionne ici comme relatif objet avec pour antécédent le neutre *ce.*

Il peut dépendre d'une forme en *–ant*, dans des tournures du type *ce que voyant : Auquel commencerent rire les assistans. Ce que voyant Pantagruel dist.* (PA, 14, p. 263) ; *Ce que congnoissant mon villain Baschatz se vouloit tuer de ma broche,* (*ibid.*, p. 265).

=> G. Clérico (*in* J. Chaurand, 1999, p. 215) note que « l'usage du relatif avait eu tendance au siècle précédent à généraliser le mot *que*, quelle que soit la fonction assumée par le relatif. (...) Cette tendance s'est interrompue dans le cours du siècle au profit d'une répartition de la forme sujet *qui* et de la forme objet *que*, et il est tentant d'y voir un rappel de la déclinaison latine du pronom ».

35. Emploi comme sujet. L'emploi de *que* comme sujet animé masculin ou féminin subsiste encore au XVIe siècle, dans quelques rares cas ; c'est un emploi marginal que U. Jokinen (*op. cit.*, p. 274) qualifie de dialectal, populaire ou archaïsant. *Que* est un peu plus fréquent comme sujet inanimé.

L'emploi de *que* sujet se rapportant à des choses, voire à des personnes, n'est pas rare chez Rabelais: *Frere Jean oustez ceste rouppie que vous pend au nez.* (GA, 30, p. 111) ; *quelque chef d'œuvre, et personnage que doibve en son temps faire grandes prouesses.* (*ibid.*, 3, p. 15). On trouve également ce type d'emploi avec un relatif à antécédent neutre, en l'occurrence *ce* dans l'exemple suivant : *quelles choses seroient denotées par les couleurs : ce que est l'usance des tyrans qui voulent* (GA, 9, p. 28).

=> Selon E. Huguet (1894, p. 116-119), cet emploi est beaucoup plus rare au XVIe siècle qu'au siècle précédent, mais « trop fréquent encore pour que nous puissions le considérer comme une particularité de la syntaxe de Rabelais. » Il cite un exemple chez Noël Du Fail, auteur qui subit toutefois l'influence de Rabelais : *dresser l'embuscade au chemin creux, lieu pour eux avantageux, ce que fut trouvé bon, (Propos Rustiques*, 9, p. 114).

36. Emploi comme complément circonstanciel. La forme *que* est bien représentée comme circonstant spatio-temporel dès les premiers textes. Elle a alors un fonctionnement adverbial. Dans les deux exemples suivants, *que* introduit un complément de temps : *Ne viendra point le jour que mes langueurs je noye* (Garnier, *Les Juifves*, v. 379) ; *Voicy le jour, que l'eternel amant / Fist par sa mort vivre sa bien aimée :* (Du Bellay, *L'Olive*, 111, v. 1-2).

Est fréquente, notamment chez les conteurs, la formule *du temps que*, plus rarement *au temps que*. Elle est nettement préférée à *au (du) temps où* (☞ *infra* § 51) : l'on relève, dans Frantext, 14 occurrences seulement de *au (le) temps où* contre 24 occurrences de *au temps que*, 54 de *du temps que* et 8 de *depuis le temps que*. Chez Philippe d'Alcripe, on rencontre deux emplois de la première tournure : *Du temps que le Sophi faisait la guerre à un grand seigneur Turc,* (*La Nouvelle Fabrique*, 92, p. 172) ; *Du temps que les Fées dansoient avec les gens, et que les gens dansoient avec les Fées,* (93, p. 180) et un de la seconde : *Freres, entendez : au temps que les fraises sont meures,* (98, p. 192). Rabelais, et Du Fail à sa suite, reprennent plaisamment une formule d'introduction à l'univers merveilleux : *Au temps que les bestes parloyent (il n'y a pas troys jours)* (Rabelais, PA, 15, p. 269) ; *le bon homme Robin (après avoir imposé silence) commençoit un beau conte du temps que les bestes parloient (il n'y pas deux heures) :* (Du Fail, *Propos Rustiques*, 5, p. 72).

=> Henri Estienne commente cette formule qui « se dit par dérision », ainsi que plusieurs autres : *du temps qu'on se cachoit pour prester de l'argent, du temps que les roys se mouchoyent à leur manche, du temps que les roys estoient bergers* (*Apologie pour Hérodote*, 27, t. 2, p. 654-655).

37. Emploi adverbial. Déjà en AF, mais de façon plus générale au XVIe siècle, *que* fonctionne comme adverbe relatif (K. Nyrop, 1925, T. 5, § 319 parle de « particule relative »). Il est l'équivalent d'un relatif régi par une préposition : *je dirois que je ne pense pas estre aymée de la façon que je vous ayme.* (Odet de Turnèbe, *Les Contens*, V, 3, l. 2833-2834).

=> Cet usage se perpétue au XVIIe siècle : *Me voyoit-il de l'œil qu'il me voit aujourd'hui ?* (Racine, *Andromaque*, v. 494) ; voir F. Brunot, *HLF*, 3, p. 510-511.

En emploi autarcique

38. En emploi autarcique, *que* survit dans des formules :

Faire que sage, héritée de l'AF et encore vivante au XVe siècle, est très rare au XVIe siècle ; nous n'en avons trouvé qu'un seul exemple : *Vous faites que sage*, (Turnèbe, *Les Contens*, IV, p. 130).

Vaille que vaille est déjà lexicalisée au XIVe siècle : *Vaille que vaille, / Je rompray l'huis.* (Baïf, *Le Brave*, v. 3408-3409) ; *Le sage dit : Vaille que vaille, / Du gouvernement ne te chaille.* (*id.*, *Mimes, enseignemens et proverbes*, II, v. 2041-2042).

=> Il s'agit de l'emploi intégratif analysé par N. Fournier (1998, § 310), du type *n'avoir que faire, faire que sage* (dont elle relève un exemple chez La Fontaine), *voilà que c'est.*

=> R. Martin et M. Wilmet (1980, § 418), analysant la tournure *faire que sage(s)*, préfèrent parler d'un *que* conjonctionnel (« il existait un *quod* équivalent à *quomodo* dans la basse latinité ») plutôt que d'un phénomène d'ellipse (« faire ce que ferait un sage »).

QUOI

39. *Quoi* est peu fréquent en AF (G. Moignet, 1984, p. 161) et presque exclusivement régime prépositionnel. Son emploi se développe en MF (C. Marchello-Nizia, 1997, p. 207) : il peut alors renvoyer à un énoncé qui précède et, à partir du XVe siècle, s'employer comme régime direct.

En emploi autarcique

40. Son emploi autarcique est strictement limité : *quoi* est toujours prédicatif et désigne toujours le genre inanimé.

En MF et plus encore au XVIe siècle, *quoi* entre dans une construction de type latin : il dépend d'un participe ou d'une forme en *–ant* (voir F. Brunot, *HLF*, 2, p. 426). *Quoy voyant* (49 occurrences dans Frantext) et *(en) quoy faisant* (8 emplois) sont des locutions quasi lexicalisées au XVIe siècle ☞ chapitre XIII.13.

Rabelais emploie 6 fois la tournure *quoy voyant*, en concurrence avec *ce que voyant* (employé 5 fois) : *Quoy voyant Pantagruel leur bailla à tous la chasse jusques au bord du Rosne,* (PA, 5, p. 231 ; également GA, 16, p. 47 ; 48, p. 130 ; PA, 4, p. 229 ; 14, p. 265 et 29, p. 318). *Quoy faisant*, absent chez Rabelais (qui lui préfère *ce que faisant* : 3 occurrences) est plus rare au XVIe siècle : *Quoy faisant et pront et docile, / Il en deviendroit plus abile / Pour de sa personne ordonner,* (Baïf, *Mimes,* II, v. 1297-1299) ; Bernard Palissy aime ce tour : on relève 15 emplois de *quoy voyant* dans sa *Recepte veritable*, 5 emplois de *quoy fait* et 5 de *quoy consideré.*

=> Le FM connaît une survivance de ce tour avec *moyennant quoi*, qui est rare au XVIe siècle ; nous n'avons trouvé qu'un seul exemple dans notre *corpus* de Frantext : *moyennant quoy il fit rendre les prisonniers* (B. de Vigenère, *Histoire de la décadence de l'Empire grec,* IX, 6, p. 613).

Quoi peut également dépendre d'un infinitif : *Il estoit commis à deffendre certain passage du Peloponese contre les Arcadiens. Pour quoy faire, se trouvant du tout incapable,* (Montaigne, *Essais*, I, 31, p. 211 C).

En emploi prépositionnel

41. Le pronom *quoi* peut fonctionner à la manière du relatif de liaison latin, utilisé en tête de phrase pour rappeler la phrase précédente et jouer un rôle de coordonnant.

Pour quoi, et plus rarement *par quoi*, sont employés dans le sens de « c'est pourquoi » ; on rencontre également *à quoi, en quoi, au moyen de quoi* : *[Pantagruel] vous print monsieur de l'Ours, et le mist en pieces comme un poulet, et vous en fist une bonne gorge chaulde pour ce repas. Parquoy craignant Gargantua qu'il se gastast, fist faire quatre grosses chaines de fer* (Rabelais, GA, 4, p. 228) ; *tous les soirs ceste vieille portoit des confitures à la princesse pour sa collation : à quoy assistoit le gentilhomme,* (M. de Navarre, *L'Heptaméron*, N4, p. 90) ; *elle languit encores une heure sans parler, faisant signe des yeux et des mains, enquoy elle monstroit n'avoir perdu l'entendement.* (*ibid.*, N2, p. 79). Philippe d'Alcripe emploie à plusieurs reprises *au moyen de quoi* : *Au moyen de quoi un Apoticaire (par l'ordonnance du medecin) lui aporta un clistere barbarin.* (*La Nouvelle Fabrique*, N6, p. 24). Rabelais utilise la tournure pour donner de la vivavité aux dialogues rapportés : *A quoy respondit Gargantua.* (GA, 40, p. 110).

Quoi figure dès l'AF dans les expressions *avoir de quoi*, *voilà de quoi*, qui se sont conservées jusqu'au FM : *Voylà de quoy servent les suppositions*, (Rabelais, GA, 20, p. 54) ; *L'homme est bien desraisonnable, quand il a de quoy se contenter, et veult chercher autre chose.* (M. de Navarre, *L'Heptaméron*, N8, p. 113).

42. *Quoi* s'emploie fréquemment au XVIe siècle pour un mot de sens précis ou même un nom de personne. Chez Philippe de Vigneulles : *ce curé de quoy je parle* (*Les Cent Nouvelles Nouvelles*, N14, p. 88). *L'Heptaméron* offre plusieurs occurrences avec des termes relevant du vocabulaire des sentiments : *le desespoir en quoy une m'a mis.* (N1, p. 76) ; *la foy en quoy elle mouroit,* (N2, p. 79) ; *la fureur en quoi vous mettoit l'amour de ceste chambriere,* (N8, p. 111).

=> L'emploi avec des noms de personne perdure jusque dans le premier tiers du XVIIe siècle (G. et R. Le Bidois, 1967, § 358) ; il est proscrit par Vaugelas : « Il n'est pas necessaire d'ajouster que l'on ne se sert jamais de ce mot en parlant des personnes, comme, on ne dira point, *ce sont les hommes du monde à quoy nous devons le plus de respect,* mais *à qui.* Il n'y a que les Estrangers, qui puissent avoir besoin de cet advis. » Par ailleurs, le grammairien juge le pronom *quoy* d'un « usage fort elegant, et fort commode, pour suppleer au pronom *lequel*, en tout genre et en tout nombre, comme fait *dont*, d'une autre sorte. » (*Remarques*, 1647, p. 54).

=> M. Glatigny (1997, p. 49) relève l'emploi de *quoi* chez Montaigne avec un antécédent bien déterminé, parfois même humain : *cette foulle d'Anglois de quoy il s'estoit servy* (*Essais*, II, 23, p. 683 A) ; étudiant les variations autour de *de quoi, duquel, dont, de qui*, il parvient aux conclusions suivantes : « *qui* prépositionnel est beaucoup plus fréquent quand il renvoie à un humain que lorsqu'il reprend un inanimé. *Quoy* prépositionnel est beaucoup plus rare avec un antécédent humain. » (p. 50) et il ajoute : « la distinction *inanimé vs. humain* se profile derrière les pratiques constatées. Elle offrira une des occasions dont les grammairiens du XVIIe siècle se saisiront pour réglementer la langue et limiter de façon drastique les variations linguistiques en ce domaine. » (p. 51).

43. *De quoi* (de même que *dont*, ☞ *infra* § 50) est employé au sens de « de ce que » à partir du milieu du XIIe siècle et fréquemment aux XVIe et XVIIe siècles. E. Huguet (1894, p.127) cite des exemples des XVe et XVIe siècles, chez P. de Commynes et Marguerite de Navarre : *Je suis bien marry, mes dames, dequoy la verité ne nous amene des comptes autant à l'advantage des cordeliers, comme elle faict à leur desadvantage.* (*L'Heptaméron*, N31, p. 352) ; *Je suys bien aise, dist Parlamente, de quoy vous estes devenu prescheur des dames,* (*ibid.*, N35, p. 375). On ajoutera l'exemple suivant : *Depuis l'achevement de mon livre, Lecteur, j'ai entendu que nos consçiencieus poëtes ont trouvé mauvais de quoi je parle (comme ils disent) mon Vandomois*, (Ronsard, *Les Odes*, Appendices, Suravertissement au lecteur, t. I, p. 1001).

DONT

44. D'origine adverbiale (**de unde*), *dont* en vient très vite à remplir différentes fonctions : complément de substantif, complément d'adjectif, terme déterminé dans le tour partitif, objet indirect, circonstant ; il indique non seulement un pur rapport de génitif, mais aussi la cause, le moyen, la manière, la matière. Ces fonctions se maintiennent en MF, y compris l'expression du lieu.

=> A l'instar de *y* (☞ ch. III.40), *dont* pose un problème de classification aux grammairiens de la Renaissance qui l'évoquent. Meigret (« Pronoms », « Des cas et déclinaisons des Pronoms », ch. 6, p. 58 v°) et R. Estienne (« Des pronoms », p. 29) le mentionnent ainsi parmi les relatifs, mais parlent d'une « particule » (Meigret) ou d'un « petit mot » (Estienne) qui vaut pour *de qui, duquel, desquels, de laquelle, desquelles.*

A la Renaissance, *dont*, confondu phonétiquement avec *d'où* (selon F. Brunot, *HLF*, 2, p. 422), empiète, dans certains textes, sur les domaines de *où* et de *que* : dans *L'Heptaméron*, la leçon du manuscrit français 1512 : *Le gentil homme, se trouvant seul, tourna son cheval dont il venoit,* (éd. M. François, Garnier, 1967, Prologue, p. 5) est remplacée dans l'édition Gruget par : *tourna son cheval de la où il venoit,* (éd. N. Cazauran, p. 60) ; *Voilà de ceste court la plus grande vertu, / Dont souvent mal monté, mal sain, et mal vestu, / Sans barbe et sans argent on s'en retourne en France.* (Du Bellay, *Les Regrets*, 86, v. 12-14).

=> Au XVIIe siècle, Vaugelas condamne l'emploi de *dont* pour *d'où* tout en reconnaissant qu'il s'agit du sens étymologique. Il accepte cependant *la maison dont il est sorti*, car *dont* équivaut alors à *de laquelle* ou *c'est un homme dont l'ambition excessive a ruiné la fortune* où *dont* rattache *fortune* à *homme* (en signifiant « duquel ») (*Remarques*, 1647, « *Dont* », p. 344-345). *Dont* est donc accepté lorsque se perd le sens locatif.

☞ *Supra* § 17 sur *dont* interrogatif.

Emploi dans les relatives avec antécédent

45. *Dont* est très fréquemment employé en MF comme complément d'objet indirect (en particulier en poésie), attribut, complément d'agent, complément de circonstances ; comme en AF, *dont* exprime diverses relations : origine, cause, lieu, moyen, propos (U. Jokinen, *op. cit.*, p. 26-28).

Ces emplois perdurent au XVIe siècle : chez Montaigne, l'on relève seulement 8 emplois de *dont*, l'auteur préférant employer *de qui* (33 occurrences, dont certaines avec un antécédent inanimé : *nostre volonté, pour les droits de qui nous mettons en avant ce reproche,* (*Essais,* I, 21, p. 103 C) ; *La vaillance (de qui c'est l'effect de s'exercer seulement contre la resistence,)* (*ibid.*, II, 27, p. 693 A) et surtout les relatifs composés *duquel* (96 occ.), *de laquelle* (65 occ.), *desquels* (63 occ.). Dans les *Essais, dont* a les fonctions suivantes :

Complément d'objet indirect : *toutes les commoditez dont ils se peuvent aviser,* (I, 31, p. 209 A) ; *la caution et prevention dont ils usent à ronger le grain de froment,* (II, 12, p. 473 A).

Complément d'agent : *Deça vers nous, deça, ô treslouable Ulisse,/ Et le plus grand honneur dont la Grece fleurisse.* (II, 16, p. 619 B).

Complément de manière : *la vehemence fameuse dont elle m'ayma et me desira long temps* (II, 17, p. 662 C).

Complément de nom : *il departoit la nuict à trois ou à quatre parties dont la moindre estoit celle qu'il donnoit au sommeil ;* (II, 19, 670 A) ; *La sagesse est un bastiment solide et entier, dont chaque piece tient son rang et porte sa marque.* (III, 13, p. 1076 B).

Complément d'origine, avec un nom de personne pour antécédent : *Servilia, sœur de Caton et mere de Marcus Brutus, dont chacun tient que proceda cette grande affection qu'il portoit à Brutus,* (II, 33, p. 730 A).

46. Le relatif *dont* peut avoir pour antécédent une proposition tout entière ; il équivaut alors à *d'où* dans un sens locatif ou causal (« de ce fait, dans ces circonstances ») : *Nous voyons bien souvent une longue amitié / Se changer pour un rien en fiere inimitié, / Et la haine en amour souvent se transformer. / Dont (veu le temps qui court) il ne faut s'esbaïr.* (Du Bellay, *Les Regrets*, 140, v. 9-12) ; *Et dist à ses gens. «Je trouve beau ce ». Dont fut depuis appellé ce pays la Beauce.* (Rabelais, GA, 16, p. 47) ; l'exemple est analysé dans le corrigé d'Agrégation, LM, 1987. *Dont* marque ici la provenance et a le sens de « à partir de quoi ». L'emploi résulte à la fois de la confusion phonique avec *d'où* et du rapprochement sémantique avec *don(c)* ; la valeur est de liaison consécutive, à mi-chemin entre subordination et coordination.

47. Lorsque *dont* introduit une phrase nouvelle, on peut alors parler d'emploi comme relatif de liaison. Marguerite de Navarre en fait grand usage dans *L'Heptaméron* : *Dont la compaignie se print bien fort à rire,* (N11, p. 166*)* ; *Dont elle feit si grande difficulté,* (N14, p. 196).

48. Au XVIe siècle, comme en MF (R. Martin et M. Wilmet, 1980, § 432), *dont* peut renvoyer à un substantif complément d'un syntagme prépositionnel : *Les gentils-hommes ayans deffaict ces meschans (dont l'hoste estoit l'un des morts)* (M. de Navarre, *L'Heptaméron*, Prologue, p. 58).

=> Le FM ne tolère pas qu'un déterminant possessif renvoie au même antécédent, alors que cette redondance est possible au XVIe siècle : *tes beautez, dont les autres tu prives / De leurs honneurs,* (Du Bellay, *L'Olive*, 21, v. 5-6). G. Gougenheim (1974, p. 92-93) propose cet exemple : *[Elle] appella son mary, et ceux de la justice, pour venir prendre ces deux loups enragez, dont par la grace de Dieu elle avoit eschappé de leurs dents.* (M. de Navarre, *L'Heptaméron*, N5, p. 99).

Emploi dans les relatives sans antécédent

49. Dans ce type d'emploi, *dont* est extrêmement rare en MF comme dans la langue du XVIe siècle (U. Jokinen, *op. cit.*, p. 28). Selon R. Martin et M. Wilmet (1980, § 433), *dont* « peut se présenter sans antécédent exprimé, auquel cas il introduit, au sens neutre de "ce dont", une relative de type explicatif » : *Voilà, mon cher Morel (dont je rougis de honte) / Tout le bien qu'en trois ans à Rome j'ay appris.* (Du Bellay, *Les Regrets*, 85, v. 13-14) ; mais on pourrait classer cet exemple dans la catégorie étudiée plus haut du relatif ayant pour antécédent une proposition tout entière. Montaigne offre un exemple du même type d'emploi : *commença à discourir de ses ouvrages, dont il receut cette rude reprimende :* (Montaigne, *Essais,* III, 8, p. 932 B).

50. *Dont* a souvent la valeur de *de ce que* (comme *de quoi*, analysé précédemment ☞ *supra*, § 43) : *Je suis tresaise dont vous avez commencé le propos, que j'avois long temps deliberé de vous tenir,* (N21, p. 256) ; voir également, pour d'autres exemples, E. Huguet, 1894, p. 131.

=> La polysémie de *dont* disparaît après le XVIIe siècle, si bien que, « dans le système actuel des relatifs français, *dont* occupe une place à part. » (U. Jokinen, *op. cit.*, p. 26). Il est le seul pronom dans la langue française qui soit exclusivement relatif et de ce fait toujours lié à une subordonnée. Cette particularité n'est pas valable, nous l'avons vu (☞ *supra* § 17), pour l'ancienne langue, où *dont* peut fonctionner comme interrogatif, emploi qui disparaît au XVIIe siècle (N. Fournier, 1998, § 319).

OÙ

Emploi dans les relatives avec antécédent

51. La forme est attestée dès les premiers textes et s'emploie essentiellement pour l'inanimé. Avec antécédent inanimé (U. Jokinen, *op. cit.*, p. 201-203), *où* équivalait en AF aux nombreux emplois de la préposition *à* (☞ chapitre II.2 et XVII.4-6). Au XVIe siècle, l'emploi de *où* est déjà plus restreint, mais il demeure toutefois plus étendu que de nos jours.

En emploi locatif, *où* peut être en concurrence avec les formes composées de *quel*.

M. Glatigny (art. cit., p. 50-51), qui étudie chez Montaigne et Ronsard les variations de *où* et *lequel* prépositionnel, constate que les deux types de constructions peuvent être utilisées indifféremment. Ainsi chez Montaigne : *en ce lieu, auquel, sans y penser, se va seoir,* (*Essais*, II, 16, p. 621 C) côtoie *en lieu où je ne le deusse pas attendre,* (*ibid.*, I, 12, 46 B).

L'antécédent peut être un démonstratif : *et la plus seure assiete de nostre entendement, et la plus heureuse, ce seroit celle là où il se maintiendroit rassis,* (Montaigne, *Essais*, II, 12, p. 562 A) ; *Et de fait, comme le meilleur estat de gouvernement est cestuy-là où il y a une liberté bien tempérée et pour durer longuement,* (Calvin, *Institution*, IV, 20, p. 513 [1545]).

Où avec antécédent de temps constitue le seul emploi qui ait progressé (P. Kunstmann, *op. cit.*, p. 470) : *Voicy venir le jour où la famine palle / Prendra fin, et que Dieu aura de nous pitié.* (La Taille, *La Famine*, v. 656-657) ; *Bien-heureux fut le jour où mon ame sujette / Rendit obeissance à ta douce rigueur,* (Ronsard, *Le Premier Livre des Sonnets pour Hélène*, 54, v. 1-2) ; *le temps où nous sommes* (Calvin, *Institution de la religion chrétienne*, IV, 18, p. 467 [1541] ; éd. O. Millet, XII, p. 666/1402) ; *en temps où la justice est morte.* (Montaigne, *Essais*, II, 15, 616 C) (la tournure est toutefois beaucoup plus fréquente avec *que* ☞ *supra* § 36).

52. Avec antécédent animé, l'emploi de *où* est moins fréquent dès l'AF (U. Jokinen, *op. cit.*, p. 199).

Le pronom remplit les fonctions de complément d'objet indirect et de complément circonstanciel ; il correspond alors aux combinaisons *à / en / chez / par qui, avec / dans lequel*, etc.

Cet emploi, qui survit pendant tout le Moyen Age, se rencontre encore au XVIe siècle : *Et pensez, mes dames, que sans la grace de Dieu, il n'y a homme où l'on doive croire nul bien,* (M. de Navarre, *L'Heptaméron*, N22, p. 285), et il est fréquent au XVIIe siècle.

=> Pour le XVIIe siècle, voir A. Haase (1935, § 38), F. Brunot (*HLF*, 3, p. 507) et N. Fournier (1998, § 281).

53. ***Là où*** s'emploie encore au XVIe siècle avec un antécédent signifiant le lieu ou le temps (*où* a alors deux antécédents : l'adverbe *là* et le substantif) : *(C'est assavoir en la maison là où y l'avoit menée),* (Philippe de Vigneulles, *Les Cent Nouvelles Nouvelles,* N40, p. 185) ; *ilz se trouverent tous deux chez un tailleur (car ilz* *n'estoyent quasi jamais l'un sans l'aultre), là où l'un d'eulx se faisoit prendre la mesure de quelque pourpoint.* (Des Périers, *Nouvelles Récréations*, N84, p. 294).

Sans antécédent, le tour *là où* à valeur adversative est courant en MF et subsiste jusqu'au début du XVIIe siècle : *Et pare un boys verd dedans un feu quand vous mourez de froit, là où il fault brusler toute la paille du lict avant qu'il s'allume* ; (Des Périers, *Nouvelles Récréations*, N69, p. 253) ; *Ils sont sauvages, de mesmes que nous appellons sauvages les fruicts que nature, de soy et de son progrez ordinaire, a produicts : là où, à la verité, ce sont ceux que nous avons alterez par nostre artifice et detournez de l'ordre commun, que nous devrions appeller plustost sauvages.* (Montaigne, *Essais*, I, 31, p. 205 A).

Emploi dans les relatives sans antécédent

54. *Où* a souvent une forte nuance d'indétermination et signifie « n'importe où », « partout où » : *où l'on pense le chemin plus seur, est à l'heure qu'il est le plus glissant.* (M. de Navarre, *L'Heptaméron*, N4, p. 95) ; *Où que je tourne l'œil, soit vers le Capitole,* (Du Bellay, *Les Regrets*, 107, v. 1) ; *Où que l'un puisse aller, l'autre ne l'abandonne.* (Des Masures, *David triomphant*, v. 308).

Le même emploi se rencontre avec *d'où* : *D'où que ce soit que la voix vienne, / Ignorer n'en puis le langaige.* (M. de Navarre, *Comédie sur le trespas du roy*, v. 179-180).

D'où peut d'autre part s'employer comme relatif de liaison : *et faut pousser à une porte pour sçavoir qu'elle nous est close. D'où naist cette Platonique subtilité que,* (Montaigne, *Essais*, III, 3, p. 1075 B et C).

LEQUEL et les relatifs composés

55. *Lequel* ne figure pas dans les textes les plus anciens ; il a une grande diffusion au XIIIe siècle, mais foisonne surtout aux XVe et XVIe siècles (U. Jokinen, *op. cit.*, p. 120).

Il présente, sur le relatif *qui*, l'avantage de mieux marquer le cas, le genre et le nombre et permet d'imiter directement du latin diverses constructions.

56. *Lequel* rattache une proposition incidente à deux

propositions (cas analysé par E. Huguet, 1894, p. 138-144 ; voir également F. Brunot, *HLF*, 2, p. 425-428) : *trouverent neuf flaccons en tel ordre qu'on assiet les quilles en Guascoigne. Des quelz celluy qui au mylieu estoit, couvroit un gros, gras, grand, gris, joly, petit, moisy livret,* (Rabelais, GA, II, p. 10).

57. *Lequel* fonctionne comme relatif de liaison : P. Kunstmann (art. cit., p. 517-527) y voit un phénomène d'origine savante, qui a connu un grand succès en MF parce qu'il correspondait à une évolution profonde de la phrase française, qui devient plus ample.

Cet emploi est fréquent dans *L'Heptaméron* : *le mary en fut adverty. Lequel ne le pouvoit croire, pour les grands signes d'amitié que luy monstroit sa femme.* (N6, p. 102).

58. Certains auteurs font un usage abondant du relatif composé, comme sujet aussi bien que comme complément direct (E. Huguet, 1894, p. 119-123).

L'on relève ainsi 138 emplois de *lequel* chez Rabelais et 767 chez Calvin : *l'on luy feist un beau grand cheval de boys lequel il faisoit penader, saulter, voltiger, ruer et dancer tout ensemble,* (GA, 12, p. 36) ; *« ...recognoissez vostre prix, lequel ne vous est point donné de moy, mais presché par moy. »*, (*Institution*, III, 5, p. 148 [1545]).

M. Glatigny (art. cit., p. 47-49) a examiné le cas de Ronsard : se demandant s'il y aurait eu, au cours du siècle, une évolution qui aboutirait à l'élimination progressive de *lequel* sujet et COD, il conclut que « la réalité est plus complexe ». Chez Ronsard, « *qui* et *lequel* sujet peuvent être librement utilisés, aussi bien au début qu'à la fin du siècle. Rien ne semble prouver l'existence d'une élimination systématique. » Ce travail d'élimination a été relevé par L. Terreaux dans les *Odes* et les *Amours* (1968, p. 145-153), mais M. Glatigny fait des constatations différentes en examinant le cas des *Hymnes* et de la *Franciade*.

Du Bellay emploie souvent le relatif composé dans ses *Regrets,* à diverses fonctions ; sujet : *Le corps est le tison de ceste ardeur espris, / Lequel, d'autant qu'il est de matiere plus fine, / Fait un feu plus luisant,* (117, v. 5-7) ; complément d'objet direct : *Mais bien d'un petit Chat j'ay fait un petit hymne, / Lequel je vous envoye : autre present je n'ay.* (60, v. 10-11) ; complément d'objet indirect : *Et veu tant de regrets, desquels je me lamente,* (12, v. 3) ;

complément de nom : *Quand je voy ces Messieurs, desquelz l'auctorité / Se voit ores icy commander en son rang,* (118, v. 1-2).

59. Le XVIe siècle voit une extension de l'emploi de *lequel / auquel*, « adjectif » inanimé (U. Jokinen, *op. cit.*, p. 155), en particulier dans des formules stéréotypées.

Laquelle chose (71 occurrences dans Frantext chez : Lemaire de Belges, Philippe de Vigneulles, Jean Marot, Jeanne Flore, Rabelais, Des Périers, Calvin, La Taille) : *et mon intencion estoit de dancer de joie, laquelle chose j'ay faict.* (Philippe de Vigneulles, *Les Cent Nouvelles Nouvelles*, N56, p. 236) ; *pour laquelle chose sçavoir Gargantua s'escria tant qu'il peut.* (Rabelais, GA, 36, p. 100).

Auquel temps (5 occurrences) : *j'avois d'aage trente quatre ans ou environ, auquel temps ne savois que c'estoit estre amoureux* (Du Fail, *Propos Rustiques*, 6, p. 81).

Auquel lieu (31 occurrences) : *Finablement arriverent à Paris. Auquel lieu se refraischit deux ou troys jours,* (Rabelais, GA, 16, p. 47).

Ces formules (en particulier *auquel cas*), ainsi que l'emploi de *lequel* en général, seront réservées ensuite au style administratif ou juridique (A. Lorian, 1973, p. 238-239).

=> La vogue du relatif composé semble s'essouffler à la fin du XVIe siècle. Au XVIIe siècle, Vaugelas l'admet seulement pour éviter l'équivoque : « *Lequel, laquelle.* Ces pronoms au nominatif, tant singulier que pluriel, sont rudes pour l'ordinaire, & l'on doit plustost se servir de *qui*, quand on le devroit repeter deux fois dans une mesme periode, » (*Remarques*, 1647, p. 115).

2) Constructions spécifiques

60. Le relatif peut être éloigné de son antécédent

C'est en particulier le cas avec un antécédent démonstratif dans un tour du type « celui … qui » : *Celuy pourroit nombrer les celestes flambeaux, / Les fueilles des forests, et les vagues des eaux, / Les sables, qui legers dans l'Arabie ondoyent, / Qui pourroit raconter les maux qui nous guerroyent.* (Garnier, *Les Juifves*, v. 453-456) ; *Que sainct Antoine me arde sy ceulx tastent du pyot qui n'auront secouru la vigne.* (Rabelais, GA, 27, p. 79).

Mais on peut le trouver également dans d'autres constructions.

H. Bonnard, dans son article sur les relatifs et relatives (GLLF, p. 5027) donne pour exemple de disjonction ce passage de Rabelais : *Peu de gens sont aujourdhuy habitans par tout le continent et isles de l'Ocean, qui ne ayent ambitieusement aspiré estre receuz en icelle* (GA, 31, p. 87).

61. Absence d'un pronom tonique de rappel lorsque l'antécédent du relatif est un pronom atone ou tonique.

Cet emploi illustre la particularité, qu'a soulignée M. Huchon (1988, p. 109), du relatif au XVIe siècle : il privilégie les fonctions de ligature et de représentation par rapport au rôle syntaxique qu'il exerce dans la phrase.

Exemples avec un antécédent atone : *Mais en vous surmontant, qui estes indomtable, / Vous acquerrez victoire à jamais memorable.* (Garnier, *Les Juifves*, v. 1023-1024) ; *O qu'il a faict grand gaing de son dommage ! / Qui en mourant triomphe de la mort.* (Du Bellay, *L'Olive*, 111, v. 13-14).

Exemples avec un antécédent tonique : *Orne mon chef, donne moy hardiesse / De te chanter, qui espere te rendre / Egal un jour au laurier immortel.* (Du Bellay, *L'Olive*, 1, v. 12-14).

62. Tours du type « je suis celui (celle) qui »

Le relatif a pour antécédent l'attribut du sujet ; le verbe se met, par attraction, à la personne correspondant au sujet et non à la troisième personne comme le voudrait l'antécédent : *Aussi bien suis-je assez punissable, estant celle / Qui au monde ay produit ce Roy vostre rebelle* (Garnier, *Les Juifves*, v. 1103-1104).

☞ Comparer avec le chapitre IX.5 : avec le verbe d'une proposition principale ou indépendante, l'on observe, à l'inverse, un accord par attraction avec l'attribut.

63. Emploi d'une relative complément d'un adjectif

G. Gougenheim (1974, p. 99) le répertorie comme un emploi latinisant du pronom relatif : *Il est fils d'un rocher, ou d'une ourse cruelle, / Et digne qui jadis ait succé la mamelle / D'une tygre inhumaine.* (Du Bellay, *Les Regrets*, 30, v. 9-11). *Digne qui* est directement imité du latin *dignus qui.*

64. La relative substantivée

G. Gougenheim (*op. cit.*, p. 103) parle de relative substantivée, lorsque *qui* connaît un emploi autarcique (☞ *supra* § 31).

Ce phénomène ne concerne pas seulement la relative sujet ; la relative substantivée peut être également :

objet direct : *car comme pourray je hayr qui m'ayme plus que soy mesme ?* (Larivey, *Les Esprits*, 2, p. 94) ;

objet indirect : *et ne dois manquer d'amitié à qui m'ayme de toute son affection (ibid.).*

Dans cette substantivation sans article de la subordonnée relative, *qui* sujet peut être remplacé par *quiconque* (☞ *infra* § 69) : *Quiconque a veu la superbe Machine, / Miracle seul de sa seulle beaulté, / Veit le Modelle à ma triste ruyne* (Scève, *Délie*, 72, v. 1-4) ; *nous leur pourrions hardiment dire avec sainct Paul : « Quiconque veult ignorer, qu'il ignore. »* (Calvin, *Des Scandales*, III, p. 186) ; *Mais quiconque a le sçavoir, / Celuy doit l'honneur avoir.* (Ronsard, *Les Odes,* I, 14, v. 35-36).

=> Selon G. Gougenheim (*op. cit.*, p. 103), la différence entre *qui* et *quiconque* est la suivante : *quiconque* n'est pas limité aux formules gnomiques ; *quiconque* apporte une nuance d'indifférence expressément marquée (« celui, quel qu'il soit, qui »). U. Jokinen (*op. cit.*, p. 220-222) ne voit pas de différence nette entre *qui* et *quiconque.*

65. La subordonnée relative apposée. La subordonnée relative a pour antécédent l'idée exprimée par une phrase (à laquelle elle est apposée). Cette construction est très fréquente au XVIe et au XVIIe siècle (G. Gougenheim, *op. cit.*, p. 103 *sq.*) : *Voilà, mon cher Morel (dont je rougis de honte) / Tout le bien qu'en trois ans à Rome j'ay appris.* (Du Bellay, *Les Regrets*, 85, v. 13-14).

L'antécédent *ce* s'est ensuite introduit dans la tournure; nous dirions aujourd'hui : *ce dont je rougis de honte.* ☞ *supra* § 47, *dont* fonctionnant comme relatif de liaison.

Une telle construction survit en français moderne dans les tournures figées *qui plus est, qui mieux est, qui pis est*, qui précèdent toujours l'expression de l'idée qui leur sert d'antécédent ; *qui plus est* et *qui pis est* sont fréquentes dans la langue du XVIe siècle : Calvin fait grand usage de *qui plus est,* en particulier en tête de phrase, comme élément d'articulation et de renforcement du discours : *Qui plus est, la response de l'Ange en oste toute question :* (*Institution*, I, 13, p. 157 [1560]) ; *qui pis est* est également très apprécié des auteurs du XVIe siècle : *Mais qui pis est, nous deviendrons fascheuses,* (M. de Navarre, *L'Heptaméron*, prologue, p. 62) ; *Puis vous qui me trompez, en estes coustumiere, / Et qui pis est sur toute en beauté la premiere.* (Ronsard, *Le Second Livre des Amours*, Appendice II, 9, v. 13-14) ; Montaigne y recourt très souvent (par ex. : I, 14, p. 64 B ; I, 22, p. 107 A ; I, 25, p. 136 A ; I, 31, p. 209 A, etc.).

66. *Qui* ayant pour antécédent *un, une*

Le relatif *qui* peut avoir pour antécédent le pronom indéfini *un, une* : *Pantagruel en abatit un, qui avoit nom Riflandouille,* (Rabelais, PA, 29, p. 320) ; *Mais voyés vous en ce pré assez loing / Une qui est tout mon soulcy et soing ?* (M. de Navarre, *Comédie des parfaits amants*, v. 125-126) ; *Pour une qui n'est pas sage, dist Oisille, il ne fault pas que les autres soient tenuës telles. (id., L'Heptaméron*, N15, p. 214) ; *ta douce voix s'essaye / De sonner les amours d'une qui t'ayme tant,* (Ronsard, *Le Second Livre des Amours*, Appendices II, 91, v. 5-6).

☞ Chapitre VII.28 pour l'emploi autonome de *un, une*.

67. Effets stylistiques. Les analyses d'A. Lorian permettent de rattacher la relative au style de l'*imbrication*, « ce phénomène si courant à la fin du moyen âge et à la Renaissance. » (1978, p. 257-292).

Un sonnet de Ronsard (*Le Premier livre des Amours*, 76) est construit sur une cascade de relatives, dont il tire des effets de rythme : *Ny les combats des amoureuses nuits, / Ny les plaisirs que les amours conçoivent, / Ny les faveurs que les amans reçoivent, / Ne valent pas un seul de mes ennuis. / Heureux espoir, par ta faveur je puis / Trouver repos des maux qui me deçoivent, / Et par toy seul mes passions reçoivent / Le doux oubly des tourmens où je suis. / Bienheureux soit mon tourment qui r'empire, / Et le doux joug, sous qui je ne respire : / Bienheureux soit mon penser soucieux, / Bienheureux soit le doux souvenir d'elle, / Et plus heureux le foudre de ses yeux, / Qui cuist ma vie en un feu qui me gelle.*

3) Les relatifs indéfinis

Emploi de *qui*, pronom relatif indéfini à valeur distributive

68. Le rôle du pronom relatif indéfini à valeur distributive (du type *qui...qui*) est de développer un terme qui, généralement, le précède, dans la proposition où il se trouve. Le tour le plus couramment utilisé présente en effet : un verbe au pluriel, avec sujet nominal ou pronominal, puis *qui* suivi, par exemple, d'un COD ou d'un autre complément et repris plusieurs fois.

Chez Montaigne : *Je connoy des hommes assez, qui ont diverses parties belles : qui, l'esprit ; qui, le cœur ; qui, l'adresse ; qui, la conscience ; qui, le langage ; qui, une science ; qui un' autre.* (*Essais*, II, 17, p. 659 A). *Qui* a ici le sens de « celui-ci, celui-là », « l'un, l'autre », « un autre encore », « les uns…les autres ». Dans un autre cas, plus rare, *qui* est le sujet d'un verbe au singulier exprimé une fois seulement : *Et, de celles là* [les lois], *qui en fait le nombre de trois, qui de quatre, qui plus, qui moins* : (II, 12, p. 580 A), le verbe et le complément d'objet ne sont pas répétés, mais sous-entendus ; on relèvera enfin cet autre exemple : *[B] Leurs puissances sont retranchées selon nostre necessité : qui guerit les chevaux, qui les hommes, [C] qui la peste, [B] qui la teigne, qui la tous, [C] qui une sorte de gale, qui un'autre...* (la structure se prolonge sur plusieurs lignes, II, 12, p. 533). Montaigne fait un constant usage de ces juxtapositions et associe *qui...qui*, à *aucuns* ou à *les uns...les autres...* (par exemple dans l'*Apologie de Raimond Sebond*, II, 12, *sq.*).

Chez Du Bellay, on relèvera l'effet poétique et rythmique du tour suivant : *Qui me presente un compte, une lettre, un memoire, / Qui me dit que demain est jour de consistoire, / Qui me rompt le cerveau de cent propos divers : / Qui se plainct, qui se deult, qui murmure, qui crie, / Avecques tout cela, dy (Panjas) je te prie, / Ne t'esbahis-tu point comment je fais des vers ?* (*Les Regrets*, 15, v. 9-14).

=> Vaugelas (*Remarques*, 1647, p. 51), note que « *qui*, répété plusieurs fois, pour dire les uns, les autres (…) est une façon de parler, qui est fort en usage, mais non pas parmy les excellens Escrivains. »

Emploi des formes composées *qui que, quoi que, quel que*

69. Le phénomène de composition du relatif est d'origine latine : on pouvait, en latin classique, généraliser le sens d'un énoncé en mettant un relatif double. En AF, on trouve les formes *qui que* (remplacée en MF par *qui que onques*, qui donnera *quiconques*), *cui que, qui qui* et *que que.*

Au XVIe siècle sont employées les formes *qui que, quoi que* et, plus rarement, *quant que*.

☞ Pour les emplois de *quel que, quelque*, voir chapitre VII.19-21 et chapitre VII.27, pour *quiconque(s)* et *quelconque(s)*. Pour les emplois concessifs de ces tours, se reporter au chapitre X.24.

70. *Qui que* : au XVIe siècle, les 17 séquences de *qui que* fournies par Frantext sont toutes, sauf deux, construites avec le verbe *être* et ont généralement fonction d'attribut.

Suivie du subjonctif, la séquence *qui que (je) sois,* tout comme son homologue *quoi que ce soit qui / que*, tend dès le MF à devenir une locution pronominale indéfinie (R. Martin et M. Wilmet, § 438) : *Et je vous hay qui que soyez.* (Baïf, *Le Brave*, II, 4, v. 1172) ; *Tu me forces qui que tu sois. (ibid.*, II, 4, v. 1246).

La séquence peut être employée comme complément d'attribution : *à ne descouvrir ny à medecin ny à qui que ce fut les parties qu'on a accoustumé de tenir cachées.* (Montaigne, *Essais*, I, 3, p. 18 A) ; *Leur patrimoine ils vont gardant : / Du temps ils ne font guiere conte : / En sont prodigues, et sans honte / Le vont pour qui que soit perdant.* (Baïf, *Mimes*, IV, v. 783-786).

La construction se rencontre également au XVIe siècle :

avec des verbes autres que le verbe *être* : *Qui que je regarde avec attention m'imprime facilement quelque chose du sien.* (Montaigne, *Essais*, III, 5, p. 875 B), = « celui, quel qu'il soit, que je regarde avec attention ».

suivie de l'indicatif : *auquel petit village n'avoit logis ne taverne quelconque, fors que le prebtre de la ville, que en cas de necessité logeoit, voir, qui que bon luy plaisoit et non aultrement.* (Philippe de Vigneulles, *Les Cent Nouvelles Nouvelles*, N81, p. 312) ;

=> Au début du XVIIe siècle, Malherbe accepte toujours *qui que* sujet (*HLF*, 3, p. 521) ; le FM l'utilise uniquement en fonction d'attribut ; en fonction de sujet ou d'objet, on utilise de nos jours la périphrase *qui que ce soit qui / que*.

71. ***Quoi que*** : le pronom *quoi que* a eu, à l'origine, le sens quantitatif de « tant que », « aussi que » ; il a acquis peu à peu un sens purement modal. (U. Jokinen, *op. cit.*, p. 44- 45). Au XVIe siècle, il s'emploie :

en tant que sujet ou attribut avec les verbes *être* et *advenir* : *Quoy que ce soit, dist Oisille, il en fut bien puny.* (M. de Navarre, *L'Heptaméron*, N31, p. 352) ; *Et resjouir ne me pourroye, / Quoy que jamais peust advenir.* (M. de Navarre, *Trop, prou, peu, moins*, v. 782-783) ;

en tant que complément d'objet direct avec les verbes *coûter, dire* et *faire* : *Quoy que lon me face, / Tourment, ou menace, / Le tout en gré prens.* (M. de Navarre, *Comédie des Quatre femmes* ou *Comédie à dix personnages*, v. 394-396) ; *Mais toutesfois (quoy que l'on die) / Il n'est que d'estre.* (M. de Navarre, *Trop, prou, peu, moins*, v. 895-896) ; Calvin offre un emploi plus original, avec une variante du verbe *faire* : *quoy que machinent les hommes, ou mesmes le diable,* (*Institution*, I, 18, p. 255 [1560]).

=> Les exemples rencontrés par U. Jokinen pour le MF sont tous du type *quoi que soit / quoi qu'il soit* exception faite de Villon. Quelques locutions, comme *quoi que j'en aie, combien qu'il en ait,...* ont survécu jusqu'à nos jours.

72. ***Quant que*** (= « tout ce qui / que ») : l'on relève l'emploi de *quant que, tout quant que, tout quant* : *prenés tout quant que j'ay au surplus, fors que la pierre me demeure, et me laissés aller mon chemin.* (Philippe de Vigneulles, *Les Cent Nouvelles Nouvelles*, N98, p. 391) ; *velà tout quant que j'aime (Anciennes Poésies françaises*, éd. A. de Montaiglon, Bibl. elzévir., Paris, Jannet, 1855-1878, III, 152, cité par E. Huguet dans son dictionnaire, tome 6, p. 260).

CHAPITRE VII : LES INDÉFINIS

Complément bibliographique : R. Martin, *Le Mot « rien » et ses concurrents en français (du XIVe siècle à l'époque contemporaine)*, Paris, Klincksieck, 1966.

I – LES INDÉFINIS NÉGATIFS

1. On peut distinguer les indéfinis étymologiquement négatifs (*nesun*, *nul* et *nully* / *nulluy*) et les indéfinis étymologiquement positifs (*aucun, personne* et *rien*).

=> Les indéfinis ne sont pas étudiés par les grammairiens de notre *corpus*, à l'exception de Palsgrave, et ne constituent pas une catégorie grammaticale.

Sylvius (p. 112-113 / 327-328) donne pour « pronoms relatifs » *qui, quel, lequel*, mais également : *aulcun* (< *aliquis unus*), *quesc'un* [quelqu'un] (< *quisquam unus*), *quesque* [quelque] (< *quenquam, quidquam*) et *quesque qu'il soit* (< *quisquis sit*) et dans un paragraphe distinct : *quicumque* > *quicunque*, *unusquisque* rendu en français par *quesc'un* (de *quisque unus*) et *un quesc'un* ou plutôt *chesc'un* [chacun]. Il considère donc comme pronoms relatifs des termes que nous classons parmi les indéfinis en se fondant sur l'étymologie latine (tous ces termes sont des composés de *quis* ou de *quid*).

Meigret évoque *quelqu'un, aucun* et *chacun* dans un court paragraphe à la fin des « noms numéraux » (« Du nombre des noms », ch. 7, p. 46 r°), dans la mesure où ils sont composés à partir de *un*.

Palsgrave se distingue en faisant de ce que nous appelons les indéfinis une catégorie de pronoms : les pronoms « partitifs et distributifs » [*partitives and distributives*] qui correspondent aux équivalents français de *any, some, none* et *no*. Et il en donne la liste suivante (f° 34 r°-v°, p. 132-133 / 452) : *aulcun, quelcun, chascun, nessung, nul, nulluy, tout, trestout, tel (autel, ytel), aultre, aultruÿ, quelque, quiconques, maynt, plusieurs*.

Les indéfinis négatifs sont en régression au XVIe siècle :

nesun est déjà rare en moyen français,

nully est archaïque dès le début du XVIIe siècle,

nul sera concurrencé puis évincé par *aucun* qui devient négatif au XVIIe siècle.

Les indéfinis positifs voient leur sens évoluer du positif au négatif à force d'être employés en contexte négatif.

Ce transfert intervient dès le moyen français pour *rien*.

Il est plus tardif pour *aucun* (qui évolue dans le courant du XVIIe siècle) et pour *personne* (qui conserve encore son sens positif au XVIIe siècle à côté de sa valeur négative).

A noter que *rien* et *personne* ont une origine nominale et conservent, au XVIe siècle, des emplois à la fois nominaux et pronominaux.

2. La valeur de ces indéfinis, qu'ils soient positifs ou négatifs, dépend du contexte syntaxique.

C'est ainsi que *nul* (étymologiquement négatif) et *rien* (étymologiquement positif) sont négatifs en contexte explicitement négatif.

Mais ils sont positifs dès que le contexte est porteur d'une certaine indétermination (contexte implicitement négatif) : phrase hypothétique, interrogative, comparative ; relative indéterminée ; subordonnée complétive dépendant d'un verbe nié ou négatif,...

1) Les indéfinis étymologiquement négatifs

NESUN

3. *Nesun* est formé de *nes* (< lat. *nec ipse*) + *un* = « pas même un », d'où « aucun », « nul ». Il en subsiste encore quelques traces essentiellement au début du XVIe siècle (notamment chez Marot et Lemaire de Belges) : *Bref, il fauldra que chascun se reduise / Ou des trois partz n'en demourra nesun, / Juges, prevostz.* (Marot, Rondeau de *L'Adolescence clementine* du 12 décembre 1534, II, p. 761).

=> En moyen français, *nesun* est déjà rare aussi bien comme déterminant que comme pronom ; C. Marchello-Nizia (1997, p. 182-183) remarque même qu'il n'est pas admis par tous les imprimeurs ou copistes puisque certains le corrigent.

Nul

4. *Nul* (au moyen âge : cas sujet : *nus*, cas régime direct : *nul*) vient du latin *nullus* et possède donc étymologiquement un sens négatif (« personne », « aucun »).

5. Sens négatif : *nul* est d'un emploi très fréquent jusqu'au XVIe siècle pour marquer la non-existence ou la quantité nulle. Au XVIIe siècle, il entre en concurrence avec *aucun*, jusqu'alors positif, qui l'évincera.

Au moyen âge (attesté dès les *Serments de Strasbourg* en 842), *nul* n'est pleinement négatif que renforcé de la négation *ne* (qui peut être accompagnée d'un auxiliaire de négation : *nul...ne...pas*, *nul...ne...point*).

En moyen français, C. Marchello-Nizia (1997, p. 181) explique que l'association de *nul* et *ne* peut être sentie comme un pléonasme, mais constitue néanmoins une « règle (...) presque absolue ». Elle cite Oresme qui, dans sa traduction d'Aristote (*Ethiques*), justifie son choix de deux négations pour une (*nul* ... *ne*) par l'usage de la langue française. Au XVIe siècle, coexistent les deux cas de figure : présence ou absence de l'adverbe de négation.

> L'emploi avec *ne* reste le schéma le plus fréquent : *Disant en soy : nul plaisir (en effect) / Ne se perdt point, quelcque part où soit faict.* (Marot, *L'Adolescence clementine*, *Epistres*, XI « Epistre à son amy Lyon », v. 67-68) = « aucun plaisir ne se perd ».
>
> La possibilité d'employer *nul* seul constitue un retour, par réaction savante, à la valeur étymologique de *nul* comme négatif plein : *Nulle vengence peut egaler leur offense* (Garnier, *Porcie*, v. 844).

La forme *ulle*, attestée uniquement chez Rabelais, est un hapax créé sur le latin *ulla* au sens positif de « un, quelque ». Rabelais l'introduit en 1552 en modifiant la leçon originale de 1548 et en substituant *ulle* à *nulle* : *Reste il icy (dist Panurge) ulle ame moutonniere ?* (QL, 8, p. 555). Selon E. Huguet (1894, p. 150), il s'agit d'une création purement comique. Mais M. Huchon (1981, p. 150-151 et p. 161-164) montre que cela va bien plus loin et s'inscrit dans une véritable réflexion sur la langue menée par Rabelais, lequel redonne à *nul* un sens négatif plein en l'employant sans l'adverbe de négation *ne* (corrections dans l'édition 1552 du *Tiers Livre*) et le remplace par *ulle* en emploi positif. Il s'agit néanmoins d'une démarche plaisante et ponctuelle : dans tous les autres cas, Rabelais remplace *nul* par *aucun* en emploi déterminatif ou par *personne* en emploi pronominal en association avec l'adverbe de négation *ne*.

6. Sens positif : de l'ancien français jusqu'au XVIIe siècle, *nul* revêt un sens positif (pronom = « quelqu'un », déterminant = « quelque ») dès que le contexte est porteur d'une certaine indétermination : *on l'interrogea par serment s'il n'avoit porté nulles lettres,* (M. de Navarre, *L'Heptaméron*, N21, p. 261). Il est concurrencé par *aucun* dans ce type d'emploi.

7. *Nul,* déterminant ou pronom, peut s'employer au pluriel lorsque ce que l'on nie est considéré comme multiple : *en un village nommé Arcelles, y avoit un riche homme laboureur, qui en sa vieillesse espousa une belle jeune femme, qui n'eut de luy nuls enfans :* (M. de Navarre, *L'Heptaméron*, N29, p. 335).

=> Cet usage demeure jusqu'à la fin du XVIIe siècle (N. Fournier, 1998, § 348).

=> Le déterminant *chaque* (☞ *infra* § 36) présente la même particularité.

NULLY / NULLUY

8. Il s'agit de l'ancien cas régime indirect du pronom *nul*, mais cette valeur n'est plus sentie depuis le moyen français et ces formes peuvent être employées :

non seulement comme complément indirect d'un verbe et comme complément d'un nom ou d'un adjectif (conformément à leur origine) : *Dont partit de Paris sans dire à dieu à nulluy :* (Rabelais, PA, 23, p. 298 - cité par Gougenheim, 1974, p. 84, [*nully*]) ;

mais également comme complément direct du verbe ou même comme sujet : *Nully d'entre eulx n'est rien, fors qu'homme.* (Marot, *Les Trente premiers Psalmes,* « Pseaulme Neufviesme », v. 23).

=> Ces formes deviennent archaïques dès le début du XVIIe siècle (N. Fournier, 1998, § 330).

2) Les indéfinis étymologiquement positifs

Au(l)cun

9. *Aucun* possède un sens étymologique positif : « quelqu'un », « quelque ». Il s'emploie, du moyen âge au XVIe siècle, comme pronom et comme déterminant.

La forme *aucun* est attestée depuis le XIIIe siècle : *aucun* (XIIIe s.) < *alcun* (IXe-Xe s.) < latin pop. **alcunus* < forme altérée **alicúnus* < *aliquis* + *unus*. Elle est en concurrence, au XVIe siècle, avec la graphie étymologique *aulcun* : 1239 occ. de *aucun* contre 123 de *aulcun* dans Frantext. L'on relève dans les concordances : chez Rabelais, 161 occurrences de la graphie étymologique (*aulcun(s), aulcune(s), aulcunefois, aulcunement*) contre 32 seulement de ces mêmes formes simplifiées ; tandis que, chez Montaigne, seules les formes sans *l* sont attestées (la base Frantext en signale toutefois une occurrence).

10. Comme déterminant, *au(l)cun* s'emploie au singulier ou au pluriel.

Il s'emploie très souvent encore dans son sens positif étymologique (de quantité ou existence indéterminée au sens de « quelque », « quelconque ») : *le Lyon accourut de pitié, veoir si elle s'estoit faict aulcun mal,* (Rabelais, PA, 15, p. 270) = « pour voir si elle s'était fait quelque mal » ; *quoy que nous en tirons aucuns signes par où il semble qu'il leur reste encore de la cognoissance,* (Montaigne, *Essais*, II, 6, p. 374 A) = « quelques signes » ; *Lors ne cuidoy' que sa haulte puissance* [il s'agit de l'amour] / *Sur ma foiblesse eust aucune vigueur.* (Du Bellay, *L'Olive*, 63, v. 7-8) = « une quelconque vigueur ».

Il peut également s'employer (dès l'ancien français) dans un sens négatif (quantité nulle, non-existence = « aucun » au sens moderne) en proposition négative (accompagné de l'adverbe de négation *ne*) : *Je ne sçay qui a peu mal mesler Pallas et les Muses avec Venus, (...) ; mais je ne voy aucunes deitez qui s'aviennent* [se conviennent] *mieux, ny qui s'entredoivent plus* (Montaigne, *Essais*, III, 5, p. 848 B) ; *Bien que le mal, que pour vous je supporte, / Soit violent, toutesfois je ne l'ose / Appeler mal, pour ce qu'aucune chose* [rien] / *Ne vient de vous, qui plaisir ne m'apporte.* (Du Bellay, *L'Olive*, 30, v. 1-4). Cet emploi cependant demeure minoritaire jusqu'au XVIIe siècle, dans la mesure où c'est *nul* qui domine dans ce cas.

En contexte négatif, *aucun* peut conserver son sens positif étymologique et il est parfois difficile de trancher entre « existence indéterminée » ou « existence nulle » : *Je ne me plains de vous, n'en ayez peine aucune,* (Garnier, *Les Juifves*, v. 1179), où l'on peut comprendre « peine quelconque » ou « aucune peine ». Cet exemple montre comment le glissement a pu s'opérer entre le sens positif étymologique et le sens négatif qui s'est ensuite imposé.

=> Rabelais présente sur ce point un usage original. S'il attribue bien à *aucun* une valeur positive, il insiste en revanche sur la valeur négative étymologique de *nul* (☞ *supra* § 4-5) : pour cela, il emploie *nul* sans négation (afin d'insister sur son sens négatif plein) et le remplace par *aucun* en emploi déterminatif ou par *personne* en emploi pronominal pour exprimer, en présence d'un adverbe de négation, la non-existence ou la quantité nulle. M. Huchon (1981, p. 150-151) signale ainsi la correction suivante : *je n'y pretends nul interest* (TL, 22, p. 418 en 1546) qui devient *je n'y pretends aulcun interest* en 1552. A côté d'emplois en contexte positif, Rabelais pratique donc l'usage en contexte négatif qui s'imposera un siècle plus tard, mais qu'il associe à un sens positif du mot alors qu'il sera interprété par la suite comme un signe de négativité.

=> Le passage au sens négatif s'opère véritablement au XVIIe siècle en raison du fréquent emploi de *aucun* en phrases négatives. Il entrera alors en concurrence avec *nul* qu'il évincera et sera remplacé par *quelque* dans son sens positif (☞ *supra* § 5 pour *nul* et *infra* § 21 pour *quelque*).

11. Comme pronom, *aucun* s'emploie, au singulier ou au pluriel, dans un sens positif, que le contexte soit positif ou négatif. Il marque alors l'existence indéterminée et peut se traduire par « quelqu'un », « un (quelconque) », « quelques-uns »).

Exemples en contexte positif : *A peine une fois la sepmaine vouloit-il permettre que aucun entrast pour le voir :* (Montaigne, *Essais*, II, 8, p. 392 A) ; *Ils mourront, ils mourront, et s'il en reste aucun / Que je vueille exempter du supplice commun, / Ce sera pour son mal :* (Garnier, *Les Juifves*, v. 1365-1367) ; *Je sçay bien, mes dames, que ceste longue histoire pourra estre à aucuns fascheuse,* (M. de Navarre, *L'Heptaméron*, N10, p. 157) ; *Aucuns jadis bastirent haulx ouvrages, / Pour se venger du temps injurieux. / Autres craignans leurs actes glorieux / Assujetir à flammes, et orages, / Firent ecriz,* (Du Bellay, *L'Olive*, 34, v. 3-7).

Exemples en contexte négatif ou restrictif : *je ne sçay si jamais aucun* [quelqu'un] *s'en est peu* [pu] *nettement descharger.* (Montaigne, *Essais*, I, 41, p. 255 B) ; *Il est des peuples où sauf sa femme et ses enfants aucun ne parle au Roy que par sarbatane* [sarbacane, porte-voix]. (*ibid.*, I, 23, p. 112 C/B) = « où l'on ne parle au Roy que... ».

Le pronom pluriel peut être accompagné dans ce sens positif :

d'un article défini (*aucuns / les aucuns*) : *les aulcuns disoient que de humeur il n'y en avoit goute en l'air,* (Rabelais, PA, 2, p. 224) ;

d'un complément : *Je l'essaye par la preuve d'aucuns de mes privez amys :* (Montaigne, *Essais*, I, 9, p. 35 B).

Le pronom *aucun* peut cependant déjà revêtir un sens négatif (existence nulle = « personne ») dans un contexte syntaxique négatif : *Il ne conseille aucun de commettre un mesfait,* (Garnier, *Les Juifves*, v. 1397).

=> Au XVIIe siècle (N. Fournier, 1998, § 349), l'emploi pronominal positif d'*aucuns* est encore en usage, mais en régression, tandis que l'emploi pronominal négatif se développe.

12. *D'au(l)cun / d'au(l)cune* s'emploie comme pronom ou comme déterminant. Il commence à être attesté dans quelques textes à la fin du XVe siècle (C. Marchello-Nizia, 1997, p. 188) et il devient archaïque au XVIIe siècle. Sa vogue a donc été provisoire.

Son emploi est plus fréquent au pluriel : *Et trouva la librairie de sainct Victor fort magnificque, mesmement d'aulcuns livres qu'il y trouva desquelz s'ensuit le repertoyre,* (Rabelais, PA, 7, p. 236) ; *A d'aucuns c'est un pur estude grammairien ;* (Montaigne, *Essais*, I, 26, p. 156 C). Au singulier, la base Frantext ne donne que 6 occurrences *d'au(l)cun* en emploi déterminatif et 2 occurrences seulement en emploi pronominal.

PERSONNE

13. *Personne* < lat. *persona* = « masque de théâtre ; rôle, caractère, personnage ». Au XVIe siècle, *personne* existe en tant que substantif au sens étymologique de « rôle », à côté du sens général d'« individu ».

14. *Personne* est utilisé comme pronom indéfini pour marquer la non-existence dès le second quart du XIIIe siècle, mais cesse d'être exceptionnel seulement vers la fin du XIVe siècle (C. Marchello-Nizia, 1997, p. 184) et son emploi est peu répandu encore au XVe siècle (*ibid.*, p. 188). Au XVIe siècle, en revanche, l'emploi de *personne* comme pronom indéfini est bien établi.

L'on peut cependant encore avoir des traces d'accord au féminin avec *personne*, ce qui témoigne d'un état transitoire entre la valeur nominale (substantif féminin) et la valeur pronominale (neutre rendu par le masculin). Dans son dictionnaire (t. 5, p. 741), E. Huguet en cite un exemple d'Amyot : *[Caton] reteint les autres au dedans de la ville, donnant ordre avec grand soing à ce que personne d'eulx ne fust oultragee ny offensee par les Romains.* (Amyot, *Caton d'Utique*, 58).

Cet accord toutefois semble rare. Chez Rabelais ou Montaigne *personne* amène ainsi uniformément un emploi au masculin : *il n'est personne, s'il s'escoute, qui ne descouvre en soy une forme sienne,* (Montaigne, *Essais*, III, 2, p. 811 B).

=> M. Huchon (1981, p. 151-152) montre comment Rabelais conserve à *personne*, même lexicalisé en pronom, la valeur positive de son origine nominale : *Comme personne saulvé de longue et forte maladie,* (TL, 1, p. 354), d'où son emploi avec l'adverbe de négation *ne* : *Ne respondent* [répondant] *persone,* (TL, 42, p. 484). La présence de l'adverbe *ne* est caractéristique, chez Rabelais, de la valeur positive qu'il attribue au pronom, puisque celui-ci ne suffit pas à exprimer seul la négation (à la différence de *nul* ☞ *supra* § 5 ; voir aussi *supra* § 10).

=> Au XVIIe siècle, Vaugelas distingue clairement deux sens du mot : au sens du latin *homo*, il s'agit d'un substantif féminin ; au sens du latin *nemo* en revanche, *personne* est indéclinable et n'a ni genre, ni pluriel. L'accord de l'adjectif cependant se fait au masculin suivant la règle qui veut que les mots sans genre s'associent toujours au masculin, qui est le genre le plus noble : on dit donc *personne n'est venu* et *je ne vois personne si heureux*. Seules exceptions, les cas où il est question d'une femme : *je ne vois personne si heureuse que vous* (en s'adressant à une femme), *je n'ay jamais veu personne si grosse qu'elle* (*Remarques*, 1647, « *Personne* », p. 6-9). L'absence de la préposition *de* montre toutefois un état encore transitoire vers la pronominalisation.

Dans ce sens pronominal, *personne* est concurrencé par des noms comme *homme, âme, corps* qui s'emploient soit à valeur de pronoms indéfinis positifs (= « quelqu'un »), soit avec un sens négatif en contexte négatif (= « personne ») : *je ne vis jamais homme des contrées de deçà (...) qui ne blessast les oreilles pures françoises.* (Montaigne, *Essais*, II, 17, p. 639 A).

RIEN

15. *Rien* est issu du substantif latin *rem* = « chose » et possède donc étymologiquement une valeur positive.

=> Sylvius insiste sur ce sens dans *In linguam gallicam isagoge* [Introduction à la langue française] (« accroissement de la négation », p. 84 / 297, § 31). R. Estienne reprend son développement dans la dernière section de sa grammaire « De la mutation des lettres des mots Latins faits en Français » (p. 109-110). Tous deux rappellent son étymon latin (*rien* < *res*) et précisent que beaucoup pensent à tort qu'il signifie *nihil* / *nulle chose que ce soit* alors qu'au contraire *rien* a le sens positif de *rem* / *chose* comme le montre la nécessité de l'accompagner d'une négation exprimée ou sous-entendue : *que fais-tu ? rien*, sous-entendu « je ne fais rien ». Sylvius ajoute qu'en l'absence de négation, l'on ne peut employer *rien* (au sens de *rem*), auquel l'on substitue alors *cose, chose* ou *cause* (ce dernier pour les Méridionaux). Henri Estienne (*Conformité du langage françois avec le grec*, ch. 6 « De l'adverbe françois », obs. 11, p. 141-142) soutient également le sens positif de *rien* (= *rem* en latin / *chose* en français) ainsi que de *personne* qui signifie *aucun* [c'est-à-dire « quelqu'un »] et non pas *nul*. H. Estienne explique l'erreur fréquente d'interprétation par le fait que ces deux mots sont ordinairement accompagnés de la particule négative (*ne*). C'est là l'explication que les grammairiens retiennent encore aujourd'hui.

16. En emploi nominal, *rien* s'emploie au sens de « chose » ou de « créature ». Ce sens, courant en ancien français, est restreint, en moyen français, par la concurrence de *chose* en proposition négative (C. Marchello-Nizia, 1997, p. 185 et 189).

Au XVIe siècle, il s'emploie surtout en locution (*toute rien* = « toute chose », *sur toute rien* = « par dessus tout ») ou en négation (*nulle rien* = « nulle chose », « rien »). Ce dernier cas atteste bien le sens nominal et positif du mot, tout en montrant comment on a pu en venir à un sens négatif, du fait d'un emploi fréquent en contexte négatif. Cette évolution repose également sur la polysémie du nom *rien* qui peut désigner une chose insignifiante (existence minime : *un rien*) ou le néant (non-existence : *le rien* ou précédé d'un possessif : *son rien*) : *Car il n'est (...) rien plus sage, que celuy qui cognoist son rien* [son néant] (M. de Navarre, *L'Heptaméron*, N28, p. 334).

Au XVIe siècle, le mot tient de son emploi nominal la possibilité d'être suivi directement d'un adjectif épithète (simple, à une forme intensive ou au comparatif) : *Il n'est rien plus estrange / Que faire d'un Royaume à des prisons eschange.* (Garnier, *Les Juifves*, v. 1059-1060).

=> Cette construction est encore en usage au XVIIe siècle, mais l'emploi de la préposition *de* devient usuel (N. Fournier, 1998, § 326).

17. Comme pronom, *rien* s'emploie dans les phrases négatives (au sens actuel de « rien, en rien »). C'est donc d'abord la présence de la négation qui donne à *rien* un sens négatif. A force d'être employé dans les phrases négatives, il a ainsi fini par devenir négatif en lui-même, indépendamment de toute négation. Ce transfert s'opère en moyen français, où *rien* est le pronom le plus courant pour l'inanimé en proposition négative, en association avec l'adverbe de négation *ne* (C. Marchello-Nizia, 1997, p. 185).

Au XVIe siècle, *rien* au sens négatif, avec ou sans l'adverbe *ne*, peut déjà suffire à exprimer seul la négativité : *Si ce livre me fasche, j'en prens un autre ; et ne m'y addonne qu'aux heures où l'ennuy de rien faire commence à me saisir.* (Montaigne, *Essais*, II, 10, p. 409 A).

=> Rabelais cependant cherche à lui conserver sa valeur étymologique. M. Huchon (1981, p. 148-150) constate qu'il s'inscrit sur ce point dans la continuité de Sylvius lequel insiste sur l'étymologie positive de *rien* (☞ *supra* § 15). Rabelais se plaît donc à associer *rien* à des termes qui indiquent une quantité : *Peu de chose, rien d'importance.* (TL, 12, p. 387) et il l'associe à des verbes indiquant une existence quelconque (*emprunter, tenir, respondre, debvoir, prester,...*) : *Il n'avoit rien presté, on ne luy debvoit rien.* (TL, 3, p. 363). La présence de *ne* atteste le sens positif que lui attribue Rabelais, le mot ne suffisant à exprimer seul la négation (☞ *supra* § 14).

Rien garde sa valeur positive étymologique (identité indéterminée) dans tout contexte dubitatif (contexte hypothétique, comparatif, interrogatif ; complétive d'un verbe nié ou à sens négatif,...) : *sçavez vous rien de nouveau ?* (Rabelais, PP, « Au liseur », p. 923).

=> Ce sens s'est conservé en français moderne (ex. : *être incapable de rien faire*).

II – LES MARQUEURS D'INDÉTERMINATION

QUEL

18. *Quel* < lat. *quális*. Au XVIe siècle, *quel* peut encore s'employer, seul ou en corrélation avec *tel* (par décalque du latin *talis...qualis*), au sens de « tel que », « comme » : *C'est un poisson (...) ayant æsles cartilagineuses (quelles sont es Souriz chaulves)* (Rabelais, QL, 3, p. 543) ; *Ô Dieu, quel est ton Nom, telle est ta loüange jusqu'aux bouts de la Terre.* (Sponde, *Meditations sur les Pseaumes*, « Méditation sur le psaume XLVIII. », l. 791-792).

QUELQUE

19. Depuis le moyen âge, *quel* a un emploi indéfini comme antécédent du relatif *que*. De cette association est né, au XIIe siècle, l'indéfini formé par composition et écrit en un ou deux mot(s) : *quel que* ou *quelque* (G. Moignet, 1984, p. 49).

20. Emploi adversatif : *quelque* s'emploie dès le moyen âge comme déterminant dans certaines locutions figées comme *a quelqu'ennui* et surtout *a quelque peine* (P. Ménard, 1988, § 30). Il a donc, à l'origine, un sens adversatif (« quelque...que ce soit ») qui est encore dominant aux XVe et XVIe siècles.

Les graphies *quel...que* et *quelque...que* coexistent au XIVe siècle et au début du XVe siècle, mais très vite la seconde l'emporte. Elle est extrêmement fréquente au XVe siècle, mais exclusivement avec un substantif (ce n'est qu'au début du XVIIe siècle qu'on peut la trouver avec un adjectif) (C. Marchello-Nizia, 1997, p. 187).

La graphie *quel...que* est toutefois encore attestée au XVIe siècle : *Voyla ce Tyran te la ravit, & ne cesse de marchander tes honneurs, a quel prix, a quel mespris, que ce soit.* (Sponde, *Meditations sur les Pseaumes*, « Méditation sur le psaume XIIII. ou LIII. », l. 853-855).

=> Au XVIIe siècle, Vaugelas condamne comme « une faute familiere à toutes les Provinces, qui sont de là Loire [par-delà la Loire], de dire, par exemple, *quel merite que l'on ayt, il faut estre heureux*, au lieu de dire, *quelque merite que l'on ayt.* » (*Remarques*, 1647, « *Quel*, & *quelle*, pour *quelque*,... », p. 136).

21. Emploi positif : dès la fin du XIIIe siècle, on relève quelques cas d'emploi positif de *quelque* traduisant une quantité indéterminée (P. Ménard, 1988, § 30, rmq.), mais cet emploi demeure rare avant le XVe siècle et il est encore minoritaire au XVIe siècle, où, pour exprimer le sens moderne de « quelque », l'on utilise *aucun* (et *aucune fois* pour « quelquefois »). L'emploi positif de *quelque* augmente à mesure que celui de *aucun* se restreint (☞ *supra* § 9-11).

En contexte positif, *quelque* peut avoir le sens de *un* / *une* : *je sçay quelque oraison, que m'a baillé le soubsecretain de nostre abbaye,* (Rabelais, GA, 42, p. 115) ; *Quelque jour, estant à la chasse, dict-il, je descouvry un lievre* (Montaigne, *Essais*, II, 29, p. 710 C) = « un jour ».

D'où *quelquefois* = « une fois » (dans le passé) ou « un jour » (à l'avenir) : *Et quelquefois sera Babylon mise en cendre.* (Garnier, *Les Juifves*, v. 2124).

QUELQU'UN

22. *Quelqu'un* apparaît tardivement en ancien français (fin XIIIe siècle) et ne commence à être vraiment utilisé qu'au XVe siècle. Sa fortune est liée à l'évolution du pronom *aucun* dont la valeur négative se développe à partir du XVIIe siècle (☞ *supra* § 11) et auquel *quelqu'un* va alors se substituer en emploi positif.

23. Comme pronom, *quelqu'un* s'emploie au singulier et au pluriel (sous la forme *quelques uns* ou *quelcuns* au pluriel) : *quelques uns cuidans rompre la roideur du cours, pour s'assembler plusieurs ensemble, furent emportez* (M. de Navarre, *L'Heptaméron*, prologue, p. 56). La leçon du ms. BNF fr. 1512 (reproduit dans l'édition M. François, p. 1) donne *quelcuns*.

24. Comme déterminant, son emploi semble sujet à caution (E. Huguet, 1894, p. 154). Dans la phrase de Rabelais : *Secondement qu'en subside de son office vous luy bailliez quelqu'un plus jeune docte, prudent, perit* [habile], *et vertueux conseiller :* (TL, 43, p. 487), E. Huguet remarque que l'on peut sous-entendre « comme » devant *conseiller*. Au XVe siècle, son emploi semble également rare et incertain ; ainsi, dans cette phrase de Commynes : *En toutes les deux ambassades y avoit tousjours quelcun ennemy dudict de Medicis*, le nom *ennemy* peut être en apposition.

QUELQUE CHOSE

25. *Quelque chose*, formé par composition de *quelque* + le substantif féminin *chose*, est apparu au XIIIe siècle, mais ne commence à être véritablement senti comme pronom qu'au XVe siècle, ce qui s'observe au fait que les adjectifs épithètes qui l'accompagnent ne s'accordent alors plus systématiquement au féminin avec *chose* et commencent à être introduits par la préposition *de* (C. Marchello-Nizia, 1997, p. 190) ☞ à rapprocher des cas de *personne* et de *rien*, *supra* § 14 et 16.

26. Au XVIe siècle, cette origine substantivale peut encore se ressentir.

Lorsque *quelque chose* est suivi d'un adjectif épithète, celui-ci peut encore s'accorder au féminin (avec *chose* senti comme un nom) et être construit directement, sans la préposition *de* : *Quiconque cherche quelque chose, il en vient à ce point : ou qu'il dict qu'il l'a trouvée, ou qu'elle ne se peut trouver,* (Montaigne, *Essais*, II, 12, p. 502 A).

=> C'est encore le cas au XVIIe siècle, où *quelque chose* n'est pas intégré par les grammairiens dans les indéfinis (N. Fournier, 1998, § 325).

QUICONQUE(S) ET QUELCONQUE(S)

27. Les deux mots tendent à se confondre.

Quiconque(s), formé sur *qui* + *onques* (*qui c'onques*) = « quel que soit jamais celui qui... », est l'équivalent du latin *quicumque.*

Quelconque(s), formé sur *quel*(*que*) + *onques* à valeur adversative, est l'équivalent du latin *qualiscumque.*

Quiconque peut s'employer (E. Huguet, 1894, p. 154-155) :

avec un nom au sens de « quelconque » : *Et en ce ne me faisoit mal quiconques, qui est cas admirable.* (Rabelais, TL, 14, p. 393) ;

comme pronom au sens de « quel que » : *Quiconques il soit, en ce a esté prudent, qu'il n'y a poinct mis son nom.* (Rabelais, GA, 9, p. 28). ☞ Pour l'équivalence *qui* / *quiconque*, se reporter au chapitre VI.64.

Quelconque(s) apparaît au XIIe siècle et devient très tôt un indéfini (déterminant ou pronom) au sens de « tout...qui / que » ou de « quel(que)...que ».

Avec un nom, il signifie « tout » ou, après négation, « nul, aucun » : *au quel lieu ne luy feut faicte resistance que[l]conques,* (Rabelais, G, 28, p. 81-82).

Comme pronom, il signifie « quiconque », « n'importe lequel » (c'est-à-dire « qui que ce soit » ou « quel qu'il soit »), mais reste rare : Huguet, dans son dictionnaire (t. 6, p. 276), ne cite qu'un exemple de Deroziers (tr. *Dion Cassius*, l. 42, ch. 38, 72 v°) et il est absent chez Rabelais et Montaigne qui ne l'utilisent qu'avec un nom.

UN, UNE

28. *Un, une* sont souvent pronoms indéfinis au sens de « un homme », « une femme ».

Cet emploi est courant chez les prosateurs du XVe et du XVIe siècles (E. Huguet, 1894, p. 155-156) et s'observe encore au XVIIe siècle : *Pline dict d'un qui, songeant estre aveugle en dormant, s'en trouva l'endemain, sans aucune maladie precedente.* (Montaigne, *Essais*, II, 25, p. 689 A) ; *Mon bien est faulx, mon mal est veritable. / D'une me plain', et deffault n'est en elle,* (Du Bellay, *L'Olive*, 28, v. 11-12).

En tant que pronom indéfini, *un* n'a pas une valeur indéterminée, mais renvoie à un individu précis (homme ou femme) identifié par le contexte (le pronom est souvent accompagné d'une relative déterminative). Dans le cas de *L'Olive* (ex. cité ci-dessus), c'est le macro-contexte du recueil qui permet l'identification, le pronom permettant de poser la dame en référent unique.

On peut donc rapprocher cette valeur du pronom *un* de la valeur spécifiante de l'article indéfini *un* (= « un seul ») ☞ chapitre II.11.

III – LES INDÉFINIS EXPRIMANT LE NOMBRE (PLURALITÉ ET TOTALITÉ)

MAINT

29. *Maint* vient peut-être du francique **mánigda* = « grande quantité ». C'est probablement, à l'origine, un substantif signifiant « grande quantité, masse » et qui est devenu très tôt un déterminant (au sens de « nombreux ») du fait de son emploi devant un autre substantif (P. Ménard, 1988, § 24).

30. Comme déterminant, *maint*, de l'ancien français jusqu'au XVIIe siècle, peut être suivi indifféremment du singulier (plus d'un) ou du pluriel (plus de deux) : *Par maintz beaux vers tesmoings de mon ennuy / Je leur rendroy', ce qu'ilz vous ont donné.* (Du Bellay, *L'Olive*, 20, v. 7-8) ; *non sans envie mainte* (*ibid.*, 21, v. 6).

31. Comme pronom, *maint* signifie « plusieurs, bien des ».

Au XVIe siècle, l'emploi de *maint* seul est désormais archaïque (alors qu'il est attesté chez Villon au XVe siècle : *Ainsi en prend a maintz et maintes*).

Il est, en revanche, couramment associé à *un* au sens de « plus d'un » : *Et en y a meint un, qui...* (Montaigne, *Essais*, I, 12, p. 46 A).

=> Au XVIIe siècle, *maint* est archaïque. Selon Vaugelas, il n'est plus employé, comme déterminant ou comme pronom, que dans la poésie héroïque et encore rarement. Quant à l'adverbe *maintefois*, il s'emploie « à la Cour en raillant » (*Remarques*, 1647, « *Maint, & maintefois* », p. 151).

☞ Pour l'accord du verbe après un indéfini singulier, se reporter au chapitre IX.4.

TOUT

32. *Tout* (< lat. *totus*), en tant que déterminant, peut s'employer, comme en ancien français, avec ou sans article.

L'absence d'article traduit aussi bien l'indétermination que la généralisation : *Un jour est égal à tous jours.* (Montaigne, *Essais*, I, 20, p. 93 A).

> => Cet état de langue a été figé dans *toujours* formé par composition (et écrit *tousjours* au XVIe siècle : étymologiquement « tous les jours »).

Au XVIe siècle, l'on ne distingue donc pas *tout* indiquant la totalité de *tout* marquant l'indétermination. Dans l'exemple suivant : *auquel accourir voyans nombre grand de peuple Outré, de tous sexes, toutes aages, et tous estats,* (Rabelais, CL, 16, p. 762), l'on peut lire indifféremment « de tous les sexes » ou « de tout sexe ». Nous avons la même ambiguïté dans la construction suivante : *Favorisans d'influences heureuses / (O feux divins ! ô bienheureux flambeaulx !) / Tous cœurs bruslans aux flammes amoureuses.* (Du Bellay, *L'Olive*, 17, v. 12-14).

> => En français moderne, l'on distingue désormais *tout* + article exprimant la totalité (*toute la famille, tous les hommes*) et *tout* sans article désignant, lorsqu'il est au singulier, un référent quelconque et pouvant s'employer avec ou sans préposition (*tout homme, à tout âge, de tout temps*).

L'indéfini *tout* s'emploie, au XVIe siècle, lié à toute sorte de mots pour exprimer la totalité, avec un effet d'insistance : *il te le faut apprehender, il te le faut embrasser a toutes les deux mains,* (Sponde, *Meditations sur les Pseaumes*, « Méditation sur le psaume L. », l. 763-764).

> => E. Huguet (dictionnaire, t. 7, p. 287) signale des tours du type *ce n'est que toute mensonge* = « tout cela n'est que mensonge ».

Tout adverbe n'est pas distingué de *tout* indéfini et peut s'accorder ☞ chapitre XV.9.

IV – LES INDÉFINIS EXPRIMANT LA DISTRIBUTION

CHACUN

33. *Chascun* < **cascúnus* croisement de *quísque unus* et de *catúnus* (= « un par un ») évolue, au cours du XVIe siècle, vers la graphie simplifiée *chacun.*

Les concordances recensent : chez Rabelais, 166 occurrences de *chascun* (+ 25 de *chascune* et 2 de *chascuniere*), contre 24 seulement de *chacun* (+ 11 de *chacune*) ; chez Montaigne, les proportions sont inversées, avec 257 occurrences de *chacun*, dont une vingtaine seulement avec la graphie *chascun* (et 20 occurrences de *chacune* contre 1 de *chascune*).

Chacun fait partie des déterminants indéfinis dont la nature a évolué. Au XVIe siècle comme en ancien français, il s'emploie comme pronom ou comme déterminant : *En subjugant chascune nation.* (Marot, *L'Adolescence clementine*, « Le Jugement de Minos », v. 21).

Cet emploi déterminatif semble en régression au XVIe siècle. Selon E. Huguet (1894, p. 151-153) en effet, il semble courant chez les prosateurs du XVe siècle (Antoine de La Sale dans *Jehan de Saintré*, Commynes), mais plus rare au XVIe siècle : il est attesté ainsi chez Rabelais, Calvin et Du Fail, mais il est peu représenté dans *L'Heptaméron* et absent dans les *Nouvelles Récréations* de Des Périers.

L'emploi déterminatif semble toutefois se maintenir plus longtemps au féminin. Dans *Les Essais* de Montaigne, l'on ne trouve pas trace de *chacun* en emploi déterminatif au masculin ; mais l'on en relève trois occurrences au féminin (II, 12, p. 465 B ; III, 9, p. 957 B ; III, 13, p. 1075 B) : *Les difficultez et l'obscurité ne s'aperçoivent en chacune science que par ceux qui y ont entrée.* (*Essais*, III, 13, p. 1075 B).

=> L'emploi déterminatif de *chacun* est archaïque dès le début du XVIIe siècle, où il est remplacé par *chaque* (N. Fournier, 1998, § 322) ☞ *infra* § 36.

34. Employé comme pronom, *chacun* a une valeur distributive et peut donc être suivi d'un verbe au pluriel par accord de sens (☞ chapitre IX.4) : *chacune se meit à luy dire les meilleures paroles qu'elles peurent,* (M. de Navarre, *L'Heptaméron*, N72, p. 590, éd. N. Cazauran, d'après l'éd. Gruget de 1559) ; *chascune se mirent à luy dire les meilleures parolles qu'elles peurent,* (éd. M. François, p. 425 d'après ms. BNF fr. 1512). ☞ Pour l'emploi avec un possessif singulier ou pluriel, voir chapitre IV.18.

La locution figée *chacun en sa chacune* signifie « chacun chez soi », « chacun de son côté ». L'expression connaît également pour variante : *chacun à / en sa chacunière.* Selon G. Gougenheim (1974, p. 87), cette dernière expression serait une création de Rabelais (1534), passée ensuite dans la langue des prosateurs.

35. *Un chacun* : le pronom *chacun* peut être précédé de l'article indéfini (surtout à partir du moyen français) : *Je ne serois plus craint, on m'auroit à mépris / S'asseurant un chacun de n'en estre repris.* (Garnier, *Les Juifves*, v. 257-258).

Un chacun peut s'employer comme déterminant : *Laquelle un chascun jour ses gouvernantes ornoyent de beaulx boucquets,* (Rabelais, GA, 11, p. 35). Cet emploi cependant ne semble pas faire l'unanimité. E. Huguet (1894, p. 151-153) en relève plusieurs occurrences chez Rabelais et Calvin, mais une seule dans *Les Cent Nouvelles Nouvelles*, tandis que chez les autres prosateurs étudiés des XVe et XVIe siècles, *un chacun* est pronom (Marguerite de Navarre, Des Périers, Du Fail ; c'est également le cas chez Montaigne).

=> Au XVIIe siècle, *un chacun* n'est plus que pronom. Il est en recul dans la seconde moitié du siècle, mais sans disparaître (N. Fournier, 1998, § 323). A partir du XVIIIe siècle, il ne se conserve que dans la langue populaire (avec pour variante *tout un chacun*).

CHAQUE

36. *Chaque* est un dérivé régressif de *chacun.* Il est attesté dès le XIIe siècle, mais reste rare en ancien et moyen français et ne devient usuel que vers le milieu du XVIe siècle : absent chez Rabelais, *chaque* est ainsi attesté 83 fois chez Montaigne.

Il se substitue alors à *chacun* qui s'employait comme déterminant et le couple *chaque* (déterminant) / *chacun* (pronom) se met en place sur le modèle de *quelque* (déterminant) / *quelqu'un* (pronom).

=> E. Huguet (1894, p. 151) justifie cette évolution par la brièveté de *chaque* qui le destinait à devenir une forme conjointe. Nous pouvons souligner, dans la même logique, le rôle de la terminaison muette qui renforce les liens avec le substantif postposé en cas d'initiale vocalique.

Comme *nul* (☞ *supra* § 7), *chaque* peut se mettre au pluriel : *chaques Ducs et Comtes pour se prevaloir davantages en leurs necessitez de guerre, voulurent que la plus grande part et portion des Fiefs de leurs vassaux, vint entre les mains de l'un des enfans* (E. Pasquier, *Les Recherches de la France*, L. II, ch. 18, p. 496).

=> Cet usage cependant se perd plus rapidement que pour *nul*, et, au XVIIe siècle, cela n'est plus possible qu'avec des noms qui ne s'emploient qu'au pluriel (N. Fournier, 1998, § 348).

V – LES INDÉFINIS EXPRIMANT L'ANALOGIE (SIMILITUDE OU DIFFÉRENCE)

AUTRE

37. *Autre* (< lat. *alter*) s'emploie très tôt comme pronom ou avec un nom.

Comme pronom, *autre* peut être employé seul, sans déterminant (jusqu'au XVIIe siècle) au sens de « l'autre », « un autre » / « personne d'autre » : *(d'autant qu'on luy maintenoit qu'autre que luy n'estoit entré vers le temps qu'il avoit esté prins)* (Des Périers, *Nouvelles Récréations,* N118, éd de 1568, p. 575).

Cet emploi cependant semble rare. Dans les *Essais* de Montaigne, *autre* n'est ainsi attesté, sans déterminant, qu'à la suite d'une préposition : *et m'attribuer un titre pour autre,* (II, 11, p. 427 B) ; *le mouvement de lieu à autre,* (II, 12, p. 526 C).

Précédé d'un article défini, *l'autre* peut signifier « le diable » : *Si tu es de Dieu sy parle, sy tu es de l'aultre sy t'en va.* (Rabelais, GA, 35, p. 98).

Dès l'ancien français, *autres* peut s'opposer à *uns* (le plus souvent avec l'article : *les uns...les aultres*). Le balancement n'est pas exclusivement binaire et le pronom *autre* peut intervenir plusieurs fois : *Le premier jour de septembre, que les baings des monts Pyrenées commencent d'entrer en vertu, se trouverent à ceux de Caulderets, plusieurs personnes tant de France,*

Espaigne, que d'autres lieux : les uns pour boire de l'eau, les autres pour s'y baigner, et les autres pour prendre de la fange : (M. de Navarre, *L'Heptaméron*, prologue, p. 55).

Ce balancement peut également s'observer avec *un* en emploi déterminatif, au singulier comme au pluriel : *l'un membre sera perclus, l'autre en vigueur.* (Montaigne, *Essais*, III, 6, p. 909 B) ; *Il est aisé à distinguer les unes sectes avoir plus suivy la verité, les autres l'utilité.* (*ibid.*, II, 12, p. 512 C).

Employé avec un numéral cardinal, *autre*, le plus souvent antéposé, est accompagné de l'article défini quand il se détache sur un groupe prédéfini : *Les autres deux sont nobles et riches,* (Montaigne, *Essais*, II, 35, p. 746 A) mais *Et commanda à M. le cardinal de me faire donner autres mil escuz* (Monluc, *Commentaires*, L. IV, II, 258, cité par E. Huguet dans son dictionnaire, t. 1, p. 414). L'absence d'article dans le second exemple montre qu'il s'agit cette fois d'une somme nouvelle et non de la portion restante d'une somme déjà évoquée.

38. Avec un nom, *autre* peut résumer les termes d'une énumération et être antéposé : *en grands vases d'antique, grands poutz* [pots], *grans bassins (...) et aultre telle vaisselle* (Rabelais, GA, 51, p. 137).

AUTRUY

39. En ancien français, *autruy* est une forme déclinée de *autre* qui s'emploie non seulement comme cas régime direct (COD) ou prépositionnel (COI) mais aussi comme complément d'attribution (= « à autrui ») ou comme complément du nom (= « d'autrui »), auquel cas il précède le substantif déterminé (P. Ménard, 1988, § 22).

Au XVIe siècle, subsistent encore des vestiges de cet emploi pronominal ancien, surtout dans la première moitié du siècle :

Exemple en complément d'attribution accompagné d'une préposition : *souvent le mal que l'on cuide rendre à autruy retombe sur soy.* (M. de Navarre, *L'Heptaméron*, N15, p. 213-214).

Exemple en complément du nom, sans la préposition *de* et antéposé (= « d'autrui ») : *Puis que ma vie on veult cruellement / Pour autruy faulte offrir à penitence.* (Scève, *Délie*, 34, v. 9-10).

40. *L'autruy* semble d'un emploi étendu tout au long du siècle. Il signifie « celui (celle) d'autrui » ou « le bien d'autrui » : *on nous duict* [forme] *à nous servir plus de l'autruy que du nostre.* (Montaigne, *Essais*, III, 12, p. 1038 B).

=> Selon G. Gougenheim (1974, p. 89), il s'agit du vestige d'une ancienne construction où *autrui* était complément de *l'* qui avait valeur de pronom. Employé seul, le syntagme a fini par signifier « le bien d'autrui ».

=> Au XVIIe siècle, *autrui* est toujours accompagné d'une préposition (*par autrui, en autrui,...*) (N. Fournier, 1998, § 329).

MESME

41. *Mesme* < lat. tardif **met-ípsimu(s)* (forme renforcée de *ipse*) signifie étymologiquement « tout à fait lui-même ».

Comme déterminant, *mesme* s'emploie très tôt à la fois pour l'ipséité (latin *ipse*) et pour l'identité (latin *idem*). En français moderne, l'on distingue ces deux sens de *même* en fonction de sa place par rapport au nom ou au pronom qu'il détermine.

Antéposé, *mesme* marque l'identité.

Postposé, *mesme* indique qu'il s'agit exactement de la personne ou de la chose en question (ipséité).

De l'ancien français jusqu'au XVIIe siècle, ces distinctions syntaxiques n'existent pas et seul le contexte permet de décider du sens du mot, non sans ambiguïté parfois.

Au sens de *idem*, *mesme* précède assez souvent le nom depuis l'ancien français, mais peut également être postposé. Il peut être accompagné ou non d'un article (☞ chapitre II.19) : *Heritier de son pere au royal diadême, / Et encore heritier en un desastre mesme.* (Garnier, *Les Juifves*, v. 1159-1160) = « en un même désastre » ; *S'ils avoyent ce credit d'y mettre leurs enfans, / Pour avoir mesme table avec nos petits Princes,* (*ibid.*, v. 1642-1643).

Au sens de *ipse, mesme* se place généralement derrière le pronom ou le nom dès l'ancien français, mais peut également être antéposé au substantif (P. Ménard, 1988, § 25, p. 42, 1°). Il peut être accompagné ou non d'un pronom personnel : *la voyla desja moindre que toy-mesme, qui en parles, moindre que les Abeilles, que les Formis, que les Cirons, voyre moindre que les mesmes Atomes,* (Sponde, *Meditations sur les Pseaumes*, « Méditation sur le psaume XIIII. ou LIII. », l. 322-324) = « que les atomes eux-mêmes ».

Lorsqu'il accompagne un pronom personnel, *mesme* semble mal distingué de l'adverbe (voir ci-dessous § 42) : il est indifféremment écrit avec ou sans *s* final quel que soit le nombre du pronom (il s'agirait donc plutôt, et dans tous les cas, d'un *s* adverbial).

Exemples avec un pronom singulier : *Immolant à un Dieu, que toy mesme t'es fait.* (Garnier, *Les Juifves*, v. 76) ; *C'est toy-mesmes mâtin, qui abaye* [aboie] *et qui grongne.* (*ibid.*, v. 1496).

Exemples avec un pronom pluriel : *eux mesmes attrappez de leurs propres peines,* (Sponde, *Meditations sur les Pseaumes*, « Méditation sur le psaume LXII. », l. 8) ; *Tes predecesseurs qui ont eux mesme fini, sans rien finir de leurs projects,* (*ibid.*, l. 48).

42. Comme adverbe, *mesme* (avec ou sans *s* adverbial) peut être antéposé ou postposé au nom.

Il peut alors se confondre avec *mesme* indéfini marquant l'ipséité, dans la mesure où tous deux ont valeur d'insistance : *s'ils osent appeler erreur chose à quoy nature mesme nous achemine,* (Montaigne, *Essais*, I, 3, p. 15 B) où l'on peut comprendre « même la nature » ou « la nature elle-même » ; *les Diables sortirent d'enfer (...) : mesmes Lucifer se deschayna.* (Rabelais, TL, 27, p. 437) = « même Lucifer » ou « Lucifer lui-même ». Dans ce dernier exemple, la présence d'un *s* dans la graphie de *mesme* (*mesmes*), alors que le nom sur lequel il porte est singulier (*Lucifer*) incite à y voir un adverbe.

Sur *mesme* se construit l'adverbe *mesmement* qui peut lui être synonyme ou signifier « surtout » par confusion avec l'adverbe *maismement* (< lat. *maxima mente*) : *car le mot* avecques *composé de trois syllabes, donne grand empeschement au vers, mesmement* [surtout] *quand il est court.* (Ronsard, *Abbregé de l'Art poetique françoys,* « De l'h », t. II, p. 1183).

PROPRE

43. *Propre* peut avoir le sens de « même » pour souligner une identité. Il peut alors être antéposé ou postposé au nom : *en ce propre jour nasquit Pantagruel,* (Rabelais, PA, 2, p. 224).

TEL

44. *Tel* (< latin *talis*) s'emploie, du moyen âge jusqu'à nos jours, comme pronom ou avec un nom.

45. Avec un nom, *tel* peut être postposé : *Le tyran eut despit en son ame bourrelle / De leur voir au martyre une asseurance telle,* (Garnier, *Les Juifves*, v. 1979-1980).

Avec le corrélatif *que* (ou *comme*) en revanche, il peut être antéposé au substantif : *se tenant seure, qu'une telle beauté, que la sienne, ne pouvoit estre que bien receuë :* (M. de Navarre, *L'Heptaméron*, S70, p. 561).

☞ Pour l'absence d'article avec un indéfini marquant la ressemblance ou la différence, voir chapitre II.19.

Il peut s'associer à *autre. Autretel, altretel* (= « tel », « semblable »), en usage depuis le moyen âge, s'emploie encore au XVIe siècle : *Oyez dire metonomie, metaphore, allegorie, et autres tels noms de la grammaire,* (Montaigne, *Essais*, I, 51, p. 307 B), avec ici une graphie en deux mots entraînant l'accord de *autre*.

46. Comme pronom, *tel* peut signifier :

la similitude : *Les chaulx soupirs de ma flamme incongnue / Ne sont soupirs, et telz ne les veulx dire,* (Du Bellay, *L'Olive*, 42, v. 1-2) ;

ou une identité indéfinie (= « certains ») : *tels ont si grande opinion d'eux* (Montaigne, *Essais*, I, 15, p. 68 A), emploi que l'on a conservé dans les proverbes : *tel est pris qui croyait prendre.*

CHAPITRE VIII : LES NUMÉRAUX

I – LA NOTATION EN CHIFFRES

1. Les nombres ordinaux ou cardinaux sont souvent abrégés en chiffres romains suivis d'un point ou entre deux points. La seule différence avec ceux que nous employons concerne le chiffre quatre, noté IIII. au lieu de IV. (au moyen âge, on a aussi VIIII. au lieu de IX.) ; cette abréviation reste valable dans les nombres, on a ainsi XIIII., XXIIII., *etc*.

Exemple pour les ordinaux : *the .V. accident* (Palsgrave, *L'éclaircissement de la langue française*, second livre, f° XXXIIII. v° / p. 131) ; *Meditations sur les Pseaumes XIIII. ou. LIII. XLVIII. L. & LXII.* (Sponde, titre de l'édition de 1588, BN Rés [A 11467]).

Exemple pour les cardinaux : *la seconde de franc vouloir en paierent. XXIII. cens mille escuz, la tierce. XXVI. cens mille, la quarte troys millions,* (Rabelais, GA, 50, p. 134).

=> Les chiffres romains peuvent être notés en caractères minuscules : *Aristoteles, libr. vij, capi. iij et iiij, De nat. animalium* (Rabelais, GA, 3, éd. L'Intégrale / Seuil, p. 47). L'édition de la Pléiade (p. 15) transcrit ce texte en majuscules : *Aristoteles, libr. VII. capi. III. et IIII. de nat. animalium*. L'on notera, dans le cas d'une graphie en minuscules, l'emploi du *j* diacritique qui se substitue au *i* en finale.

II – LES NOMBRES CARDINAUX

2. Jusqu'à la fin du XVIe siècle, *empreu* peut remplacer *un* dans une énumération.

=> Sylvius (« Le nom », « le numéral », p. 99 / 314) et Meigret (« Du nombre des Noms », ch. 7, p. 38 v°) mentionnent *preut* (ainsi qu'*empreut* pour Sylvius) à côté de *un*. Emprunté au grec (où il exprime l'ordinal « premier », selon Sylvius), on l'emploie en français comme équivalent de *un* numéral quand on commence à compter.

3. On peut encore trouver la conjonction de coordination *et* pour lier les dizaines, centaines ou milliers aux unités en exprimant l'addition : *L'an trente et six achaptant un courtault d'Alemaigne* [cheval à pattes courtes] (Rabelais, PA, 12, p. 258). Cet emploi est courant au moyen âge, bien que l'on observe très tôt des omissions du *et* (dès *La Vie de saint Alexis*, XIe siècle, v. 276). Dès le XVIe siècle, il devient irrégulier : *L'an est passé le vintuniesme jour / Du mois d'Avril,* (Ronsard, *Le Premier Livre des Amours*, 14, v. 9-10).

=> En latin classique, on a, à partir de vingt : *viginti unus, duo,...* à côté de *unus et viginti, duo et viginti,...* En latin vulgaire, l'on voit également apparaître *decem et novem* à côté du *undeviginti* classique.

=> Palsgrave explique que l'on emploie la conjonction *et* pour relier les unités inférieures à vingt au nombre qui précède, quand celui-ci se termine par une consonne : *vingt et ung*, *deux cens et deux* mais *trente deux* (L3, annotations sur le nombre, f° 115 v°, p. 259 / 631). Mais dans la présentation des pronoms numéraux (L2, f° 34 v°, p. 133 / 452), il énumère *dixetsept, dixethüyt, dixetneuf*, qu'il écrit ensuite dans ses annotations *dixsept, dixhuyt, dix neuf* (f° 115 r°, p. 258 / 630). Le même problème se retrouve f° 11[6] r°-v° (p. 260-261 / 632), où il donne *soixante dix* dans la liste, puis *soixante et dix* dans le commentaire qui suit. Dans leurs listes des numéraux, Sylvius (« Le nom », « Le nom numéral », p. 99 / 314) et Meigret (« Du nombre des Noms », ch. 7, p. 38 v°) utilisent la conjonction dans les nombres composés : *dis et sept, vint et un* (Sylvius), *dix et sept, dix et huit, dix et neuf* (Meigret). Toutefois, ces listes ne développent pas les dizaines au-delà de vingt et ne permettent donc pas de confirmer la règle donnée par Palsgrave.

=> En français moderne, nous avons conservé cet usage pour relier les dizaines à *un* (*vingt et un, cent vingt et un,...* mais *quatre-vingt un*) ainsi que dans *soixante et onze*. La conjonction s'emploie également pour relier *mille* à l'unité si celle-ci est au féminin : *mille-un* mais *mille et une choses*, *Les Mille et une nuits*.

=> Antoine Oudin (*Grammaire françoise*, 1632) a le premier formulé la règle selon laquelle *et* ne s'emploie que pour joindre *un* aux dizaines. Si cette règle est, dans l'ensemble, bien suivie à partir du XVIIIe siècle, elle connaît cependant des exceptions jusqu'au XXe siècle, soit que l'on omette la conjonction devant *un* (*vingt-un*), soit qu'on l'emploie avec une autre unité (*quarante et six*) (Grevisse, 1993, § 576, p. 892-893).

4. Les formes *septante*, *octante* (ou *huitante*) et *nonante* coexistent avec *soixante-dix, quatre-vingts* et *quatre-vingt-dix*.

=> Sylvius évoque les dizaines *septante*, *octante* (ou *octonte*) et *nonante* sans variante (« Le nom », « Le nom numéral », p. 99 / 315). Palsgrave et Meigret en revanche signalent deux formes concurrentes. Selon Palsgrave (L3, annotations sur le nombre, f° 115 v°-11[6] r°, p. 259-260 / 631-632), *septante, octante* et *nonante* sont utilisés par les savants, tandis que « les gens ordinaires, les marchands et ceux qui écrivent des histoires » se servent de *soixante dix, quatre vingtz* et *quatre vingtz et dix*. Meigret (« Du nombre des Noms », ch. 7, p. 38 v°-39 r°), sans faire cette distinction, confirme toutefois que *soixante et dix*, *quatre vingts* et *quatre vingts et dix* constituent une manière de parler « plus reçue et approuvée ».

=> Ces formes s'utilisent encore en Belgique et dans certaines régions du Nord de la France.

5. Fréquente au moyen âge, la numération vicésimale (sur la base de *vingt* et non pas de *dix*) subsiste au XVIe siècle, d'où *six vinz* pour *cent vingt* : *Gargantua pour sa seureté luy bailla trente hommes d'armes, et six vingt archiers* (*Rabelais*, GA, 46, p. 126).

=> Palsgrave (L3, annotations sur le nombre, f° 115 v°-11[6] v°, p. 259-261 / 631-633) explique que les « gens ordinaires, les marchands et ceux qui écrivent des histoires » utilisent également la numération vicésimale [*the maner of accountyng by scores*] qui procède par série de vingt à partir de *quatre vingtz* et jusqu'à *dix neuf vingtz* (c'est-à-dire trois cent quatre vingts), en maintenant l'emploi de la conjonction *et* pour les unités. A partir de *quatre cens*, l'on reprend la numération décimale. Meigret (« Du nombre des Noms », ch. 7, p. 39 r°-v°) s'attarde sur cette question. Il distingue les nombres pour lesquels l'on ne peut utiliser que la numération vicésimale : c'est le cas de 6, 11 et 16 *vingts* (l'on ne peut donc pas dire *cent vingt* ou *deux cents vingt*) ; les nombres pour lesquels l'on peut utiliser indifféremment les deux numérations : c'est le cas pour 4, 7, 8, 9, 12, 13, 14, 17, 18 et 19 *vingts* que l'on emploie aussi bien que *cent quarante, cent soixante*, etc. ; et les nombres pour lesquels l'on ne peut pas utiliser la numération vicésimale : l'on ne dit pas 2, 3, 10 *vingts* mais *quarante*, *soixante*, *deux cents* (Meigret ajoutant *cent* à cette liste, il semble qu'il faille également exclure *cinq vingts*) ; quant à *quinze vingts*, il ne s'emploie que pour désigner un hospice parisien (les *quinze vingts aveugles de Paris*) et on lui préfère *trois cents* dans les autres cas.

=> Au XVIIe siècle, l'emploi de la numération vicésimale s'est restreint essentiellement à *quatre vingts* (la seule forme qui survivra en français moderne) et à *six vingts* qui se maintient jusqu'au XVIIIe siècle (et survit jusqu'à nos jours dans le Midi) (Grevisse, 1993, § 577, p. 894).

6. Les nombres *vingt* et *cent* se mettent au pluriel quand ils sont multipliés, même lorsqu'ils sont suivis d'un autre nombre : *ce premier de Mars mille cinq cens quatre vingts.* (Montaigne, *Essais*, « Au lecteur », p. 3 A).

=> La règle moderne a d'abord été établie pour *vingt* par l'Académie en 1694, puis étendue tardivement à *cent* au cours du XVIIIe siècle. Le Dictionnaire de l'Académie de 1762 donne encore la forme *neuf cens mille* (Grevisse, 1993, § 577, p. 894).

=> Pour les grammairiens de notre *corpus*, *vingt* et *cent* s'accordent quand ils sont multiplicateurs qu'ils soient ou non suivis d'un autre nombre (Palsgrave, L3, annotations sur le nombre, f° 11[6] v°-117 r°, p. 261-262 / 633-634 ; Meigret : « Du nombre des Noms », ch. 7, p. 38 r° ; Ramus, 1562 : I, 5, « du nom », p. 45 ; 1572 : I, 9, « du genre des noms », p. 67). D'où chez Palsgrave : *six vingtz* (= « cent vingt »), *quatre vingtz et dix* ou *neuf cens mille* (f° 11[6] r°, p. 260 / 632). Palsgrave distingue *vingt* et *cent* invariables quand ils sont utilisés comme nombre (*vingt hommes, cent hommes*), mais variables en nombre quand ils sont multiplicateurs au sens de « une vingtaine », « une centaine ». Meigret considère que *vingt* et *cent* sont des noms adjectifs pluriels qui s'accordent quand un « nom pluriel dénombrant s'y adjoint » (c'est-à-dire en présence d'un multiplicande), tandis que pour Ramus *vingt* et *cent* sont des noms adjectifs pluriels sans article dans *vingt hommes*, *cent hommes*, mais des noms substantifs dans *quatre vingts, deux cents.*

7. Pour le nombre *mille*, le singulier étymologique est *mil* (< lat. *mille*) et le pluriel étymologique *mille* ou *milie* (< lat. *milia*). Dès le XIIe siècle cependant, les formes *mil* et *mille* deviennent concurrentes et la distinction singulier / pluriel s'estompe.

Au XVIe siècle, la forme *mille* domine. Chez Rabelais, l'on compte ainsi 163 occurrences de *mille* contre 8 seulement de *mil*. Chez Montaigne, la graphie *mil* n'est pas employée pour le nombre : *pesant plus de sept mille quintaulx,* (Rabelais, GA, 14, p. 43) ; *Vray est qu'il y a environ de deux mil sept cens soixante lunes, que furent en nature deux Papegaux produits,* (Rabelais, CL, 3,

p. 733) ; *l'an mil quatre cens et vingt,* (Rabelais, GA, 14, p. 43) ; *ce premier de Mars mille cinq cens quatre vingts.* (Montaigne, *Essais*, « Au lecteur », p. 3 A).

=> Palsgrave évoque la forme *mil* que l'on emploie pour *mille* dans certains cas (L3, annotations sur le nombre, f° 117 r°, p. 262 / 634). En prose, on ne peut utiliser *mil* que devant le nom *homme* et pour dire l'année avec le substantif *an* antéposé ou postposé : l'on peut donc écrire *mil ans / l'an mil* ; mais *des hommes plus de mille* car *mille* est ici postposé au substantif *homme* et *des ans plus de cent mille*, car *mille* n'indique pas ici une date et ne fonctionne pas directement avec le substantif *an*. En vers, l'on peut utiliser *mil* si le mot qui suit commence par une voyelle ou un *h* non aspiré, mais Palsgrave constate beaucoup d'erreurs (comme par exemple *quatre vingtz mil nobles hommes* chez Jean Lemaire). *Mil* est par ailleurs la forme que Ramus emploie en orthographe réformée en 1562 (*mile* en 1572) pour transcrire le nombre *mille* qui lui correspond en orthographe conservatrice (1562 : II, « Convenance des articles », p. 80 et 1572 : II, 2, p. 131).

=> En français moderne, l'emploi de *mil* a été fixé par Oudin (*Grammaire françoise* [1632]) : la graphie *mil* doit être préférée à *mille* dans les dates, quand ce mot est suivi d'un ou de plusieurs autres nombres : *l'an mille / mil huit cent onze*. Grevisse, qui rappelle cette distinction, en souligne toutefois le caractère arbitraire (1993, § 574 b). Il semble que *mille* se soit très tôt imposée comme la forme usuelle du nombre avec la perte de son caractère pluriel tout d'abord, puis le développement de ses emplois.

Concernant l'accord de *mille*, si ce nombre reste la plupart du temps invariable, l'on relève néanmoins quelques rares occurrences de *milles* (la base Frantext en donne 10 occurrences seulement, réparties sur tout le siècle) :

soit employé seul (4 occ.) : *milles joyeusetez* (Rabelais, PP, p. 931), auquel s'ajoute : *tant de milles de gens* (Calvin, *Des scandales*, I).

soit employé comme multiplicateur (5 occ.) : *plus de cinq cens milles pièces* (Anonyme, *Les Chroniques admirables* [1534], ch. 21 et 1 occurrence ch. 15).

=> Les grammairiens de notre *corpus* sont divisés sur l'accord de *mille*. De manière significative d'ailleurs, la plupart n'évoquent pas explicitement cette question, alors qu'ils le font pour *vingt* et *cent*, et seuls leurs exemples permettent de saisir leur position. Sylvius cite ainsi parmi les noms numéraux *un mille* et *deus milles* qu'il accorde donc tout comme *cent* (« Le nom », « Le nom numéral », p. 100 / 315). De la même manière, Ramus donne l'exemple suivant : [*homme riche*] *de sen' mil escus* (1562, II, « Convenance des articles », p. 80), écrit *sent mile* en 1572 (II, 2, p. 131) et transcrit en graphie conservatrice par : *homme riche de cent milles escus*. A l'inverse, Meigret donne des exemples de *mille* où celui-ci reste invariable, comme *onze cents mille* (« Du nombre des Noms », ch. 7, p. 40 v°) et Palsgrave, qui est le seul à aborder explicitement la question, précise que *mille* ne prend jamais de *s* et que si l'on trouve la graphie *milles*, il s'agit d'une erreur (L3, annotations sur le nombre, f° 117 r°, p. 262 / 634).

=> L'absence d'un *s* de flexion au pluriel pour *mille* est en accord avec son étymologie, puisqu'il s'agit à l'origine de la graphie du pluriel.

8. L'article indéfini *un* s'emploie pour exprimer une approximation, au sens de « environ » : *A grand peine ta vie un quatre vins ans dure* (Chassignet, *Le Mespris de la vie et Consolation contre la mort*, S251, v. 1).

=> Meigret et Ramus y voient un emploi adverbial. Selon Meigret (« Du nombre des Noms », ch. 7, p. 38 r°-v°), *cent* peut parfois s'employer comme substantif et être accompagné d'un déterminant (*un cent de pommes*), à la différence de *vingt* (*un vingt de fagots* est une façon de parler « rustique » à laquelle il faut préférer *une vingtaine*). Cet emploi ne doit pas être confondu avec le tour *un vingt hommes de cheval, un cent hommes de pied* où *un* n'est pas déterminant mais adverbe, au sens « d'environ ». Ramus présente cet usage comme un cas d'adverbialisation du substantif : *il y avait un vingt homme de cheval ; un cent homme de pied* où *un* signifie « quasi » ; il faut donc comprendre « il y avait environ vingt cavaliers, environ cent fantassins » (l'on notera que le nom est ici au singulier) (1562 : II, « La syntaxe des adverbes, principalement des prépositions », p. 110-111 ; 1572 : II, 11, « de la syntaxe des adverbes », p. 185).

9. Pour construire les fractions, l'article défini s'emploie, comme au moyen âge, avec un numéral accompagné du nom *part* (« partie »). Le dénominateur peut être sous-entendu ou exprimé. Sous-entendu, il est supérieur d'une unité au numérateur (exprimé par le nombre cardinal) : *les trois parts* (dénominateur sous-entendu 3 + 1 = 4) ou *des quatre parts les trois* (dénominateur exprimé) = « les trois quarts » (textuellement : « trois parts sur quatre »). Sur le même modèle, l'on peut construire des fractions exprimées par un autre substantif que *part* : *luy monstroit cinq images de bois, dont les trois avoient les mains pendantes, et les deux levées contremont.* (M. de Navarre, *L'Heptaméron*, N1, p. 74) : *les trois* = « trois sur les cinq » ; *les deux* = « deux sur les cinq ».

10. Pour interroger sur un cardinal, on emploie *combien* ou *quant* (☞ chapitre VI.23) : *Quantes heures sont ? – Neuf, et d'adventaige, respondit Epistemon.* (Rabelais, QL, 64, p. 690) ; *Quant de fois s'est il vanté à moy de la bride qu'il donnoit aux siens,* (Montaigne, *Essais*, II, 8, p. 393 B).

III – LES NOMBRES ORDINAUX

11. Depuis l'ancien français et jusqu'à la fin du XVIIe siècle, les nombres ordinaux s'emploient pour indiquer une date, un ordre dynastique, une pagination ou une division d'ouvrage. Si, à partir du XVIe siècle, l'on peut constater quelques atteintes à cet usage, celles-ci restent exceptionnelles et l'emploi de l'ordinal (dans les cas mentionnés ci-dessus) représente encore le schéma usuel : *Nouvelle trentiesme : Au temps du Roy Loys douziesme,...* (M. de Navarre, *L'Heptaméron*, N30, p. 338) ; *L'Empereur Conrad troisiesme,* (Montaigne, *Essais*, I, 1, p. 8 A).

=> Vaugelas (*Remarques*, 1647, « *Quatre* pour *quatriesme*, & autres semblables », p. 123-124) explique qu'il faut employer l'adjectif (*quatrième*) et non le nom (*quatre*) quand on cite un livre, un chapitre, un Pape ou un Roi. L'usage (celui de la chaire et du barreau en particulier) semble autoriser l'emploi du nom (*Henry quatre*), mais tout le monde reconnaît que l'adjectif est meilleur. A la fin du XVIIe siècle cependant, l'usage du cardinal s'est généralisé (avec une exception pour le rang un où l'ordinal s'est maintenu jusqu'à nos jours : *chapitre premier, François premier*).

12. Les nombres ordinaux peuvent être associés à un pronom personnel disjoint pour marquer l'accompagnement au sens de « accompagné de n - 1 personnes », d'où *luy deuxiesme* =

« accompagné d'une seule personne », *luy troisiesme* = « accompagné de deux autres personnes ».

=> H. Estienne (*Conformité du langage français avec le grec*, ch. 2 « Du pronom français », p. 97, obs. 7) mentionne cet emploi, imité du grec, du pronom *lui* : *luy troisiesme* = « accompagné de deux ».

13. Il y a deux types de nombres ordinaux. Les ordinaux hérités du latin (formes héréditaires), que G. Moignet (1984, p. 50-51) propose d'appeler « forts » (*prime* ou *prins*, *second*, *tierz*, *quarz, quinz...*) et les ordinaux formés à l'aide du suffixe *–iesme* qui s'étendent à partir du XIIIe siècle.

=> Palsgrave (L3, annotations sur le nombre, f° 117 v°, p. 263 / 635) et Meigret (« Du nombre des Noms », ch. 7, p. 41 r°-v°) signalent tous deux qu'il y a deux manières de compter jusqu'à cinq : les formes latines (*second, tiers, quart* et *quint*) ou les mots composés en *–ieme* (*deuxième, troisième, quatrième* et *cinquième*). Palsgrave ne donne que la forme latine *second* pour le rang 2, tandis que Meigret juge *quint* peu usité (on lui préfère *cinquième*). Pour le rang 1, la forme latine *premier* domine, Meigret précisant que *unième* est rare et ne s'emploie que pour signifier « seul » (*je suis moi unième* = « je suis seul »). A partir du rang 6, l'on n'emploie plus que les formes en *–ieme*, y compris dans les nombres composés (*vint et unieme*).

Les formes suffixées interviennent surtout à partir de *siziesme* et restent concurrencées pour les premiers rangs par les formes fortes : *second, tiers, quart* et *quint* encore en usage au XVIe siècle.

Pour les formes suffixées, l'on peut mettre le suffixe en facteur commun : *les quatre et sixiéme Livres de Virgile* (Pasquier, *Les Recherches de la France*, L. VII, ch. 6, p. 1423).

Dès le XVe siècle cependant, les formes suffixées en *–iesme* semblent l'emporter sur les formes fortes, y compris pour les premiers rangs.

L'on relève ainsi chez Rabelais, soucieux de l'étymologie latine, les formes fortes employées comme adjectif (*Le Tiers livre, Le Quart livre*) ou comme pronom (*le tiers dict, le quart dict* - TL, 18, p. 406 et 407 où *dict* est un verbe), voire la forme *sexte* décalquée du latin (*une sexte espece*, CL, 3, p. 734) ; mais les nouvelles et les journées de *L'Heptaméron* sont numérotées à l'aide des formes suffixées.

La seule exception est pour le rang « un » pour lequel la forme forte *premier* / *première* a résisté jusqu'à nos jours. *Unième* n'intervient que dans les nombres composés : *Nouvelle vingtuniesme* (M. de Navarre, *L'Heptaméron*, p. 251).

La forme forte *second* résiste également, en particulier dans la première moitié du XVIe siècle, et s'emploie comme variante de *deuxiesme* : *se partit ceste compaignie, mettant fin au second discours et recit d'histoires. Fin de la deuxiesme journée* (M. de Navarre, *L'Heptaméron*, p. 249).

14. Pour interroger sur un ordinal, on a créé, au XVIe siècle, *le quantiesme* (par ex. : *le quantiesme du mois*).

CHAPITRE IX : LE VERBE - GÉNÉRALITÉS

I – LA CONSTRUCTION DU VERBE

1. La construction de nombreux verbes est différente, au XVIe siècle, de la construction actuelle (sur ce point, voir E. Huguet, 1894, p. 164-178 et G. Gougenheim, 1974, ch. VI, p. 121-128). On distingue :

Des verbes transitifs devenus intransitifs (ex. *naviguer un cours d'eau, entrer un lieu,...*) ou ayant changé de complément (ex. *apprendre qqn* : « enseigner à qqn ») : *pourront envahir les regions de la Lune, entrer le territoire des signes celestes,* (Rabelais, TL, 51, p. 509) ; *par lequel est es enfans defendu reprocher leurs propres peres* (*ibid.*, 41, p. 481). Dans ce dernier exemple, le verbe *reprocher* admet un C.O.D. désignant une personne.

Des verbes intransitifs ou transitifs indirects devenus transitifs directs (ex. *favoriser à qqn, secourir à qqn*) : *et le trouverent en bonne deliberation de leur secourir :* (Rabelais, GA, 34, p. 96).

> => Selon E. Huguet (1894, p. 168), il s'agirait, la plupart du temps, d'une influence du verbe latin.

Des verbes pronominaux qui sont devenus non pronominaux (ex. *s'éclater de rire, se disparaître*) : *Le bon homme Grandgousier beuvant, et se rigollant avecques les aultres* (Rabelais, GA, 7, p. 23).

> => E. Huguet (1894, p. 174) constate que la forme pronominale a beaucoup d'extension à l'époque.

Des verbes non pronominaux (mais à sens pronominal) devenus pronominaux (*ruer* pour *se ruer*, *confesser* pour *se confesser*). Certains se construisent de manière transitive : *comme lamentant la mort de Orpheus :* (Rabelais, QL, 55, p. 669) pour « se lamentant pour la mort d'Orpheus ».

Des verbes impersonnels aujourd'hui disparus : G. Gougenheim (1974, p. 121) le mentionne en particulier pour des verbes météorologiques comme *éclairer* (= « faire des éclairs ») ou *ajourner* (= « faire jour »). D'après le témoignage de Du Bellay, il s'agirait, pour certains, de mots anciens, dont il recommande l'usage afin d'enrichir la langue : *Pour ce faire te faudroit voir tous ces vieux Romans, et Poëtes Françoys, où tu trouverras un* Ajourner, *pour* faire Jour *(...),* Anuyter *pour* faire Nuyt, (*Deffence*, II, 6, p. 148).

Le tour réfléchi employé pour le passif. Cette tournure est très développée au XVIe siècle (et en moyen français).

=> Meigret (« Des significations, ou genres des Verbes », ch. 2, p. 63 v°-64 r°) et Ramus (1562, II, « La syntaxe de la défaillance des verbes », p. 101) la signalent. Meigret juge étrange, mais répandu, l'usage qui consiste à utiliser la troisième personne des verbes actifs dans un sens passif avec le « pronom réciproque » *se* qui représente alors le « patient » et non l' « agent » : *le vin se boit* signifie « on boit le vin » (et non « le vin se boit lui-même »). Meigret appelle ce tour « passif indéterminé ». Ramus parle de « circonlocution par la tierce personne du verbe actif ».

=> E. Huguet (1894, p. 176-177) émet l'hypothèse que cet usage pourrait être dû à l'influence italienne. G. Serbat (1986, p. 133-134) note que la création d'une voix pronominale est une caractéristique de l'évolution du latin aux langues romanes. Les tours pronominaux sont attestés dès le latin le plus ancien, mais se multiplient en bas latin, en particulier dans la langue parlée et populaire, avec des valeurs variées, dont une valeur passive. La voix pronominale se développe en ancien français, les avis cependant diffèrent sur sa valeur passive « assez bien attesté[e] » selon G. Moignet (1984, p. 188), mais « assez rare » selon P. Ménard (1988, § 126 d, p. 127).

II - L'ACCORD DU VERBE

2. Dans le cas de sujets multiples, le verbe peut s'accorder avec le plus proche : *Un silence, un effroy par les troupes se glisse,* (Garnier, *Les Juifves*, v. 1951) ☞ chapitre XVI.13 pour l'accord avec des sujets coordonnés (par *et, ou, ni*...) et à rapprocher de l'accord de proximité de l'adjectif, chapitre I.37.

=> Cet accord de proximité dérive de la syntaxe latine qui permet l'accord du verbe avec le sujet le plus proche, sur le modèle : *tempus necessitasque postulat* [le moment et la nécessité l'exigent].

=> Cet usage reste en vigueur jusqu'à la fin du XVIIe siècle, mais est sujet à débat. A l'époque classique, « les vives discussions grammaticales sur l'accord donnent une juste vision de la situation du français classique, qui à la fois hérite sur ce point d'une grande liberté, celle de l'ancien français et encore du XVIe siècle, et en même temps se régularise dans le sens d'un accord morphosyntaxique (deux termes coordonnés imposent le pluriel grammatical) » (N. Fournier, 1998, § 20).

3. Dans le cas d'un sujet postposé, le verbe peut ne pas être accordé avec son sujet par absence d'anticipation : *En sa beaulté gist ma mort, et ma vie.* (Scève, *Délie*, 6, v. 10). Il s'agit, en outre ici, de sujets postposés coordonnés, d'où peut-être aussi un accord de proximité avec le sujet le plus proche.

4. Avec un nom ou un pronom indéfini singulier évoquant une pluralité, le verbe peut être au pluriel par accord de sens : *ô peuple, qui estes / Comme moy incredule* (Garnier, *Les Juifves*, v. 1347-1348). ☞ Voir aussi chapitre VII.34.

=> Ramus, particulièrement attentif aux cas de syllepse (de genre ou de nombre), évoque ce type de « syllepse de nombre » dans la syntaxe des noms (1562, II, « Convenance du nom avec le nom », p. 79) et dans celle du verbe (II, « La convenance du nom avec le verbe », p. 91), où il donne pour exemples : *Une partie sont échappés* ; *chacun ont commencé à s'élever* (voir aussi 1572 : II, 7 « de l'anomalie du nombre et de la personne », p. 160-161).

Le verbe est également au pluriel, par accord de sens, quand le sujet au singulier est précisé par un complément du nom au pluriel : *Ceste, dist Epistemon, meschante ferraille de moines sont par tout le monde ainsi aspres sus les vivres,* (Rabelais, CL, 27, p. 796) ; *Dessous ses murs démolis, / Comme en communs cimeteres, / Demeurent ensevelis / La plus grand'part de nos freres.* (Garnier, *Les Juifves*, v. 1553-1556).

=> C'est là un usage inspiré de la syntaxe latine selon laquelle le verbe peut éventuellement s'accorder au pluriel avec un sujet singulier collectif suivi d'un complément au pluriel : *turba puerorum ruunt* ou *ruit* [une foule d'enfants se précipite].

5. Le verbe peut s'accorder, par attraction, avec l'attribut du sujet : *voyla pourquoy, Seigneur, la Bonté sont tes delices,* (Sponde, *Meditation sur les Pseaumes*, « Méditation sur le psaume XLVIII. », l. 287-288).

=> L'accord par attraction avec l'attribut existe en latin. Il concerne surtout le pronom relatif ou le pronom interrogatif : *Animal quem* [au lieu de *quod*] *vocamus hominem* [l'animal que nous appelons l'homme], mais peut également se trouver avec une forme verbale : *Non omnis error* [n. m.] *stultitia dicenda est* [toute erreur ne doit pas être appelée sottise].

=> Dans le cadre d'une relative, l'on observe, à l'inverse, un accord par attraction avec le sujet de la principale ☞ chapitre VI.62.

CHAPITRE X :

LE SUBJONCTIF ET L'EXPRESSION DE L'HYPOTHÈSE

Compléments bibliographiques : H. Bonnard, « Subjonctif », *GLLF*, p. 5755-5766. G. Guillaume, *Temps et verbe, théorie des aspects, des modes et des temps*, Paris, Champion, 1965. O. Soutet, *La concession en français des origines au XVIe siècle. Problèmes généraux, les tours prépositionnels*, Genève, Droz, 1990 ; *La concession dans la phrase complexe en français des origines au XVIe siècle*, Genève, Droz, 1992. R.-L. Wagner, *Les Phrases hypothétiques commençant par « si » dans la langue française des origines à la fin du XVIe siècle*, Paris, Droz, 1939.

Pour l'AF : G. Moignet, *Essai sur le mode subjonctif en latin postclassique et en ancien français*, Paris, P.U.F, 1959.

Pour le MF : B. Combettes et S. Monsonego, « Un moment de la constitution du système de l'hypothèse en français : la période XIVe-XVIe siècles », *Verbum* VI, 1983/3, Nancy II, p. 221-240. A. Lorian, « Journaux et Chroniques 1450-1525 : quelques aspects de la subordination », *in* M. Wilmet, *Sémantique lexicale et sémantique grammaticale en moyen français*, colloque 1978, V.U.B., s. d., p. 257-292. F. Martineau, « Evolution de l'alternance infinitif / subjonctif dans les compléments de verbes de volonté », *Le moyen français, Actes du VIIIe Colloque international sur le moyen français*, éd. par B. Combettes et S. Monsonego, Paris, Didier Erudition, 1997, p. 541-561.

Pour la langue du XVIe siècle : C. Demaizière, « Le subjonctif dans les *Commentaires* de Monluc », *L'Information grammaticale* n° 74, juin 1997, p. 57-60. G. Gougenheim, *Etudes de grammaire et de vocabulaire français*, Paris, Picard, 1970, en particulier, « Indicatif et subjonctif. Lignes de fracture et trangressions », p. 162-169.

I - DÉFINITION ET REMARQUES PRÉLIMINAIRES

1. Les grammairiens de l'époque distinguent plusieurs modes, là où nous n'en comptons que deux, subjonctif et conditionnel. Leur distinction est fondée sur le sens et la construction syntaxique, non sur la forme conjuguée.

Palsgrave (L2, « Du Verbe », 1er accident, f° 37 v°, p. 139 / 461) compte sept modes, parmi lesquels :

> Le subjonctif (*subjunctive*) qui s'emploie toujours avec *que* suivi d'un autre verbe : *voulez vous que je parle ?*
>
> Le potentiel (*potenciall*) qui exprime une volonté ou une possibilité : *je parleroye.*
>
> L'optatif (*optative*) qui exprime un souhait : *bien parle il* [qu'il parle bien].
>
> Le conditionnel (*condicianal*) qui repose sur une condition : *sy je parle.* Le conditionnel ne recouvre donc pas les mêmes formes verbales qu'en français moderne, puisqu'il correspond aux formes introduites par *si*, notre conditionnel correspondant plutôt au potentiel chez Palsgrave.

A la différence de Palsgrave, Sylvius (« Le verbe », p. 113 / 328-329), Meigret (« Des temps des Verbes, et des modes », ch. 3, p. 70 v° *sq.* et 71° *sq.*) et Estienne (« Des Verbes », « des modes », p. 33-34) ne comptent que cinq modes (la grammaire ramiste ignore les modes), parmi lesquels :

> L'optatif (ou « désidératif » selon Meigret) qui exprime un souhait.
>
> Le conjonctif, que Meigret et Estienne appellent également « subjonctif ». Dans son édition de la grammaire de Sylvius, Colette Demaizière explique en note (p. 328, n. 6) que le terme « *coniunctiuus* » est utilisé par le grammairien Donat, et celui de « *subiunctiuus* » par Priscien. Meigret et Estienne signalent les deux terminologies, Meigret utilise ensuite le terme « subjonctif » et Estienne celui de « conjonctif ».
>
> Ce mode emprunte ses formes à l'indicatif et à l'optatif, mais s'en distingue par la construction syntaxique en ne s'employant qu'accompagné d'une conjonction qui introduit un verbe, c'est-à-dire associé à une autre proposition sans laquelle le sens est incomplet, ce qui lui vaut d'être qualifié de « douteux » par Meigret : « Et combien que la mode indicative puisse être conjointe aux conjonctions, et autres verbes : comme, *si je l'aime, il m'aimera*, nous ne dirons pas toutefois

qu'elle soit subjonctive, ni pareillement optative : parce qu'elles ne sont pas toujours forcées à cela comme est le subjonctif [le pronom pluriel *elles* désigne l'indicatif + l'optatif] : lequel n'est jamais sans conjonction ou autre verbe : non sans cause il est appelé *douteux* : » (p. 71 v°-72 r°).

Dans les exemples cités (Estienne, p. 34 ; Meigret, p. 72 r°), le verbe au conjonctif (subjonctif) est celui de la subordonnée conjonctive, mais il peut également être celui de la principale lorsque le sens de celle-ci est incomplet en l'absence d'une autre proposition : ainsi dans *Dieu me fasse pardon, combien que je fasse mal*, le subjonctif n'est que dans la subordonnée (*combien que*...), la principale étant à l'optatif (*Dieu me fasse*) et dans *quand je l'auray dict, tu le scauras*, la principale est à l'indicatif ; mais dans *je fusse venu, si j'eusse aperçu Pierre*, les verbes des deux propositions sont au subjonctif. Le subjonctif inclut chez Meigret des formes que Palsgrave considère comme des conditionnels (formes introduites par *si*) ou comme des potentiels (formes en *-roi*).

2. Le mode étant, dans la perspective guillaumienne, un problème de visée (G. Moignet, *op. cit.*, p. 99 ; G. Guillaume, *op. cit.*, p. 37), la concurrence indicatif / subjonctif recoupe la distinction « entre *idées actualisantes* (qui permettent une représentation complète du temps : mode indicatif), et *idées virtualisantes* (arrêtant la représentation du temps à un stade intermédiaire : mode subjonctif). Ces idées peuvent être implicites (propositions indépendantes) ou explicites (propositions subordonnées : complétives, interrogatives, relatives, circonstancielles). » (R. Martin et M. Wilmet, 1980, § 70).

=> Les grammairiens de notre *corpus* sont sensibles à la valeur factuelle de l'indicatif (Palsgrave, L2, « Du Verbe », 1er accident, f° 37 v°, p. 139 / 461 ; Meigret, « Des temps des Verbes, et des modes », ch. 3, p. 69 v° ; R. Estienne, « Des Verbes », « Des modes », p. 33) : l'indicatif « denote » (Meigret) ou « demonstre » (Estienne) que quelque chose se fait, se faisait ou se fera et permet de « dire ou montrer qu'une chose est faite » (Palsgrave) [*the indicative mode whiche they use whan (when) they shewe (show) or tell a thyng to be done*].

De l'AF au FM, les inventaires varient peu : la ligne de démarcation, de manière générale, passe toujours à la lisière du possible et du probable.

=> Selon G. Moignet (*op. cit.*, p. 100), les idées regardantes qui s'apparentent sémantiquement à la notion de possibilité maintiennent l'idée regardée dans le mode subjonctif ; celles qui s'apparentent à la notion de probabilité, et au-delà de la probabilité, à la notion de certitude, actualisent l'idée regardée en la situant dans le mode indicatif.

L'état ancien du français est cependant caractérisé par un seuil d'indétermination plus large entre le subjonctif et l'indicatif (R. Martin et M. Wilmet, 1980, § 70) et le subjonctif est d'un emploi beaucoup plus répandu au XVIe siècle que de nos jours. Il est en effet amené par la construction syntaxique et non pas seulement par une nuance de virtualité ☞ *supra* § 1.

II - MORPHOLOGIE

1) Le présent

3. ***Etre.*** La 1ère et la 2e personnes du singulier conservent quelquefois leur *e* final étymologique (10 occurrences dans Frantext pour la P1, 7 pour la P2) : *soie* (du latin **siam*), *soies* (du latin **sias*) : *jaçoit ce que je ne soie point marchans ne jamais ne l'apprins, si te vueil je enseigner affin que tu ne soies trompez ne deceu.* (Philippe de Vigneulles, *Les Cent Nouvelles Nouvelles*, N28, p. 137).

4. Formes des P1, P2, P3 et P6

Verbes du 1er groupe. On relève encore la forme archaïque de la P3 sans *e* final dans les formules de souhait ou d'imprécation où entrent les verbes *aidier, emporter, garder, donner.*

La locution lexicalisée *Dieu gard* se rencontre chez les prosateurs (Rabelais, Du Fail, Marguerite de Navarre) : *autant nous en pend à l'œil, dieu gard le demourant,* (Rabelais, PA, 3, p. 226).

La formule *Le Diable m'emport* est attestée chez Rabelais et Du Fail : *Le Diable me emport si je y voys.* (TL, 23, p. 421).

Verbes du 3e groupe

Dire. Le subjonctif étymologique, sans *s* intérieur, est encore fréquent pour les P1 et P3 (168 occurrences dans Frantext, dont une forte proportion d'exemples de théâtre) : *Et prendray autant à gloire qu'on die de moy, que plus en vin aye despendu que en huyle,* (Rabelais, GA, *Prologe*, p. 7-8) ; *Mais toutesfois (quoy que l'on die) / Il n'est que d'estre.* (M. de Navarre, *Trop prou peu moins*, v. 895-896) ; *Que voullez vous que je vous die ?* (*ibid.*, *Comédie du Mont-de-Marsan*, v. 714). Il s'observe dans une moindre mesure pour la P6 : *Il ne faut pas qu'ils me dient : Il est vray, car vous le voyez et sentez ainsin ; il faut qu'ils me dient si, ce que je pense sentir, je le sens pourtant en effect ;* (Montaigne, *Essais*, II, 12, p. 541 A) et il est rare à la P2 : *On estimera que tu dies à droit, ce que tu dis à feinte* (*ibid.*, III, 5, p. 875 C). La forme moderne, avec *s* intérieur, est apparue au XVe siècle, par analogie avec *disant, disoit*.

Aller. Pour le verbe irrégulier *aller*, l'ancienne forme *voise* formée sur la forme primitive du présent de l'indicatif *vois* est encore employée (*qu'il voise* = « qu'il aille »). Pour un ordre d'idées, l'on relève 43 occurrences dans Frantext, dont 29 issues de textes théâtraux.

Dans *L'Heptaméron*, le manuscrit Fr.1512 fournit la leçon suivante pour la nouvelle 27 : *Monsieur le secretaire, actendez ung peu, je m'en voys sçavoir à mon mary s'il luy plaist bien que je voise après vous.* (éd. Garnier, p. 223), tandis que le texte de 1559 édité par Claude Gruget donne : *que j'aille après vous.* (éd. N. Cazauran, p. 330) ; chez Ronsard : *Comme Pâris là bas faut que je voise, / Non pour l' amour d' une Helene Gregeoise, / Mais d'une Saintongeoise.* (*Le Premier Livre des Sonnets pour Hélène*, « Chanson », p. 345, v. 47-49).

5. Désinences P4 et P5 : les anciennes formes en *–ons* et *–ez* pour les P4 et P5 du subjonctif sont encore fréquentes dans la première partie du XVIe siècle, mais disparaissent ensuite devant *-ions* et *-iez* pour ne plus subsister que chez les écrivains gascons : *affin que par eulx vous faciez versure, et de terre d'aultruy remplissez son fossé* (Rabelais, TL, 3, p. 361), l'expression rassemble ici les deux formes, moderne (*faciez*) et ancienne (*remplissez*) du subjonctif ; *Et estoit la pusse noire, affin que de rien ne doubtez,* (*ibid.*, 7, p. 371) ; [Nabuchodonosor] : *Je ne veux pas aussi qu'aucun* *mal vous souffrez. /* [Amital] : *Il faut donc que mon fils ores vous delivrez :* (Garnier, *Les Juifves*, v. 1093-1094) ; *Qu'il n'ait peur que jamais nous manquons de devoir* (*ibid.*, v. 1621).

=> F. Brunot (*HLF*, 2, p. 343-344) note que le *–i* est presque introuvable dans le cas des verbes du type *croire*, où la flexion du subjonctif *–ions, –iez* rencontre un *y* ou un *i* final du radical, *croyions, croyiez.* La forme employée par Calvin dans l'exemple suivant est très probablement un subjonctif : *moyennant que nous croyons qu'il est au ciel, c'est assez.* (*Institution*, IV, 17, p. 410 [1541] ; éd. O. Millet, XII, p. 641/1360).

6. Le XVIe siècle est donc pour le subjonctif une période de faible caractérisation morphologique. Elle est moindre qu'en FM, moins forte également qu'en AF, où la spécificité formelle de chaque mode était plus accusée : les formes du subjonctif présent du verbe *chanter* (*que je chant, que tu chanz, qu'il chant*) ont été refaites très tôt (XIIe siècle) sur le modèle des 2e et 3e personnes du singulier de l'indicatif correspondant. C'est la perte, pour l'indicatif présent et le subjonctif présent, « d'une opposition simple » (C. Marchello-Nizia, 1999, p. 100).

2) L'IMPARFAIT

7. Les anciennes formes de l'imparfait du subjonctif sont fréquentes, surtout dans la 1ère moitié du siècle. Pour *vouloir,* l'on trouve ainsi *vou(l)sisse, vou(l)sist, vou(l)sissent : que Dieu me pardonne et mon mary aussi, il n'y a rien pourquoy je voulsisse mourir.* (M. de Navarre, *L'Heptaméron*, N32, p. 358) ; *Veut-elle tousjours ce que nous voudrions qu'elle voulsist ?* (Montaigne, *Essais*, I, 21, p. 103 C) ; *il sembleroit que je vous vousisse soupçoner et recriminer de ne croire pas qu'il y en aye.* (*ibid.*, III, 12, p. 1054 C).

=> Palsgrave, dans ses exemples de conjugaison (f° 39 r°, p. 142 / 466), donne *-issions* et *-issiez* en terminaison des verbes du premier type (*parlissions*). Susan Baddeley remarque (en note, p. 466) que c'est encore le cas chez R. Estienne en 1557 (il donne pour l'optatif première conjugaison *aimissions, aimissiez*, p. 43), mais que son fils Henri donne *–assions, -assiez* en 1582 [tout comme Meigret, p. 110 v°, et Ramus : 1562, p. 57 et 1572, p. 83].

8. L'identification du subjonctif pose parfois problème en raison de deux phénomènes :

l'absence de *–s* dans certaines graphies de l'imparfait du subjonctif (c'est le cas par exemple chez Montaigne ☞ *infra* § 31 et 58) ;

la fréquence des passés simples en *–st.*

C. Demaizière (art. cit., p. 57) y voit une influence du cas des parfaits forts qui, en raison du déplacement de l'accent, présentaient une conjugaison de ce type *: fis, fesis, fist, fesimes, fesistes, firent.* On trouve ainsi les passés simples *fist, mist.* A partir de là, et en raison des flottements orthographiques courants à l'époque, l'*s* s'étendit à des passés simples qui n'avaient aucune raison d'en avoir un comme : *il fust, il eust* : *Il estoit lors tout prest à bien faire : et ne fust pas si tost au lict, que de prinsault il ne se ruast dessus ce mareschal :* (Des Périers, N60, p. 225) ; en revanche les passés simples *fust*, fréquents dans le manuscrit Fr. 1512 de *L'Heptaméron* semblent tous corrigés dans l'édition Gruget, par exemple *Dont il fust si estonné et marry* (N14, éd. Garnier, p. 114 → *fut* dans l'éd. Folio, p. 196) ; *Il fust esleu visiteur de la grande religion des dames de Fontevrault*, (N22, p. 176 → *fut* dans l'éd. Folio, p. 274).

=> Sur un texte de la fin du XVIe siècle (les *Commentaires* de Monluc, composés entre 1570 et 1580), C. Demaizière (1997, p. 60) note que « la morphologie du subjonctif (désinences et marques de l'imparfait) est encore largement hésitante et que, sur ce plan, la langue du XVIe siècle est bien toujours une langue en évolution, même dans le dernier quart du siècle. »

III – LES EMPLOIS DU SUBJONCTIF EN PHRASE INDÉPENDANTE

Cet emploi est beaucoup plus vivant au XVIe siècle qu'aujourd'hui et l'on observe plusieurs types d'emploi selon que la phrase est ou non assertive.

1) EN PHRASE NON ASSERTIVE

9. Le subjonctif employé seul a une valeur de souhait, d'ordre ou de conseil.

Le subjonctif de souhait sans l'indice *que* est une construction fréquente chez Montaigne et a valeur de sentence. Il s'agit d'un héritage de l'ancienne langue où « le nominalisateur *que* est longtemps resté facultatif ». (R. Martin, M. Wilmet, 1980, § 71) : *Les natures plus roides et plus fortes facent leur cachete mesmes glorieuse et exemplaire,* (*Essais*, I, 39, p. 243 A) ; *Souvienne vous de celuy à qui...*, (I, 39, p. 247 A) ; *Qui ne peut d'ailleurs, si se paye de sa bourse.* (III, 10, p. 1022 B). L'emploi est fréquent également chez les poètes : *Si tu veuls seulement en court te maintenir, / Le silence (Ronsard) te soit comme un decret.* (Du Bellay, *Les Regrets*, 140, v. 1-2). ☞ Voir aussi chapitre XI.5 pour la confusion avec l'impératif à sujet exprimé dans la locution figée *être le / la bien venu(e)* : *Tu sois la bien venue, ô bienheureuse trefve !* (*ibid.*, 126, v. 1).

Une enquête menée dans Frantext avec le subjonctif *souvienne* montre que la plupart des auteurs du XVIe siècle préfèrent employer le subjonctif de souhait sans le support de la béquille *que* : *Le passant en Esté s'y puisse reposer, / Et assis dessus l'herbe à l'ombre composer / Mille chansons d'Helene, et de moy luy souvienne.* (Ronsard, *Le Second Livre des Sonnets pour Hélène*, 72, v. 9-11), à l'exception de Calvin chez qui l'on trouve 35 emplois avec *que* contre 3 emplois avec le seul subjonctif.

10. Le sujet est généralement antéposé : *Seigneur, celuy qui vivifie et tue / Vous soit salut et consolation.* (M. de Navarre, *Comedie de la Nativité*, v. 77-78) ; *Dieu pour cette bonté vous bien-heure tousjours* (Garnier, *Les Juifves*, v. 629), ou inexprimé : *Ainsi puisse advenir* (*ibid.*, v. 653) ; *Ainsi soit* (*ibid.*, v. 1591). Est sous-entendu, dans ces deux cas, le pronom impersonnel *il* ☞ chapitre III.20.

=> Nous avons gardé aujourd'hui « ainsi soit-il ».

11. *Soit* peut également être employé seul, sans *que* ni l'adverbe *ainsi*, au sens de « qu'il soit » : *Le nom tant fort puissant / Qu'il a rendu tout genoil* [genou] *fleschissant, / Soit infernal, soit celeste, ou humain :* (Marot, *Œuvres nouvelles, Epistres,* 6, « Au Roy, du temps de son exil à Ferrare », v. 97-99).

La formule est à l'origine de la conjonction exprimant l'alternative, dont la construction est beaucoup plus libre au XVIe siècle qu'aujourd'hui ☞ voir chapitre XVI.12.

12. L'imparfait du subjonctif exprime un souhait jugé irréalisable ou un regret : *Que pleust à l'Eternel, / Pour le grand bien du peuple desolé, / Que leur desir de mon sang fust saoulé, / Et* *tant d'abus, dont ilz se sont munys, / Fussent à clair descouverts, & punys.* (Marot, *Œuvres nouvelles, Epistres,* 6, « Au Roy, du temps de son exil à Ferrare », v. 66-70) ; *O que nos lits nopciers eussent esté steriles !* (Garnier, *Les Juifves*, v. 1667) ; *Hé miserable prince / Que jamais n'eusses-tu commandé sur province !* (*ibid.*, v. 635-636).

La tournure *à la mienne volonté* + subjonctif imparfait de souhait équivaut à « je voudrais que + subjonctif présent » : *Ô enfans de Dieu, eussiez vous a la mienne volonté, quelque surcroist encore de voz souhaits!* (Sponde, *Méditations sur les Pseaumes*, « Méditation sur le psaume LXII. », l. 660-662).

La même expression s'emploie aussi dans une construction avec subordonnée : *Et à la mienne volunté que chascun laissast sa propre besoigne, ne se souciast de son mestier et mist ses affaires propres en oubly, pour y vacquer entierement, sans que son esperit feust de ailleurs distraict ny empesché*, (Rabelais, PA, Prologue, p. 213).

Les formules de souhait sont : *à la mienne volonté que, plaise (ou plût) à Dieu que, Dieu veuille que, ô que volontiers, ô si, je voudrais,...*

=> Les grammairiens les présentent dans le chapitre qu'ils consacrent aux adverbes (Sylvius, p. 145 / 360 ; Meigret, p. 128 v°, Estienne, p. 80). Sylvius (p. 131 / 346) précise que ces tours (*a la miene volunté* ou *plaiset a dieu que*) permettent de rendre le mot latin *utimam* qui a été introduit par le grammairien Donat pour les temps de l'optatif (☞ *supra* § 1).

2) En phrase assertive

13. Les emplois assertifs commencent à fléchir au XVIe siècle pour l'imparfait du subjonctif (N. Fournier, 1998, § 479-481).

Les emplois de la forme accomplie (plus-que-parfait) se maintiennent jusqu'en FM dans un registre soutenu : *(Car on eust peu son pays et royaulme occuper, et là installer Roy nouveau et nouvelle colonie long temps davant que il en eust advertissement pour y obvier)*, (Rabelais, TL, 16, p. 400) ; *Que luy eust cousté ouyr et entendre ce que l'home avoit inventé* ? (*ibid.*, p. 400-401), il s'agit dans ce second cas d'une interrogative.

IV - LES EMPLOIS DU SUBJONCTIF EN PHRASE DÉPENDANTE

14. Guy Serbat (1986, p.167) présente comme un trait majeur de la syntaxe latine l'extension mécanique du subjonctif dans les subordonnées (certaines subordonnées de temps, subordonnées de conséquence, interrogatives indirectes). Au XVIe siècle, le subjonctif est d'un emploi important dans les subordonnées, ce qui révèle la persistance de l'influence latine.

1) Les complétives

15. L'étude précise qu'appelle de ses vœux M. Huchon (1988, p. 118) n'est pas encore accomplie ; il faudrait rendre compte « dans le détail, en fonction des niveaux de langue et des genres, de la concurrence entre l'indicatif et le subjonctif dans les complétives pour les verbes de crainte, de sentiment ou d'opinion, déceler les modes éventuelles, les évolutions au cours du siècle. »

Le subjonctif est fréquent après les verbes suivants, mais les règles d'emploi sont moins contraignantes qu'aujourd'hui. On se contentera ici de quelques repères.

a) Verbes exprimant une idée virtualisante

16. Verbes de volonté : il semble qu'au XVIe siècle, comme en AF et en FM, l'infinitif serve à marquer la coréférence des sujets (sur le modèle « je veux partir ») et le subjonctif, la coréférence entre l'objet de la principale et le sujet de la subordonnée (sur le modèle « il me commanda que je fisse »).

=> Selon F. Martineau (art. cit., p. 557), le MF mettrait en revanche en place un système de concurrence entre les deux emplois.

Désirer : *Et non seulement desiré-je que ceste emploite se face és païs qui sont compris dans l'enceinte de nostre France, mais aussi que nous passions tant les monts-Pirenées que les Alpes, et trafiquions avec les langues qui ont quelque communauté avec la nostre,* (E. Pasquier, *A Monsieur de Kerquifinen, Seigneur d'Ardivilliers*, 1562, livre II, 12, *Choix de Lettres*, vol.,1, p. 89).

Vouloir : exemple au présent : *Je veux que celuy qui desire reluire par dessus les autres en sa langue, ne se fie tant en son bel esprit, qu'il ne recueille, et des Modernes, et des Anciens, soit Poëtes, ou qui ont escrit en Prose, toutes les belles fleurs qu'il pensera duire à l'illustration de sa langue.* (E. Pasquier, *ibid., p. 91).* Exemple à l'imparfait : *[republicques] lesquelles, comme amoureuses de leur bien propre, vouloyent que leurs doctes citoyens escrivissent au langage particulier de leur nation, (*Ronsard, *Abbregé de l'Art poetique francoys*, t. II, p. 1177).

Prescher : *Qu'ainsy ne soit, et que ne fussiez bien adverty de tout le mystere, vous faisiez prescher le peuple, qui parloit de se rendre, qu'on eust encore patience sept ou huict jours, et qu'avant la fin de la semaine on verroit quelque grande chose qui nous mettroit à nostre ayse.* (*Satyre Menippée*, Harangue de M. d'Aubray, p. 173-174).

17. Verbes d'exhortation ou de défense

Verbes de conseil : *je leur conseille qu'elles se les facent eschansonner par leurs freres, ou par leurs cousins* : (Des Périers, *Nouvelles Récréations*, N1, p. 17).

Verbes de supplication : *et le* [*le Roy*] *trouva aux champs, auquel il compta la verité du faict, le suppliant qu'à luy (qui estoit pauvre gentil-homme) voulust faire tant de bien d'appaiser la Royne, en sorte que le mariage peust estre consommé.* (M. de Navarre, *L'Heptaméron*, N21, p. 267).

Verbes de défense : *Il est tout manifeste, / Que là dedans contre ton vueil celeste / Est deffendu, qu'on ne voyse allegant / Hebrieu, ny Grec, ny Latin elegant :* (Marot, *Œuvres nouvelles, Epistres*, 6, « Au Roy, du temps de son exil à Ferrare », v. 43-46) ; *Encores defendit ce venerable prieur, que quand sa mere ou ses parens viendroient, qu'on ne la souffrist de trois ans parler à eux, n'escrire lettres sinon faictes en communauté.* (M. de Navarre, *L'Heptaméron*, N22, p. 282).

18. Verbes de crainte. Après *craindre* et les verbes assimilés, le subjonctif est le plus fréquent au XVIe siècle, mais la langue de l'époque n'exclut pas les emplois de l'indicatif présent ou futur.

> Sur 42 occurrences de (*je*) *crains que* dans Frantext, on ne relève que 2 exemples suivis de l'indicatif présent : *Je ne me ferois prier de vous les dire, n'estoit que je crains que vous m'avez*

en reputation d'une flateuse. (Odet de Turnèbe, *Les Contens*, II, 2, p. 51) [à moins qu'il n'y ait ici une confusion *avez / ayez*] ; *Je crains que c'est un traistre :* (Montaigne, *Essais*, III, 5, p. 844 B).

Sur 13 occurrences de *(j')ay peur que* ne figurent que 2 exemples d'indicatif (1 présent et 1 futur) : *J'ay peur que nous avons les yeux plus grands que le ventre, et plus de curiosité que nous n'avons de capacité,* (Montaigne, *Essais*, I, 31, p. 203 A).

Sur 12 occurrences de *(j') ay grand peur que*, l'on rencontre 3 indicatifs (futur simple) : *J'ay grand peur que nous aurons mauvaises nouvelles, car il ne raporte rien.* (Turnèbe, *Les Contens,* II, 6, p. 64). Il est possible de trouver un subjonctif et un indicatif coordonnés, comme dans cet exemple : *J'ay grand peur que devant qu'il soit nuyct, ne vous voye en estat, que ne aurez grande envie d'arresser* [dresser], *et qu'on vous chevauchera à grand coup de picque et de lance* (Rabelais, PA, 26, p. 307) ; le premier verbe *voye* est soumis à une réalisation hypothétique tandis que l'action évoquée par *chevauchera* est assurée dès lors que l'hypothèse est réalisée.

G. Gougenheim (1974, p. 132 et 1970, p. 166) signale également l'emploi du conditionnel pour l'expression de l'éventualité après un verbe de crainte : *Certes je crains que vous le maudiriez.* (M. de Navarre, *La Complainte pour un detenu prisonnier*, v. 454).

b) Verbes exprimant une idée actualisante

19. Verbes d'opinion

Dans les subordonnées dépendant d'un verbe d'opinion, l'indicatif exprime l'opinion pure et simple, tandis que le subjonctif exprime le fait interprété et peut charger la pensée d'une nuance de doute ou d'ironie.

L'indicatif peut s'employer après un verbe d'opinion quand cette opinion repose sur un fait avéré ou est donné comme certain : *Je croy plustost qu'à l'un gré tu sçauras, / Et que pitié de l'autre tu auras.* (Marot, *Œuvres nouvelles, Epistres*, 27, « Au Roy pour luy recommander Papillon », v. 75-76) ; *Je me contente que tu en cognois la raison.* (Sponde, *Meditations sur les Pseaumes*, « Méditation sur le psaume XIIII. ou LIII. », l. 704-705).

Le subjonctif est employé dès qu'il y a un contexte d'interrogation ou de doute : *Si croyez que le feu soit le grand maistre des ars, comme escript Ciceron, vous errez, et vous faictez tord. Car Ciceron ne le creut oncques. Si croyez que Mercure soit premier inventeur des ars, comme jadis croyoient nos antiques Druides, vous fourvoyez grandement* (Rabelais, QL, 57, p. 672), le contexte est ironique, le narrateur joue sur des allégations fausses ; *Je pensoy' bien que l'archer eust visé / A tous les deux, & qu'un mesme lien / Nous deust ensemble egalement conjoindre,* (Du Bellay, *L'Olive*, 5, v. 9-11), il s'agit d'un espoir fallacieux, comme le suggèrent les vers qui concluent le sonnet ; *L'arrogant pense que son espee / Ait contre ton vouloir nostre terre occupee.* (Garnier, *Les Juifves*, v. 1871-1872), le prophète émet un jugement critique en dénonçant l'hérésie de Nabuchodonosor ; *J'eusse pensé qu'il deust les perdre en son courroux* (*ibid.*, v. 1594), il s'agit là d'un irréel du passé. Dans l'exemple suivant de Marguerite de Navarre, l'emploi du subjonctif peut correspondre à une prise de position du narrateur, qui se démarque du personnage : *Le cordelier, pensant pour vray qu'elle fust possedée d'un maling esprit, luy voulut prendre la teste, pour dire dessus ses oraisons,* (M. de Navarre, *L'Heptaméron*, N35, p. 374).

Le subjonctif est employé après *il est vraisemblable que, il est probable* : *Il est bien vray-semblable que cet extreme ravage d'eaux ait faict des changemens estranges aux habitations de la terre*, (Montaigne, *Essais*, I, 31, p. 203 A).

On retrouve ce même climat d'interrogation et de doute dans les deux emplois suivants de la locution verbale *être d'avis que* : *...et feut d'advis qu'il le munist tresbien et gabionnast d'un gros armet de joustes*, (Rabelais, TL, 8, p. 376), c'est un conseil que la femme donne à son mari et dont elle ignore s'il sera suivi d'effet ; *Seriez vous poinct d'advis, avant proceder oultre, que invocquions Hercules, et les déesses Tenites, les quelles on dict præsider en la chambre des Sors ?* (*ibid.*, 11, p. 384), il s'agit ici d'une demande d'avis et non d'une affirmation.

Le subjonctif s'impose également comme mode de l'incertitude :

si la croyance est niée : *Les aultres jours ne croy point que nous ayons repos aulcun.* (Jeanne Flore, *Contes amoureux*, p. 188) ;

ou dans une construction à double négation : *Tu ne me vois jamais (Pierre) que tu ne die / Que j'estudie trop, que je face l'amour*, (Du Bellay, *Les Regrets*, 59, v. 1-2).

20. Verbes de perception. De même que les verbes de déclaration, constatation, connaissance et conviction, les verbes de perception régissent habituellement l'indicatif.

Le subjonctif est employé lorsque le contexte est négatif, interrogatif, hypothétique ou dubitatif (sur ce point, on pourra consulter R. Martin et M. Wilmet, 1980, § 76) : *Si donc quelque subtil en mes vers apperçoit / Que je morde en riant, pourtant nul ne me donne / Le nom de feint amy...* (Du Bellay, *Les Regrets*, 62, v. 5-7) ; le facteur qui conduit à l'emploi du subjonctif est ici le régissant maintenu en virtualité (hypothèse et indéfini *quelque*).

21. Verbes du type *advenir*. Avec les verbes du type *Il arrive, il advient*, le mode dépend de l'interprétation.

Lorsque le résultat paraît sûr (surtout avec les adverbes *de là, d'où* qui actualisent le verbe), l'on emploie plutôt l'indicatif : *d'où il advient que les natures plus foibles, comme celles des femmes, des enfans, et du vulgaire y sont plus subjettes*, (Montaigne, *Essais*, I, 1, p. 8 A), le fait est présenté comme une vérité générale, maintes fois attestée.

Le subjonctif est employé dans le cas contraire : *D'où il advient que celuy que le juge a gehenné, pour ne le faire mourir innocent, il le face mourir et innocent et gehenné.* (*ibid.*, II, 5, p. 369 C) ; le sens futur, porteur de virtualité, justifie le choix du subjonctif.

2) Les interrogatives

22. A la différence du latin classique, qui prescrivait le subjonctif pour toute subordonnée interrogative indirecte (voir G. Serbat, 1986, p. 166), le mode qui prévaut en français est l'indicatif.

Au XVIe siècle, comme en FM, le subjonctif est d'usage dans les propositions interrogatives lorsqu'elles dépendent d'une expression exprimant l'incertitude ou le doute : *Il est incertain où la mort nous attende, attendons la partout.* (Montaigne, *Essais*, I, 20, p. 87 A).

3) Les relatives

23. En français, dont le système est différent du latin dans le traitement syntaxique des relatives (G. Moignet, *op. cit.*, p. 683), tout ce qui peut rendre l'antécédent inactuel (négation, mise en débat, indétermination) entraîne le subjonctif de la relative.

Négation : *Lisez hardiment, dames et damoyselles : il n'y ha rien qui ne soit honneste :* (Des Périers, *Nouvelles Récréations,* N1 en forme de préambule, p. 17), l'antécédent (*rien*) a ici un sens négatif ; *Mais quitte, et non marié, je n'ay personne qui tant de moy se souciast, et amour tel me portast, qu'on dict estre amour conjugal.* (Rabelais, TL, 8, p. 378). L'imparfait du subjonctif sert à exprimer un fait irréel ; il s'agit d'une relative adjective dont l'antécédent (exprimé) est en contexte négatif (*personne*).

Mise en débat : *comme Euripides est en doute si la vie que nous vivons est vie, ou si c'est ce que nous appellons mort, qui soit vie :* (Montaigne, *Essais*, II, 12, p. 526 A).

Indétermination : *Mais tu verras comment, / Je donne et prens aussi plus de contentement, / Que quelque homme qui soit.* (Pierre de L'Estoile, *Registre-journal du regne de Henri III,* t. 3, *1579-1581*, p. 188) ; *Car si j'ay affaire à quelque poltron ou quelque homme qui ne soit gentilhomme, je me contente de l'erner à coups de baston.* (O. de Turnèbe, *Les Contens*, IV, 3, p. 98).

=> C. Demaizière (art. cit., p. 59) relève, dans les *Commentaires* de Monluc, des relatives à nuance consécutive ou, plus rarement, finale et dont le subjonctif souligne, en outre, le caractère d'incertitude ou de possibilité : *pour trouver gens à qui vous puissiez jouer* (p. 24), *manday aux capitaines qu'ils fissent sortir quinze ou vingt soldats qui allassent jusques au pied de la muraille* (p. 238). La présence d'un superlatif relatif qui précède exprime une idée d'appréciation de la part de l'énonciateur. Monluc a souvent recours à cette formule, ainsi : *un des plus contens hommes qui soit* (p. 17), *le plus grand capitaine qui ait jamais esté* (p. 22).

24. On ajoutera le cas des relatives hypothético-concessives à construction absolue, comportant un subjonctif ou une forme en *–rois*.

En AF (O. Soutet, *op. cit.*, 1992, p. 139-140), la relative peut fonctionner de manière absolue, le degré d'indéfinition de *qui* lui permettant alors de référer à une personne que n'actualise pas l'apodose. Exemple avec une forme en *–rois* : *Je suis si affady apres la liberté, que qui me deffenderoit l'accez de quelque coin des Indes, j'en vivroys aucunement plus mal à mon aise.* (Montaigne, *Essais*, III, 13, p. 1072 B).

O. Soutet (*ibid.*, p. 147-178) étudie aussi les propositions relatives introduites par *qui que, que que, quoi que, où que*, etc. Exemples avec le pronom *quiconque* (à rapprocher du latin *quicumque* ☞ voir chapitre VII.27) : *Quiconque il soit, j'ay troublé sa cervelle.* (Des Masures, *David combattant*, v. 711) ; *Soit-il quiconque il soit, ce jour lui est mortel. (ibid.*, v. 1486).

4) Les Circonstancielles

25. G. Moignet (*op. cit.*, p. 688-689) souligne les différences entre le système du latin et celui du français. En résumé :

le système du latin classique suppose un large recours à la subordination critique (avec un jeu des modes indicatif et subjonctif) ;

tandis que le français moderne pratique au contraire une répartition rigoureuse en deux catégories : locutions gouvernant l'indicatif et locutions gouvernant le subjonctif.

Où se situe notre période entre ces deux pôles ? N. Fournier (1998, § 474) constate une liberté modale beaucoup plus importante en français classique qu'en FM : « ce qui se marque surtout dans les complétives et dans certaines circonstancielles ; cette liberté s'interprétera en termes énonciatifs comme le choix du locuteur de valider ou de non valider son énoncé. » Cette liberté d'emploi du mode semble plus grande encore au XVIe siècle.

a) Les concessives

Constructions paratactiques (ou parataxiques)

26. La concession au subjonctif n'est pas exprimée dans les seules subordonnées.

O. Soutet (*op. cit.*, 1992, p. 11-84) a souligné le rôle important de la parataxe et de la coordination par *et* (voir également C. Marchello-Nizia, 1997, p. 427-429).

ne fusses tu que seul a leur front, (Sponde, *Méditations sur les Pseaumes*, « Méditation sur le psaume LXII. », l. 751-752) = « quand bien même tu serais seul face à eux » ; *Les satisfactions ont esté cy dessus puissamment abbatues, tellement qu'elles ne nous devroyent entrer en l'entendement, et ne fust-ce que par songes.* (Calvin, *Institution,* III, 14, p. 257 [1541] ; éd. O. Millet, VI, p. 384 / 875) ; *En quelques compaignies qu'il soit, discepter ne fault de superiorité et præference, tousjours va davant : y feussent Roys, Empereurs, voire certes le Pape.* (Rabelais, QL, 57, p. 672-673). Dans tous ces exemples, l'imparfait du subjonctif exprime par lui-même une éventualité dans l'avenir. L'expression *ne fût* n'est pas encore tout à fait remplacée par *n'était que* (= « si ce n'était que »).

27. On rencontre aussi des concessives paratactiques construites à l'aide de *tant*, notamment dans la tournure *tant soit peu* dont les occurrences, selon O. Soutet (*op. cit.*, 1992, p. 31-35), se multiplient au milieu du XVe siècle : *qui violentement ne ravisse quelque fille il vouldra choisir, tant soit noble, belle, riche, honneste, pudicque, que sçauriez dire, de la maison de son pere, d'entre les bras de sa mere, maulgré tous ses parens :* (Rabelais, TL, 48, p. 498) ; *On voit beaucoup de Roys, qui sont grands d'apparence, / Mais nul, tant soit il grand, n'aura jamais tant d'heur / De pouvoir à la vostre egaler sa grandeur* (Du Bellay, *Les Regrets*, 191, v. 5-7) ; *Si ne perdray-je temps, ni tant soit peu de terme,/ Sans tendre à renverser ceste esperance ferme / Qui le tient arresté :* (Des Masures, *David fugitif*, v. 459-461).

28. On peut classer encore parmi les concessives paratactiques (pour une mise au point sur la question, se reporter à N. Fournier, 1998, § 536) :

les constructions introduites par *tant, tout*, *pour* ou *si* : *O quatre foys, et cinq foys bien heureuse / La mort, tant soit cruelle, et rigoreuse, / Qui feroit seulle un million de vies / Soubs telz abus n'estre plus asservies !* (Marot, *Œuvres nouvelles, Epistres*, 6, « Au Roy, du temps de son exil à Ferrare », v. 71-74) ; *vrayement c'est mon* [c'est certain], *pour avares qu'ils soyent*, (Montaigne, *Essais*, I, 47, p. 283 B) = « quelque cupides qu'ils soient » ;

les constructions avec l'indéfini *quelque* : *Chose que ne feroient les oyseaulx, quelque legiereté de pennaige qu'ilz ayent, et quelque liberté de nager en l'aër, que leurs soit baillée par Nature.* (Rabelais, TL, 52, p. 508).

On rapprochera de ce type de construction paratactique les relatives hypothético-concessives à construction absolue étudiées plus haut (☞ § 24).

Subordonnées

29. On trouvera ci-dessous la liste des locutions conjonctives les plus courantes. O. Soutet (*op. cit.*, 1992, p. 195-211) distingue les locutions à noyau verbal (*ja soit ce que, ja soit que*) et les locutions sans noyau verbal (les plus nombreuses). Il est fréquent, nous le verrons, de rencontrer l'indicatif dans les subordonnées concessives.

=> Voir sur ce point N. Fournier (1998, § 535) : « la subordonnée est alors traitée comme une énonciation indépendante avec son assertion propre. » Ce passage à l'indicatif, très aisé au XVIe siècle, est encore possible en FM (Grevisse, 1993, § 1093-1094).

30. ***Ja soit ce que, ja soit que, (jasoit que, jaçoit que)***, (répandue en AF et MF) (O. Soutet, *op. cit.*, 1992, p. 195-197 et p. 201). La locution admet plusieurs graphies, inégalement représentées.

Ja soit ce que (= « quoique »), attestée depuis le XIIe siècle, est la seule locution avec sujet exprimé encore représentée au XVIe siècle. E. Huguet, dans son dictionnaire (t. 4, p. 707-708, art. « *jasoit* »), en donne les graphies *jasoit ce que* ou *jaçoit ce que*, ce qui montre que *soit* n'y est plus sentie comme une forme verbale à part entière. Il en relève des exemples chez Lemaire de Belges, Calvin, Tory, Jean de La Taille, Pasquier et Garnier. Frantext ne nous a fourni en revanche que deux occurrences : *le langaige toscan ou florentin, ja soit ce qu'il soit le plus flourissant d'Ytalie,* (Lemaire de Belges, *La Concorde des deux langages,* p. 4) ; *Ja soit ce encore, que l'importunité / Par le privé de frequentation / Puisse polir toute rusticité / Tant ennemye à reputation :* (Scève, *Délie*, 429, v. 1-4).

Ja soit que (= « quoique ») est attestée depuis la seconde moitié du XIIIe siècle et se développe en moyen français. Elle est employée tout au long du XVIe siècle. E. Huguet la relève chez Lemaire de Belges et Calvin ; O. Soutet, chez Paré et Pasquier. Elle se présente sous trois graphies concurrentes :

ja soit que, dont Frantext offre 10 occurrences, toutes chez Calvin : *Car ja soit que nous soyons pécheurs par nostre faute, néantmoins nous demourons tousjours ses créatures.* (*Institution*, II, 16, p. 280 [1545]) ;

jasoit que, graphie représentée par 3 emplois : *(jasoit que de sa nature fust fort avare)*, (B. Aneau, *Alector*, 8, p. 60) ; *(jasoit que l'on die que à la queüe gist le venin)*, (*ibid.*, 14, p. 93) ; *(jasoit que monstrueuse, mais pour bonne cause)*, (*ibid.*, p. 93).

jaçoit que qui est la graphie la mieux représentée dans Frantext avec 46 occurrences, parmi lesquelles de nombreux exemples de théâtre : *Et, jaçoit que je sache et croye ceste opinion estre entierement faulse, si est ce, quand je viens à considerer les facultez de ce monstre Severin, qui n'est digne de vivre, je ne puis que je n'en doubte*, (Larivey , *Les Esprits*, II, 1, p. 25) ; *Et jaçoit que du vent cesse la rage horrible, / Son flot n'est pas pourtant si tost calme et paisible,* (La Taille, *Saül le furieux*, v. 241-242). Les nouvelles de Philippe de Vigneulles en présentent 3 emplois dont 2 à l'indicatif : *Et jaçoit que ladite jeune femme estoit assés gaillarde et plaisante de son maintien, si estoit elle bonne et loyalle à son espoux et mary* (*Les Cent Nouvelles Nouvelles*, N18, p. 102).

31. ***Bien que*** : son apparition est située en moyen français (O. Soutet, *op. cit.*, 1992, p. 205), mais il faut attendre le milieu du XVIe siècle pour que son emploi devienne significatif.

=> Barthélemy Aneau, l'auteur du *Quintil Horatian*, réprouve l'usage de *bien que* dans la dédicace de la première édition de *L'Olive* de Du Bellay (1549) : *Bien que le vœu, que je sacre & ordonne / A ta grandeur, soit d'assez petit pris,* (v. 1-2), qu'il commente en ces termes : « Tu uses par tout, sans exemple d'autorité, de ce mot *bien*, concessif ou exceptif, pour *or soit* ou *combien.* » (éd. Chamard, p. 6). Son témoignage souligne donc l'aspect novateur de cet emploi en 1549.

La locution peut, à l'époque, régir l'indicatif.

Si l'on prend l'exemple de Ronsard et du *Second Livre des Amours* (1578), l'on relève 11 emplois de la conjonction *bien que* (aucune de *combien que*), dont deux à l'indicatif : *Ma Francine, mon cueur, qu'oublier je ne puis, / Bien que pour ton amour oublié je me suis,* (« Le Voyage de Tours ou les Amoureux. Thoinet et Perrot », p. 205, v. 35-36) ; *Avant vostre partir je vous fais un present / (Bien que sans ce present impossible est de vivre) / Marie, c'est mon cœur qui brulle de vous suivre :* ([43], pièce présente en 1578 et retranchée en 1584, v. 1-3, p. 265). Le sonnet 64 (p. 230-231) est construit sur l'anaphore de *bien que.*

Les *Essais* de Montaigne offrent 5 occurrences de *bien que* dont 3 régissent le subjonctif et 2 sont employées sans verbe : *le Comte d'Aiguemond, tenant son ame et volonté endebtée à sa promesse, bien que la puissance de l'effectuer ne fut pas en ses mains, estoit sans doute absous de son devoir,* (I, 7, p. 30 A), *fut* est très probablement un imparfait du subjonctif en dépit de sa graphie de passé simple de l'indicatif (☞ § 8 et 58) ; *Car, bien que, à la verité, la pluspart de nos actions ne soient que masque et fard, et qu'il puisse quelquefois estre vray,* (I, 38, p. 234 A) ; *et, bien que ce fussent Lacedemoniens,* (I, 45, p. 274 A) ; les tournures sans verbe sont les suivantes : *Chrysippus, bien que en toutes autres choses autant desdaigneux juge de la condition des animaux que nul autre philosophe,* (II, 12, p. 463 A) ; *la contagion, bien que voisine, n'avoit sceu prendre pied,* (III, 12, p. 1047 B).

=> Comme le remarque E. Huguet (1894, p. 200), l'emploi de l'indicatif est conforme à la logique ainsi qu'à la syntaxe latine : *bien que* suit la construction des conjonctions *quamquam, etsi, tametsi.*

32. *Combien que* est une locution ancienne (elle est employée dès le XIIe siècle dans une valeur quantitative), particulièrement fréquente en moyen français et à la Renaissance (O. Soutet, *op. cit.*, 1992, p. 187-189). Avec 925 occurrences dans Frantext, elle apparaît comme l'une des principales locutions conjonctives de la période. Elle peut être suivie de l'indicatif comme l'attestent des exemples chez Philippe de Vigneulles (5) et Montaigne (2) : *leur voulons nous oster l'occasion de souhaiter nostre mort (combien que nulle occasion d'un si horrible souhait peut estre ny juste ny excusable ?* (*Essais*, II, 8, p. 389 A), l'indicatif exprime ici une vérité générale

; *Combien que depuis il advint tout diversement à cet autre*, (*ibid.*, II, 12, p. 442 B), l'indicatif souligne que le fait évoqué est attesté, déjà réalisé.

33. *Comment que*, locution conjonctive qui se développe en MF (XIVe siècle), présente 23 occurrences dans Frantext.

O. Soutet relève jusqu'au milieu du XVIe siècle, chez La Boétie, le tour *comment qu'il en soit* au sens de « quoi qu'il en soit » : *Les nostres semerent en France je ne sçai quoi de tel, des crapaus, des fleurdelis, l'ampoule et l'oriflambe, ce que de ma part, comment qu'il en soit, je ne veus pas mescroire,* (*Servitude volontaire*, p. 63). Il s'interroge sur les évolutions différentes de *combien que* et *comment que*, qui « n'ont pas connu deux mouvements de lexicalisation locutionnelle de même ampleur. La raison en est sans doute sémantique. Le trait constitutif majeur de *comment* est le trait qualité tandis que celui de *combien* est le trait intensité. » (*op. cit.*, 1992, p. 194). *En tous affaires, quand ils sont passés, comment que ce soit, j'y ay peu de regret.* (Montaigne, *Essais*, III, 2, p. 815 C).

34. *Encore(s) que*. La locution, qui apparaît tardivement dans l'histoire du français (XVe siècle), est répandue au XVIe siècle : *perpetuer et durer en toute succession de temps, sans jamais deperir les especes, encores que les individuz perissent,* (Rabelais, TL, 8, p. 374) ; *Encores que lon eust heureusement compris / Et la doctrine Grecque, et la Romaine ensemble, / Si est-ce (Gohory) qu'icy, comme il me semble, / On peult apprendre encor', tant soit-on bien appris.* (Du Bellay, *Les Regrets*, 72, v. 1-4).

35. *Nean(t)moins que*, caractéristique de la langue juridique du milieu du XVe siècle, est également attestée en littérature aux XVe et XVIe siècles (O. Soutet, *op. cit.*, 1992, p. 207).

La locution est appréciée de Noël Du Fail comme l'attestent les nombreux emplois : 1 cas de *neanmoins que* suivi de l'indicatif et 12 emplois de *neantmoins que*, dont 5 sont suivis du subjonctif et 2 sont construits avec le seul adjectif : *requerants formules : neantmoins que abastardies,* (*Baliverneries d'Eutrapel,* IV, p. 57) ; *que elle (neantmoins que indigne),* (*ibid.*) ; dans ces deux emplois, Du Fail pastiche le style juridique dans le cadre du procès de la Goutte et de l'Hyraigne. Mais la formule est adaptée par l'auteur à tous les styles, qu'il s'agisse du style élevé : *Ausquelz obeïssons autant que faites à voz Loix et coustumes, neantmoins que les nostres ne soient escrites.* (*Propos Rustiques*, 8, p. 100) ou du style bas : *Hervé le Rusé portoit la broche pour le lard, neantmoins que aucuns m'ayent dict que c'estoit Colin Garguille,* (*ibid.*, p. 124).

36. *Non que* : *Non que je vueille dire qu'au langage Picard, Normant, Gascon, Provençal, Poitevin, Angevin, ou tels autres, sejourne la pureté dont nous discourons.* (E. Pasquier, *A Monsieur de Kerquifinen,* 1562, Livre II, 12, *Choix de lettres*, vol. 1, p. 89).

37. *Obstant que, nonobstant que*

Obstant que : selon O. Soutet (*op. cit.*, 1992, p. 205), la locution *obstant que*, au sens concessif, attestée chez Villon, l'est encore au XVIe siècle, et il renvoie aux exemples fournis par le dictionnaire Huguet, où le sens est « indiscutablement concessif » : *Estre un loup je te voys / A ta figure, obstant qu'a ouir ta voix / Certainement tu semble chievre.* (*Trois cent soixante et six apologues d'Esope* traducts par maistre Guillaume Haudent, Rouen, Henry Boissel, 1877, I, 135). Le *corpus* de Frantext n'offre aucun exemple de la locution *obstant que* pour la période 1500-1599 contre 31 occurrences de *non obstant que.*

Nonobstant que : la locution apparaît d'abord dans la prose juridique au début du XIVe siècle ; son usage s'étend ensuite dans la seconde moitié du siècle, sans doute par l'intermédiaire de la prose historique. Le subjonctif est nettement prédominant : *Car nonobstant que son frere fust bien mondain, si sçavoit elle qu'il avoit la conscience bonne, la foy et l'amour en Dieu bien grande* : (M. de Navarre, *L'Heptaméron*, N25, p. 310).

Des exemples à l'indicatif (8 emplois sur 31) se rencontrent chez Philippe de Vigneulles : *lequel homme d'arme qui achetoit le drap parloit en allement à la marchande deventdite qui vandoit le drap, nonobstant qu'il estoit François ou Roman de nacion,* (*Les Cent Nouvelles Nouvelles*, N38, p. 177) ; Jean Marot : *Et nonobstant que maintz coups s'adresserent / En la bataille, où plusieurs gens tuerent,* (*Le Voyage de Venise*, v. 2229-2232) ; et Jean de La Taille: *ce grand empereur Auguste, lequel, nonobstant qu'il pouvoit tousjours estre empesché aux affaires du monde, a bien pris quelquefois le plaisir de faire une Tragedie* (*Saül le furieux*, préface, p. 11).

38. ***Ores que***, au sens de « quoique », présente une évolution historique surprenante (O. Soutet, *op. cit.*, 1992, p. 204) : après une première attestation dans un texte du XIIe siècle, il faut attendre le XVIe siècle pour en relever de nouvelles occurrences, notamment chez Rabelais, Pasquier et Grévin et son usage disparaît dès le début du XVIIe siècle. Si l'emploi reste limité, c'est peut-être à cause du sens également temporel de cette locution : *Les menaces et la promesse / M'ont remis en telle destresse, / Qu'ores que je veille une chose, / Toutefois l'honneur s'y oppose.* (J. Grévin, *Les Esbahis*, v. 975-978) ; *Et ores que Sibylle ne feust, et de Sibylle ne meritast le nom, quel interest encourrez vous avecques elle conferent de vostre perplexité ?* (Rabelais, TL, 16, p. 400). *Ores que* est ici l'équivalent de « même si » et exprime la supposition.

=> On ne confondra pas cet emploi avec celui de *ores que* + indicatif au sens de « maintenant que » : *Ores que je n'y suis plus, j'en juge comme si j'y estoy.* (Montaigne, *Essais*, III, 2, p. 815 B).

39. ***Quand*** + une forme en *–rois* ou un subjonctif imparfait ou plus-que-parfait prend une valeur hypothético-concessive : *Et quand ma femme future seroit aussi gloutte du plaisir Venerien, que fut oncques Messalina, ou la marquise de Oinsestre en Angleterre, je te prie croire, que je l'ay encores plus copieux au contentement.* (Rabelais, TL, 27, p. 436-437).

La conjonction peut, dans cet emploi, être renforcée par les adverbes *bien* ou *mesme* : *Mais un page, quand bien il eust esté habillé en damoiselle, si l'eust il discerné entre cent aultres :* (Des Périers, *Nouvelles Récréations*, N88, p. 301) ; *Quand mesme ton dessein ce jour je n'eusse veu, / Ny entendu des miens, le Ciel ne l'eust pas teu ;* (Jodelle, *Didon se sacrifiant*, v. 483-484).

40. ***Quoi que / quoique***

O. Soutet (*op. cit.*, 1992, p.180-187) étudie la filiation entre *quoi que*, indéfini + relatif, et *quoi que*, locution conjonctive. Il relève chez Froissart les premières attestations incontestables de la locution en emploi concessif : « L'emploi de *quoi que*, dans ce sens, est bien attesté tout au long du XVe puis au XVIe siècle, même si cette locution reste longtemps minoritaire, d'abord face à *ja soit que* puis face à *combien que*. »

Un relevé dans Frantext fournit, en effet, peu d'occurrences : *quoi que* (10), *quoique* (6), *quoi qu'* (15), *quoiqu'* (4).

Marguerite de Navarre emploie une seule fois la locution dans *L'Heptaméron* : *ceulx qui par fureur mesmes viennent à se tuer ne peuvent pecher quoy qu'ilz facent*, (N10, p. 145).

Pierre de L'Estoile, féru de la locution (20 occurrences), emploie la tournure *quoi que c'en soit* (6 fois), *quoi que ce soit* (3 fois) et une fois la tournure moderne *quoi qu'il en soit* : *Quoi que c'en soit, il n'y eust point de coups rués, et se passa doucement ceste entreprise.* (*Registre-journal du regne de Henri III*, t. 3 : 1579-1581, p. 149) ; *Quoi que ce soit, il est mort riche là où il n'eust esté qu'un pauvre regent s'il fut demeuré en France.* (*ibid.*, t. 5 : 1585-1587, p. 30).

Les *Odes* de Ronsard présentent 3 occurrences : *Du couard la renommée / Ne fut oncques estimée / (Quoy qu'il face du vaillant) /* (I, 9, v. 97-99, p. 625) ; *Le lion quoi qu'on lui face / Jamais ne change l'audace / De son courage vaillant.* (II, 1, v. 64-66, variante, p. 1516) ; *Et quoy qu'il soit allangoré / De voir sa femme morte et palle, / Si suit-il celle qui egale / Les roses d'un front coloré.* (III, 7, v. 17-20, p. 754).

La conjonction peut régir l'indicatif : chez Montaigne, sur les trois occurrences, l'une est à l'indicatif : *ceux qui, ces années passées, avoient en usage de reprocher à tout chacun en qui il reluisoit quelque clarté d'esprit, professant la relligion Catholique, que c'estoit à feinte, et tenoient mesme, pour luy faire honneur, quoy qu'il dict par apparence, qu'il ne pouvoit faillir au dedans d'avoir sa creance reformée à leur pied.* (*Essais*, I, 56, p. 320 C).

b) Les subordonnées temporelles

41. ***Avant que***. Selon A. Lorian (art. cit.), la temporelle d'antériorité (*avant que, jusqu'à ce que*) préfère nettement, « mais sans fanatisme », le subjonctif, pour la période 1450-1525 : *je veux (avant que la nuict soit plus avancée) vous dire quelque cas d'assez bon gout,* (Du Fail, *Propos Rustiques*, 12, p. 147).

C. Demaizière remarque que *avant* peut être sous-entendu : *il ne voulut partir qu'il ne me vist enroollé en une place* (Monluc, *Commentaires*, p. 228).

42. ***Comme*** temporel-causal est suivi de l'indicatif, mais fréquemment aussi, à l'imitation du latin, de l'imparfait du subjonctif : *Mais comme ils eussent commencé cette besoigne, la conduisans droit au pavillon de Pajazet, et finablement fussent venus à faire jour, ils furent apperceuz et saisis :* (B. de Vigenère, *L'Histoire de la décadence*, III, 13, p. 211).

=> G. Gougenheim (1974, p. 133) y voit un latinisme résultant d'une fausse étymologie de *comme*, qu'on rattachait à *cum*, alors qu'en réalité il vient de *quomodo.*

=> N. Fournier (1998, § 525) note qu'il est en voie de disparition au XVIIe siècle.

43. *Devant que* est construit soit avec le subjonctif, soit avec l'infinitif et les deux constructions peuvent être regroupées dans une même phrase : *Mais devant que la mort ait son ame ravie. / (...) / Et devant que mourir (rare felicité) / Ton heureuse vertu triomphe de l'envie.* (Du Bellay, *Les Regrets*, 20, v. 4 et v. 7-8).

44. *Jusqu'à ce que*, *jusqu'à ce que, jusqu'à tant que* et *tant que* acceptent l'indicatif et le subjonctif.

L'indicatif se trouve après la locution conjonctive *jusqu'à ce que* quand on rapporte un fait certain : *ainsi leurs yeux ont esté trompez, & la multitude de leurs troupes leur a servi d'esblouissement, jusques a ce qu'ils ont eux mesme veu, & que la frayeur les a transis.* (Sponde, *Meditations sur les Pseaumes*, « Méditation sur le psaume XLVIII. », l. 474-477) ; *Jusques à tant, que j'auray une Amye*, (Marot, *L'Adolescence clementine, Epistres*, 6, « L'Epistre des Jartieres blanches », v. 4). Chez Calvin, sur une quinzaine d'occurrences de *jusqu'à ce que,* deux sont suivies de l'indicatif : *Mais ce qu'il a commencé n'a pas esté accomply, jusqu'à ce que le Fils de Dieu, estant levé en la majesté de son empire, a donné un cours plus libre (...) à ses Apostres.* (*Institution*, II, 9, p. 194 [1560]).

=> Comme le remarque E. Huguet (1894, p. 200), cet emploi est un reflet de la syntaxe latine en même temps qu'un respect de la logique : *jusqu'à ce que* se construit comme *dum, donec* et *quoad.*

=> Au XVIIe siècle encore, ces locutions conjonctives temporelles sont construites avec les deux modes (N. Fournier, 1998, § 530-531).

Le même phénomène s'observe avec *bien que* ☞ *supra* § 31.

45. Les temporelles sont susceptibles de prendre diverses valeurs qui impliquent un emploi au subjonctif, en particulier une valeur de conditionnelle : *Aussi ne peult l'home recepvoir divinité, et art de vaticiner, sinon lors que la partie qui en luy plus est divine (...) soit coye, tranquille, paisible, non occupée ne distraicte par passions et affections foraines.* (Rabelais, TL, 13, p. 389) ; *sinon lors que* équivaut à « qu'à la condition que ».

c) Les subordonnées consécutives et finales

46. *Afin que, pour que* (et sa variante *pour ce que*) introduisent des subordonnées au subjonctif : *Et ce que presentement te escriz, n'est tant affin qu'en ce train vertueux tu vives, que de ainsi vivre et avoir vescu tu te resjouisses et te refraischisses en courage pareil pour l'advenir.* (Rabelais, PA, 8, p. 243) ; *je poursuy la communication de quelque esprit fameux, non pour qu'il m'enseigne, mais pour que je le cognoisse.* (Montaigne, *Essais*, III, 8, p. 928 C).

Dans le cas de la locution *pour ce que*, la distinction modale correspond à une discrimination sémantique.

> *Pour ce que* + indicatif est l'équivalent de *parce que*, et a valeur causale.
>
> *Pour ce que* + subjonctif a valeur finale, mais il est d'emploi rare. Sur les 205 occurrences de *pour ce que* relevées dans Frantext, une seule a valeur finale : *Ah veux tu que je me cesse, pour ce que jamais ne cesse ma passion ?* (Lavardin, *La Celestine*, [adaptation], acte 14, p. 207).

47. *Que*, mis pour « *pour que* » : *Fuions (Dilliers) fuions ceste cruelle terre, / Fuions ce bord avare, et ce peuple inhumain, / Que des Dieux irritez la vangeresse main / Ne nous accable encor' soubs un mesme tonnerre.* (Du Bellay, *Les Regrets*, 116, v. 1-4).

48. Les consécutives introduites par les locutions *si...que, tant...que, tel(le)...que* sont employées au subjonctif lorsque la conséquence est envisagée comme une éventualité : *un pays ne peult jamais estre si parfaict en tout, qu'il ne puisse encores quelquefois emprunter je ne sçay quoy de son voisin,* (Ronsard, *Abbregé de l'Art poetique françoys*, t. II, p. 1177) ; *Mais : (dist le moyne) le service du vin faisons tant qu'il ne soit troublé,* (Rabelais, GA, 27, p. 78) ; *Ce que je vous dy est pour vous* *monstrer qu'il faut mesnager les autres vulgaires dans le nostre, mais avec telle dexterité que l'on ne s'en apperçoive.* (E. Pasquier, *A Monsieur de Kerquifinen*, 1562, Livre II, 12, *Choix de lettres*, vol. 1, p. 90).

d) Les subordonnées restrictives et d'opposition

49. ***Au lieu que*** est assez peu employé.

Les exemples glanés dans le *corpus* de Frantext n'offrent que des emplois à l'indicatif, ce qui est conforme à la logique, la locution *au lieu que* introduisant généralement un constat : *au lieu que toute nostre fiance doit estre enracinée en Dieu seul, ils le rejettent loin et s'amusent à eux ou aux créatures.* (Calvin, *Institution*, I, IV, p. 67 [1541] ; éd. O. Millet, I, p. 6/197 : *au lieu que nostre fiance debvroit estre du tout fichée en luy, elle repose en nous ou aux autres creatures.*) ; *au lieu que je n'estois que jusques icy prisonnier que de corps, desormais je le suis de corps et d'ame,* (J. Yver, *Le Printemps,* 3, p. 1197).

S'il s'agit d'un fait non avéré, on peut trouver la forme en *-rois* : *Car au lieu que gents de peu d'occupation se pourroyent employer à quelque cas qui leur feroit tort à la vie, ce petit exercice le distrait et retire de ce danger, et ce pendant leur enseigne dix mille honnestetez.* (C. Estienne, *Paradoxes*, p. 240).

50. ***Sans que*** est régulièrement utilisé avec le subjonctif : *Ce que fist Eusthenes, et le fust rompit en deux pieces tout net, sans que une goutte d'eau tumbast des verres.* (Rabelais, PA, 27, p. 311).

51. ***Que*, mis pour « *sans que* »**, intervient souvent en contexte poétique, favorable à l'ellipse : *Qu'il soit vray, prins-tu onq tel plaisir d'ouir lire / Les louanges d'un prince, ou de quelque cité,* (Du Bellay, *Les Regrets*, 76, v. 5-6) ; mais également en prose : *Somme, il est mal-aysé de ramener les choses divines à nostre balance, qu'elles n'y souffrent du deschet.* (Montaigne, *Essais*, I, 32, p. 216 A).

e) Les subordonnées causales

52. Au XVIe siècle, comme en FM, les causales sont au subjonctif lorsque la cause est niée, avec *non que, non pas que* : *Pourroit donc bien (non que je le demande) / Un Dieu causer ce vivre tant amer ?* (Scève, Délie, 442, v. 1-2).

Dans les *Baliverneries d'Eutrapel* de Noël Du Fail, l'un des deux emplois de la tournure présente une forme en *–rois* sous l'influence d'un contexte hypothétique : *non que je voudrois rejecter ceste legiereté sur tes sainctes admonitions, et desquelles je te tiens grand obligation : mais en usant de solution, ou plustost de diffuges à tes contraires, je te pourrois usant de compensation, balivernant et riant avec toy, deduire partie de mes motifz et arrestz* (L'auteur à son grand amy : H.R., p. 5).

f) Les subordonnées conditionnelles

53. Expression de la condition avec *en cas que*

Rabelais en fait usage (15 occurrences), presque toujours au subjonctif : *Et en avons veu qui se donnoyent à cent pipes de vieulx diables, en cas que ilz n'eussent senty allegement manifeste à la lecture dudict livre,* (PA, prologue, p. 214) ; *En cas que le voulussiez totalement de son office deposer, je vous priray bien fort me en faire un præsent et pur don.* (TL, 43, p. 487).

Une seule occurrence présente la forme en *-rois* : *tu as octroyé es humains de garder et defendre soy, leurs femmes, enfans, pays, et famille, en cas que ne seroit ton negoce propre qui est la foy,* (PA, 29, p. 317).

Un seul exemple est à l'indicatif : *Et non sans cause (combien que sans raison) plusieurs venuz en tel accident, ont ceste indignité moins estimé tolerable, que leur vie propre, et en cas que par force ny aultre engin ne l'ont peu corriger, se sont eulx mesmes privez de ceste lumiere.* (GA, 31, p. 86).

La variante *au cas que* apparaît 5 fois chez Rabelais : *feut decreté que jà ne seroient là les femmes au cas que n'y feussent les hommes, ny les hommes en cas que n'y feussent les femmes.* (GA, 52, p. 138).

Dont une fois à l'indicatif : *au cas que leur controverse estoit patente et facile à juger, vous l'avez obscurcie par sottes et desraisonnables raisons et ineptes opinions de Accurse, Balde,...* (PA, 10, p. 252).

54. Avec ***moyennant que*** : *Il vous conduira, et ne vous delairra point moiennant que mettiés vostre esperance en lui.* (Pierre de L'Estoile, *Registre-Journal du regne de Henri III*, t. 1 : 1574-1575, p. 80).

Calvin fait un usage fréquent de la tournure avec 45 occurrences dans l'*Institution de la religion chrestienne* : *il appert qu'à un chacun membre de l'Eglise est donnée la charge d'édifier les autres, selon la mesure de grâce qui est en luy, moyennant que cela se face décentement et par ordre,* (IV, 1, p. 23 [1541] ; éd. O. Millet, IV, p. 273 / 666).

Pour l'emploi avec *si* ☞ rubrique suivante V.

V – L'EXPRESSION DE L'HYPOTHÈSE

1) LES SYSTÈMES HYPOTHÉTIQUES

55. Le français met en place pour l'expression de l'hypothèse un système propre, dans lequel le rôle du subjonctif va progressivement reculer.

=> Pour le rôle historique du subjonctif dans l'expression de l'hypothèse, voir le récapitulatif de H. Bonnard (*G.L.L.F*, p. 870-873).

Le latin utilisait le subjonctif dans les deux propositions, subordonnée et principale, pour exprimer le potentiel et l'irréel ; en FM, l'actualisation de l'hypothèse amenée par *si* est intégrale. En AF (selon G. Moignet, *op. cit.*, p. 690), elle était acquise pour l'hypothèse rapportée au présent et au futur, mais non pour l'hypothèse rapportée au passé, où le subjonctif maintient ses positions.

L'emploi du subjonctif résiste tout au long du MF et du XVIe siècle, période de transition avant la généralisation du système à l'indicatif et pendant laquelle voient le jour des systèmes mixtes.

La langue du XVIe siècle connaît 5 types : 3 pour l'hypothèse relative au présent et à l'avenir, 2 pour l'hypothèse relative au passé.

Au présent : le **type 1** (présent de l'indicatif dans la subordonnée / futur simple dans la principale) et le **type 2** (imparfait du subjonctif dans les deux propositions) sont en retrait par rapport au **type 3** (*si* + imparfait de l'indicatif / forme en *–rois* dans la principale).

Les systèmes qui rejettent dans le passé l'hypothèse et sa conséquence se présentent, le plus souvent, sous le **type 4** (plus-que-parfait du subjonctif dans les deux propositions) et sous des types mixtes : *si* + plus-que-parfait de l'indicatif / plus-que-parfait du subjonctif, *si* + plus-que-parfait de l'indicatif / forme en *–rois* simple, qui annoncent le **type 5** (*si* + plus-que-parfait de l'indicatif / forme en *–rois* composée), encore rare.

a) L'hypothèse relative au présent et à l'avenir (expression de l'éventuel, du potentiel et de l'irréel du présent)

Lorsque l'hypothèse porte sur un présent-futur indubitable, (il s'agit de l'hypothèse pure et simple, de l'éventuel) :

56. L'on emploie le type 1, *si* + présent de l'indicatif dans la subordonnée / futur simple dans la principale : *Si je n'ay plus la faveur de la Muse, / Et si mes vers se trouvent imparfaits, / Le lieu, le temps, l'aage où je les ay faits, / Et mes ennuis leur serviront d'excuse.* (Du Bellay, *Les Regrets*, *A Monsieur d'Avanson* , v. 1-2). Ce système connaît des variantes.

Le futur dans l'apodose peut être remplacé par un présent : *Si l'importunité d'un crediteur me fasche, / Les vers m'ostent l'ennuy du fascheux crediteur :* (Du Bellay, *Les Regrets*, 14, v. 1-2) ; *Si je monte au Palais, je n'y trouve qu'orgueil*, (*ibid.*, 80, v. 1), il y a alors « annulation de l'écart temporel entre la réalisation de la conséquence et celle de la condition de l'hypothèse » (B. Combettes, S. Monsonego, art. cit., p. 228).

Dans un contexte jussif, on peut rencontrer l'impératif ou le subjonctif présent dans la principale : *Si tu veuls vivre en court (Dilliers) souvienne-toy,* (Du Bellay, *Les Regrets*, 139, v. 1-2) ; *Si tu veuls seurement en court te maintenir, / Le silence (Ronsard) te soit comme un decret.* (*ibid.*, 140, v. 1-2).

Le passé composé peut être employé à la place du présent dans la subordonnée : *Si la perte des tiens, si les pleurs de ta mere, / Et si de tes parens les regrets quelquefois, / Combien, cruel Amour, que sans amour tu sois, / T'ont fait sentir le dueil de leur compleinte amere : / C'est or' qu'il fault monstrer ton flambeau sans lumiere,* (Du Bellay, *Les Regrets*, 103, v. 1-5).

L'exemple suivant combine passé simple et passé composé dans la subordonnée, impératif dans la principale : *Si onques de pitié ton ame fut atteinte, / Voiant indignement ton amy tormenté, / Et si onques tes yeux ont experimenté / Les poignans esguillons d'une douleur non feinte, / Voy la mienne en ces vers sans artifice peinte,* (*ibid.*, 47, v. 1-6).

B. Combettes et S. Monsonego (art. cit., p. 228) signalent une variante avec le futur antérieur dans la principale, qui ajoute la valeur d'accompli du futur : *Si tu n'as autre chose à dire, je t'aurai tantost solu* [réfuté] *ce que tu m'as si long temps gardé,* (Tahureau, *Dialogues*, p. 61).

Lorsque l'hypothèse porte sur un présent-futur problématique

57. L'on exprime alors le potentiel (on est encore dans le domaine du possible, mais il y a modalisation, effet dubitatif) ou l'irréel (on passe ici le seuil du réalisable, on est dans le contre-factuel).

De l'AF au FM, il n'y a pas de distinction morphologique entre potentiel et irréel du présent.

58. Emploi du type 2 : imparfait du subjonctif dans les deux propositions.

Ce système, que l'AF a hérité du latin, est rare au XVIe siècle. L'imparfait du subjonctif figure le plus souvent, à l'époque, dans un seul membre de la phrase, selon des systèmes mixtes, déjà très fréquents en MF et qui permettent non seulement de varier le mode (indicatif ou subjonctif), mais également de jouer sur les différents claviers de l'aspect et du temps (voir R. Martin et M. Wilmet, 1980, § 102) : *Il n'y a nul de nous qui ne valut moins que les Roys, s'il estoit ainsi continuellement corrompu, comme ils sont de cette canaille de gens.* (Montaigne, *Essais*, 13, p. 1077 B), la graphie est ici trompeuse, il s'agit d'un subjonctif imparfait, équivalent du FM *valût* ; *S'il naissoit à cette heure quelque chose de pareil, il est peu d'hommes qui le prisassent.* (*ibid.*, 12, p. 1037 B).

=> R.-L. Wagner (*op. cit.*, p. 499) commente ainsi l'exemple des *Essais* : *Si j'avois des enfans masles, je leur desirasse volontiers ma fortune.* (*Essais*, III, 13, p. 1100 B) « Le tour *se* + imparfait de l'indicatif / imparfait du subjonctif apparaît d'une manière sporadique, au XVe siècle ; au XVIe siècle, seuls l'emploient, à notre connaissance du moins, des écrivains provinciaux qui conservaient l'habitude, peut-être, d'exprimer une éventualité souhaitable au moyen du subjonctif imparfait, en proposition indépendante. Ce qui nous permet de le supposer, c'est que nous rencontrons toujours le verbe de la principale à la 1ère personne du singulier et, plus souvent, accompagné de l'adverbe *volontiers*. Mais ces types ne dépassent pas le début du XVIIe siècle et leur disparition doit être comptée à l'actif de la force unificatrice qui pousse le tour commun : *se* + imparfait de l'indicatif / forme en *rais.* »

=> Au XVIIe siècle, ce type a complètement disparu (N. Fournier, 1998, § 549).

59. Emploi du type 3 : *si* + imparfait de l'indicatif dans la subordonnée / forme en *–rois* dans la principale, système de création romane, qui apparaît au XIIIe siècle : *(...) ma Maistresse au plaisant entretien / M'ayme d'un cueur tant bon, et desirable, / Qu'on me debvroit appeler miserable, / Si mon vouloir estoit aultre que sien. / Et fusse Helaine au gratieux maintien, / Qui me vint dire, Amy, faiz mon cueur tien, / Je respondroys, point ne seray muable : / Là me tiendray,* (Marot, *L'Adolescence clémentine*, Rondeaux, 47, « Du content en Amours », v. 2-9), il s'agit du type 3 : *on me debvroit..., Si mon vouloir estoit* ; en l'absence de l'indice d'hypothèse *si*, le subjonctif réapparaît dans la construction paratactique *Et fusse Helaine...*).

B. Combettes et S. Monsonego (art. cit., p. 226) expliquent que, d'un point de vue historique, « le développement du système hypothétique à l'indicatif est lié à la progression générale de l'indicatif dans la langue ancienne, ainsi qu'à celle de la forme en *-rois* dont l'ambiguïté temporelle prêtait à des emplois très divers, y compris à des emplois modaux en propositions indépendantes. »

Selon R.-L. Wagner (*op. cit.*, p. 307), la forme en *–rois* a, en premier lieu, investi la principale des énoncés hypothétiques et il se demande pourquoi, dans une symétrie analogue à celle du système au subjonctif, elle n'a pas aussi gagné la subordonnée. Il insiste sur le fait que la conjonction *se (si)* situe à elle seule l'hypothèse sur le plan de l'éventualité ; la forme en *–rois* dans la protase n'aurait apporté qu'une surcharge de sens et de détermination. Cela explique à l'inverse que la forme en *–rois* réapparaisse lorsque l'indice d'hypothèse *se (si)* est omis en tête de proposition (énoncés hypothétiques paratactiques, mais aussi introduits par *qui*). Les dernières années du XVIe siècle sont une étape importante qui consacre le succès définitif du type *si* + imparfait de l'indicatif / forme en *–rois* et met un terme à la concurrence que ce type entretenait avec *se* + imparfait du subjonctif / imparfait du subjonctif. Dès la seconde moitié du XIIe siècle, R.-L. Wagner (*op. cit.*, p. 437-442) note la prééminence du tour *se* + imparfait de l'indicatif / forme en *–rois*, au point que l'envahissement de ce type 3 lui paraît être le fait capital de l'évolution des propositions hypothétiques, bien plus que l'alternance *indicatif / subjonctif*.

E. Huguet (1894, p. 191) remarque que « dans les phrases conditionnelles, le subjonctif joue chez Rabelais un rôle bien plus important que de nos jours. D'abord, dans la proposition principale, il tient souvent la place du présent ou du passé du conditionnel, d'autre part, dans la proposition qui exprime la condition, il est assez souvent employé au lieu de l'indicatif, même à l'imparfait. » Dans l'exemple suivant : *Mais si, dist Panurge, Dieu le vouloit, et advint que j'esposasse quelque femme de bien, et elle me batist, je seroys plus que tiercelet de Job, si je n'enrageois tout vif.* (TL, 10, p. 378), on note un jeu sur l'aspect avec l'emploi de l'imparfait *vouloit*, qui recrée un événement passé dans son déroulement effectif (temps passé, aspect sécant) et du passé simple *advint*, qui exprime un passé révolu (temps passé, aspect global). L'emploi du passé simple montre ici que le souci de la précision temporelle l'emporte sur les motivations aspectuelles.

Rabelais illustre d'autre part le vieillissement du type 2. De *Pantagruel* à *Gargantua*, une même expression est reprise et modernisée, avec l'adoption d'un type mixte (*si* + imparfait de l'indicatif / imparfait du subjonctif) : *O compaing si je montasse aussi bien comme je avalle, je feusse desjà au dessus la sphere de la lune,* (Rabelais, PA, 14, p. 263) ; *Si je montois aussi bien comme j'avalle, je feusse pieç'a hault en l'œr.* (GA, 5, p. 19).

R.-L. Wagner relève d'autre part chez Rabelais l'emploi de la tournure *se* + imparfait du subjonctif / forme en *–rois*, archaïsme que l'auteur utilise dans l'intention de faire sourire (exemples cités

p. 478 et analysés p. 483 et p. 495) : *Je vous jure le bon Vraybis, que si cestuy monde, beat monde ainsi à un chascun prestant, rien ne refusant, eust Pape foizonnant en Cardinaulx, et associé de son sacre* [sacré] *colliege, en peu d'années vous y voiriez les sainctz plus druz, plus miraclificques, à plus de leçons, plus de veuz, plus de bastons, et plus de chandelles, que ne sont tous ceulx des neufz eveschez de Bretaigne.* (TL, 4, p. 365). Il s'agit d'un système mixte (imparfait du subjonctif dans la subordonnée, *eust*, forme en *-rois* dans la principale, *voiriez*) qui permet l'expression du potentiel, *en peu d'années*.

Le schéma moderne l'emporte nettement chez Montaigne : *Si ma volonté se trouvoit aysée à se hypothequer et à s'appliquer, je n'y durerois pas :* (*Essais*, III, 10, p. 1003 B) ; *Si je mordois à mesme, comme font les autres, mon ame n'auroit jamais la force de porter les alarmes et emotions qui suyvent ceux qui embrassent tant ;* (*ibid.*, p. 1004 B) ; *Si j'avois à revivre, je revivrois comme j'ay vescu* ; (III, 2, p. 816 C).

=> Pour cette question, l'on se reportera à R. Martin et M. Wilmet, (1980, § 123) : « Le *si* hypothétique impose au procès subordonné une vision sécante ; on imagine la condition en cours de réalisation avant d'envisager la conséquence. »

b) L'hypothèse relative au passé ; expression de l'irréel du passé

60. En AF, par héritage du latin, l'on emploie le type 2 : imparfait du subjonctif dans les deux membres de phrase ; c'est le type prédominant au XIIe siècle, répandu au XIIIe siècle. On voit l'inconvénient de ce type 2, qui confond potentiel, irréel du présent et irréel du passé.

Selon F. Brunot et C. Bruneau (1969, § 537), c'est au XVIe siècle que ce type, qui dès le XIIIe siècle donnait des signes de défaillance, peut être considéré comme mort en français.

61. Ce type 2 est remplacé par le type 4 (plus-que-parfait du subjonctif dans les deux propositions), qui devient régulier au XIVe siècle. Il s'agit au départ d'une innovation stylistique, mais qui, très tôt, a pris une valeur temporelle.

On trouve aussi le système : plus-que-parfait du subjonctif dans l'un des deux membres du système hypothétique, l'autre membre restant à l'imparfait du subjonctif : *Ainsi eusse je faict, si le cas me feust advenu, pour demonstrer mon innocence.* (Rabelais, TL, 19, p. 411) ; *et ores feussent bons amis et voisins, si tant l'un comme les aultres soy feussent despouillez de leurs affections en un seul article.* (QL, 35, p. 621).

L'exemple suivant de Du Bellay combine le type 4 avec l'emploi de la forme en *-rois* (dans la structure hypothétique : *si...ne fust descendu, ...seroit ensevelie* et dans l'hypothèse marquée par la préposition privative *sans : seroit entendu sans*) : *Si Pirithois ne fust aux enfers descendu, / L'amitié de Thesé' seroit ensevelie, / Et Nise par sa mort n'eust la sienne ennoblie, / S'il n'eust veu sur le champ Eurial' estendu : / De Pylade le nom ne seroit entendu / Sans la fureur d'Oreste, et la foy de Pythie / Ne fust par tant d'escripts en lumiere sortie, / Si Damon ne se fust en sa place rendu : / Et je n'eusse esprouvé la tienne si muable, / Si Fortune vers moy n'eust esté variable.* (*Les Regrets*, 70, v. 1-10).

Montaigne, dans ses *Essais*, fait généralement une utilisation du subjonctif plus-que-parfait, qui ne nécessite pas de commentaire stylistique : *Si toutesfois la fortune y eust voulu prester un peu de faveur, qui sçait jusques où se fut accreu ce battelage ?* (III, 11, p. 1029-1030 B). Mais on rencontre également des types mixtes : *et, s'ils ne luy eussent failly de compaignie, elle estoit pour les assister plus outre ;* (III, 13, p. 1092 B). Ici l'hypothèse est au plus-que-parfait du subjonctif, la protase à l'imparfait de l'indicatif, d'où une actualisation stylistique particulière. Voici un autre exemple du même type : *Isabel, Royne d'Angleterre, (...) estoit perdue, si elle fut arrivée au port qu'elle avoit projeté, y estant attendue par ses ennemis ;* (I, 34, p. 221-222 A). On peut trouver aussi chez Montaigne un emploi de l'imparfait de l'indicatif dans les deux propositions pour l'expression de l'irréel du passé : *Les Dames Argienes et Romaines portoyent le deuil blanc, comme les nostres avoient accoustumé, et devoyent continuer de faire, si j'en estois creu.* (I, 49, p. 300 B).

62. Emploi de l'indicatif dans la subordonnée / forme en *–rois* dans la principale.

La construction associant *si* + plus-que-parfait de l'indicatif / forme en *-rois* simple dans la principale domine.

Selon B. Combettes et S. Monsonego (art. cit., p. 227), cette construction offre le moyen d'opposer très fortement le temps de la réalisation de la condition (= irréel du passé) d'un côté, au temps de la réalisation de la conséquence (« irréel du présent » ou « potentiel ») de l'autre côté : *Car si vous aviez senty le feu comme les autres, vous ne nous peindriez icy la republicque de Platon, qui escript et n'experimente point.* (M. de Navarre, *L'Heptaméron*, N8, p. 114) ; *Si vous aviez autant hanté les hospitaux que les tavernes, dist Emarsuitte, vous ne tiendriez pas ce langage :* (*ibid.*, N57, p. 503).

Le type moderne (type 5 : *si* + plus-que-parfait de l'indicatif dans la subordonnée / forme en *–rois* composée dans la principale) est encore très rare au XVIe siècle.

Ce type, absent par exemple chez Montaigne, ne triomphera vraiment sur le type du subjonctif pur (subjonctif plus-que-parfait dans les deux propositions) qu'au XVIIIe siècle. Selon R.-L. Wagner (*op. cit.*, p. 230), « on peut dater ce succès sans trop de mal et le fixer à peu près au milieu du XVIIIe siècle : la prose de Voltaire en fait foi ainsi que celle de Diderot, si l'on prend pour norme ses *Lettres* à Sophie Volland. »

=> Après le XVIe siècle, la langue est parvenue à un système hypothétique uniformisé, plus contraignant et plus stable, lorsque s'affirme le succès de *si* + imparfait de l'indicatif / forme en *–rois*, doublé un peu plus tard par une variante *si* + plus que parfait de l'indicatif / forme en *–rois* composée (sur ce point, voir les conclusions de B. Combettes, S. Monsonego, art. cit., p. 238 et R.-L. Wagner, *op. cit.*, p. 519).

c) Les comparatives hypothétiques

63. Grande est la vitalité du subjonctif plus-que-parfait pour l'hypothèse située dans le passé (B. Combettes, S. Monsonego, art. cit., p. 231) : *Et furent tant alterez de ceste seule voix qu'ilz tiroyent la langue demy pied hors la gueule, comme si Pantagruel leur eust les gorges salées.* (Rabelais, PA, 18, p. 285); *Mieulx eust il faict soy contenir en sa maison royallement la gouvernant : que insulter en la mienne, hostillement la pillant, car par bien la gouverner l'eust augmentée, par me piller sera destruict.* (*ibid.*, GA, 46, p. 124-125).

64. L'hypothèse localisée dans le présent / futur se traduit, en règle générale, par l'imparfait ou, à l'aspect accompli, par le plus-que-parfait de l'indicatif. B. Combettes et S. Monsonego (art. cit., p. 231) proposent les deux exemples suivants : *ceste heureuse journée...me rend plus content que si je commandois à l'univers ;* (Boaistuau, *Histoires Tragiques,* p. 81) ; *et je l'ay aussi cher* (= ton mari) *que si je l'avois engendré ;* (*ibid.*, p. 98).

d) Coordination de formes verbales

65. B. Combettes et S. Monsonego (art. cit., p. 232) ont noté, pour les protases à l'indicatif : soit le maintien de la même forme que dans la première protase, soit le passage au subjonctif.

Ce passage au subjonctif s'opère dans l'exemple suivant de Rabelais, où 3 subjonctifs sont coordonnés à la première forme verbale qui, elle, est à l'indicatif : *Mais si, dist Panurge, estant malade et impotent au debvoir de mariage, ma femme impatiente de ma langueur, à aultruy se abandonnoit, et non seulement ne me secourust au besoing, mais aussi se mocquast de ma calamité, et (que pis est) me derobast, comme j'ay veu souvent advenir...* (Rabelais, TL, 10, p. 379).

B. Combettes et S. Monsonego n'ont pas relevé, dans leur *corpus*, l'utilisation du subjonctif dans la première protase et de l'indicatif coordonné dans la seconde. R.-L. Wagner (*op. cit.*, p. 488) ne signale aucun exemple non plus.

2) LES MARQUEURS AUTRES QUE *SI*

66. Avec le relatif *qui*, deux constructions sont possibles :

celle qui donne à la principale une autonomie totale en lui conférant un sujet propre (*il* ou l'indéfini *on*) et dont on trouve encore de nombreux exemples au XVIIe siècle (voir Haase, 1935, § 40) : *Qui m'ust* [m'eust] *vu lors en armes fiere aller, / Porter la lance et bois faire voler, / Le devoir faire en l'estour furieus, / Piquer, volter le cheval glorieus, / Pour Bradamante ou la haute Marphise, / Seur de Roger, il m'ust, possible, prise.* (Louise Labé, *Elégie* 3, v. 37-42) ;

celle, qui s'impose progressivement au cours du XVIe siècle, dans laquelle *qui* est facteur commun des deux verbes : *Qui apprendroit les hommes à mourir, leur apprendroit à vivre.* (Montaigne, *Essais*, I, 20, p. 90 C).

=> Selon R.-L. Wagner (*op. cit.*, p. 340), « toutes ces phrases, qu'elles s'appliquent à un fait particulier ou qu'elles émettent un aphorisme général, ont ceci de commun que leur valeur temporelle n'est nullement limitée à une des catégories de la durée. Elles sont pour une bonne part exprimées à l'aide d'un système hypothétique pur (centré autour d'une forme en *–rois* ou au subjonctif) ou mixte. » Sur ce point précis, R.-L. Wagner, (p. 511-517) renvoie à F. Brunot, *La Pensée et la langue*, p. 883-884.

67. Pour les subordonnées introduites par *quant / quand* (dans lesquelles la concession se combine à l'hypothèse), et celles introduites par les locutions conjonctives contenant toutes le subordonnant *que* : *en cas que, en ce cas que, au cas que* + subjonctif ☞ se reporter à la rubrique concernant les subordonnées circonstancielles conditionnelles (§ 53).

68. Absence de mot subordonnant : la construction paratactique est beaucoup moins représentée que la subordination : *De l'endurer lassé je ne suis pas, / Ny ne serois, allassé-je là-bas / Pour mille fois en mille corps renaistre* (1584) (Ronsard, *Le Premier Livre des Amours*, 102, v. 9-11) ; *et n'estoit licite d'en allumer plus, feust es nopces des plus riches : ne moins, feust es nopces des plus indigens.* (Rabelais, TL, 20, p. 412).

Cette construction subsiste toutefois dans l'expression *n'eust esté* qui connaît un fréquent usage dans la narration, chez les conteurs : *ils entrainerent le pauvre diable jusques en l'eau, et (pour vray) l'eussent noyé de malles eaux, n'eust esté un gros osier (planté sur le bord) où il se print vaillamment.* (P. d'Alcripe, *La Nouvelle Fabrique*, N56, p. 116) ; ou dans les récits insérés au sein d'un dialogue théâtral : *Mesme j'ay descouvert qu'il n'avoit pas deliberé de se marier si tost, n'eust esté son pere, qui l'en presse fort,* (O. de Turnèbe, *Les Contens*, I, 4, p. 27).

69. L'hypothèse contextuelle

L'hypothèse peut être soit non exprimée, soit exprimée par un adverbe (par exemple *autrement)*.

La forme en *–rois* est alors employée dans des propositions indépendantes : *Le neud qui devroit attacher nostre jugement et nostre volonté, qui devroit estreindre nostre ame et joindre à nostre createur, ce devroit estre un neud prenant ses repliz et ses forces (...) d'une estreinte divine et supernaturelle,* (Montaigne, *Essais,* II, 12, p. 446 A), exemple proposé et analysé par R.-L. Wagner (*op. cit*., p. 341-342).

L'irréel du passé est exprimé par le plus-que-parfait du subjonctif. Dans le sonnet 95 des *Regrets* de Du Bellay, la condition est implicite, le premier quatrain fait le constat de ce qui s'est produit, la suite du sonnet déroule les hypothèses de ce qui serait advenu en l'absence de cet événement : *Maudict soit mille fois le Borgne de Libye, / Qui le cœur des rochers perçant de part en part / Des Alpes renversa le naturel rampart, / Pour ouvrir le chemin de France en Italie. / Mars n'eust empoisonné d'une eternelle envie / Le cœur de l'Espaignol, et du François soldart, / Et tant de gens de bien ne seroient en hasart / De venir perdre icy et l'honneur et la vie.* (v. 1-8). La suite du sonnet est construite sur des plus-que-parfaits du subjonctif : *n'eust appris, n'eust changé, n'eust point esprouvé, n'eust fait.*

L'hypothèse peut être exprimée :

par un complément précédé de la préposition *sans : Et noteras que la langue Grecque n'eust jamais esté si faconde et abondante en dialectes et en mots comme elle est, sans le grand nombre de republicques qui fleurissoyent en ce temps là,* (Ronsard, *Abbregé de l'Art poetique françoys*, t. II, p. 1177).

ou par une forme en *–ant* : *Au quelz inconveniens ne eussent tant commodement obvié, beuvans par quelques jours paravant de l'eaue marine,* (Rabelais, QL, 1, p. 539).

CHAPITRE XI : L'IMPÉRATIF

Complément bibliographique : P. Fouché, *Le Verbe français. Etude morphologique*, Paris, Klincksieck, 1967, « Impératif », p. 208-212.

I – MORPHOLOGIE DE L'IMPÉRATIF

1) DEUXIÈME PERSONNE DU SINGULIER

1. Les verbes de classe I (1er groupe) ne prennent pas de désinence selon l'évolution phonétique normale : *canta* > *chante.*

Mais l'on observe l'introduction assez tôt d'un *s* désinentiel analogique de l'indicatif (*cantas* > *chantes*), favorisé par la similitude des formes plurielles de l'impératif et de l'indicatif (*chantons, chantez*) et par l'influence des verbes de classe II et III (☞ *infra* § 2) (G. Moignet, 1984, p. 62 ; P. Fouché, *op. cit.*, p. 211).

C. Marchello-Nizia (1997, p. 265) relève quelquefois ce *s* désinentiel en moyen français et l'on en trouve encore quelques exemples au XVIe siècle, comme cette occurrence chez Des Périers, citée par P. Fouché : *Metz la main à la bourse et payes l'hoste* (*Nouvelles Récréations*, N122, « De celuy qui paya son hoste en chansons », p. 579).

Ces cas demeurent cependant exceptionnels et les grammairiens de notre *corpus* ne mentionnent que des formes sans *s* pour les verbes terminés en *–er*.

=> Sylvius fait exception en concevant le *s* comme caractéristique de la P2 à tous les modes ou temps (« Règles communes pour toute conjugaison », p. 120 / 335), d'où la forme *aimes* (p. 134 / 349).

=> En français moderne, ce *s* désinentiel ne s'est conservé que devant *en* et *y* avec une valeur euphonique, pour les verbes du premier groupe (*demandes-en*), ainsi que pour le verbe du troisième groupe *aller* (*vas-y*).

2. Les verbes des classes II et III (2e et 3e groupes) se construisent avec le radical nu sans désinence : *vien.*

P. Fouché (*op. cit.*, p. 210) signale l'introduction d'un *s* analogique de l'indicatif vers la fin du XIIIe siècle. Celui-ci s'étend à tous les impératifs non terminés par *–e*, mais n'est pas systématique et les formes sans *s* restent attestées jusqu'au XVIIe siècle. Au XIVe siècle, C. Marchello-Nizia (1997, p. 265) ne mentionne d'ailleurs que le radical nu. Au XVe siècle, la désinence zéro représente encore le cas le plus fréquent, mais le *s* désinentiel fait son apparition surtout en ce qui concerne les verbes à radical consonantique (*prens, viens*).

Au XVIe siècle, les formes sans *s* sont encore très usitées, mais leur fréquence diminue au cours du siècle (P. Fouché, *op. cit.*, p. 210-211) ; L. Terreaux (1968, p. 161) note qu'elles sont « loin d'être corrigées régulièrement » chez Ronsard (*fuy, suy*, III, 68, 293-294 ; *atten*, IV, 30, 10).

=> Les exemples de conjugaison des grammairiens de l'époque attestent ces hésitations de l'usage.

conjugaison	2e	3e	4e
Palsgrave	*convertys* (f° 40 r°, p. 144 / 470)	*fay, dy, pren* (f° 42 r°, p. 148 / 476)	-
Meigret	*voi* ou *vois* (p. 112 v°)	*ly* ou *lis* (p. 114 v°)	*batis* (p. 116 v°)
R. Estienne 1557 1540	 *voy* (p. 52)	 *cognoy* (p. 60) *lis*	 *basti* (p. 66) *dors* et *oy*

Palsgrave nuance ces exemples dans ses annotations sur le verbe (annotations sur la 8e règle, f° 129 r°, p. 281 / 657) : lorsque le verbe est terminé par une voyelle, les Français ont l'habitude de supprimer le *s* (*va, dy, fay, boy*... [et donc *converty*]) ; lorsqu'il est terminé par une consonne, il y a également une tendance à supprimer le *s* (*pren, sort*), mais qui n'est pas systématique [on peut donc avoir *prens*]. Chez Robert Estienne, ces hésitations apparaissent si l'on compare les exemples de la grammaire de 1557 à ceux du *De Gallica verborum declinatione* (ouvrage de 1540 non paginé).

=> Selon F. Brunot et C. Bruneau (1969, § 294, p. 291), l'ajout de l'*s* analogique est lié à la suppression du pronom sujet. L'absence de désinence permettait, en ancien français, de distinguer le présent de l'indicatif du présent de l'impératif (lequel pouvait se construire avec un pronom sujet, voir *infra* § 5). En moyen français, l'absence de pronom sujet devant l'impératif suffit désormais à le distinguer de l'indicatif, d'où le développement progressif du *s* analogique.

=> Au XVIIe siècle, l'on relève les rimes *revien* / *rien* (Molière, *Amphitryon*, II, 7, v. 1434-1435) ; *revien* / *entretien* (Racine, *Phèdre*, II, 4, v. 579-580). Vaugelas distingue trois cas (*Remarques*, 1647, « S'il faut mettre une *s*, en la seconde personne du singulier de l'imperatif », p.189-192) : les verbes terminés par *e* ou *a* ne prennent jamais de *s* désinentiel, mais *va* prend un *t* devant *en* (*va-t-en*) et un *s* devant *y* (*va-s-y*) « pour oster la cacophonie » (il s'agit donc de ce que nous appelons une lettre euphonique) ; les verbes terminés par *aus, eus, ous, ans, ens, ats, ers, eurs, ets, ors, ours* en prennent toujours un, mais purement graphique (le plus souvent il ne s'entend pas) ; les verbes terminés par *i, ai, ain, ein, oy, en, üy* peuvent admettre les deux options (avec ou sans *s*), les opinions des grammairiens étant partagées. Vaugelas précise que pour les verbes en *ai, ain, ein*, le *s* est le plus fréquent, tandis que pour les verbes en *oy, en, uy*, c'est l'absence de désinence qui domine.

=> En français moderne, tous les impératifs de type II et III ont reçu un *s* analogique.

2) Première et deuxième personnes du pluriel

3. Première personne du pluriel : elle prend la désinence *–ons* et ne pose aucun problème particulier.

4. Deuxième personne du pluriel : pour les verbes dont le radical se termine par une palatale (*n* mouillé, *l* mouillé), la désinence est *-iez* jusqu'à la fin du XVe siècle, date à laquelle *-ez* commence seulement à s'y substituer. Pour les autres verbes : *-ez*.

II – Construction de l'impératif

1) Présence d'un pronom personnel sujet

5. En ancien français, le pronom sujet peut être exprimé. Selon P. Ménard (1988, p. 75, § 57-2°), le sujet peut être exprimé pour des raisons d'insistance ou pour éviter une forme atone en première position dans la phrase. Sa présence peut également s'expliquer par analogie avec le subjonctif de souhait construit sans *que* : *E vos l'i ameneiz* (*Roland*, 508 = « Eh bien, amenez-le ici »).

Au XVIe siècle, ce n'est plus le cas que dans l'expression *être le / la bien venu(e)* : *Tu sois le bien venu sur ces belles campagnes,* (Garnier, *Les Juifves*, v. 571).

> Dans cette expression toutefois, *sois* peut indifféremment être interprété comme un impératif (on aurait alors la survivance figée d'une forme ancienne avec sujet exprimé) ou comme un subjonctif sans *que* (☞ chapitre X.9), ce qui peut, éventuellement, expliquer le maintien de l'expression au XVIe siècle.

2) Construction du pronom personnel complément

6. En ancien français, l'usage métrique interdit qu'une forme atone occupe la place 1 de la phrase. D'où :

Dans les impératifs précédés d'un adverbe de négation ou d'exhortation (*or, or sus,...*), l'on emploie les formes atones antéposées.

> C'est également le cas avec un impératif coordonné (puisqu'il ne débute pas la phrase).
>
> Dans ce dernier cas, G. Moignet (1984, p. 131) signale cependant déjà l'existence du tour moderne : *secorez nos et gitez nos de cest peril* (*Tristan en prose*, 14, 5).

Dans les autres cas, l'on emploie une forme postposée (G. Moignet, 1984, p. 131) :

> les pronoms *le, la, les, li, lor* restent inchangés ;
>
> mais les pronoms atones *me, te, se* sont remplacés par les formes toniques *moi, toi, soi* sans expressivité particulière.

7. Au XVIe siècle, l'usage est encore le même qu'en ancien français.

On emploie un pronom atone antéposé lorsque celui-ci n'occupe pas la place 1 de la phrase. C'est en particulier le cas avec un impératif négatif ou coordonné.

On emploie un pronom postposé (atone, ou tonique pour *moi* et *toi*) dans les autres cas : c'est-à-dire avec un impératif affirmatif commençant la phrase ou en l'absence d'adverbe en première position.

> *Adouci toy, Seigneur, ne me sois trop severe,* (Garnier, *Les Juifves*, v. 1335) ; *Empoignez-le, Soudars, et le tirez d'ici,* (*ibid.*, v. 1497) ; *Va, despeche toy et te haste.* (Philippe de Vigneulles, *Les Cent Nouvelles Nouvelles*, N81, p. 317).

> => Les exemples suivants permettent quelques nuances : *Va, ma sœur, et luy dy, dy-luy, ma sœur, qu'helas !* (Jodelle, *Didon se sacrifiant*, III, v. 1216). Jodelle juxtapose ici deux constructions différentes du même verbe : l'antéposition du pronom est amenée par la présence d'un lien de coordination (*et luy dy*), tandis que sa postposition intervient après la césure, dans un mouvement de reprise qui place l'impératif en début d'hémistiche. Dans ce second exemple : *Or va, porte luy ces nouvelles.* (F. d'Amboise, *Les Neapolitaines*, II, sc. 7, v. 1076), l'absence d'un lien de coordination semble amener la postposition.

8. Le pronom *le* postposé après un impératif peut :

Soit être tonique et éventuellement s'écrire *lay*.

> Tous les exemples que E. Huguet donne de cette graphie dans son dictionnaire (article « le », t. 4, p. 786) sont tirés de l'œuvre de Gringore (ex. : *assaillons lay*). La base Frantext n'en donne que trois occurrences, toutes tirées d'une œuvre anonyme datée de 1530 : *Alors le conte dist : « faictes lay, nous acorderons bien »* (*Ulenspiegel*, Histoire 18, p. 174) ; *Le seigneur dist : « Chere dame, son ouvrage est bon et me plaist bien, et s'il plaist au maistre, allez lay aussi regarder »* (*ibid.*, p. 175) ; *Le maistre dist : « Cher valet, je ne le cuyde pas ainsi : allez et reportez lay en sa place »* (*ibid.*, Histoire 25, p. 189).

Soit être atone et être noté *le*.

> Il s'élide alors dans la prononciation devant une initiale vocalique : *Servez-le en vostre cœur, ne tendez qu'à sa gloire,* (Garnier, *Les Juifves*, v. 1732) ; *Aimez-le et l'honnorez, craignez de l'offenser.* (*ibid.*, v. 1741) ; *C'est de Leon qu'il parle, escoutons-le un peu dire.* (*id.*, *Bradamante*, v. 1021) : où il faut lire respectivement « servez-l'en », « aimez l'et l'honnorez » et « escoutons-l'un peu » ;

et il ne se prononce pas en fin de vers : *Ô Roy Francoys, tant qu'il te plaira perds le, / Mais si le perd[s] tu perdras une Perle* (Marot, *La Suite de l'Adolescence*, Epistres, 30 « A ceulx, qui apres l'Epigramme du beau Tetin en feirent d'aultres », v. 33-34), où on lit *perds-l'* qui rime avec *perle.*

9. Au XVIIe siècle, l'emploi du pronom personnel complément est désormais régi par l'usage moderne et le choix du pronom complément dépend donc de la forme verbale.

Avec un impératif affirmatif, on emploie le pronom postposé (atone / conjoint / clitique ou tonique / disjoint pour *moi* et *toi*) : *attends-moi.*

Avec un impératif négatif, on emploie la forme atone / conjointe / clitique antéposée : *ne m'attends pas.*

=> Dans le cas d'un impératif coordonné cependant, l'on hésite encore, au XVIIe siècle, entre forme postposée (usage moderne) : *conduisez-moi, ayez pitié de moi, et aimez-moi encore, si vous pouvez* (Madame de La Fayette, *La Princesse de Clèves*, t. 3, en 1678) et forme antéposée (usage ancien) : *Va, cours, vole et nous venge.* (Corneille, *Le Cid*, v. 290, en 1636). N. Fournier (1998, § 115) juge que la construction ancienne « a pour effet de lier fortement les deux verbes au sein de l'énoncé ».

3) CAS REMARQUABLES

10. L'impératif peut s'employer dans des tours restrictifs : *Ne faisons que douloir, que jetter pleurs et cris.* (Garnier, *Les Juifves*, v. 466).

11. *Vouloir* : on peut employer le verbe *vouloir* à la deuxième personne du singulier ou du pluriel pour formuler une demande polie, positive ou négative. Il est alors suivi de l'infinitif : *Ne vueille de la terre effacer leur memoire.* (Garnier, *Les Juifves*, v. 17).

=> A noter que la négation porte sur le verbe régisseur (à l'impératif) de l'infinitif. En français moderne, cet emploi du verbe *vouloir* n'est plus possible qu'au pluriel avec une négation portant sur l'infinitif : « veuillez ne pas faire de bruit ».

☞ *Voici, voilà* : chapitre XV.17 ; *veci, velà* : chapitre XV.18 et pour l'impératif négatif, chapitre XV.46.

CHAPITRE XII : L'INFINITIF

Compléments bibliographiques : J.-D. Beaudin, « A propos de la syntaxe de l'infinitif au XVIe siècle (exemples empruntés aux *Hymnes* de Ronsard) », *L'Information grammaticale*, n° 25, mars 1985, p. 18-19. C. Brucker, « La valeur du témoignage linguistique des traductions médiévales : les constructions infinitives en moyen français », *Linguistique et Philologie, Actes du colloque des 29-30 avril 1977*, Univ. de Picardie, 1977, p. 325-344. G. Moignet, « Existe-t-il une proposition infinitive en français ? », *Grammaire générative transformationnelle et psychomécanique du langage*, Lille, PUL, 1975, p. 112-133.

I - DÉFINITION

1. L'infinitif est la forme nominale, non personnelle et non temporelle du verbe. Il ne comporte aucune des marques de la personne et ne situe pas le procès dans l'une des trois époques de la durée.

> => Selon G. Moignet (1981, § 82) « l'infinitif est la forme qui donne l'image du temps la plus virtuelle de tout le système ».
>
> => Dans toute analyse, on se posera le problème du support : quel est l'agent de l'infinitif ?

2. Durant toute l'histoire du français, l'infinitif est caractérisé par sa nature hybride : il tient à la fois du verbe et du nom.

En AF, la valeur nominale de l'infinitif est beaucoup plus affirmée qu'en FM ; après l'AF, l'infinitif perd progressivement de sa valeur nominale pour s'intégrer de plus en plus étroitement au système du verbe.

3. L'infinitif est une forme active du verbe ; dans certains cas cependant, il prend un sens passif : *Mon mary se convertira, / Me voyant digne d'estimer.* (M. de Navarre, *Comédie des quatre femmes*, v. 693-694) = « d'être estimée » ; *Je ne trouve rien si cher que ce qui m'est donné et ce pourquoy ma volonté demeure hypothequée par tiltre de gratitude, et reçois plus volontiers les offices qui sont à vendre.* (Montaigne, *Essais*, III, 9, p. 966 B).

II - L'INFINITIF FONCTIONNANT COMME SUBSTANTIF

1) L'INFINITIF DÉTERMINÉ

4. En AF, tout infinitif peut s'employer, précédé d'un déterminant, pour exprimer une action en train de se faire. Au XVIe siècle, l'infinitif substantivé est fréquent. Hérité de l'AF, il est senti comme une imitation du grec et du latin (c'est, en particulier, l'analyse de Sylvius dans *l'Introduction à la langue françoise*, p. 82-83 / 295-296, § 30).

Du Bellay vante cet usage qui permet, selon lui, de relever le style : « Uses donques hardiment de l'Infinitif pour le nom, comme *l'Aller, le Chanter, le Vivre, le Mourir.* » (*Deffence*, II, 9, p. 159). Les exemples abondent en poésie.

Montaigne en fait également grand usage : *L'estre mort ne les fache pas, mais ouy bien le mourir,* (*Essais*, II, 13, p. 608 A) ; *C'est le jouïr, non le posseder, qui nous rend heureux* (*ibid.*, I, p. 262 A) ; *c'est le vivre heureusement, non, comme disoit Antisthenes, le mourir heureusement qui faict l'humaine felicité.* (*ibid.*, III, 2, p. 816 C). Or, c'est précisément dans la langue philosophique que cette possibilité réapparaîtra au XXe siècle, pour traduire notamment les formules de Heidegger, par exemple *l'être-là.* Dès le XVIe siècle, *l'être* était senti comme un nom ; le dictionnaire Cotgrave (1611) donne les sens de « *substance, subsistence, essence, being, state* » et propose les tournures *les estres d'une maison* et *se maintenir tousjours en mesme estre.*

=> Au XVIIe siècle, cette possibilité se sclérose, il ne subsiste que des expressions lexicalisées : *le plaisir* (ancienne forme de l'infinitif de *plaire*), *le savoir-faire.* Les infinitifs sont souvent devenus de vrais substantifs et ont perdu le sens d'action en train de se faire (*les vivres*).

5. Dans cet emploi, l'infinitif tient à la fois du substantif et du verbe.

Comme un substantif, il est prédéterminé, peut être suivi d'un complément ou qualifié par un adjectif : *Un soing fecond en mon penser s'eleve,* (Ronsard, *Le Premier Livre des Amours*, 11, v. 5) ; *Avant vostre partir je vous fais un present,* (Ronsard, *Le Second Livre des Amours,* Appendices, 43, v. 1) ; *Trop le penser humain se rend subjet / (Sans autre esgard quelconque) au seul objet / Qui se presente :* (Des Masures, *David triomphant*, v. 1137-1139) ; *Je veus en y pensant culbuter à l'envers / Le penser pourpensé de leur double arrogance !* (La Gessée, *Les Jeunesses*, II, 9, v. 5-6) ; *Le parler beau, l'ame mechante.* (Baïf, *Mimes*, II, v. 131).

Mais il conserve les caractéristiques verbales, étant employé avec COD ou adverbe : *Au recevoir l'aigu de tes esclairs / Tu m'offuscas et sens, et congnaissance.* (Scève, *Délie*, 80, v. 1-2) ; *Le trop parler de Dieu porte souvent dommage* (Du Bellay, *Les Regrets*, 141, v. 7) ; *Le voir sainement les biens tire apres soi le voir sainement les maux.* (Montaigne, *Essais*, III, 13, p. 1111 C).

2) L'INFINITIF NON DÉTERMINÉ

a) L'infinitif sujet ou attribut

6. L'infinitif sujet peut être précédé ou non de l'indice *de*, qui fonctionne comme un « actualisateur » (G. Moignet, 1981, § 399), un « article » de l'infinitif (N. Fournier, 1998, § 399) ; J. Damourette et E. Pichon (1983, § 1059 et 3029) parlent de « la présentation concrète de l'infinitif ».

En MF, selon R. Martin et M. Wilmet (1980, § 344), « la construction directe du syntagme infinitif sujet ou attribut est plus répandue que dans la langue actuelle. La préposition *de* tend cependant à s'imposer, notamment quand le syntagme infinitif sujet est inversé. » En tournure impersonnelle, *de* est obligatoire en FM (sauf exception, notamment avec *falloir*) ; il n'en est rien en MF.

7. Au XVIe siècle, on trouve les deux possibilités pour l'infinitif sujet (emploi ou non du morphème *de*).

Emploi de l'indice *de* : *car de trouver nourrice suffisante n'estoit possible en tout le pays,* (Rabelais, GA, 7, p. 23) ;

Non-emploi de l'indice *de* : *Taire, ou parler soit permis à chascun, / Qui libre arbitre à sa voulenté lye.* (Scève, *Délie*, 59, v. 1-2). Un sonnet des *Amours* de Ronsard est entièrement structuré par des infinitifs sujets, non précédés de l'indice *de* : *Estre indigent et donner tout le sien, / Se feindre un ris, avoir le cœur en pleinte, / Haïr le vray, aimer la chose feinte, / Posseder tout et ne jouir de rien : [...] Ourdir sans cesse une nouvelle trame, / Sont les effets qui logent en mon ame / L'espoir douteux et le tourment certain.* (*Le Premier Livre des Amours*, 89, v. 1-4 et 12-14).

8. L'infinitif sujet peut précéder ou suivre le verbe régissant. La postposition s'observe, en particulier, lorsqu'il s'agit d'un verbe impersonnel.

L'infinitif est alors sujet logique en extraposition (sur le modèle : *Il fait bon dormir*) : *C'est assés de s'enfariner le visage, sans s'enfariner la poictrine.* (Montaigne, *Essais*, III, 10, p. 1011 C), le premier *s'enfariner* est sujet réel, le second est un infinitif circonstanciel précédé de la préposition *sans*, il exprime la circonstance niée.

9. L'infinitif « sujet réel » est souvent introduit par *que de* qui indique la double nature de l'infinitif, à la fois verbe *(que* est conjonction de subordination) et nom (*de* est préposition).

Ce n'est pas grand plaisir que de vivre en ce monde : (Ronsard, *Les Hynnes,* « Hynne de la Mort », v. 212). J.-D. Beaudin, qui relève cet exemple, souligne que *que* et *de* peuvent aussi être considérés comme de simples ligatures. Chez Garnier, la tournure est le plus souvent allégée, employée avec *que* seul : *C'est donner à vray dire au rebelle un appas, / Qu'en supporter le crime et ne le punir pas. (Les Juifves*, v. 253-254) ou *de* seul : *Pleust aux dieux immortels de n'avoir onque esté,* (*ibid.*, v. 1565).

10. L'infinitif attribut, comme l'infinitif sujet, peut être construit avec ou sans *de* : *Si prendre des livres estoit les apprendre, et si les veoir estoit les regarder, et les parcourir les saisir, j'aurois tort de me faire du tout si ignorant que je dy.* (Montaigne, *Essais*, III, 9, p. 995 C); *Le meilleur remede qu'y trouverent les medecins fust de faire abstenir de vin les malades,* (Pierre de L'Estoile, *Registre-journal du regne de Henri III*, t. 3, 1580, p. 102).

b) L'infinitif complément

11. L'infinitif régime direct ou indirect. La préposition est souvent omise : *or pour ce soir / Il suffit faire le devoir, / Et faire entendre seulement, /[...]/ L'heure et le temps de ma venue,* (Belleau, *La Reconnue*, v. 2085-2090) *; Suffit à un Chrestien croire toutes* *choses venir de Dieu,* (Montaigne, *Essais*, I, 32, p. 216 A) ; *Quelque fois il luy plait envier sur nos miracles.* (*ibid.*, I, 34, p. 221 A).

Depuis le MF, notent R. Martin et M. Wilmet (1980, § 294 et § 348), les constructions de l'infinitif objet ont pu changer.

=> G. Gougenheim (1974, p. 163-168) cite plusieurs exemples de verbes dont la construction a changé ☞ voir chapitre IX.1. F. Brunot (*HLF*, 2, p. 458-459) propose une liste de verbes employés avec l'infinitif seul.

De nombreux verbes admettent la double construction (avec ou sans préposition). C'est le cas, en particulier, des verbes *feindre, prier, demander, tenter, promettre*.

=> Henri Bonnard (*GLLF*, p. 2684) remarque que le flottement est à son apogée au XVIe siècle et indique un exemple chez d'Aubigné de construction avec deux prépositions différentes : *Mais l'un de ces Prelats sus allegués auroit aussitost appris à croire en Dieu que nous de croire en lui*, (*Confession catholique du sieur de Sancy*, I, 2, p. 583), c'est toutefois, d'après Frantext, l'emploi de la construction *apprendre à* qui domine. On peut citer, chez Montaigne, l'exemple des verbes *craindre* et *essayer* : *Chacun craint à estre espié et contrerollé :* (I, 42, p. 265 B) ; *La façon dequoy nos loix essayent à regler les foles et vaines despences des tables et vestements,* (I, 43, p. 268 A). Dans une même tournure, peuvent se combiner les deux constructions, avec et sans préposition : *commande / Tuer premier les bons, et de les envoyer.* (Ronsard, *Les Hynnes,* « Hynne de la Mort », v. 281, cet exemple est commenté par J.-D. Beaudin, art. cit.).

☞ Pour la place du pronom personnel complément de l'infinitif, voir chapitre III.29.

12. L'infinitif circonstant prépositionnel

Il est possible, au XVIe siècle, d'avoir un changement d'agent (l'agent du verbe principal et celui de l'infinitif peuvent être différents) : *Et la Raison estant d'eulx asservie / (Non aultrement de son propre delivre) / Me detenant, sans mourir, et sans vivre, / En toy des quatre a mis leur guerison.* (Scève, *Délie*, 56, v. 5-8) ; *froit, et chault, pareilz en leur puissance, / Me font languir sans mourir, et sans vivre. (ibid.*, 108, v. 9-10).

=> Cette possibilité existe encore en FM : *Ce n'était point une raison pour laisser Coupeau sans manger.* (Zola, *L'Assommoir*).

Les prépositions les plus fréquemment employées sont *de* (cause, moyen, manière), *par* (dont l'emploi est important) et *pour* (+ infinitif présent, qui a valeur de but ou de cause) ; la préposition *à* sert à indiquer le moyen, la manière, la condition, le temps, le but.

Dans cet emploi prépositionnel, le verbe à l'infinitif peut être nié à l'aide de l'adverbe de négation de forme accentuée *non* (☞ chapitre XV.33) : *O vaine foy, ô croire trop leger, / Qui vous reçoit se fait son mortel hoste : / Pour non povoir ce malheur abreger,* (Scève, *Délie*, 31, v. 7-9) ; *Mon esperance est à non esperer.* (*ibid.,* 70, v. 10).

13. L'infinitif complément du nom. La préposition est généralement présente : *c'estoit* [au sens de « c'était là »] *sa poison et mauvais art de ainsi bien accoutrer les bleds.* (Du Fail, *Propos Rustiques*, 4, p. 65) ; *admirant ta vertu, / D'avoir laissé la court,* (Du Bellay, *Les Regrets*, 162, v. 12-13) ; *je parleray seulement pour les bons et ceux qui ont désir de cognoistre la vérité,* (Calvin, *Institution*, IV, 2, p. 41 [1541] ; la leçon de l'éd. O. Millet diffère - XV, p. 728 / 1528).

14. L'infinitif complément de l'adjectif ou du participe passé connaît également les deux constructions, avec ou sans la préposition *de* : *Scipion irrité / De voir à sa vertu ingrate sa cité,* (Du Bellay, *Les Regrets*, 162, v. 2-3) ; *je ne suis pas tenu d'en faire bon, ny de m'y tenir moy mesme, sans varier quand il me plaist ; et me rendre au doubte et incertitude,* (Montaigne, *Essais*, I, 50, p. 302 C), *tenu* connaît ici les deux constructions ; *au peuple, juge peu exacte* [*sic*], *facile à piper, facile à contenter.* (*ibid.*, III, 7, p. 918 B).

L'infinitif complément du comparatif peut être construit avec ou sans *de* : *qu'il aimeroit trop mieux / Estre un pauvre valet et jouir de noz Cieux, / Que d'estre Roy des morts :* (Ronsard, *Les Hynnes*, « Hynne de la Mort », v. 153-155) ; *qui aima mieulx laisser desmembrer son authorité aux vaines fantasies des hommes, que faire moins bien sa charge* (Montaigne, *Essais*, II, 16, p. 625 C).

15. L'infinitif complément circonstanciel de temps. Cet emploi se rencontre avec les prépositions suivantes :

Depuis : *il sert à monstrer que ceux qui nient que Jesus Christ ait esté Fils de Dieu, que depuis avoir vestu nostre chair, ne font que caviller* [réfuter faussement] *malicieusement.* (Calvin, *Institution*, II, 14, p. 263 [1560]) ; *J'ay vescu en trois sortes de condition, depuis estre sorty de l'enfance.* (Montaigne, *Essais*, I, 14, p. 62 B).

Cet emploi est rare : sur les 1540 occurrences de *depuis* dans Frantext, nous n'avons rencontré que ces deux exemples de construction de *depuis* suivi de l'infinitif.

Devant : au XVIe siècle, *devant que* est encore aussi largement employé que *avant que* avec l'infinitif (115 occurrences de *devant que* contre 165 de *avant que* dans notre *corpus* de Frantext). Les emplois concernent tous les genres :

Poétique : *Devant que t'avoir veu j'honnorois ta sagesse,* (Du Bellay, *Les Regrets*, 161, v. 9). Narratif : *Et devant que la porter au clochier, Pantagruel en voulut donner une aubade par la ville,* (Rabelais, PA, 7, p. 235) ; *car, devant que entrer en bataille, promettoit au mieux faisant,* (Du Fail, *Propos Rustiques*, « Maistre Leon Ladulfi au lecteur salut », p. 42). Théâtral : *Ainsi, devant que naistre, ains devant qu'estre faict / J'estois ja crimineux d'un horrible forfaict :* (Garnier, *Antigone*, v. 270-271).

=> Calvin est l'auteur qui fait le plus grand usage de la tournure : *Toutesfois, devant que passer outre, nous avons à prouver la déité du Fils et du sainct Esprit,* (*Institution,* I, 13, p. 152 [1541] ; éd. O. Millet, IV, p. 217 / 571 : *Partissons donc ceste question en deux articles, dont le premier sera pour confermer la divinité du Filz et de l'Esprit,*).

=> Pour Vaugelas, « *avant que, devant que.* Tous deux sont bons, M. Coeffeteau a tousjours escrit *devant que*, mais *avant que*, est plus de la Cour, et plus en usage. » (*Remarques*, 1647, p. 319).

Avant : *avant* et *avant que* n'ont pas encore été remplacés par les locutions prépositives modernes *avant de* et *avant que de* (pour un ordre d'idées, on relève, dans Frantext, 78 occurrences de *avant que de* pour 87 de *avant que*).

Chez Rabelais, la seule tournure rencontrée est l'emploi direct de *avant* + infinitif : *Avant les ouvrir,* (TL, 11, p. 384) ; *avant proceder oultre,* (*ibid.*) ; *avant entrer en propous,* (*ibid.*, 34, p. 459).

L'Heptaméron ne présente aucun emploi de la tournure *avant de* + infinitif. L'édition Gruget marque une nette préférence pour *avant que* + infinitif (10 emplois) : *avant que partir*, (N1, p. 73 ; N26, p. 322 et p. 323) ; *avant que la declarer au Roy,* (N10, p. 150) ; *avant que mourir* (N15, p. 206) ; *avant que tenir sa promesse.* (N18, p. 227) ; *avant que l'envoyer,* (N21, p. 268) ; *avant que s'y fier* (N24, p. 304) ; *avant que le dire à personne,* (N42, p. 408) ; *avant que partir d'ensemble,* (N68, p. 554). Les autres emplois sont assez équilibrés, avec 3 occurrences de *avant* + infinitif : *avant souper* (Prologue, p. 63 ; N14, p. 192) ; *avant lire ce qui estoit dedans,* (N24, p. 300) et 2 emplois de la tournure *avant que de* + infinitif : *avant que de les gaigner.* (N18, p. 231) ; *avant que de luy donner congé.* (N51, p. 470).

A la fin du siècle, Montaigne, dans ses *Essais*, utilise les quatre constructions. *Avant* + infinitif (infinitif nominal) : *Ce que j'ay affaire avant mourir,* (*Essais*, I, 20, p. 88 A). *Avant de* + infinitif (où la nominalisation est accentuée) : le tour n'est pas encore très répandu au XVIe siècle ; Montaigne en offre un exemple : *m'oster l'espoir avant de mourir d'en veoir en train l'usage.* (*Essais*, III, 4, p. 902 C) et seulement deux autres exemples dans notre *corpus* de Frantext : *avant de l'oster le laisseroit pourrir dedans,* (Du Fail, *Baliverneries*, 1, p. 28) ; *Avant de dire delibère :* (Baïf, *Mimes,* II, v. 2743). *Avant que* + infinitif (avec une locution conjonctive de subordination, l'infinitif est traité comme un verbe à part entière) ; l'on relève deux occurrences de la tournure chez Montaigne : *Mais, suivy par ses gardes, avant que se laisser reprendre, il se donna de l'espée au travers le corps.* (*Essais*, II, 3, p. 355 C) ; *resolu, à ce qu'il me dict, de mourir plustost de mille morts (...) avant que rien promettre ;* (*ibid.*, II, 32, p. 724 A). *Avant que de* + infinitif (construction qui souligne le caractère hybride de l'infinitif) ; c'est celle que préfère Montaigne (sur les 43 occurrences proposées par Frantext, 16 proviennent des *Essais*) : *Il est bien aisé de faire le mauvais avant que de venir aux prises :* (II, 13, p. 607 A) ; *Il y a tant de moyens d'eviter les occasions de se hazarder en particulier, que nous aurons trompé mille fois le monde, avant que de nous engager à un dangereux pas ;* (II, 16, p. 625 A).

=> Au XVIIe siècle, Vaugelas proteste contre la tournure *avant mourir*, qu'il juge barbare : « *Avant que, devant que.* (…) L'un & l'autre devant l'infinitif demande l'article *de*, par exemple il faut dire *avant que de mourir, & devant que de mourir*, & non pas *avant que mourir*, ny *devant que mourir*, & beaucoup moins encore *avant mourir*, comme disent quelques-uns en langage barbare. » (*Remarques*, 1647, p. 319-320).

Après : l'emploi de la préposition avec l'infinitif présent, déjà rare en MF (R. Martin et M. Wilmet, 1980, § 349), n'apparaît, au XVIe siècle, que dans les tournures quasi figées *après disner, après soupper, après boire*, particulièrement fréquentes dans le genre narratif.

Ainsi, chez Des Périers, les 6 emplois de *après* suivi de l'infinitif présent figurent dans les tournures *après disner* (N21, p. 102 ; N37, p. 163 ; N59, p. 218) et *après soupper* (N27, p. 129 ; N34, p. 156 ; N38, p. 165) ; de même, dans *L'Heptaméron*, l'on relève 7 occurrences de *après disner* (Prologue, p. 64) et 3 emplois de *après soupper*.

Rabelais utilise la tournure avec plus de variété : il utilise ainsi non seulement *aprés disner* (GA, 24, p. 71) - parfois comme substantif : *le dormir d'aprés disner* (PA, 12, p. 258) - *aprés soupper* (PA, 6, p. 232) et *aprés boire* (GA, 16, p. 46 ; PA, 31, p. 328 ; TL, Prologue, p. 349), mais également *aprés bancqueter,* (GA, 22, p. 63) et *aprés dormir.* (GA, 22, p. 63).

Dans les *Essais* de Montaigne, les seuls exemples d'emploi avec l'infinitif présent se rencontrent dans la locution *apres disner* : *Moutarde apres disner.* (III, 10, p. 1010 C) ; *ny me faire tondre apres disner ;* (III, 13, p. 1083 B), mais également dans cette tournure passive : *après estre pardonnez par Neron, se tuerent,* (II, 3, p. 357 C).

=> On notera que la tournure *après boire* est également présente en poésie : *Rien ne leur est impossible apres boire.* (J. Marot, *Le Voyage de Venise*, v. 685) ; *Sus sus, vivons joieusement, / Apres boire plus aisement / La voile nous rehausserons.* (Ronsard, *Les Odes*, II, Appendices, 12, « A René d'Oradour abbé de Beus », p. 1004, v. 48-50 [pièce de 1550 retirée en 1553]).

L'emploi de l'infinitif passé domine très largement chez tous les auteurs.

Les *Nouvelles Récréations* de Des Périers offrent 32 emplois variés de *après* + infinitif passé (contre 6 avec l'infinitif présent) ; dans *L'Heptaméron*, l'on relève 98 emplois avec l'infinitif passé : *après les avoir embrassez et merciez*, (Prologue, p. 58) ; *après s'estre enquis dilligemment du chemin de Serrance,* (*ibid.*, p. 61). Chez Rabelais comme chez Montaigne, l'emploi est fréquent de la préposition *après* suivie de l'infinitif passé : *Apres avoir bien ergoté* pro et contra, (Rabelais, GA, 17, p. 49) ; *Les ennemys aprés soy estre reveillez* (*id.*, PA, 28, p. 315) ; *apres s'y estre bien fort blessée.* (Montaigne, *Essais*, II, 1, p. 334 A).

16. L'infinitif complément de moyen ou de manière

La préposition *par* introduit un complément de moyen ou de manière : *De ton parler je ne voy riens müer : / Tu dis m'aymer ainsi qu'as de coustume, / Mais par mentir, je croy, me veulx tüer.* (M. de Navarre, *La Coche*, v. 207-209) ; *Si par peine, et sueur, et par fidelité, / Par humble servitude, et longue patience, / Employer corps, et biens, esprit, et conscience, / Et du tout mespriser sa propre utilité,* (…) *On se doit enrichir, (...) / Mais si par larrecin advancé l'on doit estre, / Par mentir, par flater, par abuser son maistre, / Et pis que tout cela faire encor' bien souvent : / Je cognois que je seme au rivage infertile,...* (Du Bellay, *Les Regrets*, 46, v. 1-4 et v. 9-12), *par* n'est pas repris aux vers 3 et 4 devant les infinitifs *employer* et *mespriser* ; la même préposition est employée ici suivie tantôt du substantif, tantôt de l'infinitif.

=> E. Huguet (1894, p. 211) signale le même cas chez Rabelais : *car par bien la gouverner l'eust augmentée, par me piller sera destruict.* (GA, 46, p. 125).

17. L'infinitif complément de but ou de conséquence

La préposition *pour* introduit un complément de conséquence : *Mais si (...) ma femme impatiente de ma langueur, à aultruy se abandonnoit, (...) ce seroit pour m'achever de paindre, et courir les champs en pourpoinct.* (Rabelais, TL, 9, p. 379) ;

et plus fréquemment un complément de but : *Le bruit de Scipion maint coursaire attiroit / Pour contempler celuy que chacun admiroit,* (Du Bellay, *Les Regrets*, 162, v. 9-10) ; *Il pouvoit aussi pecher, non pas pour luy servir a pecher plus aisement, mais pour s'acquerir de la gloire* (Sponde, *Méditations sur les Pseaumes*, « Méditation sur le psaume XIIII. ou LIII.», l. 653-654).

18. L'infinitif complément de progrédience

J. Damourette et E. Pichon (1983, § 868 et 1055) parlent de la fonction de progrédience, lorsque l'infinitif est employé avec un verbe de mouvement et prolonge le phénomène exprimé par le verbe régissant : *Procés et debatz / Peu font cy d'ebatz / Où l'on vient s'esbatre.* (Rabelais, GA, 52, p. 142) ; *Et Cynthia vient faire icy sejour / Pour donner lieu la nuict tenebreuse,* (Scève, *Délie*, 356, v. 3-4) ; *Ces deux gentilz hommes descenduz vont faire la court aux damoiselles, et caresser leurs compaignons ;* (Du Fail, *Baliverneries*, 1, p. 42) ; *Mistoudin, du village de Flameaux, venant mener ses chevaux boire du gué de Vede ou de Bellouse* (*ibid.*, *Propos Rustiques*, 10, p. 125) ; *Aux hommes abestis qui leur vont faire hommage.* (Garnier, *Les Juifves*, v. 1292).

=> Cette fonction remonte, selon H. Bonnard (*GLLF*, p. 2684), au latin parlé, qui substitue l'infinitif au supin après un verbe de mouvement ; elle a toujours existé en français.

19. L'infinitif complément de concession

Pour suivi de l'infinitif peut exprimer une concession dans le cas où la proposition principale contient une négation :

Cet emploi se rencontre en poésie comme en prose : *Là couché dessus l'herbe en mes discours je pense / Que pour aimer beaucoup j'ay peu de recompense,* (Ronsard, *Le Second Livre des Sonnets pour Hélène,* « Elégie », p. 422, v. 61-62) ; *De commodité, j'en tirois peu ou rien : [C] pour avoir plus de moyen de despense, elle ne m'en poisoit pas [B] moins.* (Montaigne, *Essais*, I, 14, p. 65 B et C).

Marguerite de Navarre l'emploie dans *L'Heptaméron*, notamment avec la tournure *pour mourir* : *pour mourir elle ne changeroit son opinion,* (N10, p. 151) [= « dût-elle en mourir »] et dans la même nouvelle, quelques lignes plus haut : *si elle luy disoit la verité, Amadour en pourroit recevoir quelque desplaisir, ce que pour mourir n'eust voulu :* (p. 149). On relève également cette tournure dans les nouvelles 19, 22, 42, 69 et 70.

20. L'infinitif complément de cause peut être introduit par les prépositions suivantes :

Pour

Cette préposition est fréquente avec un infinitif présent à valeur causale : le *Second Livre des Amours* de Ronsard en offre de nombreux exemples : *Celui qui veut sçavoir / Combien de feu j'endure / Dans le cœur, pour avoir / Une maitresse dure, /*

Contemple de mon cors / La peau toute halée, (Appendices, « Du Grec de D'Aurat », p. 295, v. 1-6) ; *Pour aimer trop une fiere beauté / je suis en peine, (ibid.*, Appendices, 76, v. 1-2).

Les emplois avec le passé sont plus fréquents encore : Du Bellay construit plusieurs vers d'un sonnet sur l'anaphore de cette construction : *Si pour avoir passé sans crime sa jeunesse, / Si pour n'avoir d'usure enrichi sa maison, / Si pour n'avoir commis homicide ou traïson, / Si pour n'avoir usé de mauvaise finesse, / Si pour n'avoir jamais violé sa promesse, / On se doibt resjouir en l'arriere saison,* (*Les Regrets*, 44, v. 1-6).

=> Le FM ne retient plus que l'infinitif passé dans ce sens causal.

Par

L'emploi causal de *par* + infinitif est général au XVIe siècle. E. Huguet (1894, p. 211-213) signale des exemples chez Rabelais, dans *L'Heptaméron* et chez Noël Du Fail : *ce ne feut accepté, par ne sembler equitable :* (Rabelais, GA, 50, p. 134) ; *la disposition accidentale qui luy estoyt advenue par trop humer de purée Septembrale.* (*ibid.*, 7, p. 24). Nous y ajouterons des occurrences rencontrées chez Du Bellay : *Ne gaster sa santé par trop boire et manger, (Les Regrets*, 85, v. 5) ; *Soit par trop quelquefois contrefaire les vieux, / Soit par trop imiter ceulx qui sont de nostre aage.* (*ibid.*, 146, v. 3-4) ; Calvin : *(comme nous sommes enclins à nous decevoir par trop estimer de nous),* (*Institution*, III, 12, p. 235 [1541] ; éd. O. Millet, VI, p. 366 / 846) ou Philippe d'Alcripe : *les yeux leur estoient sortis hors de la teste par trop s'estre entreregardez.* (*La Nouvelle Fabrique*, N13, p. 39).

III - L'INFINITIF ÉLÉMENT DE PÉRIPHRASE VERBALE

21. L'infinitif centre de périphrase en emploi verbal est à distinguer de l'infinitif complément d'objet, en emploi nominal.

=> Voir sur ce point D. Denis et A. Sancier-Chateau (1994, p. 295-296) : l'infinitif centre de périphrase verbale porte l'information principale de la phrase ; il n'est jamais pronominalisable : *Je vais vous répondre* › * *J'y vais* mais *je vais le faire*, à l'inverse : *Je veux vous répondre* › *Je le veux*. Voir également G. Moignet, 1981, § 401 et G. Joly, 1998, p. 348-353.

22. Le verbe régissant perd son sens plein pour n'exprimer que certaines nuances.

Les modalités de l'action : on parle alors de périphrase de modalité, car elle « précise le point de vue de l'énonciateur sur le contenu invoqué » (D. Denis, A. Sancier-Chateau, 1994, p. 296). Elle est fréquente avec les verbes :

Pouvoir : *Si veu l'avez : vous avez peu noter de quelle devotion il le guette :* (Rabelais, GA, *Prologe*, p. 6) ; *Les couleurs de Gargantua feurent blanc et bleu : comme cy dessus avez peu lire. (ibid.*, 9, p. 28).

Devoir : *icy n'est faict excés, / Dont en voz cours on deust mouvoir procés.* (Rabelais, GA, 54, p. 141).

Sembler : *Or quant à la régénération, qui est la seconde grâce, il en a esté dit selon qu'il me sembloit estre expédient.* (Calvin, *Institution*, III, 11, p. 204 [1541] ; éd. O. Millet, VI, p. 354 / 825) ; *il me sembloit ne pouvoir faire plus grande faveur à mon esprit, que de le laisser en pleine oysiveté,* (Montaigne, *Essais*, I, 8, p. 33 A).

Le temps :

Les périphrases verbales sont souvent utilisées au XVIe siècle pour exprimer le futur proche : *Qu'on me donne l'action la plus excellente et pure, je m'en vois y fournir vraysemblablement cinquante vitieuses intentions.* (Montaigne, *Essais*, I, 37, p. 230-231 B).

L'aspect :

La périphrase *s'en aller* + infinitif exprime l'aspect inchoatif (entrée dans l'action) : *Va t'en ailleurs chercher ta demeurance, / Va t'en ailleurs quelqu'autre decevoir :* (Ronsard, *Le Premier Livre des Amours*, 119, v. 5-6).

Le verbe *commencer* peut s'employer avec ou sans *de* ou *à* : *elle commença à souspirer, lamenter et crier.* (Rabelais, GA, 6, p. 21 [1542] ; dans la version de 1534, on trouvait *elle commencza de lamenter et cryer,* ch. 5, éd. Droz, p. 48) ; *par le conseil des medecins on commença le porter : (ibid,* 7, p. 23).

Le degré de participation de l'agent à la réalisation du procès verbal : on parle alors de périphrase actantielle (D. Denis et A.

Sancier-Chateau, 1994, p. 297) : *Dont montant dessus le feist courir encontre le Soleil* (Rabelais, GA, 14, p. 42) ; *Le feu, la prise, et le ret à toute heure, / Ardant, pressant, nouant mon amitié, / En m'immolant aux pieds de ma moitié, / Font par la mort, ma vie estre meilleure.* (Ronsard, *Le Premier Livre des Amours*, 17, v. 5-8).

IV - L'INFINITIF VERBE DE PHRASE

1) L'INFINITIF EN PROPOSITION INDÉPENDANTE

23. L'infinitif de narration

En ancien français, G. Moignet (1984, p. 201) note l'apparition – très discrète – de l'infinitif de narration, introduit par *de* et mis en relation avec un support sujet.

F. Brunot, qui date son apparition du moyen français (*HLF*, 1, p. 476), note que les exemples en deviennent moins rares au XVIe siècle (*ibid.*, 2, p. 460) : *Lors flaccons d'aller : jambons de troter, goubeletz de voler, breusses de tinter.* (Rabelais, GA, 5, p. 17). L'on voit clairement, dans cet exemple, la fonction de l'infinitif de narration, chargé de donner de la vivacité au récit.

=> L'infinitif de narration est souvent précédé de *et* : *Saincte dame comment ilz tiroyent au chevrotin, et flaccons d'aller, et eulx de corner,* (Rabelais, PA, 20, p. 291).

=> H. Estienne le relève comme un cas de conformité avec le grec (*Conformité du langage françois avec le grec*, p. 149).

24. L'infinitif interrogatif, exclamatif ou jussif

L'infinitif est souvent employé en proposition interrogative directe pour exprimer la délibération.

Montaigne use à plusieurs reprises (17 occurrences sur les 21 rencontrées dans Frantext) de la tournure délibérative *à quoy faire* : *A quoy faire la cognoissance des choses, si nous en perdons le repos et la tranquillité, où nous serions sans cela (...) ?* (*Essais*, I, 14, p. 55 A) ; *à quoy faire la science, si l'entendement n'y est ?* (I, 25, p. 140 A) ; *A quoy faire la provision des couleurs à qui ne sçait ce qu'il a à peindre ?* (II, 1, p. 337 A). Cette locution se rencontre moins fréquemment chez d'autres auteurs : *A quoy faire irayje à Romme?* (Des Périers, *Nouvelles*

Récréations, N1, p. 16) ; *ô Soleil ! à quoy faire / Dessus nostre pays flambe ta beauté claire ?* (La Taille, *La Famine*, v. 7-8).

L'infinitif peut exprimer la surprise, l'étonnement ou correspondre à un vrai questionnement de l'interlocuteur. Un tel usage est fréquent dans les dialogues de théâtre : - Finet : *Cet anneau je veu donc avoir.* - Bontams : *Pourquoy faire ?* (Baïf, *Le Brave*, v. 2060-2061). - Potiron : *Mais où allez vous ?* - Maistre Jehan : *Je m'en vois.* - Potiron : *Quoy ? n'entrer d'aujourd'huy leans ?* (R. Belleau, *La Reconnue*, v. 2197). Frontin [à part] : *Voilà rentrer de flux.* (Larivey, *Les Esprits*, acte I, sc. 5, p. 70), selon le dictionnaire Huguet, cette expression signifie « parler mal à propos » ; Frontin exprime ainsi son impatience et son désaccord.

Interrogatif ou exclamatif, l'infinitif exprime un sentiment vif : indignation, admiration, regret, souhait,...

Exemple d'indignation : *Te quitter, te tromper, te livrer à la rage / De ton fort ennemi ? Que j'aye ce courage ?* (Garnier, *Marc Antoine*, v. 390-391).

Exemple d'admiration : *Dieu voyla grand cas, m'avoir ainsi dit mon faict, s'il vous plaist monsieur :* (Du Fail, *Baliverneries*, 1, p. 13).

L'infinitif peut avoir une valeur jussive et exprimer un ordre général et impersonnel : *Veincre ou mourir.* (Baïf, *Mimes*, I, v. 995).

Cette construction est fréquente dans les tours proverbiaux : *Chez toy priser, au marché vendre.* (*ibid.*, II, v. 394).

2) L'INFINITIF EN SUBORDONNÉE

25. L'infinitif en subordonnée relative : le procès est envisagé dans sa plus grande virtualité, l'infinitif étant dépourvu de support exprimé (D. Denis, A. Sancier-Chateau, 1994, p. 295).

Montaigne emploie à 4 reprises la relative *où mordre* : *En cette cy l'ame trouve où mordre et où se paistre.* (*Essais*, I, 26, p. 160 A) ; *que [...] fortune n'ait où mordre sur moy.* (III, 9, p. 949 B) ; *à qui me veut loyallement injurier il me semble fournir bien suffisamment où mordre en mes imperfections advouées et cogneuës et dequoy s'y saouler,* (*ibid.*, p. 980 B) ; *Il ne s'en faisoit point des accusations formées, car il n'y avoit où mordre ;* (III, 12, p. 1044 B), *mordre à qqch.* = « comprendre, critiquer, blâmer ».

26. L'infinitif en interrogative indirecte : la proposition, introduite par des outils interrogatifs, est une complétive : *afin que nous puissions respondre comme celuy à qui, quand on demanda à quoy faire ces estudes en sa decrepitude : A m'en partir meilleur et plus à mon aise, respondit-il.* (Montaigne, *Essais*, II, 28, p. 703 A) ; *car voyant d'un cousté sa femme Badebec morte, et de l'aultre son filz Pantagruel né, tant beau et tant grand, ne sçavoit que dire ny que faire.* (Rabelais, PA, 3, p. 225).

27. La proposition infinitive : la notion de proposition infinitive est contestée par certains grammairiens.

=> Principalement par G. Moignet (art. cit.) ; voir la mise au point par O. Soutet dans sa *Syntaxe du français* (1989, p. 41-42) ou par H. Bonnard (« La proposition », *GLLF*, p. 4697-4698).

D. Denis et A. Sancier-Chateau (1994, p. 121-123 et p. 294-295) retiennent la notion et la caractérisent par deux traits formels :

1° : l'absence de mot subordonnant ;

2° : la présence pour le verbe infinitif d'un propre agent exprimé, à moins qu'il ne s'agisse d'un agent indéterminé.

J. Picoche et C. Marchello-Nizia (1998, p. 312-313) préfèrent parler de construction infinitive.

On peut distinguer au XVIe siècle deux types de proposition infinitive :

28. La proposition infinitive de type français, qui existe encore aujourd'hui, après un verbe de perception, sur le modèle : *Je vois les enfants jouer*. Elle était représentée en latin par un participe : *Video pueros ludentes*. Son sujet peut être :

un substantif : *quand il voit son fis* [fils] *gourmer injurieusement un païsant ou un laquay qui ne se defend point,* (Montaigne, *Essais*, I, 23, p. 110 C) ;

un pronom personnel accusatif : *Celuy-là, on le voit aller à tire d'aisle, d'un vol haut et ferme, suyvant tousjours sa pointe ;*

cettuy-cy, voleter et sauteler de conte en conte comme de branche en branche, (*ibid.*, II, 10, p. 412 A), le sujet est d'abord un pronom personnel (*le*), puis, dans la seconde partie de la phrase, un pronom démonstratif (*cettuy-cy*) ;

un pronom personnel datif : *Et, quant à l'experience, nous luy voyons favoriser tantost l'un, tantost l'autre party.* (*ibid.*, I, 47, p. 284 A) ;

un complément au datif, introduit par la préposition *à*, tournure fréquente chez Montaigne avec le verbe *ouyr* : *j'ay ouy dire à mon pere, qu'il y veist tenir conte de bien vingt et cinq maistres de maison,* (*ibid.*, I, 14, 53 A).

29. La proposition infinitive de type latin sur le modèle *Credo pueros ludere (je crois que les enfants jouent).* Elle se trouve :

après des verbes marquant une opération intellectuelle : parole, pensée, conviction : *savoir, penser, croire*, *juger, dire, prétendre...* ;

après des verbes de volonté, d'ordre ou de prière : *vouloir, ordonner, prier, désirer...* ;

après des verbes impersonnels, tels que *convenir, falloir*.

=> Sur ce point, voir F. Brunot (*HLF*, 2, p. 455), G. Gougenheim (1974, p. 171-174) et pour la structure en latin, G. Serbat (1986, p. 172-174).

D'abord « tour savant » (R. Martin et M. Wilmet, 1980, § 342), introduit dans la syntaxe par les latinistes, la construction connaît un tel développement en MF qu'elle devient « vivante et bien autonome » (C. Marchello-Nizia, 1997, p. 423-426) ; C. Brucker (art. cit.) rattache son développement à la promotion de l'infinitif en général, du participe présent et du gérondif en *en*. G. Gougenheim (1974, p. 171-174) relève de nombreux exemples au XVIe siècle.

Rabelais (E. Huguet, 1894, p. 213-218) fait un usage très abondant de la proposition infinitive de type latin, après les verbes exprimant un désir ou une volonté (« Calvin, avec Rabelais, est l'auteur qui emploie le plus souvent la proposition infinitive en pareil cas ») et plus encore avec les verbes signifiant « dire, penser, savoir, apprendre » (tournure qui est d'un usage très

ordinaire dans *L'Heptaméron*, chez Des Périers, et plus fréquente encore chez Du Fail et Calvin). L'exemple suivant de Rabelais regroupe les deux types de proposition infinitive : *Je pareillement [...] de moy voyant n'estre faict aulcun pris digne d'œuvre,* [proposition infinitive de type français, le sujet de l'infinitif, non exprimé, est l'impersonnel *il*], *et consyderant par tout ce tresnoble royaulme de France, deçà, delà les mons, un chascun aujourd'huy soy instantement* [avec empressement] *exercer et travailler* [proposition infinitive de type latin, introduite par *consyderant* et ayant pour sujet *un chascun*]. (Rabelais, TL, Prologue, p. 348).
☞ Pour l'analyse du pronom personnel *soy*, voir chapitre III.31.

=> N. Fournier (1998, § 145-151) remarque que la dite « proposition infinitive » est encore très usuelle dans la prose du début du XVIIe siècle (Malherbe, Balzac) et jusqu'à la fin du siècle dans le style de la prédication (Bossuet).

30. L' infinitif absolu passé

G. Gougenheim (1974, p. 193) parle d'infinitif absolu pour décrire la construction suivante : sujet antéposé ou postposé + infinitif passé, l'agent de l'infinitif étant aussi l'agent du verbe principal.

Cette construction est très rare : E. Huguet (1894, p. 357-359) relève des exemples dans *Le Roman de Jehan de Paris* (1494-1495) ainsi que chez Jean Lemaire de Belges, dans les *Illustrations de Gaule et Singularitez de Troye.*

=> Pour le MF, voir C. Marchello-Nizia (1997, p. 425), qui emprunte tous ses exemples au *Roman de Jehan de Paris.*

Au XVIe siècle, cet emploi semble propre à Rabelais qui le pratique abondamment dans le *Tiers Livre* et le *Quart Livre* : *Pantagruel avoir entierement conquesté le pays de Dipsodie, en icelluy transporta une colonie de Utopiens...* (TL, I, p. 353).

CHAPITRE XIII : LES FORMES EN *–ANT*

Compléments bibliographiques : T. Arnavielle, *Le Morphème –ant : unité et diversité. Etude historique et théorique*, Louvain-Paris, BIG-Peeters, 1997 ; « Syntaxe des formes en *–ant* dans *L'Heptaméron* de Marguerite de Navarre », *L'Information grammaticale*, n° 53, 1992, p. 21-24 ; « Jean de Lery, chapitre XIII, p. 306-325. Les formes en *–ant* et l'économie du texte », *L'Information grammaticale* n° 83, octobre 1999, p. 35-37. H. Bausch, « La construction absolue des formes en *–ant* », *in* R. Martin, éd., *Etudes de syntaxe du moyen français*, Université de Metz, 1978, p. 13-22. B. Combettes, « De l'attribut à la prédication seconde. Adjectifs et participes dans *Saül le furieux* », *Faits de langue et sens des textes*, sous la direction de F. Neveu, Paris, SEDES, 1998, p. 33-53. G. Gougenheim, *Etude sur les périphrases verbales de la langue française*, Paris, Les Belles-Lettres, 1929 (*aller + Gérondif*, p. 19-22 et *être + participe présent*, p. 44-46). J. Lecointe, « Le style en *–ant* au XVIe siècle en France : conscience syntaxique et options stylistiques », *L'Information grammaticale*, n° 75, octobre 1997, p. 10-14. A. Queffélec, « Du statut des modes quasi-nominaux en moyen français : le témoignage du *Testament* de F. Villon », *L'Information grammaticale*, n° 57, mars 1993, p. 37-40. N. Sarre, « Morphologie des formes en *–ant* en moyen français », *L'Information grammaticale* n° 86, juin 2000, p. 40-52.

I - RAPPELS MORPHOLOGIQUES ET HISTORIQUES

1) ÉVOLUTION MORPHOLOGIQUE

1. Les désinences latines du participe présent *–antem, –entem* et *–ientem* sont vite réduites à *–antem* et convergent donc phonétiquement vers une unique désinence *–ant*.

On notera l'exception que représente Rabelais, faisant coexister, dès les premiers livres et contrairement à l'usage courant de l'époque, la graphie *–ant* et la graphie *–ent* pour les participes présents : *Croiez vous en vostre foy qu'oncques Homere escrivent l'*Iliade *et* Odyssée, *pensast es allegories,* (GA, *Prologe*, p. 7) ; *le reste de son train, venoit à justes journées, amenent tous ses livres et instrument philosophique* (*ibid.*, 34, p. 96) ; *Ce pendent Gargantua se refraischit,* (*ibid.*). M. Huchon (1981, p. 237-251) a montré que « la terminaison *ent* est un signe graphique qui permet à Rabelais de distinguer les participes présents qui reproduisent fidèlement leur modèle latin de ceux qui ont subi des modifications » et que « l'emploi de cette forme *ent* est le fruit d'une réflexion sur la langue. » (p. 244).

Les formes du gérondif latin à l'ablatif (qui s'emploie directement ou après préposition) *-ando, -endo, -iendo* aboutissent également à *-ant.*

Le point de départ qui a déterminé la jonction de ces deux formes est un rapport causal : dans la langue impériale, le gérondif étend de plus en plus son domaine et prend toutes les fonctions verbales du participe présent.

Le système du latin s'est transformé en un système nouveau : le français n'opère pas de distinction morphologique entre gérondif et participe, il n'a pas repris les formes déclinables du gérondif : *-ndum, -ndi, -ndo*.

=> Voir G. Zink, 1989, p. 161-164 ; G. Guillaume, *Leçons de linguistique*, 1945-1946, 31 janvier 1946.

2. La forme en *–ant* donne naissance, par dérivation impropre, à des termes qui ne font plus partie de la catégorie des formes en *–ant*.

Prépositions : *une forme specificque, et propriété individuale, laquelle nos majeurs nommoient Pantagruelisme, moienant laquelle jamais en maulvaise partie ne prendront choses quelconques,* (Rabelais, TL, Prologue, p. 351) ; *Et est ce que je voulois dire touchant les quereles des Vindelois.* (Du Fail, *Propos Rustiques*, 10, p. 133-134). Cette préposition, dont Calvin fait un grand usage, se construit tantôt directement : *une cause spirituelle, c'est à dire touchant la Chrestienté,* (*Institution*, IV, 11, p. 236 [1545]), tantôt à l'aide de la préposition *de* : *Touchant de ce que Christ dit,* (*ibid.*, IV, 12, p. 246 [1541] ; éd. O. Millet, IV, p. 278 / 674).

Locutions adverbiales : *Tenez chauts les pieds et la teste ; / Au demeurant, vivez en beste.* (Montaigne, *Essais*, II, 12, p. 470 A).

Adjectifs qualificatifs : *Du feu bruslant dont vous estes remplie,* (M. de Navarre, *L'Heptaméron*, N24, p. 303).

Substantifs : *les guerroyans* (Rabelais, TL, prologue, p. 350) ; *Ilz prindrent les chausses des deux dormans,* (Des Périers, *Nouvelles Récréations,* N27, p. 129) ; *Socrates dispute plus en faveur des disputants qu'en faveur de la dispute ;* (Montaigne, *Essais*, III, 8, p. 927 C) ; *Galen, au contraire, et ses suyvans,* (*ibid.*, II, 12, p. 557 A).

3. Les formes en *–ant* ainsi substantivées peuvent être complétées :

par un adjectif : *le pouvre diable estoit contrainct (autrement il estoit escourté) faire le dernier offrant,* (Du Fail, *Baliverneries*, III, p. 46) ;

par un adverbe : *que n'est (...) l'umbre de If, aux dormans dessoubs* (Rabelais, TL, 51, p. 506) ; *d'entre les premiers mieux disans et mieux prenans ;* (Pierre de L'Estoile, *Registre-journal du regne de Henri III*, t. 3, 1580, p. 110) ;

par un complément prépositionnel : *un preux, un conquerent, un pretendent et aspirant à l'empire univers,* (Rabelais, GA, 33, p. 94) ; *Chacun des suyvans d'Alexandre* (Montaigne, *Essais*, III, 7, p. 919 B) ; *Deux pretendans au Royaume de Thrace* (*ibid.*, III, 1, p. 796 B) ;

par un complément d'objet direct : *la plus doulce petite mignonne (...), la mieux entretenante les gens qu'elle voioyt par tout une fois,* (Du Fail, *Baliverneries*, I, p. 16).

Ces formes substantivées peuvent également s'employer pour l'inanimé, mais il s'agit d'un emploi minoritaire : *passer en tranquillité le demeurant de leurs ans.* (Du Fail, *Propos rustiques*, Maistre Leon Ladulfi au lecteur, p. 45) ; *quelque demeurant de respect et de bien-veuillance,* (Montaigne, *Essais*, III, 10, p. 1014 B).

2) Rappel historique

4. N'est pas opérante pour l'ancienne langue la distinction, usuelle en FM, entre adjectif verbal, participe présent et gérondif.

L'adjectif verbal s'accorde avec son support nominal et a valeur de propriété, provisoire ou non.

Le participe présent, forme également incidente à un support nominal, est invariable et a valeur de procès.

Le gérondif, forme incidente à un support verbal, est invariable et précédé de la préposition *en*.

=> La différence sémantique entre procès et propriété est explicitée par Maupas (N. Fournier, 1998, § 431-434) ; elle est plus opérante que celle proposée par H. Bonnard entre « l'apport sémantique intrinsèque et généralisé » de l'adjectif verbal et « l'apport sémantique extrinsèque et particularisé » du participe présent (*GLLF*, p. 4012). Sur ce point, voir également S. Aslanides (2001, p. 68-70).

5. Les grammairiens du XVIe siècle constatent que le participe possède la nature à la fois du verbe (en exprimant une action) et du nom (cette partie du discours recouvrant les substantifs et les adjectifs) dans la mesure où il varie en genre et en nombre (mais non en temps ou en personne).

=> Sur cette question, voir Sylvius : p. 150 / 365 ; Palsgrave : L2, « Du participe », f° 54 r°, p. 172 / 519 introduction et 2e et 3e accidents ; Meigret : « Des participes », ch. 25, p. 100 v° ; R. Estienne : « Des participes », p. 71 ; Ramus, « des participes » : 1562, I, 8, p. 53 ; 1572, I, 13, p. 79-80.

Cette variabilité du participe en *–ant* qui le rapproche du nom adjectif fait que les grammairiens de notre *corpus* ignorent la distinction entre participe et adjectif verbal, cette dernière catégorie n'existant pas pour eux. Cela n'exclut pas toutefois certaines nuances.

Selon Palsgrave, les participes en *-ant* se déclinent de la manière suivante : masc. et fém. sg : *-ant* ; masc. et fém. pl. : *-ans*. Si l'on trouve des formes en *–ante* ou *–antes*, il s'agit d'adjectifs et non de participes (L2, « Du participe », 3e accident, f° 54 r°, p. 172 / 519). Les formes des deux genres sont communes, ce que Palsgrave illustre d'un exemple tiré d'Alain Chartier (L3, annotations sur le 3e accident des participes en ant, f° 412 v°-413 r°, p. 295 / 676) : *Et la parolle tremblant et bauboyant*. Il remarque cependant que tous les écrivains ne respectent pas cette règle et parle d'un « usage incertain » [*this uncertaynte of the partyciple*], comme l'atteste cet exemple : *je estoye encore pour certayne ignorante du mal que seuffre une femme gisante*. Selon lui, l'auteur (Octovien de Saint Gelais, Evêque d'Angoulême dans les *Epîtres d'Ovide*) écrit ici *gisante* au lieu de *gisant* afin de le faire s'harmoniser avec l'adjectif *ignorante*.

Sylvius (« Règles communes pour toute conjugaison », p. 128 / 342 et « Le Participe », p. 150 / 365), Meigret (« Des Participes » , ch. 25, p. 103 r°), R. Estienne (« Des participes, p. 71) et Ramus (« des participes » : 1562, I, 8, p. 53 ; 1572, I, 13, p. 79-80) distinguent en revanche le masculin du féminin : *-ant*, *-ans* / *-ante*, *-antes*.

Meigret et Ramus (1562, p. 53) sont toutefois nuancés et tous deux constatent que l'on peut hésiter, au féminin, entre *-ant* ou *–ante* (*une femme dormant* ou *dormante*) en expliquant que la forme en *-ante* est surtout utilisée quand le participe prend la nature du nom (Meigret : *une femme plaisante* [nom adjectif] *; l'amante* [nom substantif]) et n'exprime pas une action (Ramus, 1562). Tout en reconnaissant au participe une double nature, nominale (le nom recouvrant, à l'époque, les substantifs et les adjectifs) et verbale, les deux grammairiens sont donc sensibles aux différents emplois possibles du participe, l'un plutôt verbal (ce que nous appelons participe présent et qui est invariable), l'autre plutôt nominal (ce que nous appelons adjectif verbal et qui s'accorde).

Concernant la question du gérondif, les avis des grammairiens de notre *corpus* sont également partagés :

Selon Meigret (« Des temps des Verbes, et des modes, ch. 3, p. 73 v°) et R. Estienne (« Des Verbes », « Des modes, » p. 34), le français ignore le gérondif et le supin latins qu'il rend par des infinitifs ou des participes. Ils donnent pour exemple : *recreatur animus venando > on s'esbat en chassant*, dans lequel *en chassant* est donc interprété comme un participe présent.

Sylvius (« Le Verbe », p. 114 / 329) reconnaît en français l'équivalent des gérondifs et des supins latins. Ceux-ci sont rendus par une périphrase formée sur l'infinitif quand ils signifient un mouvement à partir d'un lieu (*tempus amandi > le temps d'aimer*, *venio de amando > ge vien d'aimer*) ou par des tours actifs (*in amando > en aimand, de aimer*) ou passifs (*estand aimé*) dans les autres cas. Le propos de Sylvius est donc à nuancer puisque qu'il suit une logique grammaticale latine qui l'amène à considérer comme des gérondifs ou des supins français des périphrases formées sur la base de l'infinitif, du participe présent actif ou du participe passé passif dans la mesure où elles correspondent à des gérondifs ou à des supins latins.

Ramus, en revanche, conçoit réellement un gérondif français doté de ses particularités grammaticales en concevant un « infinit [infinitif] gérondif » (1562, I, 7, « du verbe et de ses personnes », p. 52 ; 1572 : I, 12, p. 77). Selon les grammairiens de l'époque en effet, l'infinitif est une forme invariable à la différence du participe variable. En reconnaissant donc un « infinit gérondif », Ramus établit l'existence d'une forme en *-ant* distincte du participe et invariable. En 1572 (II, 12, p. 197), il précise, en outre, que la préposition *en* sert pour le gérondif (*en riant, en dormant*).

6. En AF, P. Ménard (1988, p. 169-170, § 176-177) souligne la tendance à la confusion des formes en *–ant*.

Employée comme participe présent, la forme en *–ant* se décline et s'accorde avec le terme auquel elle se rapporte, mais elle peut être également invariable.

En fonction d'adjectif verbal, elle est variable en nombre sur le modèle des adjectifs épicènes.

Employée comme gérondif, elle est invariable, mais n'est pas systématiquement précédée de la préposition *en*.

7. En MF, la situation est plus complexe encore.

Le participe présent s'accorde rarement en genre. C. Marchello-Nizia (1997, p. 266) ne l'a trouvé que dans quelques cas où la forme en *–ant* est épithète d'un substantif.

Le participe présent s'accorde presque toujours en nombre, aussi bien au masculin qu'au féminin.

Mais on trouve, toutefois, des exemples d'invariabilité en nombre.

Cette évolution vers l'invariabilité progresse durant le XVIe et le XVIIe siècles creusant la distinction entre l'adjectif verbal, constamment variable en nombre, et le participe présent qui s'oriente de plus en plus vers l'invariabilité.

L'emploi comme gérondif est difficile à reconnaître en MF.

La forme n'est pas systématiquement précédée de *en* (situation héritée de l'AF).

Il lui arrive quelquefois de porter, comme le participe présent, la marque du nombre.

Elle peut, dans l'ancienne langue, se construire avec les prépositions *à, de, par, sans.*

8. Au XVIe siècle, la situation est compliquée, comme en MF, par plusieurs phénomènes touchant le participe présent, qui s'accorde ou non.

Par survivance de la syntaxe médiévale, le participe s'accorde en nombre, mais pas en genre sur le modèle des adjectifs épicènes : *Ainsi qu'ils estoient au jour du deluge mangeans et beuvans et se marians, jusques au jour que Noë entra en l'arche* (Boaistuau, *Le Théâtre du monde*, III, p. 227).

A partir du XVe siècle, l'accord en genre est fréquemment donné par les grammairiens : *Vous aurez la reste de l'histoire à ces foires de Francfort prochainement venantes,* (Rabelais, PA, 33, p. 336) ; *Les deux gentils-hommes regardans aux fenestres veirent les deux dames pleurantes et criantes si fort*, (M. de Navarre, *L'Heptaméron*, Prologue, p. 57).

Mais on note également une tendance à l'invariabilité : Frantext fournit, en fonction de participe présent, 9 emplois de *devisans* pour 29 de *devisant* : *Et furent ainsi les bonnes commeres se devisant jusques y fut temps d'aller coucher.* (Philippe de Vigneulles, *Les Cent Nouvelles Nouvelles*, N91, p. 355) ; *Trop devisant les fouls s'afolent ; / Mesmes les oisillons qui volent / En reveleroient le propos.* (Baïf, *Mimes*, II, p. 246).

9. Le gérondif n'est pas non plus aisé à repérer.

De même qu'en AF et en MF, il n'est pas systématiquement précédé de *en* : *Nostre ame, (...) / Entrant dans un corps infet /*

Avec luy se contamine. (Garnier, *Les Juifves*, v. 99-102) ; *On dict que ce reiglement se pouvoit conduire d'une façon moins incommode : soustraiant, à l'exemple d'Auguste, pour quelques années le jour du bissexte,* (Montaigne, *Essais*, III, 11, p. 1026 B).

Il peut porter la marque du nombre : *ainsi que veoir pourrez en Pantagruelisant, c'est à dire, beuvans à gré, et lisans les gestes horrificques de Pantagruel.* (Rabelais, GA, 1, p. 10) ; *ils se vuident et purgent en mangeans de l'herbe mouïllée de rozée.* (Boaistuau, *Le Théâtre du monde*, I, p. 80).

Se manifeste enfin la tendance à employer, par latinisme, un participe présent là où le FM emploie le gérondif : *Les trouppes vont fuyantes çà et là.* (Des Masures, *David combattant*, didascalie qui suit le vers 1244) ; *Venez vous icy culletans articuler mon vin et compisser mon tonneau ?* (Rabelais, TL, prologue, p. 352), *culleter* = « jouer du cul » ; *articuler* = « rédiger par articles ». Ces deux tournures comportant un verbe de mouvement (*aller* et *venir*) relèvent aussi du type de construction *aller* / *venir* + forme en –ant analysée plus loin (☞ *infra*, § 33 et 41-47). Dans l'exemple suivant de Montaigne, l'utilisation du participe *mourant*, appelée par la forme *me trouvant*, peut s'interpréter comme un latinisme : *Un orateur m'achetta enfant, me trouvant agreable, et m'a laissé mourant tous ses biens,* (Montaigne, *Essais*, III, 9, p. 980 C).

=> C'est au XVIIe siècle que la situation évolue, dans le sens, pour le participe présent, « d'une restriction morphologique et d'une progression vers l'invariabilité » (N. Fournier, 1998, § 430).

3) NATURE GRAMMATICALE DES FORMES EN -*ANT*

10. Les formes en *–ant* se rattachent, à l'origine, au système nominal, comme l'atteste leur construction avec les formes prédicatives toniques du pronom personnel et de la négation : *en soy mocquant de luy*, (Philippe de Vigneulles, *Les Cent Nouvelles Nouvelles*, N23, p. 125) (☞ chapitre III.31) ; *Elle non entendent ce qu'il disoit,* (Rabelais, TL, 19, p. 410) (☞ chapitre XV.33).

Mais elles évoluent progressivement vers un statut plutôt verbal en moyen français (J. Lecointe, art. cit., p. 11 et A. Queffélec, art. cit., p. 37-40).

Les indices sont les suivants :

développement de la construction avec les formes non prédicatives atones, qui triomphe dès la seconde moitié du XVIe siècle (pour la négation, c'est seulement à la fin du XVIe siècle que *ne* se substitue à *non* comme négation des modes nominaux),

recours fréquent à la forme en *–ant* « prépositionnelle ». Selon J. Lecointe (art. cit., p. 11) : « ce serait une nouvelle forme verbale, propre au style narratif écrit, dont la valeur propre intégrerait l'aspect "sécant" de l'imparfait dans l'expression plus large, aspecto-modale, d'une "subsidiarité" de l'action verbale par rapport à une autre ».

=> Pour cette question des rapports entre forme en *–ant* et imparfait et pour celle de l'organisation du texte selon un premier et un second plan, voir N. Fournier, 1998, § 449. On notera que ce rapprochement entre forme en *–ant* et imparfait est également opéré au XVIe siècle : Meigret (« Des participes », ch. 25, p. 103 v°) donne la première personne de l'indicatif imparfait comme base du participe présent. C'est également le cas pour Ramus, selon lequel le participe présent se forme à partir de l' « infinit gérondif [infinitif gérondif] », lui-même formé sur la P1 de l'imparfait (surtout 1562 : I, 7, « du verbe et de ses personnes », p. 52 et I, 8 « des participes », p. 53).

=> « Le participe présent indique que le procès est en cours de déroulement (aspect non accompli), et que l'action est observée de l'intérieur, sans que l'on puisse en distinguer le début ou la fin (aspect sécant). » (D. Denis, A. Sancier-Chateau, 1994, p. 388).

11. Effets stylistiques. Le XVIe siècle est l'époque où le style en *–ant*, caractéristique d'une langue écrite et savante, jouit d'une grande vogue.

A. Lorian (1973, p. 215) note l'emploi fréquent, chez les narrateurs de la fin du siècle, du participe absolu et du participe conjoint en *–ant*, « instrument permettant à la fois d'allonger la phrase, de donner un coup de pouce à la narration, et de doter celle-ci d'une saveur latiniste. ». L'exemple suivant de Du Fail présente les deux types d'emploi : *[Robin Chevet] jazoit le dos tourné au feu, teillant bien mignonnement du chanvre, ou raccoutrant, à la mode qui couroit, ses bottes (car à toutes modes d'ordinaire s'accoutroit l'homme de bien), chantant bien melodieusement, comme honnestement le savoit faire, quelque* *chanson nouvelle ; Jouanne sa femme de l'autre costé qui filoit, luy respondant de mesmes. Le reste de la famille ouvrant chacun en son office, les uns adoubans les courroies de leurs fleaux, les autres faisans dents à Rateaux, bruslans hars pour lier (possible) l'aixeul de la charrette rompu par trop grand faix ou faisoient une verge de fouet de mesplier (ou meslier).* (*Propos Rustiques*, 5, p. 72). La fréquence des emplois est plus forte encore dans *Les Contes et Discours d'Eutrapel* (1585), dernier recueil de Du Fail.

=> Pour cet aspect stylistique, voir A. Lorian (1973, p. 205-222), M. Huchon (1988, p. 114) et J. Lecointe (art. cit.).

=> Les grammairiens de notre *corpus* y sont également sensibles. Meigret (« Des participes », ch. 25, p. 100 v°-101 r°) et Robert Estienne (« Des participes, p. 71) signalent tous deux que le participe s'emploie « pour plus grande brièveté de langage » en l'illustrant d'un exemple qui concerne le participe présent (et non le participe passé) : *Pierre aimant ceste fille, luy donnoit force dons* au lieu de *Pierre aimoit ceste fille, & luy donnoit force dons* (exemple de R. Estienne).

II - STRUCTURATION NON VERBALE DE LA FORME EN –*ANT*

1) CONSTRUCTIONS ÉPITHÉTIQUES

12. Les constructions épithétiques avec support nominal

La forme en –*ant* épithète est antéposée : *L'estincelle derniere / De mes ternissans yeulx* (M. de Navarre, *L'Inquisiteur*, v. 629-630) ; *Quoy ? N'ay je faict suffisant exercice ?* (Rabelais, GA, 21, p. 56) ; *Vien à moy mon Luth, que j'accorde / Une Ode pour la fredonner / Dessus la mieux parlante corde* (Ronsard, *Les Odes*, II, 3, « Consolation à la Royne de Navarre », v. 1-3) ;

ou beaucoup plus fréquemment postposée : *Les deux yeux entre-ouverts ternissans par les bors,* (Garnier, *Antigone*, 5, v. 2691) ; *envoya en un convent de cordeliers demander un prescheur suffisant, et homme de bien,* (M. de Navarre, *L'Heptaméron*, N41, p. 404) ; *Il n'est rien si fascheux qu'un brocard mal plaisant,* (Du Bellay, *Les Regrets*, 143, v. 12).

La forme en –*ant* peut alors se construire avec un complément : *une masse toute d'acier pesante neuf mille sept cens quintaulx deux quarterons d'acier de Calibes,* (Rabelais, PA, 29, p. 317) ; *la responce de Hipperides aux Atheniens se plaignans de l'aspreté de son parler :* (Montaigne, *Essais,* III, 1, p. 792 B).

13. Les constructions épithétiques avec support pronominal. Les cas sont très rares en AF, plus nombreux en MF et à l'époque suivante.

Dans cette construction, la forme en *–ant* est le plus souvent postposée. Le pronom peut être :

un pronom personnel : *commant ilz cuident appaiser Dieu par les choses que luy mesmes estant sur la terre a reprouvez* (M. de Navarre, *L'Heptaméron*, N55, p. 492) ;

un pronom indéfini : *Et y avoit lors par la ville tant de ses desguisés, les ungz juant farce ou morisque, les aucuns danssant, et les aultres trippant* (Philippe de Vigneulles, *Les Cent Nouvelles Nouvelles*, N40, p. 183) ; *Parquoy y estoient d'aucuns ayans offert* (*Ulenspiegel*, 20, p. 178) ;

un relatif : la tournure *quoy voyant* est fréquente chez Rabelais : *Quoy voyant Gargantua en grande puissance alla les secourir,* (GA, 48, p. 130) ou chez Du Fail, *Quoy voyant, tout le reste se retira, chacun à sa chacunière* (*Propos Rustiques*, 13, p. 154) ; dans le cas de Rabelais, sur les 6 occurrences du tour, une seule porte une ponctuation, qui pourrait nous conduire à une analyse différente : *Quoy voyant Gargantua, y print plaisir bien grand,* (GA, 16, p. 47) ; le tour *quoy voyant* semble intégré ici à une proposition participiale dont le sujet est postposé (☞ *infra* § 23, les tours absolus), tandis que la principale connaît une ellipse du sujet. ☞ sur cette construction, voir aussi chapitre VI.40.

14. Le support formel peut être absent. Le pronom sujet n'étant pas exprimé, la forme en *–ant* peut être traitée comme épithète de cet élément implicite : *tous ses biens, lesquels ayant transporté en cette ville d'Athenes, me suis addonné à la philosophie.* (Montaigne, *Essais*, III, 9, p. 980 C).

15. Coordination des formes en *–ant* épithètes. T. Arnavielle (1997, p. 233) a relevé des combinaisons de formes en *–ant* :

adjectifs : *de laquelle tout hesitant et begayant il prononça*

(Montaigne, *Essais*, III, 9, p. 962 B),

et plus fréquemment participes : *le Juge ayant ouy les parties, et les raisons d'une part et d'aultre, congnoissant la gaudisserie (...), le condampna* (Des Périers, *Nouvelles Récréations,* N49, p. 200-201) ; *Le bon homme Grandgousier beuvant, et se rigollant avecques les aultres entendit* (Rabelais, GA, 7, p. 23).

La forme en *–ant* peut aussi se combiner avec un adjectif (non verbal).

2) Constructions détachées

a) Les constructions détachées en position postverbale

16. Les constructions détachées, en position postverbale, s'emploient :

notamment avec des verbes de mouvement : *Aux armes vont, saillent de toutes pars, / Voyans les champs de gensdarmes couvers,* (J. Marot, *Le Voyage de Venise,* v. 1183-1184) ;

mais aussi avec d'autres verbes : *comment il avoit esté si hardy (estant estranger du païs et sans adveu)* (Des Périers, *Nouvelles Récréations,* N105, p. 561), la parenthèse a ici une valeur d'opposition.

17. Dans cette construction postverbale, la forme en *–ant* peut être dépendante d'une forme autre que le sujet, comme :

un objet direct : *Et tu m'as veu, jà long temps, attendant / De ta pitié si commendable usure,* (Scève, *Délie*, 325, v. 5-6) ; *Messieurs de Bordeaux m'esleurent maire de leur ville, estant esloigné de France* (Montaigne, *Essais*, III, 10, p. 1005 B) ; *Cestuy exemple me faict entre espoir et craincte varier, doubtant que…* (Rabelais, TL, Prologue, p. 351) ; *je le vous envoye encore sortant hors de page et en sa premiere adventureuse jeunesse,* (Aneau, *Alector*, I, p. 11) ;

un complément « indirect » sans préposition : *la vieillesse (fardeau insupportable) ne nous est point moleste, voyans ces miroirs et simulachres de nous mesmes* (Boaistuau, *Le Théâtre du monde*, II, p. 164) ou avec préposition : *Et doit bien augmenter le cueur aux dames, voyant la vertu de ceste jeune princesse et le bon sens de sa dame d'honneur.* (M. de Navarre, *L'Heptaméron,*

N4, p. 96) ;

un complément de nom : *une belle jeune femme nourrie à nostre façon, à la lumiere et commerce du monde, [...] se maintenant entiere au milieu de mille continuelles et fortes poursuittes* (Montaigne, *Essais*, III, 5, p. 861 B)

Selon T. Arnavielle (1997, p. 260), c'est à un déterminant que se rattache, assez librement, la forme en *–ant* dans le cas suivant : *Tant y a que leurs amours et jouissances durarent longuement, et estant page et hors de page,* (Brantôme, *Dames galantes*, 7, p. 439) ; ajoutons un autre exemple : *leurs viandes sont diversifiées, mangeans plus souvent des œufs et herbages que non du poisson :* (Poissenot, *L'Esté*, 1ère journée, p. 64).

18. La forme en *–ant* peut se rapporter à un agent non exprimé, absent du contexte.

C'est le cas en particulier dans les tournures impersonnelles : *Il y a de la trahison en cette sorte de modestie, et notamment nous entr'ouvrant, comme font ceux cy, une si belle route à l'imagination.* (Montaigne, *Essais*, III, 5, p. 880 B), nous dirions en FM : « il y a de la trahison à nous entr'ouvrir » ; *faut l'endurer patiemment, sachant que c'est tout notre profit et amendement ;* (A. Paré, *Livre sur la peste*, Livre 22, 52, *in Textes choisis*, p. 159).

b) Les constructions détachées en position préverbale

19. La forme en *–ant* peut s'employer après le GN ou le pronom qui ouvre la phrase, qu'il s'agisse ou non du sujet : *Ceux de Barselonne voyant passer devant eux une grande quantité de voilles, en advertirent le Roy* (M. de Navarre, *L'Heptaméron*, N10, p. 138) ; *Car comme nous estans sus le moule, et de loing voyans les mariniers et voyagiers dedans leurs naufz en haulte mer, seulement en silence les considerons,* (Rabelais, TL, 21, p. 415-416).

Elle s'emploie fréquemment en tête de phrase, que le sujet soit exprimé ou non : *par ce que le voyans au dehors, et l'estimans par l'exteriore apparence, n'en eussiez donné un coupeau d'oignon :* (Rabelais, GA, *Prologe*, p. 5) ; *Ce voyant quelq'un de ses amis, luy demanda,* (*ibid.*, TL, prologue, p. 348).

20. Dans cette construction préverbale, la forme en *–ant* peut déterminer autre chose que le sujet. Elle peut déterminer :

un objet, direct ou indirect, ou un complément d'impersonnel : *Ce que faisant luy vint en pensée* (Rabelais, GA, 17, p. 49) ;

un élément tiré du contexte proche : *Faisant filer leurs faveurs et les estallant en detail, chacun, jusques à la vieillesse miserable, y trouve quelque bout de lisiere,* (Montaigne, *Essais*, III, 5, p. 881 B) (agent : les dames, deux phrases plus haut) ; *vous faisant un jour après une œillade, un souriz de travers, un coin d'œil, ou seulement que vous puissiez toucher sa robe, ou luy lever son dé ou fuseau, vous estes (ce vous semble) le plus heureux de tout le monde ;* (Du Fail, *Propos Rustiques*, 6, p. 86) ;

le locuteur, dans des formules d'énonciation : *Poursuyvant ce que le compere Huguet ha jà conté (dist Anselme), les Vindelois,* (Du Fail, *Propos Rustiques*, 10, p. 122) ; *Or sur mon subject, laissant les exemples que je sçay par les livres [...], un gentilhomme,* (Montaigne, *Essais*, III, 13, p. 1081 C et B).

Elle peut déterminer le sujet du verbe principal, mais avec un changement d'extension :

l'agent de la forme en *–ant* est inclus dans le sujet : *Et partant de Poictiers avecques aulcuns de ses compaignons, passerent par Legugé,* (Rabelais, PA, 5, p. 230), l'agent du participe est la P3 du singulier, « luy », compris dans le sujet sous-entendu (*ils*) du verbe *passerent* ;

l'agent de la forme en *–ant* inclut le sujet : *venant un jour à se reprocher l'un à l'autre les honneurs qu'ils s'estoyent faits de s'estre entre-mariez, elle, qui estoit d'un si grant lieu, de l'avoir espousé, il* [le mary] *luy fit response :* (Brantôme, *Dames Galantes*, 6, p. 318).

=> Cette liberté de construction, relevée également à propos de la construction postverbale (☞ voir *supra* § 17) peut s'expliquer par l'influence de la syntaxe latine : « Les Latins, grâce à leurs désinences, pouvaient faire rapporter le participe à n'importe quel mot de la phrase. La désinence indiquait assez clairement s'il se rapportait au sujet ou au complément. En perdant les désinences, nous n'avons pas perdu immédiatement la liberté de construction qu'elles avaient rendu possible, et le participe a longtemps pu se construire avec n'importe quel mot de la phrase, ou même avec un mot sous-entendu. » (E. Huguet, 1894, p. 220).

21. Faits de coordination : T. Arnavielle (*op. cit.*, 1997, p. 271-274) relève quelques cas présentant un intérêt particulier, ou des situations peu représentées.

Suites de formes en *–ant* : des formes en *–ant* se succèdent sans se situer sur le même plan, notamment avec un relatif de liaison : *Quoy voyans les aultres approcherent pensans que on leur eust resisté à l'arrivée.* (Rabelais, PA, 26, p. 304).

Le mode de liaison peut être très complexe au XVIe siècle. Sont analysés par T. Arnavielle (*op. cit.*, 1997, p. 272-273) deux exemples empruntés aux *Dames Galantes* de Brantôme : *car, luy estant prisonnier..., elle, estant princesse sage..., [le royaume] de Sicile et de Naples leur estant escheu..., assembla une armée* (5, p. 247) (détaché + absolu + absolu) ; *D'avantage, quand...je me fais servir à vous comme d'un esclave ou forçat..., vous fais tirer un collier comme un vray cheval de charrette, et vous, travaillant, peinant, suant, halletant, efforçant à faire les courvées et efforts que je veux tirer de vous.* (1, p. 36), *et* relie un verbe personnel et des participes (peut-être absolus).

22. Du point de vue morphologique, le XVIe siècle présente un nombre important de formes composées, pour marquer :

l'aspect accompli : *Un gentilhomme grand seigneur, ayant esté absent de sa maison par quelque temps,* (Des Périers, *Nouvelles Récréations*, N32, p. 148) ;

la voix passive : *delibera d'appoincter avec luy, ayant esté par plusieurs fois solicité de ce faire par ses amys propres. (ibid.*, N99, p. 553).

L'exemple suivant réunit les deux emplois (aspect accompli et voix passive) : *Un bon frippon, natif de la ville d'Yssouldun en Berry, ayant commis un infini nombre de larrecins et ayant esté souvent menacé, (ibid.*, N111, p. 567).

3) Constructions absolues (avec autonomie de l'agent et forme en *–ant* à orientation prédicative)

23. Les tours absolus (ou propositions participiales) se propagent et se diversifient en MF, pour atteindre leur apogée dans la seconde moitié du XVIe siècle (voir A. Lorian, 1973,

p. 207).

On rencontre des formules brèves : *quand l'amour est si egale, que l'un mourant, l'autre ne veult plus vivre.* (M. de Navarre, *L'Heptaméron*, N50, p. 465) ; *la personne beuvant, le liege de ses pantoufles enfloit d'un demy pied.* (Rabelais, GA, 21, p. 58),

avec notamment de nombreux emplois de *advenant* : *Advenent le cas, ne seroit ce pour chevreter ?* (Rabelais, TL, Prologue, p. 351) ; *Cela advenant, où en serai je ?* (Poissenot, *L'Esté*, Seconde journée, p. 166) ; *Crosniel luy promist d'ainsi le faire, le cas mortel luy advenant, qui ne sembloit estre prest ne prochain, luy estant en santé et vigueur,* (Aneau, *Alector ou Le Coq*, I, p. 192).

On relève également des formules plus étoffées, dans lesquelles l'agent peut être :

un nom, antéposé : *Et restent en leurs maisons privez de leurs filles tant aimées, le pere mauldissant le jour et heure de ses nocpces : la mere regrettant que n'estoit avortée en tel tant triste et malheureux enfantement :* (Rabelais, TL, 48, p. 498-499) ;

un nom postposé : *Regnant à Contantinoble lempereur Justinian Auguste, ii de ce nom, fut intronizé ou siege Apostolicque le pape Sizinus,* (Lemaire de Belges, *Le Traicté de la difference des schismes et des conciles de leglise*, p. 128) ;

un pronom : *Mais, eulx voyans estre fors en leur estre, / La couche aussi que contre eulx on veult mettre, / Craignans hazart, ilz vont dire à la table.* (J. Marot, *Le Voyage de Venise*, v. 1653-1655) ;

un indéfini : *Je ne serois plus craint, on m'auroit à mépris, / S'asseurant un chacun de n'en estre repris.* (Garnier, *Les Juifves*, v. 257-258).

24. La construction impersonnelle est fréquente au XVIe siècle et au début du siècle suivant : *il est vraysemblable qu'il avoit esté maintes autres fois surpris, n'estant possible qu'en faisant les larrecins par douzaines, il y procedast par art en un chacun d'iceux,* (Des Périers, *Nouvelles Récréations,* N111, p. 567) ; la forme en *–ant* a ici une valeur causale, nous dirions aujourd'hui : « car il n'était pas possible qu'en faisant… ».

=> Pour les emplois au XVIIe siècle, voir N. Fournier, 1998,

§ 446-448. Pour les tours absolus avec un participe passé ☞ voir chapitre XIV.14-15.

25. Indications de temps et valeurs logiques

Durant : *J'ai essayé un an durant à vous retirer de ceste meschanceté* (M. de Navarre, *L'Heptaméron*, N37, p. 385).

La forme peut être variable : *Ces jours durans* (J. Marot, *Le Voyage de Venise*, v. 2953) ; *sa volonté : laquelle il tint ferme trois ans durans,* (M. de Navarre, *L'Heptaméron*, N16, p. 217).

Pendant : La tournure *ce pendant / cependant* fournit l'*incipit* de six sonnets des *Regrets* de Du Bellay : *Ce pendant que la court mes ouvrages lisoit,* (7) ; *Cependant que Magny suit son grand Avanson,* (16), et également sonnets 19, 57, 122 et 189.

L'adverbialisation de la tournure est marquée selon T. Arnavielle (*op. cit.*, 1997, p. 241) par la jonction orthographique des éléments ; Frantext offre 260 occurrences de *ce pendant* contre 690 de *cependant* ☞ chapitres V.21 et XV.22.

Moyennant : *Moyennant laquelle intelligence povez resouldre* (Rabelais, GA, 11, p. 32).

La forme peut être variable au XVIe siècle : *Moiennans lesquelles loys, les femmes vefves peuvent...* (*ibid.*, 3, p. 15) ; *Icelle erbe moyenante* (*ibid.*, TL, 51, p. 508).

Non obstant : les deux éléments peuvent être graphiquement soudés ou disjoints, mais la graphie en un mot semble dominer : Frantext donne 31 occurrences de *non obstant* contre 222 de *nonobstant* : *Non obstant ces remonstrances :* (Rabelais, GA, 4, p. 17) ; *Ce non obstant, je n'entreprendray guerre, que je n'aye essayé tous les ars et moyens de paix,* (*ibid.*, 28, p. 83) ; *mais nonobstant leurs ergotz et fallaces, il les feist tous quinaulx,* (*ibid.*, 10, p. 251).

Non obstant, employé absolument, c'est-à-dire sans agent exprimé, est sur la voie de l'adverbialisation : nous avons rencontré ce seul exemple dans Frantext sur 31 occurrences de *non obstant* : *Non obstant, pource que je ne suis ignorante que hors la premiere enfance et la puerilité, et à l'entrée de l'adolescence*, (Aneau, *Alector ou Le Coq*, I, p. 126) ☞ chapitres V.21 et X.37.

26. Faits de coordination et de position. Une forme en *–ant* « absolue » peut être coordonnée à une autre, non « absolue » : *Estant donc venue la fin destinée, et gisant dans son lict, trois jours avant que mourir, elle vid la nuict* (Brantôme, *Dames Galantes*, 5, p. 282).

A toutes les époques, note T. Arnavielle (*op. cit.*, 1997, p. 251), les tours absolus manifestent deux propriétés qui sont liées à leur statut : la mobilité dans la phrase et la faculté d'être employés en jonction comme en détachement : *je vous veux dire (nous en allans pour soupper) un bel exemple* (Rabelais, PA, 15, p. 269) ; *Ainsi s'en allant chascun en sa chambre, se partit ceste compaignie, mettant fin au second discours et recit d'histoires.* (M. de Navarre, *L'Heptaméron*, N20, p. 249).

III - STRUCTURATION VERBALE DE LA FORME EN *–ANT*

1) ÊTRE + FORME EN *–ANT*

a) La construction *être* + forme en *–ant*

27. Historiquement, le tour correspond à deux constructions :

celle comportant une forme en *–ant*, adjectif verbal ou participe, conservant son identité syntaxique, et fonctionnant donc comme attribut (le verbe *être* y fonctionne comme copule) ;

celle comportant une forme en *–ant* syntaxiquement figée en auxilié, qui ne peut être que participe (à la rigueur gérondif), inanalysable, mais qui peut conserver son aptitude ancienne à la variation morphologique.

28. La forme en *–ant* peut se construire :

avec des compléments adverbiaux :

compléments adverbiaux négatifs : *les paroles ne sont jamais puantes :* (M. de Navarre, *L'Heptaméron*, N52, p. 476) ;

compléments adverbiaux intensifs : *mes ordures et pollutions sont si vilaines, si puantes,* (T. de Bèze, *Chrestiennes méditations*, « Méditation sur le LI Psalme », p. 72).

Dans ces deux types d'emploi, l'adjectif domine. La forme est sans doute aussi adjectif dans : *Tout ce mien proceder est un peu bien dissonant à nos formes ;* (Montaigne, *Essais*, III, I, p. 795 B). Mais il est de nombreux cas, comme le note T. Arnavielle (*op. cit.*, 1997, p. 148), où il est difficile de trancher : même lorsque la suite *être* + forme en *–ant* traduit un verbe simple latin ou italien, cela ne prouve pas sa valeur verbale et ne permet donc pas de trancher en faveur du participe : *Veu que cela est desplaisant à Dieu et aux hommes* (Larivey, *Les Esprits*, I, 1, p. 57) ; on peut ajouter l'exemple suivant de Calvin : *gouster quel service est plaisant à Dieu ;* (*Institution*, II, 8, p. 135 [1541] ; éd. O. Millet, III, p. 113 / 392).

avec des compléments d'objet direct :

noms : *la grace et le langage Castillan, est sans comparaison mieux declarant ceste passion d'amour, que n'est le François,* (M. de Navarre, *L'Heptaméron*, N24, p. 301) ;

pronoms : *Et moi, je suis aussi cette-là regrettant* (Ronsard, *Continuation des Amours*, 43, v. 7, éd. A. Gendre, Le Livre de Poche, 1993, p. 350 ; en 1572, le vers est devenu : *Et moy triste je vais la beauté regrettant,* - *Le Second Livre des Amours*, Appendices, 91, t. I, p. 283) ;

propositions : *je ne suis point ignorant combien est ancien l'usage du Chresme et soufflement au Baptesme ;* (Calvin, *Institution*, IV, 17, p. 439 [1541] ; éd. O. Millet, XII, p. 669 / 1407).

b) Une construction originale : *être* + complément circonstanciel ou adverbe ou adjectif + forme en *–ant*

29. Cette forme est très bien attestée à toutes les époques : *ains estoient les bonnes gens après le feu, se chauffans d'un fagot de serment de vigne, le dos au feu, regardans et jugeans des coups, disans* : (Du Fail, *Propos Rustiques*, 3, p. 59) ; *Et comme il estoit ainsi là demourant receut un jour lettres de son Pere en la maniere que s'ensuyt.* (Rabelais, PA, 8, p. 241).

30. La construction *être* + forme en *–ant* se rencontre avec d'autres verbes attributifs :

Devenir : *Et ces beaulx yeulx, (...) / Qui m'ont navré, deviennent languissants.* (Marot, *Œuvres nouvelles, Chants divers*, 10, « Cantique sur la maladie de s'amie », v. 17-18).

Sembler : *Le neud [...] me semble bien plus pressant et plus poisant* (Montaigne, *Essais*, III, 9, p. 966 B) ; *en cette sorte de mort la plus muette me semble la mieux seante, (ibid.*, II, 6, p. 375).

Avec des verbes occasionnellement attributifs :

Demeurer : *demoura le Moyne pendent au noyer, et criant à l'aide* (Rabelais, GA, 42, p. 115).

Rester : *La vieille resta quelque temps en silence pensive et richinante des dens,* (Rabelais, TL, 17, p. 403).

Avec des verbes de perception :

Ap(p)ercevoir : Du larron qui fut apperceu fouillant en la gibbecière (Des Périers, *Nouvelles Récréations*, N120, titre p. 577).

Ouir : un conseillier [...] fut ouy marmotant entre les dans tout conscientieusement : (Montaigne, *Essais*, III, 10, p. 1022 B).

V(e)oir : Car il en fut tué bien six mille, desquels nul ne fut veu ny fuiant ny demandant merci, (*ibid.*, I, 1, 10 C).

31. La forme en *–ant* peut être coordonnée :

avec un substantif : *car elle estoit de tres-beau et bon devis, et tres-bien parlante* (Brantôme, *Dames Galantes*, IV, p. 233).

avec un adjectif : *Ces deux commerces sont fortuites et despendans d'autruy.* (Montaigne, *Essais*, III, 3, p. 827 B) ; *Monseigneur de Sedan, qui estoit homme saige et parlant plaisamment, feit manger ce beau pere à sa table.* (M. de Navarre, *L'Heptaméron*, N44, p. 302, éd. M. François, Garnier) ; l'édition Claude Gruget de 1559 propose un autre texte, sans la forme en *–ant* : *qui estoict homme saige et parloit plaisamment* (éd. N. Cazauran, p. 434) ;

avec une autre forme en *–ant* : *on les void, haussant leur trompe comme des bras et tenant les yeux fichez vers le Soleil levant,* (Montaigne, *Essais,* II, 12, p. 468 A) ; *arrengeoit les batailles, / Mignardant tendrement et tenant en ses bras / Le petit-fils d'Hector*, (Garnier, *La Troade*, v. 1862-1864) ;

avec un participe passé : *Tellement que maistre Pierre, persuadé par le mary, et tenant le pauvre curé en sa puissance,* (Des Périers, *Nouvelles Récréations*, N113, p. 570) ; *Où je la trouvay assise, et tenant un Leut en ses mains,* (Pontus de Tyard, *Solitaire premier*, p. 5) ;

Cette aptitude de la forme en *–ant* à se combiner avec des éléments de statut équivalent révèle qu'elle ne constitue pas un ensemble très soudé avec le verbe conjugué.

2) LES VERBES NON SPÉCIFIQUEMENT ATTRIBUTIFS

a) La forme en *–ant* attribut du sujet

32. Un verbe non attributif (marquant le mouvement, l'activité, l'attitude…) peut, en FM comme dans l'ancienne langue, être centre d'une construction comportant une forme en *–ant* en position jointe.

=> T. Arnavielle parle ici d'attribut périphérique (*op. cit.*, 1997, p. 163) et reprend à P. Le Goffic (1993, p. 360) la notion d'attribution accessoire. On peut reconnaître ici un gérondif ou un participe, selon que la forme en *–ant* a une relation privilégiée avec le verbe ou qu'elle caractérise à la fois le verbe et son sujet.

33. La construction *venir* + forme en *–ant* est très fréquente, au point que T. Arnavielle (*op. cit.*, 1997, p. 167) évoque le caractère quasi formulaire de la construction et peut-être un début de grammaticalisation : *s'en vint courant au Chevallier pour le frapper parmy le corps.* (J. Flore, *Contes amoureux*, p. 201) ; *Et fay tant que sa hautesse / Daigne voir ma petitesse / Qui vient des rives du Loir / Criant sa force et justice,* (Ronsard, *Les Odes*, II, 1, « Au Roy Henry II», v. 103-106). T. Arnavielle la rapproche de la construction *aller* + forme en *–ant* (☞ *infra* § 41 *sq.*), celle-ci marquant le mouvement vers, celle-là le mouvement à partir de.

Nous pouvons trouver des variantes avec d'autres verbes de mouvement, comme ici avec le verbe *s'enfuir* : *le miserable Pyralius s'en fuyt par les boys hurlant et criant comme beste saulvaige,* (J. Flore, *Contes amoureux*, p. 128).

34. On rencontre aussi cette construction :

Avec des verbes déclaratifs et d'activité intellectuelle : *nous aurons loisir d'en deviser, retournans à la ville.* (Poissenot, *L'Esté,* 3e journée, Histoire première, p. 229).

Avec des verbes marquant un état : *Le laisseroy-je vivre estant sous mon pouvoir* ? (Garnier, *Les Juifves*, v. 229), dans cet exemple, la forme en *–ant* a pour support le COD du verbe principal ; *Et ainsi vescut tousjours folliant jusques à la mort* (Des Périers, *Nouvelles Récréations,* N98, p. 552) ; *ceux qui en viennent là de trainer languissans un long espace de vie,* (Montaigne, *Essais,* III, 9, p. 981 B).

Le verbe *être* peut être suivi d'un adjectif (ou, rarement, d'un adjectif + substantif) et d'une forme en *–ant*, laquelle détermine l'ensemble, construction très fréquente au XVIe siècle et au-delà : *le mary fut honteux et marry, estant trouvé…* (M. de Navarre, *L'Heptaméron,* N37, p. 385) ; *de peur de scandale, qui seroit plus grand procedant de sa qualité que des autres,* (Des Périers, *Nouvelles Récréations*, N91, 543), la forme en *–ant* a une valeur de cause dans ces deux exemples.

Avec des verbes d'activité : *et si bien s'escarmouschant, les esmoucha, qu'elle en abatit tout le boys,* (Rabelais, GA, 16, p. 47) (antéposition) ; *Qui se faict mort vivant est subject d'estre tenu pour vif mourant.* (Montaigne, *Essais*, III, 9, p. 979 C).

b) La forme en *–ant* attribut de l'objet

35. Cette construction est attestée avec des verbes portant l'idée de contact, de perception :

Ouir : *et ouyt une voix criant,* (M. de Navarre, *L'Heptaméron*, N39, p. 391) ; *en lieu d'ouïr ses pieds, il ouyt sa voix, disant :* (*ibid.*, N27, p. 330).

Voir : *Il ne peut recevoir effort plus violant / Que voir devant ses yeux sa mere bourrelant*. (Garnier, *Les Juifves*, v. 1085-1086) ; *l'avoir veu vieil en mon enfance, l'ame cruellement agitée […], oubliant le doux air de la maison,* (Montaigne, *Essais*, III, 10, p. 1006 B) (coordination par juxtaposition).

Ecouter : Qui ont esté curieux de les escouter parlant avec d'autres dedans le lict, (Brantôme, *Dames Galantes,* II, p. 153).

Regarder : *Quand je regarde […] aucuns choisissans plustost de se laisser defaillir par faim et par jeusne,* (Montaigne, *Essais*, III,

6, p. 910 B) ; *Quand l'œil du Pere qui prend garde / Sus un chacun, se costoyant / A l'escart des autres, regarde / Ce petit troupeau flamboyant, /* (Ronsard, *Les Odes,* I, 10, « A Michel de l'Hospital, chancelier de France », v. 153-156).

36. Avec les verbes de rencontre :

Trouver : *Et trouva ce corps gisant au travers du chemin comme mort,* (Philippe de Vigneulles, *Les Cent Nouvelles Nouvelles*, N20, p. 117) ; *Il le trouve dans ce bois, faisant de pitoyables regrets, pour son infortune* (Garnier, *Bradamante*, Argument, p. 115)

37. Avec des verbes de possession :

Avoir : L'amour se fonde au seul plaisir, et l'a de vray plus chatouillant, plus vif et plus aigu ; (Montaigne, *Essais*, III, 5, p. 854 B) ; *Les nations plus simples l'ont encore aucunement rapportant au vray.* (*ibid.*, III, 5, p. 859 C).

38. Avec des verbes de déclaration, d'opinion, de connaissance :

Appeler : S'il ne se veult ouyr appeller partial, solitaire, veau, melancolique, se reiglant de sa teste, opiniatre. (Du Fail, *Propos Rustiques*, 6, p. 82) (emploi avec des adjectifs).

Dire : ceux que l'on disoit mesdisans, (M. de Navarre, *L'Heptaméron*, N32, p. 359).

Trouver, très bien représenté : *à son ditz l'en trouva tout ignorent.* (Philippe de Vigneulles, *Les Cent Nouvelles Nouvelles*, N30, p. 145) ; *Je le trouve suffisamment abondant, mais non pas maniant et vigoureux suffisamment.* (Montaigne, *Essais*, III, 5, p. 874 B).

39. Avec des verbes d'action et de modification :

Faire : *et faire participant un autre au plaisir, qui n'estoit que pour luy seul.* (M. de Navarre, *L'Heptaméron*, N8, p. 112).

40. Avec des verbes portant des idées de saisie, de don, de réception ou, à l'inverse, d'abandon :

Laisser : *Je les laisse là, attendans ces messieurs de Haguilleneuf,* (Du Fail, *Propos Rustiques*, 10, p. 130).

3) *ALLER* + FORME EN *–ANT*

41. Au sens strict du terme, on ne parlera de périphrase verbale que lorsque le verbe *aller* perd sa valeur concrète de mouvement au profit d'une notion abstraite de progression ou de répétition (T. Arnavielle, *op. cit.*, 1997, p. 178) ; le verbe *aller* fonctionne comme auxiliaire d'aspect (B. Combettes, art. cit., p. 35). On peut donc théoriquement (et plus difficilement dans la pratique) opérer une distinction entre deux constructions :

celle où le verbe *aller* est un auxiliaire et fonctionne, suivi de la forme en *–ant*, comme une structure fermée inanalysable (de la même manière que la périphrase *aller* + infinitif ☞ chap. XII.21-22). Un exemple de Montaigne rassemble les deux constructions : *je ne luy allois pas disant qu'il falloit (...) ; ny ne luy allois representer...*(*Essais*, III, 4, p. 835 B) ;

celle où le verbe *aller* garde un sens plein et concret de mouvement et fonctionne à la manière du verbe *venir* ; la forme en *–ant* joue alors le rôle de complément circonstanciel et fonctionne comme gérondif ☞ supra § 33.

42. Le groupe *aller* + forme en *–ant* peut comporter :

Un adverbe : l'adverbe porte sur le seul verbe *aller*, sur la seule forme en *–ant* ou bien il détermine l'ensemble (dans ce dernier cas seulement l'on peut parler d'auxiliarisation).

Sont fréquemment employés des adverbes marquant l'intensité, la durée et la répétition : *leurs forces alloient de jour en jour diminuans*, (B. de Vigenère, *L'Histoire de la décadence de l'Empire grec*, III, 8, p. 512) ;

Sont également employés des adverbes de lieu et de manière : *Ainsi nous vont pressant de pres, hors et dedans, / De la cruelle mort les dangers evidens.* (Des Masures, *David fugitif*, v. 1827-1828) ; *Que ne le vais-tu donc querir, sans aller ainsi tournoyant à l'entour d'icy.* (Jean de La Taille, *Les Corrivaus*, III, 3, p. 173).

Un complément circonstanciel prépositionnel : *Je n'ay point de façon qui ne soit allée variant selon les accidents,* (Montaigne, *Essais*, III, 13, p. 1080 C) ; *Las, vos yeux vont noüant en la nuict* *eternelle :* (Garnier, *Antigone*, v. 1329) ; *Les chevaux sonne-pieds d'une course esgalee / Vont gallopant au bord de la plaine salee :* (Garnier, *Hippolyte*, v. 1987-1988).

Un élément nominal COD ou complément circonstanciel direct. Le COD peut dépendre du seul verbe à la forme en *–ant*, ou de l'ensemble *aller* + forme en *–ant*. Comme le note T. Arnavielle (*op. cit.*, 1997, p. 179), on rencontre ce type de construction :

Avec des verbes d'activité, d'attitude : *Veu que, mesme au millieu du repos et des villes, / Les humains vont souffrant, au lieu d'estre tranquilles, / Une eternelle mer.* (Jodelle, *Didon se sacrifiant*, v. 1574-1576) ; *J'allay contre mon chef mes deux mains elançant,* (Garnier, *Les Juifves*, v. 414).

Avec des verbes de déclaration : *quelques autres enfans alloyent par la ville chantans vilaines chansons :* (Des Périers, *Nouvelles Récréations*, N117, p. 574).

Le complément peut être :

une proposition conjonctive : *je ne luy allois pas disant qu'il falloit prester* (Montaigne, *Essais*, III, 4, p. 835 B).

un circonstant direct : *Qu'elles allassent se pourmenans le long des rivages,* (Brantôme, *Dames galantes*, 7, p. 434).

une proposition circonstancielle : *Qu'eulx tous estantz de toy sainctement ardz, / Te vont suyvant, où les bestes la fuyent.* (Scève, *Délie*, 131, v. 9-10).

43. Le groupe peut comporter un ou des pronoms et constituer le noyau élargi : *s'aller, en aller* (pas d'exemple au XVIe siècle)*, s'en aller.*

S'aller *:* le degré d'intégration du groupe étant difficile à évaluer, il est impossible de dire si le pronom complète la seule forme en *–ant* ou l'ensemble des 2 verbes : *lesquelles colombes deux à deux s'alloient baisans si amoureusement* (J. Flore, *Contes amoureux*, p. 114) ; *D'heure en heure mes nerfs se vont affoiblissans :* (Garnier, *La Troade*, v. 1246). Dans les exemples suivants, le pronom *se* suit le verbe *aller* et semble par conséquent porter sur la seule forme en *–ant* : *Or si ne doit l'homme de bien pourtant / Du bien jamais aller se departant :*

(Des Masures, *David fugitif*, v. 1045-1046) ; *Cette autre curiosité contraire, (...), me semble germaine à cette-cy, d'aller se soignant et passionnant à ce dernier poinct à regler son convoy,* (Montaigne, *Essais*, I, 3, p. 19 B).

S'en aller *:* T. Arnavielle (*op. cit.*, 1997, p. 188-189) l'a rencontrée plus fréquemment que la précédente. Dans la grande majorité des cas, le second verbe signifie le mouvement, ce qui paraît indiquer que *aller* n'est pas auxiliaire : *Car le plus souvent il s'en alloit vagant par le pays* (Des Périers, *Nouvelles Récréations*, N44, p. 182) ; *le pouvre oyseau ne veoit goutte, s'en alloit hurtant plus à l'ung, plus à l'autre et ne sçavoit où aller.* (Philippe de Vigneulles, *Les Cent Nouvelles Nouvelles*, N20, p. 114) ; *Sire, les Philistins s'en vont, fuyans grand'erre.* (Des Masures, *David combattant*, v. 1803).

44. Autres pronoms, en construction directe ou indirecte. Les pronoms personnels sont nombreux, comme compléments de la forme en *–ant* ou de l'ensemble auxiliant-auxilié.

Avec un pronom de la P1 ou de la P4 : *Et nous vont predisant mainte triste avanture.* (Garnier, Cornélie, v. 732) ; *Ça, que de mon epieu, puis qu'ils vont m'espiant, / Je les enferre tous.* (La Taille, *Saül le furieux*, v. 18-19) ; *je ne vay pas soudain me resolvant :* (Montaigne, *Essais*, III, 9, p. 959 B).

Avec un pronom de la P2 : *Si les rocs à la dure escaille / Te vont agreant quelque fois,* (Garnier, *Hippolyte*, I, v. 291-292).

Avec un pronom de la P3 : *Trois, sur l'enclume gemissante, / D'ordre egal le vont martelant.* (Ronsard, *Les Odes*, II, 32, « Les peintures d'un païsage », v. 13-14, Appendices, p. 937, pièce retranchée en 1584) ; [Cornélie] : *Ne font justice à ceux qui la vont demandant ?* [Philippes] : *Or qu'on ne la demande, ils nous la vont rendant.* (Garnier, *Cornélie*, v. 889-890) ; *on leur va ordonnant,* (Montaigne, *Essais*, III, 13, p. 1085 B) ; *je ne luy allois pas disant* (*ibid.*, III, 4, p. 835 B).

45. Une construction mixte : *aller* + *en* + forme en *–ant*. Cette construction, encore vivante en FM, est porteuse d'une valeur progressive : *Le temps s'en va tousjours en empirant ;* (M. de Navarre, *L'Inquisiteur*, v. 1) ; *si immortelle, elle* [l'ame] *ira en amendant. (...) Quoy, si elle va en empirant ?* (Montaigne, *Essais*, II, 12, p. 551 C) ; *Les maux du cors s'esclaircissent en augmentant.*

(*ibid.*, III, 5, p. 845 C).

46. Constructions syntaxiques. On rencontre :

des suites de 2 formes en *–ant* (ou davantage) coordonnées ou juxtaposées : *il alloit chancelant, dandinant, tresbuchant* (Des Périers, *Nouvelles Récréations*, N77, p. 273) ; *Une dolente tourbe (...) / Nous ira regrettant et ventant nos valeurs,* (La Taille, *Saül le furieux*, v. 135-137) ;

des combinaisons avec l'adjectif : *Il va trouble et chancelant* (Montaigne, *Essais*, III, 2, p. 805 B) ;

des exemples de détachement : *Ainsi va tout ce bastiment, s'estoffant et formant de main en main :* (Montaigne, *Essais*, III, 11, p. 1028 B).

47. Gérondif ou participe ? Dans la construction *aller* + forme en *–ant*, *s'aller* + forme en *–ant*, T. Arnavielle (*op. cit.*, 1997, p. 195-196) note la prédominance du gérondif, ce à quoi le prédispose sa vocation circonstancielle, mais on trouve aussi le participe et l'adjectif verbal.

G. Gougenheim (1974, p. 118) relève, de l'AF au XVIe siècle (avec une nette progression à cette dernière époque), des exemples comportant un *–s* (marque du pluriel). T. Arnavielle ajoute quelques exemples : *Alloyent...chantans* (Des Périers, *Nouvelles Récréations*, N117, p. 574) ; *allassent se pourmenans* (Brantôme, *Dames Galantes*, 7, 434) ; *il leur sembloit s'en aller mourants.* (Montaigne, *Essais*, III, 13, 1091C).

T. Arnavielle pose en conclusion l'idée d'une concurrence de plus en plus vive faite par le participe attribut au gérondif circonstant, aussi bien dans la construction libre que dans celle marquée par l'auxiliarisation ; peut-être l'existence parallèle du tour *être* + forme en *–ant*, où celle-ci est plus naturellement attribut, a-t-elle pesé sur cette évolution, dont on ne peut déterminer l'issue moderne, puisque le participe est devenu invariable et que les deux tours se sont faits rares : *ils alloient conquerans pied à pied.* (Blaise de Vigenère, *Histoire de la décadence,* V, 7, 324) ; *nous allions devisans au mesme lieu* (G. de Bruès, *Les Dialogues*, II, p. 181).

IV - STRUCTURATION PRÉPOSITIONNELLE DE LA FORME EN *-ANT*

1) LA FORME EN *–ANT* PRÉCÉDÉE DE LA PRÉPOSITION *EN*

48. Les deux valeurs les plus fréquentes de cette construction sont :

La temporalité

Valeur de simultanéité : *Mille ont proposé de vaincre ou de mourir en combattant, qui ont failly à l'un et à l'autre :* (Montaigne, *Essais*, II, 21, 677 C) ; *ceste maigre faim / Estouffoit les enfans en demandant du pain.* (Garnier, *Les Juifves*, v. 713-714). La tournure *en mon dormant* (= « alors que je dormais ») a presque complètement disparu au XVIe siècle (☞ chapitre IV.12).

Valeur de successivité : *et en prenant congé d'elle,(...) s'en alla à son logis* (*L'Heptaméron*, N24, p. 300).

La modalité

Manière et circonstance accompagnante : *Et en prenant un de ses serviteurs par la manche de sa robbe, luy dist :* (M. de Navarre, *L'Heptaméron*, N1, p. 71).

49. Les autres nuances sont également bien représentées.

Moyen : *Cet autre qui est nay depuis, en l'imitant le surmonte.* (Montaigne, *Essais*, III, 10, p. 1013 C).

Cause : *Mais en voyant cest amour decevable, / Le temps m'a faict veoir l'amour veritable*, (M. de Navarre, *L'Heptaméron*, N24, p. 302), construction libre du gérondif, qui a un support autre que le sujet du verbe principal, ici le complément *m'* ☞ voir *infra* § 54.

Concession : *En vous servant rien m'avez estimé :* (M. de Navarre, *L'Heptaméron*, N24, p. 302) ; *en voyant ils ne voyent goutte.* (Calvin, *Institution*, I, 4, p. 64 [1560]).

Comparaison (qu'on repère grâce à l'emploi des outils de comparaison) : *Puis par des fois, comme en soy mocquant, reprochoit* (Philippe de Vigneulles, *Les Cent Nouvelles Nouvelles*, N52, p. 220) ; *Parquoy en le voyant / Ne l'ay cogneu tel comme en le croyant.* (M. de Navarre, *L'Heptaméron*, N24, p. 301).

Condition (contexte de futur, plus ou moins hypothétique) : *Or et argent tant estimez des insensez, comment pourrez-vous rendre l'homme heureux, veu que ne luy pouvez servir qu'en le laissant pour passer à un autre, et que s'arrestant avec luy, ne luy pouvez apporter que soing pour vous garder, crainte de vous perdre, et desir insatiable d'en amasser ?* (Bèze, *Chrestiennes méditations*, Méditation sur le psaume 32, p. 59). Dans cet exemple, deux formes en *–ant* sont employées avec la même valeur, l'une précédée de *en* et l'autre sans. La forme suivante peut être analysée comme un gérondif non précédé de *en* : [Nabuchodonosor] : *Quelle grace veux-tu qu'à mes haineurs je face ?* [Sédécie] : *Que voudriez qu'on vous fist estant en nostre place.* (Garnier, *Les Juifves*, v. 1455-1456).

But, plus rarement : *Mais la racine de l'orgueil, que le peché externe doit guerir, croissoit tousjours en son cueur, en sorte qu'en evitant un mal, elle en feit plusieurs autres.* (M. de Navarre, *L'Heptaméron*, N30, p. 340).

2) Autres prépositions

50. Les prépositions *de, sur, por* et *parmi* ne sont plus employées au XVIe siècle avec une forme en *–ant*. *A* et *par* le sont encore, mais les exemples ne sont pas nombreux.

La locution *au demeurant* est fréquente : *au demeurant y espargnent leurs forces* : (Rabelais, TL, Prologue, p. 349).

Il n'y a qu'une seule occurrence dans Frantext de *au vivant* : *comme au vivant de Daire* (La Taille, *Alexandre*, III, p. 24) ; *du vivant* est beaucoup plus fréquent : *En la ville d'Alençon du vivant du Duc Charles dernier Duc,* (M. de Navarre, *L'Heptaméron*, N1, p. 68).

3) Structures du groupe prépositionnel

51. La forme en *–ant* peut être accompagnée :

D'adverbes : *je voy bien que mon tort vous vengez / Tout en riant.* (M. de Navarre, *La Coche*, v. 801-802).

L'adverbe peut être placé entre la préposition et la forme en *–ant* : *En bien faisant son devoir Dieu gens quicter,* (P. Gringore, *L'Union des princes*, v. 287). Cette dernière construction est devenue impossible en FM, où s'est figé l'ensemble constitué de la préposition + forme en *–ant*.

De compléments nominaux prépositionnels : *Et, en parlant par gestes, monstroit bien / Que ces advers il ne doubtoit de rien / Ne leur danger.* (J. Marot, *Le Voyage de Venise,* v. 1343-1345).

De compléments nominaux non prépositionnels :

Antéposés (le cas est assez rare) : *le sergent de Mets l'avoit menez en prison et l'avoit livrez à la justice pour ce qu'i l'avoit trouvez en dommaige faisant.* (Philippe de Vigneulles, *Les Cent Nouvelles Nouvelles*, N30, p. 146) ; *il demandoit à ce bonhomme quelque argent comptant en mariage faisant :* (Des Périers, *Nouvelles Récréations,* N49, p. 199) ;

ou postposés : *en faisant encor deux ou trois tours de jardin,* (M. de Navarre, *L'Heptaméron*, N44, p. 431) ; *Or en faisant ces belles deliberations de bien haranguer, conseil solide deffailloit en leurs ames :* (J. Flore, *Contes amoureux*, p. 172).

De pronoms personnels (comme en FM) : *je veis qu'il faisoit ung fagot et en le faisant, j'entendis qu'il plaidoioit tout à par luy,* (Philippe de Vigneulles, *Les Cent Nouvelles Nouvelles*, N95, p. 377).

Avec deux pronoms, objet direct et indirect : *et, en le lui celant,* (Montaigne, *Essais*, III, 9, 996 B).

Avec le pronom réfléchi : *s'eschaufer en s'approchant du feu,* (Ronsard, *Le Second Livre des Sonnets pour Hélène*, 23, v. 10, p. 391).

Du démonstratif *ce*. Cette construction constitue un tour formulaire qui prospère au XVe et au XVIe siècles, du type :

en ce faisant : *Et en ce faisant, il luy print ung anneau au doigt,* (Philippe de Vigneulles, *Les Cent Nouvelles Nouvelles*, N40, p. 184) ;

en ce disant : cette tournure est fréquente dans *L'Heptaméron* : *Et en ce disant, s'en alla,* (N6, p. 103) ; et aussi dans les nouvelles 9, 10, 13, 15, 18, 19, 26, 30, 31, 33, 35, 36, 60, 61, 70.

Du relatif neutre : *enquoy faisant on leur donne, non seulement des œufs,* (M. de Navarre, *L'Heptaméron*, N11, p. 163) ; *En quoy faisant néantmoins il ne destruit point ceste communication de son corps et de son sang,* (Calvin, *Institution*, IV, 17, 387 [1541] ; éd. O. Millet,

XII, p. 637 / 1353).

Dans quelques cas, qui semblent à T. Arnavielle (*op. cit.*, 1997, p. 107) plus fréquents qu'auparavant, la forme en *–ant* reçoit un *s* : *leur en faisans beaulx et longs narrez,* (Rabelais, PA, Prologue, p. 213) ; *suyvans les concupiscences de nostre chair, en faisans ce que bon nous sembloit,* (Calvin, *Institution*, III, 24, p. 462 [1541] ; éd. O. Millet, VIII, p. 496 / 1082).

52. La coordination peut s'établir au XVIe siècle entre deux formes de construction différente : *Puis ayant les mains sur les deux hanches, et en plourant,* (Du Fail, *Propos Rustiques*, 5, p. 77) ; *Ce faisant et en disant propos Dieu sçait quelz...* (Du Fail, *Baliverneries,* 1, p. 10).

53. Position : le gérondif peut venir s'intercaler entre le sujet et le verbe : *Lors le Seigneur de Chaumont, qui fut chef / De l'avant-garde, en voyant ce meschef, / Manda au Roy que tost et à grant cours, / Sans plus attendre, il envoyast secours.* (J. Marot, *Le Voyage de Venise*, v. 2291-2294) ; *l'homme fidèle en voyant le Sacrement ne s'arreste point à l'extériorité,* (Calvin, *Institution*, IV, 14, p. 293 [1541] ; éd. O. Millet, X, p. 566 / 1216).

Place de l'agent du gérondif

54. L'agent du gérondif peut être hors du groupe prépositionnel (seule situation possible en FM). Il peut s'agir :

du sujet exprimé : *Elle en riant luy respondit :* (M. de Navarre, *L'Heptaméron*, N16, p. 218) ;

du sujet non exprimé : *Et tout en pleurant, luy compta toute l'affaire* (Philippe de Vigneulles, *Les Cent Nouvelles Nouvelles*, 66, p. 274) ;

d'un complément d'objet direct, pronom personnel : *En vous servant vous me monstrez la voye* (Ronsard, *Le Second Livre des Sonnets pour Hélène*, 19, v. 5) ;

d'un complément d'objet indirect : *En voyant Dieu ouvrant* [œuvrant] *en vous, / Faisant son œuvre à son desir, / Tout tourment vous semblera doulx,* (M. de Navarre, *L'Inquisiteur*, v. 443-445) ; *celles-là m'arrivent moins en voyageant.* (Montaigne, *Essais*, III, 9, p. 974 B) ;

d'un complément de nom ou déterminant possessif : *Il*

(l'amour) avoit gaigné le cueur d'elle, en voyant les perfections qui estoient en ce seigneur : (M. de Navarre, *L'Heptaméron*, N18, p. 226) ; *en departant d'avec s'amie son ame departit d'avec luy, et [...] tomba tout mort aux pieds de s'amie* (*ibid.*, N50, p. 464).

=> L'agent est indéterminé ou implicite, dans cette construction très libre, relevée par T. Arnavielle (*op. cit.*, 1997, p. 128) : *J'appelle curiosité, en contregardant par une extreme servitude un animant tant sociable*, (Du Fail, *Baliverneries*, 1, p. 32), « j'appelle curiosité le fait de contregarder [protéger] ».

55. L'agent peut être intégré au groupe prépositionnel.

Deux constructions sont alors possibles et T. Arnavielle (*op. cit.*, 1997, p. 129) souligne qu'il est parfois difficile de trancher entre les deux :

la préposition est déterminée par un terme nominal (circonstant), lui-même qualifié par une épithète, participe ou adjectif verbal ;

la préposition a un rapport étroit avec la forme en *–ant*, à statut nominal, le substantif ou le pronom est l'agent d'un procès exprimé par le gérondif ; à la préposition près, le mécanisme est le même que dans les constructions absolues (☞ *cf. supra* § 23 *sq.*).

Dans ce type de construction, les indications de moment, d'époque ou de durée sont bien représentées : *un jour se trouva à Soleil couchant au pied d'une coste* (Aneau, *Alector*, I, 19, p.134) ; *en son aage decroissant* (Brantôme, *Dames Galantes*, 5, p. 281) ; *L'aultre partie en ce pendent* (Rabelais, GA, 33, p. 1140 note b), il s'agit de la leçon de la 1ère édition, 1535 ; en 1542, le texte devient : *L'aultre partie ce pendent*. Pour la construction *en ce pendant* ☞ se reporter *supra* § 25, ainsi que chapitres V.21 et XV.22.

Mais dans l'ensemble, T. Arnavielle (*op. cit.*, 1997, p. 134) relève peu d'exemples au XVIe siècle et conclut à une diminution de prédicativité de la forme en *–ant* qui perd la capacité de recevoir un agent propre.

=> N. Fournier (1998, § 428) note un exemple au XVIe siècle de construction du gérondif avec son propre sujet. Malherbe condamne ces vers de Desportes avec le commentaire : « Faute de langage excellente » : *Afin que, plus dévot, il puisse, en arrivant /*

La nouvelle Diane, adorer sa lumière. (Desportes, *Amours de Diane*, II, 58). La construction n'est plus employée au XVIIe siècle.

56. Bilan sur la structuration prépositionnelle de la forme en *–ant* : l'association de *en* et de la forme en *–ant* a changé de statut ; d'abord structure assez lâche, elle devient une « forme composée du verbe, originale, où la préposition est déterminée par la forme en *–ant* comme l'auxiliant par l'auxilié. » (T. Arnavielle, *op. cit.*, 1997, p. 134). C'est précisément au cours du XVIe siècle que cette évolution s'accomplit.

CHAPITRE XIV : LE PARTICIPE PASSÉ

I – ACCORD DU PARTICIPE PASSÉ[1]

1. Nous commencerons par résumer les divergences d'analyse de quelques grammairiens de l'époque, dans la mesure où celles-ci expliquent les incertitudes de l'accord du participe passé au XVIe siècle tout en témoignant de la complexité du problème.

Certains grammairiens, comme Palsgrave, Meigret et Ramus, distinguent les formes aujourd'hui considérées comme des « participes passés » selon qu'elles entrent dans la formation du passif ou des temps composés de l'actif.

Selon Palsgrave (L2, « Du participe », 2e accident, f° 54 r°, p. 172 / 520, 5e accident, f° 54 v°, p. 173 / 521-522 et L3, annotations sur le 1er accident des participes passifs [à corriger en « participes prétérits »] f° 413 r°-v°, p. 296-297 / 677-678) :

> Le participe passif construit avec le verbe *être* entre dans la formation du passif. Il s'accorde en genre et en nombre avec son sujet (nom ou pronom) et signifie une action subie.
>
> Le participe prétérit construit avec le verbe *avoir* entre dans la formation des temps composés du passé. Il est généralement invariable, mais peut s'accorder en genre et en nombre :
>
>> avec l'antécédent d'une relative : *la douleur que j'ay sufferte* (A. Chartier).
>>
>> avec un pronom personnel COD : *Faunus lequel m'a souvent arraysonnée d'amours* (J. Lemaire). Les exemples cités comportent tous un pronom complément antéposé, sans que Palsgrave en fasse mention.

---

[1] Nous ne suivons pas ici la terminologie de certaines grammaires, par exemple R. L. Wagner et J. Pinchon (1990, p. 235 et 272 *sq.*) et D. Denis, A. Sancier-Chateau (1994, p. 386 *sq.*) qui appellent « forme adjective du verbe » ce que la grammaire traditionnelle considère comme un « participe passé », pour réserver cette appellation à la forme composée du participe présent (du type « ayant aimé »). Nous conserverons l'appellation « participe passé » qui s'accorde avec le système de la Renaissance (participe ou infinitif prétérit).

> avec un substantif COD postposé surtout si ce substantif est joint à un possessif ou à un adjectif non comparatif. L'usage n'est pas fixe ici et peut varier, en poésie du moins, pour les besoins de la rime : *J'ay bien retenus tes enseignemens ; J'ay faicte la trahison* (A. Chartier).

Meigret (« Des Participes », ch. 25, p. 106 r° ; « Des significations, ou genres des Verbes », ch. 2, p. 62 v°-66 r° et « Des temps des Verbes, et des modes », ch. 3, p. 67 r°-69 r°) et Ramus (1562 : I.8, « des participes », p. 53-54 ; 1572 : I.13, p. 80) opèrent la même distinction, mais en considérant que l'infinitif prétérit [infinitif passé] est du type *aimé* au lieu de *avoir aimé* (pour Palsgrave, Sylvius et R. Estienne). Ils considèrent donc *aimé* comme un infinitif prétérit invariable et non comme un participe prétérit variable. D'où :

> Le participe passif variable (*aimé*) emprunte sa forme à l'infinitif prétérit, mais se décline. Il permet la formation du passif à l'aide du verbe *être* (*je suis aimée*). Des verbes comme *dormir* et *tarder* n'ont pas de participe passif.
>
> L'infinitif prétérit invariable (*aimé*) entre dans la formation du prétérit parfait avec l'aide du verbe *avoir* (*j'ai aimé*) afin de signifier le temps passé d'un verbe actif (*j'ai aimé Dieu*). Des verbes comme *venir*, *aller* ou *mourir* n'ont pas d'infinitif prétérit. Meigret s'attache à le distinguer clairement du participe passif (variable) du point de vue du temps (ch. 2 et 3 : l'un n'a pas de valeur temporelle, l'autre a une valeur passée) et du sens (ch. 3 : l'un est passif, l'autre actif).

La présence d'un infinitif prétérit invariable dans la formation des temps composés du passé n'amène pourtant pas les deux grammairiens aux mêmes conclusions concernant ces formes composées.

> Meigret prône l'invariabilité absolue de l'infinitif prétérit dans le cas d'un temps composé du passé : que le complément soit postposé (*j'ai aimé les dames*) ou antéposé (*les grâces que je vous ai fait*) ; que le verbe régisseur soit *avoir* ou *être* (quand il est senti comme usurpant le sens de *avoir* dans les constructions que nous appelons « réfléchies » : *cette femme s'est aimé*).
>
> Ramus, à l'inverse, pense que l'infinitif [*infinit*] prétérit invariable est remplacé par un participe passif variable après le singulier féminin et après le pluriel des deux genres (1562, p. 104 et pour une formulation plus claire : 1572, II, 10 « de la syntaxe du participe, pour le prétérit infiny », p. 178-179) : avec le verbe

> *avoir*, le participe passif est mis pour l'infinitif prétérit lorsque le substantif précède. L'on dit donc *Dieu vous a donné ces grâces* (infinitif prétérit donc invariable) mais *ce sont les grâces que Dieu vous a données* (participe passif donc variable). L'accord avec le complément antéposé est donc expliqué par la substitution ponctuelle d'une forme variable à une forme invariable. Ramus le présente comme une élégance et un atticisme. ☞ Pour l'évolution de sa position, voir aussi *infra* § 6.

D'autres grammairiens, comme Sylvius ou R. Estienne ne retiennent pas cette distinction, le « participe du temps passé » entrant dans la formation des deux formes avec le verbe *être* pour le passif et avec le verbe *avoir* pour les temps composés du passé. L'absence de distinction rejaillit sur la question de l'accord puisque le participe est une forme variable.

> Pour Sylvius (« Le verbe », « Le genre », p. 116 / 331 et « Règles communes pour toute conjugaison », p. 123-124 / 338-339), le participe de temps passé [*præteriti temporis*] entrant dans la formation par périphrase du prétérit accompli doit ainsi être accordé en genre et en nombre avec le substantif exprimé ou sous-entendu pour des raisons d'harmonie sonore (il faut que la sonorité du participe corresponde au genre et au nombre du substantif exprimé ou sous-entendu). Dans les exemples qu'il donne, l'accord se fait avec le complément, quelle que soit sa place : *g'hai aimés les homes, g'hai aimée la femme, g'hai aimées les femmes.* Cet accord ne semble toutefois pas aller de soi, puisque le grammairien est conscient qu'il pourrait choquer certains sous prétexte que le participe du temps passé n'a qu'une seule sonorité en latin. Il leur objecte qu'*amor* au prétérit parfait fait *amatus, amata, amatum sum / fui, amati, amatæ, amata sumus / fuimus*.

> R. Estienne n'évoque pas le problème de l'accord et sa position est donc peu claire. Dans le chapitre sur les participes (p. 71), il déclare que les participes varient en genre et en nombre comme les noms. Mais dans l'étude des verbes (p. 35), il donne comme exemples de prétérit parfait (formé du verbe *avoir* et d'un participe du temps passé) : *j'ay leu tes lettres, je leu hier les lettres que tu m'avois envoyees* où l'on reconnaît un accord de type marotique limité au complément antéposé (☞ *infra* § 6).

2. En latin, le participe (présent, parfait ou futur) est variable. Comme un adjectif, il s'accorde en genre et en nombre avec le nom ou le pronom dont il dépend. L'opposition de voix est plus importante que celle de temps : les participes présents et futurs sont actifs, le participe passé est passif. Le latin cependant ne possède pas de participe parfait actif. Notre passé composé est rendu par le parfait et se confond avec le passé simple. Existe seulement un participe parfait passif qui entre dans la formation du parfait passif et s'accorde avec le sujet : *amati sumus* = « nous avons été aimés ».

=> G. Serbat (1986, p. 126) rappelle que très vite sont apparus des tours périphrastiques concurrents du parfait et formés à l'aide du verbe *avoir* qui tend alors à perdre son sens plein de possession, en particulier dans des locutions évoquant la perception et le jugement (*compertum habeo* = « je tiens comme chose sûre »), où la référence à un possesseur est perceptible, mais ténue. Il devient ainsi progressivement un simple auxiliaire de sémantisme vide qui peut indifféremment s'accorder avec le complément ou rester à une forme neutre : *metuo (...) ne uos habeam fatigatos* = « je crains de vous avoir fatigués » (Saint Augustin, *Sermons*, 37, 17) / *omnia probatum habemus* = « nous avons tout expérimenté » [*omnia* pluriel neutre = « toutes choses »] (Oribase, *Syn.* 7, 48). Le tour périphrastique latin à l'origine de notre passé composé est ainsi en usage dès le Ve siècle de notre ère.

3. En ancien français, les règles de l'accord du participe passé employé avec un auxiliaire sont difficiles à déterminer.

Avec l'auxiliaire *être*, le participe est généralement accordé en genre, en nombre et en cas avec le sujet, mais on peut rencontrer des exceptions. Avec un verbe pronominal transitif conjugué avec l'auxiliaire *être*, l'accord est facultatif (G. Moignet, 1984, p. 205-206). P. Ménard (1988, § 185) est plus radical et donne l'accord pour systématique, y compris avec les verbes pronominaux « quel que soit leur sens ».

Avec l'auxiliaire *avoir*, l'accord ne se fait pas avec le sujet, mais se fait couramment avec l'objet quelle que soit sa place (exemple avec un objet postposé : *De cel remanant que Diex te lessa as tu fetes les granz proesces par les estranges terres* - *Queste*, 126, 25). L'absence d'accord est également attestée, surtout avec un objet postposé, mais également avec un objet antéposé (G. Moignet, 1984, p. 206). P. Ménard (1988, § 186-188), qui distingue les différents agencements possibles des trois termes (auxiliaire *avoir*, participe et régime), remarque que l'accord se fait avec le complément (à de très rares exceptions près), sauf dans le cas qui finira par l'emporter en français moderne : *avoir* + participe + régime, où l'on constate très tôt une tendance à l'invariabilité. C'est le cas dans la plupart des textes du XIIIe siècle, avec quelques cas d'accord en poésie pour des raisons métriques. Quand le participe est suivi d'un infinitif, il peut s'accorder (en particulier dans la séquence régime + *avoir* + participe + infinitif) ou rester invariable.

4. En moyen français, l'accord du participe passé employé avec l'auxiliaire *être* se fait presque toujours avec le sujet. Dans les rares cas où l'accord n'est pas fait, le sujet est postposé. Avec l'auxiliaire *avoir,* tous les cas de figure sont possibles : accord avec un complément direct antéposé ou postposé (cas fréquent dans les manuscrits d'Alain Chartier ou d'Antoine de La Sale) ou absence d'accord (y compris avec le complément antéposé) (C. Marchello-Nizia, 1997, p. 406-407).

5. Au XVIe siècle, l'accord avec un participe passé employé avec l'auxiliaire *être* semble à peu près régulier.

=> E. Huguet (1894, p. 388-389) mentionne cependant, chez les prosateurs, des cas où l'accord avec le sujet n'est pas fait : *Sus le hault du jour feut par Xenomanes monstré de loing l'isle de Tapinois* (Rabelais, QL, 29, p. 606). Ceux-ci demeurent exceptionnels et E. Huguet préfère conclure « au hasard ou à une bizarrerie » plutôt qu'à une tendance à supprimer l'accord. Notons que dans l'exemple cité, il peut s'agir d'une absence d'anticipation de l'accord avec un sujet postposé (☞ chapitre IX.3) ou d'une construction impersonnelle [*il feut monstré*] (☞ chapitre III.20).

Avec les verbes pronominaux admettant un complément, l'accord se fait encore avec le sujet : *Ceulx là (disoit frere Jan) doibvroient bien sentir leur marée, quand ensemble se sont frottez leur lard.* (Rabelais, *QL*, 9, p. 557) ; *Ce grand sainct Augustin tesmoigne avoir veu, (...) ; une femme en une procession, (...) de ce bouquet s'estant frottée les yeux, avoir recouvré la veuë,* (Montaigne, *Essais*, I, 27, p. 181 A).

=> L'accord moderne a été établi à la fin du XVIIe siècle, mais est toujours mal respecté (Grevisse, 1993, § 916, p. 1345).

6. La règle moderne de l'accord avec l'auxiliaire *avoir* a été énoncée par Marot dans son épigramme « *A ses Disciples* » (publiée en 1538). Nous la donnons ici dans l'édition des classiques Garnier (*Les Epigrammes*, I, 78) :

Enfants, oyez une leçon :
Nostre langue a ceste façon,
Que le terme, qui va devant,
Vouluntiers regist le suyvant :
Les vieulx exemples je suyvray
Pour le mieulx : car, à dire vray,
La chanson fut bien ordonnée,
Qui dit : M'amour vous ay donnée :
Et du bateau est estonné,
Qui dit : M'amour vous ay donné.
Voylà la force, que possede
Le feminin, quand il precede.
  Or prouveray par bons tesmoings,
Que tous pluriers [pluriel] *n'en font pas moins :*
Il fault dire en termes parfaicts,
Dieu en ce monde nous a faicts :
Fault dire en parolles parfaictes,
Dieu en ce monde les a faictes.
Et ne fault point dire (en effect)
Dieu en ce monde les a faict :
Ne nous a faict *pareillement :*
Mais nous a faicts *tout rondement.*
  L'Italien (dont la faconde
Passe les vulgaires du monde)
Son langage a ainsi basty
En disant : Dio noi a fatti.
Parquoy (quand me suis advisé)
Ou mes juges ont mal visé,
Ou en cela n'ont grand' science,
Ou ilz ont dure conscience.

Marot, qui explique suivre les vieux exemples et la langue italienne, termine son épigramme en précisant que cette règle ne rencontre pas l'assentiment de tous. De fait, elle est loin d'être unanimement appliquée tout au long du siècle.

=> Ramus cite cette épigramme de Marot. En 1562 (II « la syntaxe de la défaillance des verbes », p. 104-107), il conserve encore une position prudente à l'égard de cette règle, rappelant que, selon

Marot lui-même, elle n'est pas approuvée par tous. Ses détracteurs se recommandent d'Aristote selon lequel « les mots transposés doivent signifier une même chose. » Il concède que deux tours sont toujours possibles : l'un passif (*Tu bâtis une maison, je l'ai bâtie*), l'autre actif (*j'ai bâti ma maison*) en précisant : « Partant, combien que l'usurpation du passif en telle transposition soit à louer pour un bon plaisir d'oreilles : néanmoins *m'amour vous ai donné*, *Dieu en ce monde les a fait*, et semblables syntaxes se pourroient débattre, vu qu'elles sont bâties selon la vraie raison et règle de Grammaire. » Ramus admet donc que l'on puisse ne pas faire l'accord, et oppose le « plaisir de l'oreille » à la « raison et règle de Grammaire » (c'est-à-dire à l'usage, avec le verbe *avoir*, de l'infinitif prétérit invariable). L'absence d'accord semble donc amenée par les règles traditionnelles de la grammaire.

De manière significative, son point de vue évolue dans le sens de l'accord moderne, de 1562 à 1572. Dans la grammaire de 1572 (II, 10, « de la syntaxe du participe, pour le prétérit infiny [infinitif] », p. 182), il juge l'argument aristotélicien « bien faible » et modifie son commentaire de la règle marotique en changeant l'ordre du tour concessif dont il supprime la première partie (« combien que l'usurpation... »), ce qui donne : « Partant combien que, *M'amour vous ai donné*, (...) se pourroient débattre, vu que elles sont bâties selon la vraie raison et règle de Grammaire, toutefois tant s'en faut que je marque en cette façon de parler aucune lourde incongruité, comme font ces Grammairiens, que de ma part je donne mon suffrage à Marot, me souvenant de la souveraineté du peuple, que nous ont enseignée Varron et Cicéron. » Notons ici l'accord du participe avec le complément antéposé (*que nous ont enseignée*), qui traduit *de facto* la prise de position de Ramus ainsi que le double argument d'autorité qu'il dresse fasse à Aristote. Sa prise de position a donc évolué et il est passé d'un relatif conservatisme à l'adoption ouverte de la règle marotique.

7. Il arrive toutefois que l'accord du participe avec son complément antéposé ne soit pas observé.

En prose, E. Huguet (1894, p. 384-386) relève de nombreux cas d'absence d'accord avec le complément antéposé chez Rabelais, Marguerite de Navarre (*L'Heptaméron*) ou Monluc, et, en moindre part, chez Des Périers, Noël Du Fail ou Calvin.

En poésie, l'absence d'accord est également fréquente, pour

des raisons métriques ou pour les besoins de la rime : *O peuple malheureux ! peuple cent fois maudit, / Tu sçais bien que j'avois tes desastres predit !* (Garnier, *Les Juifves*, v. 43-44) ; *Elle dit : « Vous avez, felons, ensanglanté, / Le sein qui vous nourrit et qui vous a porté ;* (d'Aubigné, *Les Tragiques*, « Misères », v. 127-128).

8. A l'inverse, l'accord peut se faire avec un complément postposé. Ce type d'écart par rapport à la règle marotique est beaucoup plus rare cependant, ce qui marque une progression vers la simplification de l'accord (soit le participe demeure invariable, soit il s'accorde avec un complément antéposé).

Chez les prosateurs, E. Huguet (1894, p. 386-388) en relève en effet de nombreux exemples au XVe siècle, mais deux seulement chez Rabelais : *Quand Pantagruel eut leue l'Inscription* (PA, 24, p. 299) ; *Que mesmes ceulx qui tenue l'auront / Aulx survenans occuper la lairront,* (GA, 58, p. 152) et il suggère que dans le second cas (en vers) l'accord pourrait être motivé par des raisons métriques.

Il semble que ce second type d'accord en dehors de la règle soit essentiellement une licence poétique amenée par le rythme ou la rime. Des vers célèbres nous en livrent l'exemple : *Mignonne, allons voir si la rose / Qui ce matin avoit desclose / Sa robe de pourpre au Soleil,* (Ronsard, *Les Odes*, I, 17, v. 1-3).

9. Ce n'est qu'au XVIIIe siècle que les règles modernes de l'accord avec *avoir* ont été établies (Grevisse, 1993, § 907, p. 1333). Au XVIIe siècle, si l'accord du participe avec l'auxiliaire *être* ne pose guère de problème, en revanche, l'accord avec l'auxiliaire *avoir* « a suscité une réglementation touffue et confuse, centrée sur une norme écrite qui est largement contredite par l'instabilité de l'usage. » (N. Fournier, 1998, p. 315 ; sur cette question, lire les pages 315-322).

Vaugelas (*Remarques*, 1647, « De l'usage des participes passifs, dans les preterits », p. 175-181 ; pour comprendre le titre de cette remarque, voir l'interprétation ramiste de l'accord du participe employé avec *avoir* dans le cas d'un complément antéposé ☞ *supra* § 1), consacre ainsi sept pages à l'accord du participe passé en fonction des différentes séquences possibles :

1) *J'ay receu vos lettres* : *avoir* + prétérit + complément.
2) *Les lettres que j'ay receües* : complément + *avoir* + prétérit.
3) *Les habitans nous ont rendu maistres de la ville* : prétérit entre deux noms ou pronoms.
4) *Le commerce*, parlant d'une ville, *l'a rendu puissante* : prétérit entre un nom (ou pronom) et un adjectif.
5) *Nous nous sommes rendus maistres* : prétérit à sens passif.
6) *Nous nous sommes rendus puissans* : *idem.*
7) *La desobeissance s'est trouvé montée au plus haut point* : exception du cas précédent quand le prétérit passif (*s'est trouvé*) est suivi d'un participe passif (*montée*).
8) *Je l'ay fait peindre, je les ay fait peindre* : quand le prétérit est suivi d'un verbe.
9) *Elle s'est fait peindre, ils se sont fait peindre* : *idem.*
10) *C'est une fortification que j'ay appris à faire* : quand un mot sépare le prétérit du verbe infinitif subséquent.

II – CONSTRUCTION DU PARTICIPE PASSÉ

1) Les auxiliaires

10. La répartition des auxiliaires, au XVIe siècle, diffère de la nôtre.

Ainsi, l'on trouve l'auxiliaire *avoir* là où nous emploierions *être* : *Incongneu suis des Ames Plutoniques, / Et de touts ceulx de ceste obscure voye, / Où (pour certain) jamais entré n'avoie :* (Marot, *L'Enfer*, v. 312-314) ;

et inversement *être* pour *avoir* : *La loy est perie avec les Prophetes,* (Sponde, *Meditations sur les Pseaumes*, « Méditation sur le psaume XIIII. ou LIII. », l. 787).

Dans le cas d'un verbe régissant un infinitif, l'auxiliaire *être* peut être amené par l'infinitif : *depuis ce temps Caphart quiconques n'est auzé entrer en mes terres.* (Rabelais GA, 45, p. 123).

E. Huguet (1894, p. 178-181) constate la fréquence de l'auxiliaire *être* dans des cas où nous emploierions *avoir* chez les prosateurs des XVe et XVIe siècles (Rabelais, Du

Fail, Monluc, Calvin,...) et note en particulier une certaine tendance à généraliser l'emploi de l'auxiliaire *être* dans la conjugaison des verbes neutres et dans celle du verbe *être* lui-même. La présence, à l'inverse, de l'auxiliaire *avoir* là où nous emploierions *être* (par ex. : ci-dessus *avoir entré*) montre cependant que même si l'auxiliaire *être* domine, il ne tend pas à s'imposer seul et à faire disparaître *avoir*.

11. Pour comprendre la valeur attribuée aux auxiliaires, il faut se reporter à l'analyse des grammairiens de l'époque qui considèrent le plus souvent les formes construites avec *être* comme des passifs signifiant une action subie (*je suis aimé*) et celles avec *avoir* comme des prétérits parfaits exprimant une action passée (*j'ai aimé*).

G. Gougenheim (1974, p. 119-121) estime qu'avec les verbes de mouvement l'auxiliaire *avoir* marque le mouvement considéré en lui-même et l'auxiliaire *être* le mouvement considéré dans son achèvement.

2) L'ORDRE AUXILIAIRE + PARTICIPE

12. Outre l'ordre qui s'est imposé en français moderne, auxiliaire + participe + COD, et qui est représenté dès les plus anciens textes en ancien français, existent également, au XVIe siècle, trois autres constructions du participe passé également héritées de la syntaxe médiévale. Les deux premières étaient fréquentes en ancien français (P. Ménard, 1988, § 186-187) et se maintiennent au XVIe siècle ; la troisième possède une valeur expressive ou rythmique (en poésie) :

COD + auxiliaire + participe : *Toy qui le temple saint de nostre Dieu supreme / As cruel profané, (...)* (Garnier, *Les Juifves*, v. 2143-2144) ;

auxiliaire + COD + participe : *Tu sçais bien que j'avois tes desastres predit !* (*ibid.*, v. 44) ;

participe + auxiliaire + COD (lorsque le COD est un pronom, il peut être antéposé à l'auxiliaire) : *[Toy] qui reveré n'as point / Celuy qu'il a pour Roy par ses Pontifes oint,* (*ibid.*, v. 2145-2146).

3) LES EMPLOIS DU PARTICIPE PASSÉ

13. En emploi adjectival, le participe passé peut accompagner un nom ou pronom sujet ou complément en tant qu'apposé, attribut ou épithète. Cet emploi hérité de l'ancien français (G. Moignet, 1984, p. 204) est encore fréquent en moyen français (C. Marchello-Nizia, 1997, p. 426) et au XVIe siècle. La construction se traduirait souvent, en français moderne, par une proposition coordonnée ou subordonnée : *[Babylon] Se baigne au sang du peuple Israëlite, / Non contente d'avoir / Par glaive et feu Jerusalem destruite / Tombee en son pouvoir. / Sur nous vaincus elle vomist sa rage,* (Garnier, *Les Juifves*, v. 1825-1829).

=> C'est également le cas en latin, où le participe s'emploie et s'accorde comme un adjectif avec le nom (ou pronom) dont il dépend : *urbem captam hostis diripuit* = « l'ennemi pilla la ville prise (une fois prise / après l'avoir prise) ». L'on a également, en latin, la construction *voir* + participe passé attribut du sujet ou du complément, sur le modèle *video eum ingredientem* [Je l'ai vu alors qu'il entrait] que l'on retrouve par latinisme au XVIe siècle : *Vous me verrez un Roy privé de liberté,* (Garnier, *Les Juifves*, v. 2097).

=> En ancien français, il n'existe pas de règles distinguant l'emploi adjectival de l'emploi verbal du participe passé (F. Brunot et C. Bruneau, 1969, § 361).

14. En emploi verbal, le participe peut s'employer en proposition participiale absolue accompagné d'un support nominal ou pronominal propre (dit traditionnellement « sujet »). Cette construction médiévale est particulièrement en vogue aux XVe et XVIe siècles : *Vespres oyes* [ouïes], *allerent soupper,* (M. de Navarre, *L'Heptaméron*, fin de la première journée, p. 160) ; *Mais le cours achevé de ces dures annees, / Ses infelicitez se verront terminees.* (Garnier, *Les Juifves*, v. 2159-2160) ☞ chapitre XIII.23-24, pour les constructions absolues avec les formes en *–ant*.

=> Il s'agit d'un latinisme (ablatif absolu latin) : *Partibus factis,...* = « les parts étant faites, ... ».

15. En moyen français, le « sujet » est le plus souvent antéposé (C. Marchello-Nizia, 1997, p. 427). Au XVIe siècle, les deux cas (antéposition ou postposition) sont possibles.

Il semble que l'on antépose surtout un sujet anaphorique et

pronominal. C'est en particulier le cas avec le démonstratif *ce* qui est toujours antéposé (☞ sur cette tournure, voir chapitre V.23) : *Ce faict yssoient hors leur hostel* (Rabelais, GA, 23, p. 67). C'est également le cas d'un pronom personnel disjoint qui est le sujet commun à la participiale et à la principale : *Le temps ainsi employé, luy froté, nettoyé, et refraischy d'habillemens, tout doulcement retournoit* (Rabelais, GA, 23, p. 69) ; *Eulx retournez pour soupper, mangeoient plus sobrement que es aultres jours,* (Rabelais, GA, 24, p. 72).

En revanche, un sujet nominal peut être postposé. Dans le cas d'un participe passé antéposé au sujet, le participe passé s'accorde la plupart du temps avec le nom, mais il peut également rester invariable par absence d'anticipation : *Passée la mer Picrocholine, voicy Barberousse qui se rend vostre esclave.* (Rabelais, GA 33, p. 92) ; *consideré la grande quantité de laict requis pour icelluy alimenter.* (*ibid.*, 7, p. 23) /

☞ Cette répartition rejoint l'usage général de la place du sujet dans la phrase (au XVIe siècle, l'on postpose volontiers les noms, plus rarement les pronoms personnels). Sur ce point, se reporter au chapitre XVIII.3.

16. En emploi nominal : l'emploi substantivé du participe (qui peut être accompagné de compléments) est évoqué par les grammairiens du XVIe siècle (Sylvius, « le participe », p. 151 / 366-367 ; Meigret, « Des Articles », p. 20 v° ; R. Estienne, « Des Participes », p. 72 ; Ramus, 1562 : p. 81 « Convenance des articles » ; 1572 : II, 2, p. 132) qui donnent pour exemples *la désolée* (Meigret, Ramus) ou *l'entrée, la pensée, l'armée* (Sylvius, Estienne).

Il conviendrait ici de distinguer les phénomènes de dérivation aboutissant à une lexicalisation (un participe entrant dans le lexique comme nom : *l'entrée, l'armée*) et la substantivation ponctuelle opérée par un auteur (*la désolée*), comme ici chez Jean de Sponde : *Le Serpent vint, & perça l'oreille, & ouvrit les yeux, a la mere des vivans, & ceste seduite seduisit soudain Adam.* (Sponde, *Meditation sur les Pseaumes*, « Méditation sur le psaume XIIII. ou LIII. », l. 560-561).

=> Il s'agit d'un emploi hérité du latin : *similis vocanti* = « semblable à un homme qui appelle ».

=> C. Marchello-Nizia (1997, p. 426) donne comme « peut-être nouveau », mais peu fréquent, l'emploi en moyen français du participe passé (ou des formes en *–ant*) substantivé.

17. E. Huguet (1894, p. 226-228) signale la construction participe + *que* + auxiliaire :

fréquente avec l'auxiliaire *être* : *Venu que fut raconta l'estat onquel avoit trouvé les ennemys* (Rabelais, GA, 36, p. 100) ;

plus rare avec *avoir* : *Beu qu'il eut et rendu le hanat à la bachelette gentile, feist une lourde exclamation,* (*ibid.*, QL, 51, p. 657).

Cette construction, assez usitée au XVe siècle (chez Commynes en particulier), est représentée, au XVIe siècle, chez Rabelais et, en moindre part, chez les autres prosateurs (Marguerite de Navarre, Monluc,...).

4) Le zeugma grammatical

18. Au XVIe siècle comme en ancien français, deux participes qui se construisent avec des auxiliaires différents peuvent être coordonnés derrière un même auxiliaire en facteur commun : *Quand elle feut entrée en sa maison et fermé la porte aprés elle,* (Rabelais, PA, 22, p. 297).

C'est en particulier le cas quand on associe un verbe pronominal et un verbe non-pronominal : *Et après s'estre confessé, et receu son createur comme bon Chrestien,* (M. de Navarre, *L'Heptaméron*, N13, p. 185).

☞ Sur le zeugma, voir chapitre XVIII.5.

CHAPITRE XV : LES ADVERBES

Compléments bibliographiques : L. Foulet, « Comment ont évolué les formes de l'interrogation ? », *Romania* 47 (1921), p. 243-348. M. Huchon, *Rabelais Grammairien*, Genève, Droz, 1981, « Un didactisme de grammairien : la négation et ses auxiliaires », p. 133-195. C. Marchello-Nizia, *Dire le vrai : L'adverbe « si » en français médiéval. Essai de linguistique historique*, Genève, Droz, 1985, spé. p. 10 *sq.*, 137-140 et 209-211. S. Marcotte, *La Coordination des propositions subordonnées en moyen français*, Genève, Droz, 1997, spé. p. 126-127. G. Moignet, *Les Signes de l'exception dans l'histoire du français*, Genève, Droz, 1973, spé. p. 125-135 pour le XVIe siècle. S.-G. Neumann, *Recherches sur le français des XVe et XVIe siècles et sur sa codification par les théoriciens de l'époque*, Lund, Gleerup / Copenhague, Ejnar Munksgaard, 1959, « La négation », p. 185 *sq.* E. Oppermann-Marsaux, « Les origines du présentatif *voici/voilà* et son évolution jusqu'à la fin du XVIe siècle », dans *Langue Française*, n° 149, mars 2006, p. 77-91. E. Sakari, « "Or veuilles donc..." : sur les morphèmes *Donc* et *Or* en moyen français », *in* E. Sakari et H. Häyryen, *Approches du moyen français*, 1992, p. 112-114. O. Soutet, *La concession dans la phrase complexe en français des origines au XVIe siècle*, Genève, Droz, 1992, spé. « cependant », p. 121-124.

I – MORPHOSYNTAXE

1) LES ADVERBES EN *–MENT*

1. Evolution

Les adverbes en *-ment* apparaissent en roman commun. Il s'agit, à l'origine, d'une locution formée sur la base du nom *mente* (ablatif du nom latin féminin *mens* qui signifie « esprit », d'où « état d'esprit », « disposition ») accompagné d'un adjectif féminin à l'ablatif. D'où par exemple *bona mente* = « dans un bon esprit », « avec une bonne intention ». Dès le latin vulgaire, *mente* a pris le sens général de « manière » et devient un suffixe (processus de grammaticalisation).

Du XIVe au XVIe siècle, les adverbes en *-ment* se multiplient, mais beaucoup sont éphémères.

2. Adverbes formés sur les adjectifs de la première classe possédant une forme féminine distincte, caractérisée par un *e* désinentiel (adjectifs biformes)

Ces adverbes ne posent pas de difficulté et se construisent sur la base du féminin de l'adjectif auquel on ajoute le suffixe *-ment* : *bona mente > bonne + -ment = bonnement.*

Brunement : ce type d'adverbe, formé sur un adjectif de couleur, est surtout chez les poètes de la Pléiade. L'association d'un adverbe de couleur et d'un adjectif équivaut sémantiquement à deux adjectifs coordonnés : *jaunement longz* (Ronsard, *Les Amours*, 1552, S39, v. 6), corrigé en *brunement lons* en 1578, signifie donc « jaunes (ou bruns) et longs ».

Meilleurement, pirement : les comparatifs synthétiques peuvent servir de base à la formation d'un adverbe en *–ment* au même titre qu'un adjectif simple : *Il a faict pirement.* (Garnier, *Les Juifves*, v. 1889).

3. Adverbes formés sur les adjectifs de la seconde classe qui ne possèdent qu'une forme commune aux deux genres (adjectifs épicènes)

L'adverbe se construit tout d'abord sur la forme commune, avec altération de la consonne finale de l'adjectif au contact de l'initiale du suffixe *-ment* : *fort / forment*, *grand / granment.*

La réfection du féminin des adjectifs épicènes (☞ chapitre I.9-11) a entraîné celle des adverbes correspondants. Des formes refaites par analogie avec le cas précédent (§ 2) apparaissent dès le moyen âge. D'où *fort > forte + -ment = fortement* ; *grand > grande + -ment = grandement.*

Au XVIe siècle, les formes anciennes se font rares et semblent par conséquent tombées en désuétude.

Forment : la base Frantext n'en donne qu'une seule occurrence : *dont forment il fut honteux* (anonyme, *Ulenspiegel* [1530], histoire 35). Parmi les grammairiens consultés, Palsgrave est le seul à signaler la graphie *forment* qu'il juge plus courante que *fortement* (L3, annotations sur l'adverbe, 4e règle, f° 417 v°, p. 305 / 684), mais en s'appuyant sur un *corpus* de textes relativement anciens (☞ voir « Présentation des grammaires du XVIe siècle utilisées »).

Gramment : les 10 occurrences de la base Frantext sont toutes dans les *Cent Nouvelles Nouvelles* de Philippe de Vigneulles (1515, 8 occ.) ou *Ulenspiegel* (1530, 2 occ.). L'adverbe peut avoir le sens de « beaucoup » : *sans gramment marchander* (Vigneulles, N94) ou de « longtemps » dans des expressions comme : *Or advint n'a pas gramment,...*

Gentillement est un cas de réfection analogique en *–e* sur la base d'un adjectif épicène (*gentilis* > *gentil* ; adv. XIIe s. *gentieument* ; XIIIe s. : *gentilment, gentiment*). La forme sans *–e* reste majoritaire durant toute l'histoire du mot. Pour le moyen français : C. Marchello-Nizia, 1997, p. 130. Pour la langue du XVIe siècle, E. Huguet (dictionnaire, t. 4, p. 303-304) distingue deux entrées : *gentillement* (= « noblement, adroitement, spirituellement, ingénieusement ») et *gentiment* (= « avec esprit et justesse ») et l'on relève dans Frantext : *gentiment* (35 occ.), *gentilment* (1 occ.) et *gentillement* (1 occ.). Au XVIIe siècle, Vaugelas (*Remarques*, 1647, p. 443) considère *gentiment* comme une exception : « excepté en ce seul adverbe, lequel neantmoins se disoit autresfois *gentillement*, dans la mesme reigle des autres, mais depuis on l'a rendu plus doux par l'abbreviation. » La forme *gentillement* tend donc à disparaître (1 occ. dans Frantext en 1615). Elle ne se maintient, selon Grevisse (1993, § 931 d), que dans un français populaire ou régional (comme dans *La Petite Fadette* de G. Sand). La réfection ne s'est donc pas imposée et l'adverbe actuel *gentiment* est construit sur la forme épicène.

4. Adverbes formés sur les adjectifs terminés par *-ant*, *-ent*

Ici également, il y a eu réfection et création d'une forme analogique en *-antement*, *-entement*. Au XVIe siècle, l'on hésite entre les formes anciennes en *-amment* ou *-emment* et les formes refaites *-antement*, *-entement*. A la différence du cas précédent (§ 3), ce sont les formes anciennes qui subsisteront.

=> Palsgrave explique que les adjectifs en *–ante* donnent des adverbes en *–amment* (et non *–antement*), tandis que les adjectifs en *–ente* donnent des adverbes en *–entement* ou *–emment*, cette dernière forme étant plus sûre (L3, annotations sur l'adverbe, 4e règle, f° 417 v°, p. 305 / 683-684). Meigret (« Des espèces des Adverbes », ch. 2, p. 126 r°) et R. Estienne (« Des Adverbes »,

« Des espèces », p. 73) ne signalent que les formes en *–amment* pour les adverbes formés sur les adjectifs en *–ant*. Ils ne font pas mention des adverbes en *–emment*, tous leurs exemples en *–ement* concernant les adverbes du type *justement* ou *aisément*. Dans tous les cas, leur silence sur les formes en *–entement* ou *–antement* révèlent qu'elles ne sont plus estimées en usage.

=> Au XVIIe siècle, les formes refaites ont disparu et passent désormais pour « barbares » ce qui témoigne, selon Vaugelas, du perfectionnement de la langue, les formes en *–amment* et *–emment* lui paraissant d'une plus grande douceur (*Remarques*, 1647, « *Esperdûment, ingenûment*, & des autres adverbes terminez en *ment* », p. 442-444, spé. p. 444). Le français moderne a cependant conservé quelques formes anciennes, comme *présentement*.

5. Adverbes formés sur les adjectifs terminés par une voyelle ou sur les participes passés en *é*

Pour ces adverbes, se pose le problème du *e* caduc interne en hiatus : *aisé -> aisée + -ment = aiséement*.

=> R. Estienne (« Des Adverbes », « Des espèces », p. 73) et Meigret (« Des espèces des Adverbes », ch. 2, p. 126 r°) précisent que les adverbes conservent la prononciation brève ou longue de l'adjectif correspondant et citent *aisé / aiseement* comme exemple de prononciation longue.

Au XVIe siècle, la graphie hésite entre les formes en *e* et les formes sans *e*. Pour *vraiment*, E. Huguet recense ainsi, dans son dictionnaire (t. 7, p. 520), les graphies *vraiment, vraiement, vrayment, vrayement* ou *vrament*.

=> Au XVIIe siècle, le *e* caduc interne après voyelle devient muet. Dans la graphie, l'on hésite alors entre son maintien, sa suppression pure et simple ou la notation de sa suppression par un accent circonflexe. Vaugelas (*Remarques*, 1647, « *Esperdûment, ingenûment*, & des autres adverbes terminez en *ment* », spé. p. 442-443) reconnaît que l'*e* noté « par les Anciens » vient de la formation du mot, mais sa suppression marque le progrès de la langue dans le sens d'une plus grande douceur (il remarque le même phénomène dans les noms : *agreement -> agrément*, *remerciement -> remerciment*). Il faut, selon lui, supprimer l'*e* et marquer sa chute par un accent (é, î, û) dans la graphie et par l'allongement de la voyelle dans la prononciation (elle dure comme deux syllabes). Cette règle cependant est loin d'être respectée et l'évolution orthographique semble avoir été particulièrement confuse, d'où les formes *éperdument*, *ingénument* (Acad. 1740) et *résolument* (Acad. 1878), mais *assidûment*, *crûment* (Acad. 1798) et *continûment* (Acad. 1835) (N. Catach, *Dictionnaire historique de l'orthographe française*, § 27, p. 1114).

=> En français moderne, la chute n'est plus marquée (ex. *éperdument*), sauf pour l'adverbe formé sur *gai* qui admet deux graphies *gaiement* et *gaîment* ; mais l'Académie a renoncé à la variante graphique *gaîment* qu'attestent toutefois toujours les dictionnaires (Grevisse, 1993, § 931).

2) LE *S* DIT « ADVERBIAL »

6. Ce *s* dit « adverbial » se trouve à la fin de certains adverbes (*encores, mesmes*) ou locutions adverbiales (*à merveilles*), mais également à la fin de prépositions (*avecques, jusques*) ou de conjonctions (*doncques*).

L'appellation semble donc abusive et elle prête à confusion. Les grammairiens citent ainsi indifféremment des adverbes, des prépositions ou des conjonctions dans leurs études du *s* adverbial : N. Catach (*Dictionnaire historique de l'orthographe française*, § 112, p. 1167) inclut *sans* (< *sine*) et *jusques* (< *usque*) dans ses exemples d'adverbes pour lesquels le *s* n'est pas étymologique mais analogique, tandis que F. Brunot et C. Bruneau (1969, § 367) mentionnent *doncques* (qui est une conjonction de coordination à valeur adverbiale) à côté de *ores, voires, encores* ou *onques* comme exemple d'adverbe possédant plusieurs formes orthographiques (avec ou sans *s* ☞ sur ce point, voir ci-dessous § 8).

7. N. Catach (*Dictionnaire historique de l'orthographe française*, § 112, p. 1167) donne une explication convaincante de l'ajout du *s* dit « adverbial ». Dans plusieurs adverbes, il existait un *s* final étymologique (*plus* < *plus, moins* < *magis*,...) qui aurait été étendu par analogie à d'autres (*encores* < lat. pop. : *hinc-ad-horam* ; *gueres* < francique : *waigaro*).

=> Selon F. Brunot et C. Bruneau (1969, § 367, p. 363), il est difficile d'en identifier l'origine. Les auteurs remarquent cependant son existence dès l'ancien français. Dans l'exemple : *Longues lo quide maintenir* (*Eneas*, v. 1612 ; « Elle pense le retenir longuement »), ils pensent que « il n'est pas douteux qu'un mot féminin pluriel ne soit ici sous-entendu » et émettent l'hypothèse que le *s* adverbial ne soit alors que la désinence du cas régime pluriel.

8. Le *s* adverbial entraîne, pour un certain nombre d'adverbes (mais également de conjonctions ou de prépositions), la concurrence de plusieurs formes : une forme simple, une forme avec *-e,* une forme avec *–es* (ex. : *or, ore, ores*). En poésie, le choix peut s'opérer selon des raisons métriques.

Ronsard apprécie cette diversité dans les adverbes, les conjonctions et les prépositions : « Plus nous aurons de mots en nostre langue, plus elle sera parfaitte, et donnera moins de peine à celuy qui voudra pour passe-temps s'y employer. Tu diras selon la contraincte de ton vers *or, ore ; adoncq, adoncque, adoncques ; avecq, avecque, avecques*, et mille autres, que sans crainte tu trancheras et alongeras ainsi qu'il te plaira, gardant tousjours une certaine mesure consultée par ton oreille, laquelle est certain juge de la structure des vers » (*Abbregé de l'Art poetique françoys*, « Des personnes des verbes françois et de l'ortographie », p. 1186-1187).

=> Au XVIIe siècle, les recommandations de Vaugelas témoignent d'un état de langue transitoire qui évolue dans le sens d'une simplification progressive qui touche la graphie des adverbes, des conjonctions et des prépositions. Selon Vaugelas, on dit *guere(s)* avec ou sans *s* (*Remarques*, 1647, p. 335) ; en revanche, on dit en trois syllabes *avecque* et jamais *avecques*, même en vers (*ibid.*, p. 391-392), tandis qu'on dit toujours en deux syllabes *doncques* et jamais *doncque.* Pour *jusque*, la forme simple est à proscrire, en revanche on peut employer soit la forme élidée (*jusqu'à*), soit la forme avec *s* (*jusques à*), le choix dépendant de l'oreille et de la métrique (*ibid.* et p. 21-22) ; *mesme(s)* peut s'écrire avec ou sans *s* : Vaugelas (*ibid.*, p. 23-24) recommande simplement d'écrire *mesmes* à proximité d'un substantif singulier et *mesme* à proximité d'un substantif pluriel afin d'éviter tout risque de confusion entre l'adverbe et le pronom.

=> En français moderne, ce *s* adverbial a subsisté dans certains mots comme *certes* ou dans une locution figée comme *d'ores et déjà*.

POUR L'ADJECTIF ADVERBIALISÉ ☞ CHAPITRE I.39-40.

POUR LES PRÉPOSITIONS-ADVERBES ☞ CHAPITRE XVII.1-3.

II – LES DIFFÉRENTS TYPES D'ADVERBES

1) LES ADVERBES INTENSIFS

9. ***Tout*** : au XVIe siècle comme en ancien français, *tout* adverbe n'est pas nettement distingué de l'indéfini (☞ chapitre VII.32) et peut être variable : *J'ay les espaules toutes usées à force de porter harnois.* (Rabelais, TL, 7, p. 373) ; *Amestris, (...) fit pour une fois* [en une fois] *ensevelir tous vifs quatorze jouvenceaux* (Montaigne, *Essais*, II, 12, p. 521 C). Cet accord vaut également pour le sens concessif de *tout* + adjectif (= « pour...que »).

> => Au XVIIe siècle, Vaugelas distingue nettement *tout* « nom [adjectif ☞ voir chapitre I remarque préliminaire] » variable et *tout* « adverbe », invariable au masculin, mais variable au féminin (sauf devant *autres* au pluriel) par une « bizarrerie de l'Usage » qui fait que l'on substitue ici le nom adjectif à l'adverbe : *elles sont toutes estonnées*. Mais Vaugelas constate que les confusions sont encore nombreuses dans l'usage : « C'est une faute que presque tout le monde fait, de dire, *tous*, au lieu de *tout* » : *ils sont tous estonnez* pour *ils sont tout estonnez* (*Remarques*, 1647, « *Tout*, adverbe », p. 95-97). Vaugelas ne pose donc la règle moderne que de façon partielle (l'invariablité de l'adverbe devant un mot féminin à initiale vocalique ne vaut que par exception devant *autre* au pluriel). N. Fournier (1998, § 543) note qu'au XVIIe siècle « les grammairiens se sont passionnés pour ce problème », d'où des règles « multiples, complexes et confuses ». Ce n'est qu'en 1704 que la règle actuelle a été fixée par l'Académie : l'adverbe *tout* n'est variable qu'au féminin devant un adjectif commençant par une consonne ou un h aspiré (*une poule toute blanche* / *une nappe tout usée*). Une règle qui n'est pas encore bien appliquée au XVIIIe siècle (selon Grevisse, 1993, § 955).

10. La locution *du tout* signifie « tout à fait ». On la conserve en français moderne en emploi négatif : *plus du tout.*

☞ Pour les adverbes intensifs *tres*, *trop*, ainsi que pour l'emploi en corrélation de *si tres...que* (en superlatif absolu), se reporter au chapitre I.27-29.

2) L'ADVERBE DE LIAISON *SI*

11. ***Si*** (< latin *sic* = « ainsi ») s'emploie comme adverbe de liaison en tête d'une proposition indépendante ou principale (avec le plus souvent la proposition subordonnée antéposée) ou entre deux propositions de même nature après ponctuation faible, moyenne ou forte. C'est là un usage très répandu depuis le moyen âge.

L'adverbe revêt des valeurs multiples : au moyen âge, P. Ménard (1988, § 197, p. 186) le traduit par « alors », « dans ces conditions », « ainsi », « et voilà », « aussi », « donc », « mais », « cependant », mais remarque que *si* possède un trait sémantique constant : il marque un léger temps d'arrêt et peut introduire un changement de perspective ou d'aspect verbal.

Au XVIe siècle, on lui connaît essentiellement trois types d'emploi.

12. ***Si*** **analogique** : au sens de « aussi » ou de « ainsi », avec éventuellement une nuance consécutive : *vous mesmes monsieur le prieur, aymez boyre du meilleur, sy faict tout homme de bien.* (Rabelais, GA, 27, p. 78).

Il est associé à *et* avec ces mêmes valeurs :

> *et si* = « et aussi » : *Je courtise mon maistre, et si fais d'avantage, / Ayant de sa maison le principal soucy.* (Du Bellay, *Les Regrets*, 18, v. 3-4) ;
>
> *et si* = « et ainsi » : *L'aspre torment ne m'est point si amer, / Qu'il ne me plaise, et si n'ay pas envie / De me douloir :* (Ronsard, *Le Premier Livre des Amours*, 7, v. 5-7, texte de 1552) corrigé en : *Le mal qui semble aux autres trop amer, / Me semble doux, aussi je n'ay envie / De me douloir :* (1584).

13. ***Si*** **explétif** : *si* s'emploie également de manière explétive, seul ou précédé de la conjonction *et*, en tête d'une principale postposée : *Si tu es de Dieu sy parle, sy tu es de l'aultre* [le Diable] *sy t'en va* (Rabelais, GA, 35, p. 98) ; *Il parloit peu et bien ; et si mesloit son langage de quelque ornement des livres vulgaires,* (Montaigne, *Essais*, II, 2, p. 343 C).

C'est en particulier le cas dans les formules construites avec une relative antéposée à valeur gnomique (proverbiale) ou lexicalisée : *et qui me ayme si me suyve.* (Rabelais, GA, 33, p. 95). Dans ce dernier exemple, toutefois, M. Huchon, dans son édition, traduit *si* par « ainsi » à valeur consécutive, en note de bas de page (k).

14. *Si* concessif : dans le cas d'un *si* concessif la seconde proposition peut être coordonnée par *et* ou *mais* (d'où les associations *et si*, *mais si*) ; au XVIe siècle apparaît également la locution *si est-ce (que)*.

Exemple en tête d'une principale postposée : *Encore qu'il soit tel, si ne devez-vous pas / Le meurtrir de froid sang, c'est trop que du trespas.* (Garnier, *Les Juifves*, v. 953-954).

Exemple en tête d'une indépendante : *Si est-ce que je pense avoir remarqué quelque traict semblable parmy nos gens,* (Montaigne, *Essais*, I, 33, p. 219 A).

=> Au XVIIe siècle, *si / et si* au sens concessif est sorti d'usage selon Vaugelas qui juge l'expression gracieuse. Quant au sens de « outre cela » [*si* = « aussi »], il est désormais vieilli et bas (*Remarques*, 1647, « *Si*, pour *avec tout cela*, & *outre cela* », p. 449-450).

=> O. Soutet (*op. cit.*, p. 124-125 et 135) remarque que *si* est un terme très largement polysémique, dont l'emploi comme adverbe de phrase n'a pas perduré : sa valeur sémantique adverbiale est donc faible, comme le confirme l'apparition éphémère de la locution *si est-ce que* : *si* n'y sert plus qu'à connecter deux énoncés (telle une simple conjonction sémantiquement vide), tandis que le morphème interrogatif *est-ce que* pose leur connexion comme problématique (et se charge donc de la valeur sémantique concessive). Cette interprétation peut être nuancée : il est vrai que la polysémie de *si*, adverbe de phrase, fait qu'il s'éloigne souvent de son sens étymologique « plein » (< *sic* = « ainsi »), mais son usage reste très répandu pendant cinq siècles. Quant à la locution *si est-ce que*, elle ne nous semble pas reposer sur un morphème interrogatif (*est-ce que*), mais pourrait au contraire poser un fait (verbe *être* + sujet postposé selon l'usage syntaxique ancien du fait de la présence d'un adverbe en première position) : *est-ce que* nous semble donc poser l'existence de l'énoncé qui suit, tandis que *si* amène la valeur concessive de l'énoncé.

15. Ces emplois amènent à s'interroger sur la nature grammaticale de *si*, dans la mesure où l'on peut hésiter entre deux interprétations et voir dans ce *si* qui relie la principale à la subordonnée (et non l'inverse) soit une conjonction de coordination à valeur adversative, soit un adverbe de liaison. Les différences de classement, d'une étude à l'autre, témoignent de cette difficulté.

> Dans son dictionnaire, E. Huguet (t. 6, p. 788-792) distingue deux entrées : *si 1 (conjonction)* qui correspond à la valeur hypothétique du mot et *si 2* où il classe les sens de « ainsi », « aussi », « pourtant » et où il inclut les formes composées *et si, si est-ce que*, mais sans préciser cette fois la nature du mot. Dans leur *Dictionnaire du moyen français* (1992, p. 589), A. J. Greimas et T. M. Keane distinguent, quant à eux, clairement : I - *si*, conjonction exprimant une condition et II - *si* adverbe intensif ou marquant l'opposition après une subordonnée. G. Gougenheim (1974, p. 148) traite ces emplois à valeur d'opposition dans la section consacrée à la coordination.

Nous pouvons retenir la distinction qu'opère C. Marchello-Nizia (*op. cit.*, p. 10-11).

> *Se / si* conjonctif introduit un énoncé enchâssé ; il est presque toujours suivi du sujet (ce qui le distingue de l'adverbe).
>
> *Si* adverbial connaît deux grands types d'emploi. 1 – *Si* « adverbe incident » à un élément de la phrase s'emploie en indépendante, en principale ou en subordonnée ; il se place le plus souvent à l'intérieur de l'énoncé, devant le terme sur lequel il porte, et il est presque toujours en corrélation avec un second énoncé qui suit celui contenant *si.* 2 – *Si* « adverbe de phrase » ne s'emploie jamais en subordonnée ; il est presque toujours en tête d'un énoncé (une indépendante ou une principale postposée) qu'il relie à l'énoncé qui précède et se place devant le groupe verbal : c'est le cas avec le *si* adversatif qui nous intéresse[1]. On retrouve la même

[1] Dans son étude du moyen français (1997), C. Marchello-Nizia a choisi d'étudier dans le chapitre consacré aux conjonctions de coordination (p. 354-356) le cas de *si* placé en tête d'une principale afin de le comparer avec l'emploi de *et.* Elle termine son chapitre consacré aux adverbes (p. 325) sur le cas de *si* (souvent accompagné

interprétation chez S. Marcotte (*op. cit.*, p. 126-127) qui constate que *si* n'est pas commutable avec un coordonnant.

=> Au XVIe siècle, Palsgrave (L2, « De la conjonction », f° 58 v°, p. 181 / 532) considère ce *si* comme une conjonction « sous continuative » [*subcontinuatyve*], c'est-à-dire qui prolonge la matière introduite ou commence une matière (à la différence de *si* conjonction de condition ou de *si* conjonction de doute).

☞ Pour l'adverbe *si* interrogatif, *infra* § 30.

3) Les adverbes de lieu

16. ***Ci, çà*** et ***là*** sont bien distingués dès l'ancien français.

Ci indique une position statique et situe dans l'espace du locuteur.

Çà est associé à un mouvement et marque l'espace à parcourir en direction du locuteur.

Là situe en dehors de l'espace du locuteur.

Au XVIe siècle :

Ci s'emploie seul au sens de *ici* qui commence cependant à le supplanter (la régression s'observe depuis le moyen français). Il entre surtout dans la formation de locutions adverbiales à valeur locative (*ci bas, ci autour,...*) ou temporelle (*entre ci et...* = « d'ici à », d'où *entre ci et dix ans* = « d'ici à dix ans »). Le sens médiéval se ressent dans la locution *ci haut* qui désigne la terre (l'espace du locuteur) par rapport aux enfers.

Çà entre dans la formation de locutions adverbiales (*çà bas* = « ici bas, sur terre », *çà hault* = « ici, en haut ») ou entre en balancement avec *là* (*çà là* = « çà et là », *puis çà, puis là* = « tantôt d'un côté, tantôt de l'autre »). La valeur médiévale est surtout perceptible en emploi temporel : *depuis...en çà* signifiant « depuis...jusqu'au moment présent » (nous dirions simplement « depuis ») : *Qui t'a induict à faire / Emprisonner depuis six jours en ça / Ung tien amy, qui onc ne*

---

de la reprise d'un sujet postposé), *et si*, *nonpourtant si* et *si est-ce que* (fréquent au XVIe siècle) à valeur adversative.

t'offensa ? (Marot, *L'Adolescence clementine*, *Epistres*, X, « Marot à Monseigneur Bouchart Docteur en Theologie », v. 2-4).

Là est de plus en plus fréquent depuis le moyen français et s'emploie souvent seul. Mais, tout comme *ci* et *çà,* il entre également dans la formation de nombreuses locutions : *là bas* (= « en bas »), *de là autour* (= « des environs »), *un peu en là* (= « un peu plus loin »), etc.

Pour l'emploi avec un démonstratif ☞ chapitre V.6 et 30-33.

17. Emploi en composition dans les présentatifs *voici, voilà* formés sur le verbe *voir* à l'impératif + *-ci* / *-là*.

Au XVIe siècle, les formes contractées (*voici, voilà*) sont déjà attestées, mais l'origine locutionnelle de ces mots est encore sensible, ce qui rend possible :

la présence d'un pronom complément du verbe *voir* dans une graphie en un ou plusieurs mot(s) (*voy le cy, voilecy, voy la cy, voy me là...*) : *Avec bon vin nouveau, voy vous là composeur de petz :* (Rabelais, GA, 40, p. 111) ;

l'emploi conjugué du verbe *voir* (*voyez ci*) : *voyez cy de noz ennemys qui accourent,* (Rabelais, PA, 25, p. 303).

18. Les formes *veci (vecy), velà* (*vela, vella*) se rencontrent encore : *Vela, La Porte, en quel plaisir je suis* (Ronsard, *Gayetez*, III, v. 67).

=> En ancien français, le verbe *voir* a pour formes à l'impératif *vois* (P2) et *veez* (P5) qui est bisyllabique et qui se trouve sous la forme monosyllabique *vez* dans les tours présentatifs *vez ci, vez la* (G. Moignet, 1984, p. 63). Les emplois de *vez* se restreignant à son association avec *-ci* ou *-la* font que la nature verbale de cette forme n'est plus sentie en moyen français (C. Marchello-Nizia, 1997, p. 70).

=> L. Terreaux (1968, p. 166) rappelle que *velà* est encore en usage dans l'Ouest de la France.

=> L'étude d'Evelyne Oppermann-Marsaux (art. cit.) montre que l'on est passé progressivement « du présentatif non soudé au présentatif soudé, qui correspond d'abord à *veci/vela* (XIVe s. – début du XVIe s.), puis à *voici / voila* (XVe-XVIe s.) ». Son *corpus* révèle le passage d'une proportion de 86,2 % de formes non soudées au XIVe s. à 03,1 % au XVIe s. et, inversement, d'une proportion de 13,8 % de formes soudées à 96,9 %. Parallèlement, les formes en *-la* progressent : elles constituent 7,5 % seulement des formes soudées au XIVe s., mais 63,3 % au XVIe s.

19. L'emploi comme particule verbale : certains adverbes de lieu accompagnent un verbe de mouvement dont ils précisent ou renforcent le sens en formant une locution verbale : *Mais faulx dangier gardoit sur le derriere / Ung Portail faict d'espines, & chardons, / Et deschassoit les Pelerins arriere,* (Marot, *L'Adolescence clementine*, « Le Temple de Cupido », v. 189-191).

=> On peut rapprocher cet usage de celui de la « postposition » en anglais (*adverbial particle*). Les « postpositions » sont des adverbes postposés à un verbe avec lequel ils sont étroitement liés et constituent un verbe composé (*compound verb*). On distingue ainsi : *we went through the wood* (« nous avons traversé le bois ») où *through* est une préposition de lieu non accentuée et dissociée du verbe et *did you get through ?* (« avez-vous été reçu à votre examen ? »), où *through* est une postposition accentuée indissociable du verbe dont elle infléchit le sens. Avec un verbe de mouvement, la postposition peut préciser le sens (*to get up* = « se lever », *to get away* = « s'enfuir »,...). Dans le cas cependant qui nous intéresse en français, l'adverbe de lieu ne modifie pas le sens du verbe (comme la « postposition » en anglais) mais le renforce.

=> P. Le Goffic (1993, § 295-296) interprète ces formes comme des prépositions avec complément zéro. ☞ Chapitre XVII.1-3 pour les prépositions-adverbes.

4) LES ADVERBES DE TEMPS ET LES ADVERBES CONCESSIFS

20. *Or* : l'adverbe admet plusieurs graphies *or*, *ore* et *ores* (☞ *supra* § 8). Il entre dans la formation de locutions adverbiales exclamatives *or çà* et *or sus* destinées à capter l'attention de l'auditeur (valeur phatique) et à dynamiser le propos (afin de renforcer une exhortation par exemple). Celles-ci s'emploient donc souvent en début de phrase et avec un verbe à l'impératif : *Or sus allons mourir,* (Garnier, *Les Juifves*, v. 1339) ; *Or allons de par Dieu, rendons leur ce devoir,* (*ibid.*, v. 2073).

=> Des traces de cet emploi temporel subsistent en FM dans la locution *d'ores et déjà* et dans l'adverbe *désormais*, formé par composition.

21. ***Viste, vistement*** : en ancien français, il existe, pour certains adverbes de temps, des doublets avec une forme simple et une forme composée (*viste* / *vistement* ; *errant* / *erramment*).

Le dictionnaire Godefroy (t. 10, suppl., p. 862) identifie ainsi *viste* comme adjectif (= « rapide ») et comme adverbe (= « rapidement ») : *Ce souhait est mieux à propos en cette volupté viste* [rapide] *et precipiteuse,* (Montaigne, *Essais*, III, 5, p. 880 B).

=> Meigret (« Des espèces des Adverbes », ch. 2, p. 126 r°) et R. Estienne (« Des Adverbes », « Des espèces », p. 73) constatent que l'on emploie parfois l'adjectif primitif au lieu de l'adverbe dérivé, comme *fay viste ou soudain cela* pour « vitement » et « soudainement ».

=> H. Estienne (*Conformité du langage français avec le grec*, ch. 6 : « De l'adverbe français », p. 131, obs. 1) donne l'emploi de *viste* et de *subit* pour *vistement* et *subitement* comme exemple d'usage adverbial d'un nom (le nom recouvrant les adjectifs au XVIe siècle ☞ ch. 1, I, remarque préliminaire).

L'adjectif *viste* sert de base à la formation d'un adverbe en *-ment*, *vistement*, qui fait d'abord office de doublet au moyen âge et qui s'est aujourd'hui effacé devant *vite* adverbe : *Livrez-les vistement sans plus deliberer.* (Garnier, *Les Juifves*, v. 1657).

=> Les avis diffèrent sur l'apparition de la valeur adverbiale de *viste*. Le dictionnaire Godefroy (art. cit.) et G. Moignet (1984, p. 283) la signalent en ancien français, mais le *FEW* (t. 14, p. 533-534 [*vist*]), le *TLF* (T. 15, 1992, p. 1212) et Grevisse (1993, § 198) ne font apparaître ce sens adverbial qu'au XVIe siècle (1538).

=> *Vite* conserve encore en français moderne un sens adjectival dans la langue littéraire : *Son parler est de plus en plus vite et indistinct* (Gide, *Journal*, 2 janvier 1923) et surtout dans la langue des sports, ce qui lui a valu de retrouver une certaine vitalité (Grevisse, 1993, § 198). Beaucoup plus rare, *vitement* est encore attesté, mais il est désormais archaïque et littéraire : le *TLF* en relève ainsi un exemple chez Nerval en 1854 : *Allez vitement lui ouvrir la porte* (*Les Filles de feu*, « Angélique ») ou chez Guèvremont en 1945 (*Le Survenant*).

22. ***Cependant*** (*encependant*) est formé de la composition de *ce* + *pendant*, participe présent de « pendre » au sens de « être en suspens » et forme une proposition participiale absolue (*cela* *étant pendant*) qui possède au XVIe siècle sa valeur temporelle étymologique et signifie « pendant ce temps » (☞ chapitres V.21 et XIII.25) : *Le beau cristal des sainctz yeulx de Madame / Entre les lyz et roses degoutoit, / Et ce pendant Amour, qui le goutoit, / En arrousa le jardin de mon ame.* (Du Bellay, *L'Olive*, 73, v. 1-4).

Par glissement de sens, *cependant* est passé d'une valeur adverbiale temporelle à une valeur conjonctive concessive.

Le *FEW* (t. 8, p. 181, art. « *pendere* »), suivi par les autres dictionnaires, fait remonter ce passage au XVIe siècle avec les premières occurrences chez Calvin (1541). Nous en avons relevé, pour notre part, cet exemple, où le sens nous semble nettement concessif : *Mais je diz qu'il ne fault pas, par dissention, legierement abandonner une Eglise, (...). Cependant si nous taschons de corriger ce qui nous y deplaist, nous ne faisons que nostre debvoir.* (*Institution de la Religion chrestienne*, IV, « De la foy », éd. O. Millet, p. 273 / 666). Mais souvent le terme possède une double valeur, concessive et temporelle, en posant la coexistence de deux attitudes contradictoires (au point que Calvin le redouble parfois de *neantmoins* ou de *toutesfois*) : *Encore que je ne mette en avant que c'est une grande impudence et malice à eux, d'objecter continuellement la puissance de l'Eglise, et cependant laisser derrière et dissimuler quel mandement elle a de Dieu et quelle obéissance elle luy doit.* (IV, 10, p. 203 [1541] ; éd. O. Millet, XV, p. 731 / 1533).

Chez Montaigne également, le sens concessif est attesté : *Elle n'a sceu nous purger par sa foiblesse, et nous a cependant affoiblis,* (*Essais*, I, 23, p. 122 B), mais souvent indissociable d'une nuance temporelle : *Quoy donq, faisoit-il, sera il dict que je demeureray en crainte et en alarme, et que je lairray mon meurtrier se promener cependant à son ayse ?* (*ibid.*, I, 24, p. 125 A).

=> Le mot conserve encore sa valeur temporelle au XVIIe siècle, mais la valeur concessive est devenue courante (le dictionnaire Richelet donne les deux sens en 1693). Vaugelas condamne désormais la locution conjonctive *cependant que* (= « pendant que », « tant que », « tandis que ») qui demeure toutefois usuelle (*Remarques*, 1647, « *Cependant, pendant* », p. 223-224).

23. ***Toute(s)fois*** fait partie, comme *cependant*, des adverbes devenus concessifs par glissement sémantique.

O. Soutet (*op. cit.*, p. 110-113) rappelle les deux hypothèses émises concernant sa formation : *toutefois* pourrait avoir été formé par composition à partir de *toute(s)* + *fois* (< latin *vice/vices* = « place occupée par qqn »), avec glissement sémantique du spatial au temporel ou bien il résulterait de la transformation de *tote(s) voie(s)* avec lequel il entre très vite en concurrence (*toutefois* étant attesté dès le XIIIe siècle).

Le terme admet, au XVIe siècle, des graphies multiples, comme chez Rabelais : *touteffoys* (3), *toutefois* (2), *toutefoys* (1), *toutes fois* (36), *toutesfois* (1) et *toutesfoys* (97) ; et chez Montaigne : *toutesfois,* qui domine avec sa variante *toutes-fois* et, en moindre part (19 occurrences sur 124) : *toutefois* (avec également une variante : *toute-fois*). Dominent donc, pendant tout le siècle, les formes plurielles (*toutesfois*), témoins d'une lexicalisation encore partielle.

Le sens concessif de *toutefois* est attesté dès la seconde moitié du XIIIe siècle (les observations d'O. Soutet vont à l'encontre de la datation du *FEW* – t. 14, p. 410b – qui n'atteste ce sens concessif qu'à partir du XVe siècle), mais demeure minoritaire jusqu'à la seconde moitié du XVe siècle, date à laquelle les emplois concessifs de *toutefois* connaissent un essor fulgurant et éclipsent brutalement *tote(s)voie(s).* A partir de son *corpus*, O. Soutet montre que l'on passe ainsi d'une proportion d'emplois concessifs de 90 % pour *totesvoies* contre 10 % pour *toutefois* dans la seconde moitié du XIIIe siècle à une proportion inversée de 2,5 % contre 97,5 % dans la seconde moitié du XVe siècle (proportion qui se maintient au siècle suivant).

Au XVIe siècle, le sens temporel de *toutefois* s'est effacé devant son emploi concessif : *Et posé le cas, qu'au sens literal vous trouvez matieres assez joyeuses et bien correspondentes au nom, toutesfois pas demourer là ne fault, comme au chant des Sirenes : ains à plus hault sens interpreter* (Rabelais, GA, « *Prologe de l'Auteur* », p. 6) *; Et sçavons des regions tres-fertiles en toutes façons de vivres, où toutesfois les plus ordinaires méz et les plus savoureux, c'estoyent du pain, du nasitort* [cresson alénois] *et de l'eau.* (Montaigne, *Essais*, I, 21, p. 115 A).

=> O. Soutet évoque le maintien de cette valeur temporelle dans la locution conjonctive *toutefois et quantes que* [= « toutes les fois que »], dont la base Frantext fournit deux occurrences (dans *La Celestine* de Jacques de Lavardin, 1578) : *Bonne esperance puis-je dire, puis que les portes me sont ouvertes, toutefois et quantes que je y retourneray* (acte VI).

24. *Pourtant* : comme pour *cependant* et *toutefois*, il s'agit d'un adverbe dont le sens concessif est apparu par glissement sémantique, mais avec, cette fois, un sens étymologique causal et non plus temporel.

Au XVIe siècle, le sens causal de *pourtant* domine encore (*pourtant* = « c'est pourquoi », « pour ce motif ») : *c'estoit la force des païs qui en recevoient l'usage, et la principale defence de l'equité et de la liberté : (...). Pourtant la nomment ils sacrée et divine.* (Montaigne, *Essais*, I, 28, p. 188 C).

De ce sens, dérive un emploi consécutif (*pourtant* = « partant ») : *Suffit à un Chrestien croire toutes choses venir de Dieu, les recevoir avec reconnoissance de sa divine et inscrutable sapience, pourtant les prendre en bonne part, en quelque visage qu'elles luy soient envoyées.* (*ibid.*, I, 32, p. 216 A).

Le sens concessif de *pourtant* est bien représenté en contexte négatif.

O. Soutet (*op. cit.*, p. 114-120) observe que ce type d'emploi est attesté très tôt en contexte négatif (dès le XIIe siècle), même s'il demeure rare en ancien français : *Las, tes autres aigneaux n'ont faute de pasture, / Ils ne craignent le loup, le vent, ny la froidure : / Si ne suis-je pourtant le pire du troppeau.* (Du Bellay, *Les Regrets*, 9, v. 12-14).

Le sens concessif en contexte positif n'apparaît qu'au XVIe siècle et demeure encore minoritaire par rapport aux autres emplois.

5) Les adverbes d'interrogation

Absence d'adverbe

25. En ancien français, la postposition du sujet nominal suffit le plus souvent à exprimer l'interrogation (sur le modèle : *Est morte m'amie ?*).

Au XVIe siècle, cette construction est encore fréquente, même quand le verbe a un objet : *Peuvent les Dieux ouyr Amantz jurer, / Et rire apres leur promesse mentie ?* (Scève, *Délie*, 20, v. 1-2) *; Ne viendra point le jour que mes langueurs je noye / (...) ?* (Garnier, *Les Juifves*, v. 379) ; *Mais à qui donnera Saffredant sa voix ?* (M. de Navarre, *L'Heptaméron*, N41, p. 408).

Elle est, cependant, éclipsée par la tournure sujet nominal + verbe + pronom sujet de rappel postposé (sur le modèle : *M'amie est-elle morte ?*). Ce tour l'emporte déjà largement chez Rabelais (3 fois sur 4). ☞ Pour l'emploi du *t* euphonique avec le pronom personnel sujet postposé, voir chapitre III.26.

=> La construction ancienne disparaît dès le début du XVIIe siècle (N. Fournier, 1998, § 165). Elle est condamnée par Malherbe qui souligne le premier hémistiche de ce vers de Desportes : *Viendra jamais le jour qui doit finir ma peine ?* (Desportes, *Amours d'Hippolyte*, 36, éd. Genève, Droz / Paris, Minard, 1960, p. 81).

Emploi de la locution grammaticalisée *est-ce (que)*

26. Cette locution est rare en ancien français (G. Moignet, 1984 et P. Ménard, 1988 ne la signalent pas) ; C. Marchello-Nizia (1997, p. 217) précise qu'elle ne figure que dans quelques textes (comme *Le Roman de Renart*). Son usage se répand en moyen français à partir du XIVe siècle (également sous la forme contractée *esse*). Elle accompagne alors toujours un pronom ou un adverbe interrogatif (*qui est ce qui, qu'est ce qui, comment est-ce que,...*) ☞ chapitre VI.9.

Ce n'est qu'au XVIe siècle que la locution devient autonome et peut s'employer seule pour porter sur l'ensemble de l'énoncé.

Sa présence n'est cependant pas encore systématique : *Quelle gloire de n'estre honoré que par feinte ?* (Garnier, *Les Juifves*, v. 915).

Lorsqu'elle est présente, elle se ressent encore de son origine verbale et peut varier en temps : *O vray Dieu quand sera-ce ?* (*ibid.*, v. 1613).

=> Meigret (« Des cas et déclinaisons des Pronoms », ch. 6, p. 50 r°-v°) conteste les tours interrogatifs *est-ce moi ? est-ce nous ? est-ce vous ?*, mais accepte *est-ce toi ?* et *est-ce Pierre ?* car, selon les principes de son orthographe phonétique, il écrit *esse* ce qui peut correspondre à *es-ce ?* ou à *est-ce ?* (avec alors un verbe à la deuxième ou troisième personne en accord avec le pronom postposé). Charles Livet (*La grammaire française et les grammairiens du XVI*^e^ *siècle*, Paris, Didier, 1859 / Genève, Slatkine Reprints, 1967, p. 80) remarque la faiblesse de l'argumentation de Meigret sur ce point, qui accepte *est-ce moi* et *est-ce toi*, mais condamne *sera-ce toi ?* où l'on peut pourtant entendre, phonétiquement, *seras-ce toi ?* Comme pour les tours affirmatifs (☞ chapitre III.13), Meigret (p. 51 r°) recommande une formulation plus directe : *as-tu ouvert la porte ?* plutôt que *est-ce toi qui as ouvert la porte ?* Ramus se fait l'écho de cette critique (1562, II, « La convenance du nom avec le verbe », p. 93-95 ; 1572 : II, 7, « de l'anomalie du nombre et de la personne », p. 166-168).

27. Cette locution *est-ce* s'emploie dans les formes renforcées *qu'est-ce de / qu'est-ce que de* en phrases exclamatives ou interrogatives, dans lesquelles *de* a un sens proche de « quant à » selon E. Huguet (dictionnaire, article « de », t. 2, p. 711) : *Qu'est-ce helas ! que de l'homme ?* (Sponde, *Meditations sur les Pseaumes*, « Méditation sur le psaume LXII. », l. 789). L'interrogation ou l'exclamation ne porte pas alors sur l'identité, mais sur la nature ou la qualité de l'objet dont on suggère la misère et la faiblesse. Pour les tours *que c'est* interrogatifs ou exclamatifs ☞ chapitre VI.11 et 24.

Présence des adverbes *comme* et *comment*

28. *Comme* (< latin *quomodo* = « de quelle façon ») équivaut à *comment* en interrogation directe et indirecte. En ancien français, il fonctionne en doublet avec *comment* (formé au XIe siècle sur *comme* + *-ment*) : *comme* interroge sur la manière et le degré et *comment* sur la manière et la cause (« comment peut-il se faire que ? », « pour quelles raisons ? ») (P. Ménard, 1988, § 95, p. 101-102).

29. Durant tout le XVIe siècle, *comme* permet encore d'interroger sur la manière en interrogation directe ou indirecte : *Comme advint vostre prise ?* (Garnier, *Les Juifves*, v. 689), *La dame luy demanda comme se portoit Rolandine :* (M. de Navarre, *L'Heptaméron*, N21, p. 259). En tête d'une interrogation indirecte, *comme* et *comment* conservent un statut adverbial (voir TLF). Selon Le Goffic (1993, § 23), cette subordonnée est « percontative », c'est-à-dire qu'elle s'intègre directement, avec un caractère proche d'une indépendante. *Comme* et *comment* y sont donc bien adverbes et n'ont pas vraiment un rôle de connecteur.

=> L'interrogation indirecte peut être construite avec des verbes marquant l'étonnement (*s'ébahir, s'étonner*) : *Mais tout ensemble estonnez vous assez, / Comment je n'ay en mon cueur amassez / Tous les regretz, qui furent onc au Monde.* (Marot, *L'Adolescence clementine*, Complainctes, II, « Complaincte d'une Niepce, sur la Mort de sa Tante », v. 9-11).

=> Au XVIIe siècle, Vaugelas distingue les emplois de *comme* et de *comment*. Suivant l'opinion de Malherbe, il n'accepte plus *comme* en interrogation directe et avec le verbe *demander*, mais admet toutefois des tours du type *vous sçavez comme il faut faire* (*Remarques*, 1647, « *Comme, comment, comme quoy* », p. 334-335). Au XVIIIe siècle, *comment* s'impose en interrogation directe et indirecte.

=> Aujourd'hui, *comme* subsiste dans la langue parlée en emploi exclamatif (ou interro-exclamatif) pour marquer l'intensité (*tu as vu comme c'est beau !*). Il y a donc eu simplification sémantique, *comme* conservant seulement l'idée d'intensité et *comment* prenant désormais seul en charge l'idée de manière. Ce choix a pu être influencé par la forme en *–ment* caractéristique des adverbes de manière. L'on peut ainsi comparer : « tu as vu comme il dort bien ! » (= « à quel point il dort bien ») et « tu as vu comment il dort ? » (= « de quelle manière il dort »). L'ancienne nuance est cependant encore perceptible dans la langue parlée familière, où *comme* est préféré à *comment* en raison de sa brièveté : « t'as vu comme il court ? »

Emploi de l'adverbe interrogatif *si*

30. Dans le cas de deux propositions coordonnées en interrogation directe, la seconde est souvent construite avec l'adverbe *si* et le sujet antéposé, sur le modèle *veillé-je ou si je dors ?* : *Ceste fortune est-elle hors des choses, ou si la Nature mesme des choses, l'essence des diverses especes, est ceste fortune ?* (Sponde, *Meditations sur les Pseaumes*, « Méditation sur le psaume XIIII. ou LIII. », l. 326-328).

Pour G. Gougenheim qui signale cet emploi (1974, p. 237), « la seconde partie de l'interrogation double est souvent construite comme une interrogation subordonnée ». Mais ce *si* ne saurait être une conjonction de subordination si l'on considère que l'on a deux indépendantes coordonnées. L'on pourrait le rapprocher alors de l'emploi de *si* comme adverbe de liaison entre deux propositions de même nature ☞ *supra* § 11-15.

☞ Pour les adverbes interrogatifs portant sur un nombre ou une quantité (*combien, quant de*), se reporter au chapitre VIII.10 et 14.

6) Les adverbes de négation

a) Les adverbes de négation toniques

Non

31. L'adverbe de négation latin *non* a donné en français une forme accentuée (*non*) et deux formes non accentuées (*ne* devant consonne et *nen* devant voyelle).

Au XVIe siècle comme en ancien français, l'adverbe tonique *non* sert à nier en l'absence de forme verbale pleine ou dans des phrases elliptiques.

32. Il figure dans les réponses négatives directes. Il est souvent accompagné d'un verbe sans sujet exprimé, sous la forme d'*avoir* ou d'*être* si ceux-ci étaient dans la phrase précédente, ou du verbe *faire* vicariant s'il s'agissait d'un autre verbe : [Amital] *Las ! je crains qu'il ne vienne annoncer quelque encombre. /* [Les Roynes] *Non fera, si Dieu plaist, je n'en ay point de peur.* (Garnier, *Les Juifves*, v. 1588-1589).

33. Il permet de nier les formes verbales qui ne sont pas à un mode personnel (c'est-à-dire les infinitifs et les participes).

> Exemples avec un infinitif : *Et ne croy pas (ou tu es impassible) / Qu'à ta jeunesse il ayt esté possible / En regardant si parfaicte beaulté / De non sentir sa doulce cruauté.* (Marot, *La Suite de l'Adolescence clementine, Epistres*, XII « Epistre, qu'il feit pour ung Vieil gentil homme... », v. 23-26) ; *O vaine foy, ô croire trop leger, / Qui vous reçoit se fait son mortel hoste : / Pour non povoir ce malheur abreger,* (Scève, *Délie*, 31, v. 7-9).

Exemple avec un participe présent : *Elle non entendent ce qu'il disoit, imagina estre ce qu'elle pourpensoit,* (Rabelais, TL, 19, p. 410) ☞ voir aussi chapitre XIII.10.

=> On a conservé en français moderne les mots composés *nonchaloir, nonchalant* et *nonobstant.*

34. Il intervient dans le second terme d'une comparaison en l'absence de forme verbale conjuguée : *Je cognois mieux son bien que non pas elle mesme.* (Garnier, *Bradamante,* v. 313). La présence d'un adverbe de négation se conçoit dans la mesure où le tour équivaut à une comparaison négative : « elle ne connaît pas son bien aussi bien que moi ». ☞ A rapprocher de l'emploi de la conjonction *ni* au chapitre XVI.4 et de l'auxiliaire de négation, *infra* § 45.

35. Il sert à nier tout ce qui n'est pas verbe : nom, adjectif, pronom, adverbe,... employé seul ou pris dans des constructions syntaxiques diverses (associé à une préposition ou à un déterminant).

Nom : *Je le vouluz, et ne l'osay vouloir, / Pour non la fin à mon doulx mal prescrire.* (Scève, *Délie*, 76, v. 1-2) ; *Non celle ardeur du Procyon celeste / Nous fait sentir de Phœton l'erreur : / Mais cest aspect de la Vierge modeste / Phebus enflamme en si ardente horreur,* (Scève, *Délie*, 62, v. 1-4).

Pronom : *Non sur toy seule Envie a faict ce songe, / Mais en maintz lieux, et plus hault mille fois.* (Scève, *Délie*, 85, v. 1-2).

Adjectif : *Innocente je suis, partant non punissable.* (Garnier, *Les Juifves*, v. 1092) L'adverbe s'emploie ici en l'absence de reprise du verbe conjugué (« partant je suis non punissable »).

Adverbe : *Un doulx souhait, qui, non encor bien né, / Est de plaisirs nourry, et gouverné,* (Scève, *Délie*, 33, v. 6-7).

36. Il peut équivaloir à un préfixe négatif et entrer dans la formation de mots composés : adjectifs (*nompair* = « impair », *nompareil*), adverbes (*nompareillement, nompourtant*), noms (*nonsçavoir* ou *non sçavance* = « ignorance », *non prix* = « dépréciation », *non-puissance* = « impuissance »).

37. Il peut être associé à un autre adverbe.

Non plus signifie « pas...plus » (*ne...non plus* = « ne... pas plus ») : *Qui t'a mis en l'esprit de faulser ta parole ? / N'en faire non plus cas que de chose frivole ?* (Garnier, *Les Juifves*, v. 1383-1384).

Non pas signifie « pas même » en phrase négative : *Tire-moy, di-je, par force, car je n'ay pas la force de m'approcher, non pas de me mouvoir seulement,* (Sponde, *Meditations sur les Pseaumes*, « Méditation sur le psaume L. », l. 1495-1496).

> L'adverbe *non* s'emploie seul dans le même sens (« pas même ») : *Rien ne le peult, non Dorion, guerir.* (Scève, *Délie*, 30, v. 10) ; *Que pieçe entiere (hors mise loyaulté) / Ne me resta, non ce peu desperance* [d'espérance], (*ibid.*, 72, v. 5-6) ; *Lors vous, Nuisantz, Dieux des umbres silentes, / ... / Ne m'osterez par forces violentes / Non un Iota de ma felicité.* (*ibid.*, 75, v. 7-10). *Non* fonctionne alors en association avec l'adverbe de négation atone *ne* sur lequel il vient surenchérir, en portant sur un élément non verbal ou sur un verbe à un mode impersonnel.

38. ***Non que*** est un tour restrictif qui signifie « seulement » : *C'estoit santé, mais non qu'à la comparaison de la maladie qui l'a suyvie.* (Montaigne, *Essais*, III, 12, p. 1047 C). Selon G. Moignet (*op. cit.*, p. 131), cette locution semble avoir été forgée « naturellement » à partir de *ne...que* (☞ *infra* § 43) en l'absence de verbe.

Cette locution peut également signifier « pas seulement », « et à plus forte raison » : *En la virilité, je le* [l'amour] *trouve desjà hors de son siege. Non qu'en la vieillesse :* (Montaigne, *Essais*, III, 5, p. 896 B). Dans ce deuxième sens, nous n'avons pas affaire, à première vue, à une restriction, mais à son contraire (« pas seulement »). La phrase de Montaigne se paraphrase ainsi par « je le trouve déjà hors de son siège en la virilité, et pas seulement en la vieillesse ». Mais cette négation introduit en fait une gradation : « je le trouve déjà hors de son siège en la virilité, et à plus forte raison en la vieillesse ». L'on y retrouve donc la même valeur que dans une restriction, puisque la locution détache *a fortiori* un élément.

39. ***Nenni*** (ou *nennil*) est employé comme équivalent de *non* : *Veut-elle ce Roger avoir contre mon gré ? / – Je pense que nenny,* (Garnier, *Bradamante*, v. 248-249).

> => *Nennil* est formé sur *nen* (forme atone de *non* ☞ *supra* § 31) + *il* et fait pendant au positif *oïl* (< *hoc* + *il*). Cet adverbe a d'abord

été utilisé pour formuler une réponse négative quand il y a ellipse d'un verbe à la troisième personne, puis son emploi s'est étendu à toute réponse négative sans égard pour la personne à laquelle devrait être le verbe dont il est fait l'ellipse (G. Moignet, 1984, p. 281).

=> Au XVIIe siècle, *nenni* devient archaïque : le dictionnaire Richelet (1693) le donne pour hors d'usage.

b) L'adverbe de négation atone *ne*

40. *Non* a pour forme atone *ne* devant consonne et *nen* devant voyelle. Au moyen âge, la forme *ne* s'impose comme la négation ordinaire d'un verbe à un mode personnel.

Au XVIe siècle, l'idée négative contenue dans l'averbe *ne* est encore assez forte pour que celui-ci figure couramment seul : *Je ne peins mes tableaux de si riche peinture, / Et si haults arguments ne recherche à mes vers :* (Du Bellay, *Les Regrets*, 1, v. 5-6).

41. L'étude de S.-G. Neumann (1959, 3e partie, p. 185 *sq.*), appuyée sur l'observation comparative de la négation simple ou composée dans sept textes de l'époque, a mis en valeur l'influence de certains facteurs qui entraînent une très nette domination de la négation simple sur la négation composée (renforcée par un auxiliaire de négation). L'on peut distinguer trois critères.

Un critère syntaxique. La négation simple domine :

avec les verbes *pouvoir* et *savoir* employés seuls ou suivis d'un infinitif, auquel cas l'absence de renforcement permet de ne pas rompre l'unité des deux formes verbales formant locution (avec le verbe *vouloir* la négation simple ne l'emporte que dans les textes les plus littéraires) ;

avec un infinitif, dans les textes d'un registre littéraire, ou avec un infinitif passé.

Un critère stylistique : la négation simple s'apparente à un registre de langue soutenu et littéraire.

Un critère sémantique : la négation simple évite que la présence d'un adverbe de renforcement n'occulte un mot fort du texte.

=> M. Huchon (1981, p. 134, 154 et 166) montre que Rabelais emploie majoritairement l'adverbe de négation *ne* seul. Il s'agit d'un choix volontaire de l'auteur, signe de son engagement grammatical, comme en témoigne l'étude comparative des différents états du texte. Cet usage s'est mis en place dans la réédition de 1534 du *Pantagruel* : alors que le taux de renforcement de la négation était auparavant de 58,9 %, il passe, après correction de l'auteur, à 37,3 % en 1534 et à 35,6 % en 1542, ce qui correspond aux taux que présentent les éditions suivantes, avec 35,2 % seulement de renforcement dans le *Tiers Livre* en 1546 et 34,6 % dans le *Quart Livre* en 1552. ☞ Voir aussi *infra* § 50.

=> Au XVIIe siècle, l'adverbe *ne* peut encore s'employer seul dans certains cas. Vaugelas recommande *ne* seul avec *ni...ni, que* restrictif, *jamais, plus, aucun, nul, rien, sans* ainsi que dans les expressions temporelles (*je ne le verray de dix ans*). Avec les verbes *pouvoir, savoir* (au sens de « pouvoir ») et *oser*, il est également plus élégant d'employer *ne* seul (*Remarques*, 1647, « *Pas*, & *point* », p. 405-409). Et selon F. Brunot et C. Bruneau (1969, § 484), *ne* peut encore, au XVIIe siècle, s'employer seul dans certaines locutions ; avec les verbes *avoir, garder, bouger, daigner, être, oser, pouvoir, savoir* ; dans les complétives qui accompagnent un impersonnel (*il est impossible que*) ; dans les relatives avec idée d'empêchement, mise en garde, impossibilité (ce que les grammairiens de l'époque appellent « propos d'exception ») ; dans les circonstancielles (en particulier après *si*).

=> En FM, l'adverbe *ne* ne s'emploie plus seul que dans certaines locutions (*il n'importe, je n'ose, je ne puis, à Dieu ne plaise*), dans des tours archaïques et littéraires ou de manière explétive avec les verbes de crainte, quand on exprime un désir négatif (*je crains qu'il ne vienne* = « je désire qu'il ne vienne pas »).

42. Emploi explétif (ou modal) : au XVIe siècle, la présence de *ne* est facultative dans un contexte porteur d'une certaine virtualité, c'est-à-dire dans les subordonnées complétives ou devant les infinitifs dépendant d'un verbe de crainte, de défense, d'opposition, d'empêchement.... : *Mais un Roy qui peut tout, n'a qu'à se retenir, / Si quelqu'un l'a fasché, de ne le trop punir.* (Garnier, *Les Juifves*, v. 277-278).

43. Emploi restrictif ou exceptif : la négation *ne* intervient dans les tours restrictifs en association avec *que, sinon* ou *fors*.

G. Moignet (*op. cit.*) en a étudié les différents aspects.

Ne...que ne s'est tout d'abord employé qu'avec une expression numérique (p. 72 et 78), mais son usage s'étend dès la fin du XIIe siècle, d'abord à une expression plus large de la restriction (première partie du XIIIe siècle, p. 84), puis à l'expression de l'exception (seconde partie du XIIIe siècle, p. 94). Dès le moyen français, *ne...que* est donc le tour exceptif le plus utilisé (p. 107) et il s'impose à la Renaissance « comme expression normale de l'exception après énoncé négatif » (p. 128). Sa domination sur les autres locutions est nette : dans son *corpus*, G. Moignet en relève 648 occurrences contre 77 pour *ne...sinon* et 12 seulement pour *ne...fors*. C'est au XVIe siècle qu'apparaissent deux emplois nouveaux de *ne...que* : *ne* + auxiliaire + *que* + participe passé : *encores qu'il fut averé qu'il ne l'avoit qu'aprochée ;* (Montaigne, *Essais*, III, 5, p. 856 B) et *ne faire que de* + infinitif : *Et luy compta comme l'evesque n'y faisoit que d'arriver* (M. de Navarre, *L'Heptaméron*, N1, p. 69).

Ne...sinon (*si non*) reste bien représenté, mais il est en nette régression devant *ne...que* par rapport au moyen français et son emploi ne cesse de diminuer au cours du XVIe siècle (p. 131) : *Rien n'est, si non Dieu, perfaict* [parfait] (Rabelais, TL, prologue, p. 346). ☞ Pour la locution conjonctive *sinon que*, voir chapitre XVI.26.

Ne...fors est bien représenté tout au long du moyen âge du fait de son expressivité (clarté de l'exceptif *fors*). Son déclin s'amorce au XVe siècle (p. 116) et se précise à la Renaissance (p. 134). L'exceptif *fors* est encore attesté 25 fois chez Rabelais, mais il est absent chez Montaigne.

L'étude de G. Moignet (*op. cit.*, p. 129 et 131) fait apparaître que l'emploi d'un auxiliaire de négation du type *pas* / *point* reste rare dans les tours restrictifs : il ne compte ainsi que 4 exemples de *ne...point...que* sur les 648 occurrences du *corpus*. Ces tours renforcés sont relativement plus fréquents avec *ne...sinon* (avec 5 exemples de *ne...point...sinon* sur les 77 occurrences) et en poésie, sans doute en raison de leur expressivité. En revanche, l'ajout d'un adverbe de temps (*plus, jamais,...*) ou de l'indéfini *rien* est bien représenté : *La terre rien ne produira que monstres,* (Rabelais, TL, 3, p. 363).

L'association de ces adverbes peut donner des constructions complexes, comme ici avec *ne...plus...que* : *Je n'ay plus qu'esperer, / Mais j'ay beaucoup à craindre et beaucoup endurer.* (Garnier, *Les Juifves*, v. 677-678). La difficulté vient du double tour négatif. *Je n'ay qu'esperer* signifierait « je peux seulement espérer » ; *je n'ay plus qu'esperer* nie la restriction : « je ne peux plus ne faire qu'espérer, je n'ai même plus à (seulement) espérer ».

Ne...que restrictif (au sens de « si ce n'est », « seulement ») peut former une subordonnée hypothétique : *Et encores n'estoit qu'il commande immortel,* (Garnier, *Les Juifves*, v. 185) = « si ce n'est qu'il commande ».

c) Les auxiliaires de négation

44. A l'origine, l'adverbe *ne* suffit à nier pleinement, mais très vite il a été renforcé par besoin d'expressivité.

L'emploi d'un auxiliaire de négation (forclusif[2]) est attesté en ancien français dès le XIIe siècle (P. Ménard, 1988, § 283). La construction *ne* + auxiliaire commence à l'emporter sur l'emploi de *ne* seul dès le début du XIVe siècle pour certains textes et de façon plus générale au XVe siècle (C. Marchello-Nizia, 1997, p. 302-304). Elle est fréquente au XVIe siècle, mais n'est pas encore généralisée.

=> Palsgrave aborde l'emploi des auxiliaires de négation dans le neuvième accident des verbes actifs personnels (L2, f° 46 r°, p. 156 / 491) et dans les annotations correspondantes (L3, f° 132 r°-v°, p. 287-288 / 665-667) : pour exprimer une négation, l'on

---

[2] Le mot désigne le second terme d'une négation et recouvre aussi bien des indéfinis négatifs que des adverbes. Cette dénomination grammaticale a été mise en place par J. Damourette et E. Pichon : « Le second morceau de la négation française, constitué par des mots comme *rien, jamais, aucun, personne, plus, guère*, etc., s'applique aux faits que le locuteur n'envisage pas comme faisant partie de la réalité. Ces faits sont en quelque sorte *forclos*, aussi donnons-nous à ce second morceau de la négation le nom de *forclusif.* » (*Des mots à la pensée, essai de grammaire de la langue française*, 1911-1940, t. VI, § 116).

emploie *ne* devant le verbe et *pas, point* ou *mye* après le verbe. *Pas, point* et *mie* ne signifient rien en eux-mêmes et sont simplement utilisés afin de rendre la négation plus claire et plus insistante. Palsgrave semble considérer cette adjonction comme systématique : « il n'y a en effet aucun verbe qui soit précédé de *ne* et qui ne soit suivi de *pas, poynt* ou *mye.* » [*for in maner there is no verbe that hath* ne *afore hym, but he must have eyther* pas, poynt, *or* mye *after hym*]. Dans les annotations toutefois, il restreint cet emploi surtout au cas d'un verbe à l'indicatif et en fin de phrase : *je ne le puis pas voyr.*

Sylvius développe ce point dans *In linguam gallicam isagoge* [Introduction à la langue française] (« accroissement de la négation », p. 83-84 / p. 296-297, § 31). R. Estienne reprend son développement dans la dernière section de sa grammaire « De la mutation des lettres des mots Latins faits en Français » (p. 109-110). Selon eux, plusieurs mots servent à nier plus fortement et doivent être employés à bon escient. Sont cités : *ame, personne, grain, brin, goutte, mie, pas* et *poinct, nul, ja* et *rien.* Cet effet d'insistance est également évoqué par R. Estienne dans son *Dictionnaire François-latin* [1549] (entrée *pas* - p. 441 et *point* - p. 469) : « *additur sermoni vernaculo ad majorem negationis expressionem* ».

Meigret (« De la signification des Adverbes », ch. 4, p. 129 v°) remarque que beaucoup de Français pensent à tort que ces adverbes sont superflus : « Finalement nous avons infinies façons de parler qui se trouveraient bien froides, si nous leur retranchions *pas*, ou *point* : comme, *il n'a dix ans*, pour *il n'a pas dix ans. Il n'a argent*, pour *il n'a point*, *il n'y va* pour *il n'y va pas*, *il n'en n'a*, pour *il n'en n'a point* [avec, dans ce dernier exemple, une double négation erronée] ».

Il peut y avoir, dans une même phrase, présence ou absence d'un auxiliaire de négation : *Ce brave me pensoit si failli de courage, / De souffrir m'estre fait un si vilain outrage, / Et ne m'en ressentir, n'avoir point la raison / D'une si detestable et lasche trahison.* (Garnier, *Les Juifves*, v. 207-210).

=> Cet emploi d'un auxiliaire de négation est une innovation du français par rapport au latin. F. Brunot et C. Bruneau (1969, p. 479, conclusion) l'expliquent par la faiblesse phonétique de l'adverbe atone *ne* qu'ils qualifient de « mutilé phonétique » dans la mesure où il disparaît souvent à l'oral (*j'sais pas*).

=> Au XVIIe siècle, la présence de l'auxiliaire de négation n'est pas encore généralisée. Vaugelas condamne l'absence de *pas* et de *point* là où ils doivent s'employer comme un « barbarisme insupportable » (*Remarques*, 1647, « Du barbarisme, premier vice contre la pureté », p. 568 *sq.*, spé. p. 571), mais il est aussi des cas où leur présence n'est pas requise (☞ *supra* § 41).

45. *Pas* ou *point* peuvent s'employer à valeur explétive dans une subordonnée comparative, associés à *ne* (qui suffirait seul en français moderne) : *- Avez-vous de la peine à dire quelque cas ? / - Helas j'en ay beaucoup plus que ne croiriez pas !* (Garnier, *Hippolyte*, v. 1343-1344). Cela est dû au fait que la comparative est porteuse d'un sens négatif (« vous ne croiriez pas combien j'ai de peine à le dire ») ☞ voir aussi chapitre XVI.4 (*ni*) et *supra* § 34.

46. L'étude de S.-G. Neumann (1959, 3e partie, p. 185 *sq.*) a mis en valeur certains critères favorables à l'emploi d'une négation composée.

Le premier critère est syntaxique : l'impératif négatif constitue le seul cas syntaxique dans lequel la négation composée l'emporte de manière générale sur la négation simple, ce que S.-G. Neumann explique, avec pertinence, par le fait que l'impératif négatif exprime une défense plus ou moins formelle et que la négation y constitue donc l'élément central de l'énoncé, qu'il s'agit de mettre en relief par l'adverbe de renforcement.

Le deuxième critère est stylistique : il s'avère que la négation renforcée est mieux représentée dans les textes d'un registre populaire, proches de la langue parlée.

Le troisième critère enfin est sémantique : la négation composée produit un effet d'emphase (elle peut donc figurer, à ce titre, même dans les contextes syntaxiques favorables à la négation simple ☞ *supra* § 41).

47. Parmi les auxiliaires de négation, l'on peut distinguer des substantifs positifs signifiant à l'origine une quantité minime : *mie* (une miette), *pas* (un pas), *goutte* (une goutte), *point* (une piqûre). A l'origine, ces termes s'employaient dans leur sens propre avec des verbes adéquats (*je ne mange mie, je ne bois* *goutte, je n'avance pas*). Très vite, ils se sont vidés de leur sens propre (phénomène de désémantisation) pour devenir par grammaticalisation des adverbes de négation « passe-partout » pouvant être employés avec des verbes diversifiés (*je ne vois goutte, je ne bois pas*).

=> C. Buridant (2000, § 606-608) identifie trois « paliers » de grammaticalisation : emploi comme substantif, emploi comme adverbe en conservant le sens du substantif, emploi adverbial emphatique. D'après ses exemples, ces paliers coexistent dans un même texte. La grammaticalisation totale est donc effective dès l'AF.

48. ***Mie*** est la particule la plus utilisée après *pas* et *point*, mais elle devient rare dès la fin du XIVe siècle. Au XVIe siècle, *mie* devient archaïque et se trouve surtout dans la première partie du siècle, chez Marot et Rabelais.

=> Rabelais joue sur le sens du mot : *le diable n'y mordroit mie.* (Rabelais, PA, 9, p. 247) ; *ilz ne mangent mie pour vivre, ilz vivent pour manger,* (*ibid.*, TL, 15, p. 399). Selon M. Huchon toutefois (1981, p. 142), l'étude des occurrences de *mie* chez Rabelais ne permet pas de définir exactement la valeur étymologique que l'auteur lui accordait : les grammairiens en effet s'opposent sur ce point, Sylvius (*Isagoge*, p. 83 / 296, § 31) le rattachant à *mica* (latin : « parcelle, miette »), Bovelles à *minime* et Robert Estienne (dictionnaire de 1549) à « mie de pain » en hésitant entre deux étymologies : *mica* ou *medium*. Cette façon de revitaliser l'étymologie des adverbes de renforcement est caractéristique de la réflexion de Rabelais sur la négation, laquelle s'inscrit dans la continuité du grammairien Sylvius (M. Huchon, 1981, p. 133 *sq.*).

=> Palsgrave (L2, 9e accident des verbes actifs personnels, f° 46 r°, p. 156 / 491) signale *mye* au côté de *pas* et de *point* : il s'agit, selon lui, d'un mot de vieux roman qui n'est plus utilisé « dans les endroits où l'on parle correctement le français » [*and nowe* (now) *out of use where the ryght frenche is spoken*]. Sylvius (*In linguam gallicam isagoge* [Introduction à la langue française], « accroissement de la négation », p. 83 / p. 296, § 31) et R. Estienne (« De la mutation des lettres des mots Latins faits en Français », p. 109-110) le mentionnent, sans commentaire, à côté de *pas* et *point*. Meigret (« De la signification des Adverbes », ch. 4, p. 129 r°) n'évoque que *pas* et *point*. Le terme semble donc tombé en désuétude et désormais éclipsé par *pas* ou *point*.

49. ***Goutte*** s'emploie à l'origine avec le verbe *boire*, mais au XVIe siècle, son sens étymologique s'estompe. Le dictionnaire Huguet fournit cet exemple *Que de pain je ne mangay goutte* (*Ancien Théâtre français*, II, 67) qui montre que le sens premier de *goutte* n'est plus perçu (à moins qu'il ne s'agisse d'un jeu de mots). On peut également trouver cet adverbe avec des verbes évoquant la vue, l'ouïe ou la compréhension. G. Gougenheim (1974, p. 240) explique ce passage par l'analogie de son entre *boire* et *voir* et par l'analogie de sens entre *voir* et *ouïr*.

=> Rabelais lui conserve un sens étymologique en l'associant, par exemple, aux verbes *pleurer* ou *boire* : *Enfans ne pleurez goutte,* (PA, 30, p. 321) ; *ces diables de Turcqs sont bien malheureux de ne boire goutte de vin.* (*ibid.*, 14, p. 263).

=> *Goutte* ne subsiste plus, à partir du XVIIe siècle, que dans la locution « ne voir goutte ».

50. ***Pas*** (< latin *passus* = « écartement des jambes, mesure spatiale correspondante ») s'impose comme l'expression normale de la négation totale portant sur un verbe conjugué. En moyen français, C. Marchello-Nizia (1997, p. 304) dresse, sur quinze textes, un tableau comparatif des trois négations les plus fréquentes (*ne...pas*, *ne...point* et *ne...mie*), démontrant que *pas* domine largement et que *mie* se raréfie.

=> Rabelais présente un usage particulier de l'adverbe de renforcement *pas*. M. Huchon (1981, p. 135-137, 156, 166-168) estime qu'il l'utilise relativement peu. La réédition du *Pantagruel* en 1534 joue un rôle décisif dans la mise en place de son usage : alors que le taux de renforcement de la négation y passe de 58,9 % des cas à 37,3 % seulement, la suppression de l'auxiliaire concerne majoritairement *pas* (85,1 % des cas) et en moindre part *point* (47,4 % des cas). Un effacement qui se retrouve dans les éditions suivantes : dans la réédition de 1552 du *Tiers Livre*, *pas* ne concerne que 2,9 % des cas de négation et que 8,4 % des cas de renforcement (le *Quart Livre* présente des pourcentages sensiblement identiques). En outre, *pas* apparaît souvent avec des verbes de mouvement, ce qui va dans le sens d'un emploi étymologique (Sylvius le rattache au latin *passus* = « un pas ») : *Et pas ne s'en alloit,* (GA, 35 , p. 98). Rabelais tend donc à privilégier l'emploi de l'adverbe *ne* seul (en refusant de banaliser le renforcement *ne...pas*) et à maintenir les auxiliaires (*pas* compris) dans un emploi étymologique. ☞ Voir aussi *supra* § 41.

51. ***Point*** (< latin *punctus* = « petite piqûre ») est encore en concurrence avec *pas*. Son emploi, en moyen français, est régi par certains critères (C. Marchello-Nizia, 1997, p. 304-305).

Critère sémantique : il est senti comme une négation plus forte que *pas*.

Critère syntaxique : il est plus souvent antéposé au verbe que l'adverbe *pas* et il est préféré à *pas* :

avec un COD nominal car il peut se construire avec celui-ci à l'aide de la préposition *de* (*pas* nie donc un procès et porte sur le verbe, tandis que *point* nie un objet et porte sur le substantif complément) ;

en fin de proposition devant une pause forte ou faible ;

avec un participe passé.

L'étude de l'emploi de *point* à la Renaissance vient confirmer que ces critères sont encore valables.

La nette domination de *point* sur *pas* dans les textes pathétiques confirme en effet sa valeur emphatique. Les 115 sonnets de *L'Olive* de Du Bellay n'offrent ainsi que 4 occurrences de *pas* contre 17 de *point* (auxquelles s'ajoute *non point*). La négation construite avec *point* porte aussi bien sur le procès que sur le complément ; les critères d'emploi ne sont donc pas syntaxiques ici, mais purement sémantiques : *point* est plus marqué que *pas* et convient donc mieux au contexte hyperbolique de l'élégie pétrarquiste.

L'étude de la distinction *pas / point* dans *Les Juifves* de Garnier apporte également des éléments intéressants. L'acte IV, par exemple, réunit 9 occurrences de *pas* (plus une de *non pas*) contre 16 de *point*. Les occurrences de *pas* portent sur le procès (*Hà qu'il ne le faut pas,* v. 1671, *ce n'est pas à vous / De vous enfler de gloire,* v. 1729-1730) ou interviennent dans des tours interrogatifs (*n'est-ce pas grand cas... ?* v. 1323, *ne les voy-je pas ?* v. 1371, *Ne leur estoy-je pas successeur legitime ?* v. 1439, *Ne voy-je pas la Royne ?* v. 1599). *Point* se construit volontiers avec un complément introduit par la préposition *de* (*point de*) ; apparaît à la pause, à l'hémistiche (v. 1435, 1655 et 1683) ou en fin de vers (v. 1414) ; s'emploie dans les tours interrogatifs également (*N'est-ce point ce Pontife ...?* v. 1387) et avec un participe passé (*quel tourment n'as-tu point merité ?* v. 1433). Les distinctions syntaxiques repérées par C. Marchello-Nizia en moyen français sont donc toujours valables à la Renaissance. Mais surtout, *point* s'impose au voisinage immédiat d'un terme sémantiquement fort : *Je n'en ay point de peur* (v. 1305, 1589 et 1638 avec variante), *seroit-ce point ton Dieu* (v. 1385), *mais qui n'offense point ?* (v. 1414), *quel tourment n'as-tu point merité ?* (v. 1433), *ne craignez point, ne portez point d'envie* (v. 1655), *n'estre point larmoyantes ?* (v. 1664), *Ne point gemir* (v. 1665), *Nous ne l'esperons point.* (v. 1683), *il n'y a point de feinte,* (v. 1687) [la feinte ayant un rôle important dans l'intrigue] : par sa valeur emphatique, *point* vient donc soutenir tous les termes forts de l'intrigue religieuse tragique. On peut ainsi opposer *Las ! je n'espere pas vous revoir desormais.* (v. 1722) et *Nous ne l'esperons point.* (v. 1683) : dans le premier cas, la négation porte en fait sur le verbe à l'infinitif (= « je pense ne plus vous revoir »), tandis que, dans le second, elle porte sur le verbe *espérer* dont *point*, à la pause, renforce la valeur tragique.

=> Palsgrave (L2, f° 46 r°, p. 156 / 491) ne relève pour sa part « aucune différence entre *pas* et *point* » [*And note that betwene (between)* pas *and* poynt *is no maner difference*], dont le choix dépend uniquement du locuteur ou du scripteur.

=> *Point* est encore en usage au XVIIe siècle. Vaugelas (*Remarques*, 1647, « *Pas*, & *point* », p. 409) estime qu'il est difficile de donner des règles pour distinguer *pas* de *point* : il faut simplement suivre l'usage et savoir que « *point* nie bien plus fortement que *pas* ». A noter que cet emploi expressif va de pair avec le fait que *pas* est senti comme l'adverbe de négation usuel (et par conséquent neutre).

52. Parmi les auxiliaires de négation, figurent également les adverbes suivants :

Ja est courant en emploi positif comme adverbe de temps au sens de « déjà ». Comme auxiliaire de négation à valeur temporelle négative, il est remplacé par *jamais* qui commence à le supplanter dès le début du XIVe siècle dans sa valeur temporelle (négation portant sur le futur) (C. Marchello-Nizia, 1997, p. 310). En revanche, il apparaît toujours comme un équivalent de *pas* ou *point* : *ne...ja* = « ne...pas » et demeure fréquent dans les souhaits : *ja Dieu ne plaise*.

Onques s'emploie pour les négations portant sur le passé.

Mais s'emploie avec une valeur quantitative ou temporelle : *ne...mais* = « ne...plus ».

Plus ou ***guère(s)*** (= « beaucoup ») s'emploient avec une valeur quantitative. *Guère(s)*, encore courant au XVIe siècle, peut être associé à un adverbe de négation : *ne...pas guères* = « ne...pas beaucoup », « ne...pas très », *non guères / non pas guères* = « peu » : *je m'en suis souventesfois confessé, mais non gueres repenti.* (M. de Navarre, *L'Heptaméron*, N25, p. 311).

Ordre de la négation

53. L'encadrement du verbe par les adverbes de négation selon l'ordre *ne* + verbe + auxiliaire de négation représente le schéma normal de négation depuis l'ancien français.

=> M. Huchon (1981, p. 135, 144 et 184) constate que la place de l'auxiliaire est « strictement définie » chez Rabelais (y compris avec un infinitif) : il est toujours postposé au verbe, à l'exception de *point* et de *gueres* qui peuvent être antéposés dans des contextes plaisants (et de trois antépositions de *pas* dans le *Gargantua*).

Jusqu'au XVIIe siècle, l'auxiliaire peut également être antéposé selon l'ordre auxiliaire de négation + *ne* + verbe, avec une valeur éventuellement expressive ou rythmique : *Point n'esclaire aux enfers l'aube de l'esperance.* (d'Aubigné, *Les Tragiques*, « Jugement », v. 992).

=> G. Gougenheim (1974, p. 241-242) remarque que le verbe suit d'ordinaire l'adverbe de négation dans le cas d'un sujet nominal postposé, d'un sujet pronominal non exprimé ou encore d'un sujet pronominal exprimé : *Mais encores que icelle journée feust passée sans livres et lectures : poinct elle n'estoit passée sans proffit.* (Rabelais, GA, 24, p. 72).

54. Ces deux constructions restent valables avec un infinitif.

Ne + infinitif + auxiliaire de négation : *C'est donner à vray dire au rebelle un appas, / Qu'en supporter le crime et ne le punir pas.* (Garnier, *Les Juifves,* v. 253-254).

Auxiliaire de négation + *ne* + infinitif : *affin de faire grand chere : pas ne travailler, poinct ne me soucier,* (Rabelais, GA, 1, p. 10).

S'y ajoute une troisième construction, qui s'imposera au siècle suivant : *ne* + auxiliaire de négation + infinitif : *Pourrions-nous en ce mal n'estre point larmoyantes ? / Ne point gemir,* (Garnier, *Les Juifves*, v. 1664-1665). Ces vers juxtaposent de manière expressive deux constructions : celle qui domine encore au XVIe siècle et celle qui l'emportera au XVIIe siècle.

=> Un changement de construction s'amorce en effet au XVIIe siècle. Vaugelas estime désormais les auxiliaires plus élégants avant l'infinitif qu'après et préfère *pour ne pas tomber* à *pour ne tomber pas* (*Remarques*, 1647, « *Pas*, & *point* », p. 409).

d) Emploi du seul auxiliaire de négation (sans *ne*)

55. L'emploi de l'auxiliaire seul s'observe surtout dans l'interrogation directe ou indirecte, où il représente le cas le plus fréquent. C. Marchello-Nizia (1997, p. 306) en signale l'usage dès le XIIIe siècle, mais G. Moignet (1984, p. 278) note cependant que la négation simple *ne* « domine très largement » dans les interrogatives directes. Il semble donc que la construction se soit inversée surtout en moyen français, pour faire passer de l'adverbe seul à l'auxiliaire seul.

Ce sont alors les adverbes *pas* et *point* que l'on emploie, ce qui montre qu'ils sont désormais sentis comme des adverbes de négation à part entière (vidés de leur sens premier) et qu'ils s'imposent sur les autres adverbes auxiliaires : *seroit-ce point ton Dieu,...?* (Garnier, *Les Juifves*, v. 1385).

=> G. Gougenheim (1974, p. 242) justifie cette construction par la synonymie de *ne voulut-il jamais ?* et de *voulut-il jamais ?* On aurait alors construit par analogie d'autres interrogations : *voulut-il point ?* sur le modèle de *voulut-il jamais ?*

=> E. Huguet (1894, p. 265) est surtout sensible à la valeur phonétique des auxiliaires, la forme sonore des adverbes *pas* ou *point* pouvant éclipser le négatif atone *ne*.

=> Palsgrave (L3, annotations sur le 9e accident des verbes actifs personnels, f° 132 r°, p. 287 / 666) et Meigret (« De la signification des Adverbes », ch. 4, p. 129 r°) évoquent l'emploi des auxiliaires de négation sans *ne* dans le cas d'une interrogation dont la réponse affirmative est tenue pour assurée : « Or usons nous d'eux [*pas*, *point*] toujours en négative, tout ainsi que d'*onques* adverbe temporel : sinon ès interrogations, esquelles nous en pouvons user sans négative : comme *irez-vous pas* ? (...) là où ces adverbes semblent quasi ôter le doute qu'emportent les interrogations : et que quasi l'interrogeant le tienne pour fait ou veuille être exécuté ce dont il s'enquiert : comme, s'il voulait dire, *vous irez à Rome.* » (Meigret).

=> Ce tour est encore courant au XVIIe siècle. L'interrogation représente le seul cas dans lequel Vaugelas tolère l'absence de *ne* qui peut néanmoins être exprimé (*Remarques*, 1647, « Quelque usage de la négative *ne* », p. 513).

56. La présence de l'adverbe *ne* reste cependant toujours possible : *Mais ne les voy-je pas ?* (Garnier, *Les Juifves*, v. 1371) ; *Dea mon amy dist Pantagruel, ne sçavez vous parler Françoys ?* (Rabelais, PA, 9, p. 249).

La présence d'un adverbe d'interrogation, en particulier, semble amener celle de *ne*. On peut ainsi comparer : *seroit-ce point ton Dieu,... ?* (Garnier, *Les Juifves*, v. 1385) et *Pourquoy s'il souffre tant à secours ne l'appelle ?* (*ibid.*, v. 239).

=> Ce constat nous amène à faire l'hypothèse que la suppression de l'adverbe *ne* pourrait être due à des raisons rythmiques en évitant une forme atone en début de phrase – hypothèse à nuancer néanmoins puisque *ne* se trouve dans les impératifs négatifs.

57. De manière moins courante, les auxiliaires *pas* ou *point* s'emploient seuls en modalité assertive, dans une proposition principale ou indépendante. Le tour est attesté chez les conteurs - Rabelais, Marguerite de Navarre, Des Périers et Du Fail (E. Huguet, 1894, p. 265) : *Poinct soupper (respondit Pantagruel) seroit le meilleur,* (Rabelais, TL, 13, p. 390). *Où sont ceulx-là ? dit Hircan. – Les philosophes du temps passé, respondit Geburon, dont la tristesse et la joye est quasi poinct sentie* ; (M. de Navarre, *L'Heptaméron*, N34, éd. M. François, Classiques Garnier, p. 253), mais l'édition Gruget donne : *n'estoit quasi point sentie* (éd. N. Cazauran, Folio, p. 367).

=> Au XVIIe siècle, Vaugelas juge la présence de l'adverbe *ne* obligatoire à l'exception des interrogations (*Remarques*, 1647, « Quelque usage de la négative *ne* », p. 513).

=> Si la présence de l'auxiliaire de négation est de nos jours obligatoire en modalité assertive comme interrogative, on peut cependant constater que cet usage est limité à la langue écrite et que l'adverbe *ne* s'élide, voire s'efface couramment, dans la langue parlée : *je ne veux pas* devient *je n'veux pas*, *je veux pas*, ou *j'veux pas*. Par un retournement de situation, c'est donc désormais l'auxiliaire qui est senti comme la véritable marque de la négation : il perd dès lors sa valeur d'« auxiliaire » pour acquérir une valeur négative pleine que l'évolution de la langue viendra peut-être consacrer au détriment de l'adverbe atone *ne*.

CHAPITRE XVI : LES CONJONCTIONS

Compléments bibliographiques : S. Marcotte, *La Coordination des propositions subordonnées en moyen français*, Genève, Droz, 1997. G. Moignet, *Les Signes de l'exception dans l'histoire du français*, Genève, Droz, 1973, spé. p. 125-135 pour le XVIe siècle. O. Soutet, *La Concession dans la phrase complexe en français des origines au XVIe siècle*, Genève, Droz, 1992. Fr. Torterat, « *Eh*, un allomorphe de *et* ? Approche critique d'une distinction homonymique », *Cahiers de praxématique*, n° 34 (2000), p. 107-131.

I - LES CONJONCTIONS DE COORDINATION

1) VALEUR DES CONJONCTIONS

La conjonction *et*

1. Valeur expressive et exclamative : de l'ancien français jusqu'au XVIIe siècle, *et* en tête d'une principale ou d'une indépendante fonctionne comme un adverbe de reprise et marque l'insistance (« eh bien », « donc »). Cette conjonction est ainsi souvent associée à un tour impératif qu'elle renforce : *Vien mort, vien mort heureuse ! et ne viendras-tu pas ?* (Garnier, *Les Juifves*, v. 2009).

=> Cette valeur exclamative a amené certains grammairiens à faire l'hypothèse que l'interjection *eh* serait issue de la conjonction *et* : « Il y a eu des confusions avec *eh !* - à moins que les deux mots n'aient la même origine » (Grevisse, 1993, p. 585, § 381 *bis*). Toutes deux sont d'ailleurs orthographiées *e* au XIe siècle. F. Torterat (art. cit.) étudie l'hésitation graphique *et / eh*, du moyen français à nos jours, en s'appuyant, en particulier, sur les locutions *et / eh pourquoi* ou *et / eh bien* (il constate d'ailleurs que, dans des éditions modernes de textes anciens, *et* peut être transcrit par *eh* et inversement). Il justifie ces hésitations en suggérant qu'il s'agit, plus que de variantes graphiques, de « variables » d'emploi, appuyées sur des critères d'ordre métalinguistique (*et* ayant une fonction de joncteur, tandis que *eh* ponctue fortement le texte, en marquant une rupture et en attirant l'attention).

=> Le Goffic (1993, § 279) rapproche les conjonctions de coordination et les adverbes énonciatifs marquant un enchaînement, un rapport logique, une opinion…

2. Suivi du subjonctif, *et* revêt une valeur concessive (= « même si ») : *Mais, ô baisers, delices de mon ame ! / Vous ne pouriez, et fussiez vous cent mile, / Guerir ma fievre, ou eteindre ma flamme.* (Du Bellay, *L'Olive*, 44, v. 12-14).

O. Soutet (*op. cit.*, p. 20-24) justifie l'emploi hypothético-concessif de *et* dans ce type d'énoncé : « le rôle de *et* (...) est d'asserter une solidarité discursive entre deux énoncés, de poser que l'énonciation de l'un, à un moment donné et dans un certain univers de croyance, n'a de véritable portée qu'en connexion avec l'énonciation de l'autre » (p. 23). Il cite, outre l'exemple ci-dessus de Du Bellay, ces vers de Des Masures : *Je te suivray par tout, et fust-ce par le feu* (*David combattant*, v. 918) et de Ronsard : *Mais l'Evangile sainct du Sauveur Jesus-Christ / M'a fermement gravée une foy dans l'esprit, / Que je ne veux changer pour une autre nouvelle, / Et deussé-je endurer une mort trescruelle.* (*Discours des Miseres de ce temps*, « Remonstrance au peuple de France », v. 85-88). Le rapprochement de ces exemples permet de comprendre la valeur du *et* qui semble introduire un lien très fort entre deux membres dont la contradiction n'est qu'apparente puisque, en fait, le second renforce sémantiquement le premier (avec un effet d'hyperbole proche de celui de l'adynaton).

La conjonction *ni* / *ne*

Au XVIe siècle comme en ancien français, *ni* s'emploie :

3. Pour coordonner deux syntagmes (noms, groupes nominaux, propositions) dans un contexte explicitement négatif : *Je ne redoute plus ny toy ny ta fureur.* (Garnier, *Les Juifves*, v. 1494).

Ni...aussi signifie « ni...non plus » et s'emploie dans un contexte négatif : *Las je n'ay pas l'arc, ne les traictz aussi, / Pour esmouvoir ma Maistresse à pitié.* (Scève, *Délie*, 74, v. 9-10).

4. Pour coordonner deux syntagmes dans un contexte implicitement négatif (dubitatif, interrogatif, hypothétique, comparatif d'inégalité ; modalité potentielle ou irréelle ; relative indéterminée, assertion à valeur générale ; tour restrictif...). Il peut ainsi figurer dans toute proposition marquant une indétermination, même infime, ou dans une complétive introduite par *que* quand la principale comporte cette même nuance de virtualité (verbe négatif, crainte, souhait de non réalisation,...). Il correspond à *et* / *ou* en français moderne.

Exemple en interrogation : *et quand le pourroy-je ny mieux, ny plus honnestement, ny plus à mon gré, qu'avecques vous ?* (Montaigne, *Essais*, II, 35, p. 748 A).

Exemples en comparaison : *Ma Maistresse, que j'aime mieux / Dix mille fois ny que mes yeux, / Ny que mon cœur, ny que ma vie,* (Ronsard, *Les Odes*, V, 26, v. 1-3). Le *ni* se comprend dans la mesure où la comparaison d'inégalité équivaut à un tour négatif : « je n'aime pas mes yeux (...) autant que j'aime ma maîtresse ». Dans le cas d'un comparant multiple, la conjonction *ni* peut ne figurer que devant le dernier : *Car ta vertu de trop meilleur alloy, / Qu'Or monnoyé, ny aultre chose exquise, / Te veult du Ciel (ô tard) estre requise,* (Scève, *Délie*, 23, v. 3-5).

Exemple en contexte porteur de négativité : *il est fort mal aisé, / Que l'un soit bon guerrier, ny l'autre bon hermite.* (Du Bellay, *Les Regrets*, 111, v. 13-14). Il n'y a pas ici coordination d'un élément positif et d'un élément négatif. Les deux éléments sont sur le même plan sémantique, mais la conjonction n'est exprimée que devant le second (☞ ci-dessous § 6).

Exemple en contexte restrictif : *La terre n'aime pas le sang ni les ordures : / Il ne sort des tyrans et de leurs mains impures / Qu'ordure ni que sang ;* (d'Aubigné, *Les Tragiques*, « Misères », v. 277-279). La restriction équivaut à une négation exceptive : « il ne sort rien, si ce n'est... », c'est-à-dire à une affirmation (« il sort uniquement ordure et sang des Tyrans »), mais qui implique la négation de tout le reste. D'où ici la conjonction *ni*, déjà employée en contexte explicitement négatif au vers 277 (*n'aime pas...ni...*).

5. Pour coordonner un deuxième élément négatif à un premier élément clairement positif (au sens de « et non ») : *Loué de tous, ny mal-voulu d'aucun, / Tu marcheras brave devant chacun.* (Belleau, *Petites Inventions*, I, 174, cité par Huguet dans son dictionnaire, t. 5, article « ni », p. 424) ☞ chapitre VII.11 pour le sens positif de *aucun*.

6. Dans le cas de plusieurs mots ou groupes de mots coordonnés, plusieurs schémas sont possibles :

La conjonction de coordination *ni* peut n'être présente que devant le dernier, ce qui est le cas le plus fréquent : *Mais mon plus grief tourment est ma vie obstinee, / Que les desastres n'ont ny les ans terminee.* (Garnier, *Les Juifves*, v. 371-372).

La conjonction peut être répétée devant chaque terme. Ce schéma concerne surtout des termes qui possèdent un lien sémantique (synonymie, antonymie, appartenance à un même champ lexical) et dont la répétition assure la cohésion : *Ny tout le beau que possedent les cieulx, / Ny le plaisir pouroit plaire à mes yeulx, / Ne voyant point le Soleil, qui m'eclere.* (Du Bellay, *L'Olive*, 96, v. 12-14).

La conjonction *ni* peut n'être répétée que devant certains termes, voire être associée à la conjonction *et*, l'une marquant la négation et l'autre l'accumulation des cas négatifs (coordonnés par *et* ou simplement juxtaposés) : *L'orgueilleuse ambition, / Ny l'avare passion, / La haine et l'amour encore, / L'esperance, ny la peur, / Ne luy gesnoyent point le cœur,* (Garnier, *Les Juifves*, v. 145-149). ☞ L'article en énumération s'emploie avec une même souplesse, se reporter au chapitre II.15.

La conjonction *ni* peut être également remplacée par *et* / *ou* qui la concurrencent, en particulier quand on relie deux syntagmes sentis comme équivalents sur le plan sémantique : *A sexe ou qualité le soldat ne pardonne :* (Garnier, *Les Juifves*, v. 748).

7. A cette multiplicité des schémas de coordination possibles, s'ajoutent les différentes possibilités d'expression de la négation du verbe (dans le cas de propositions négatives coordonnées).

La présence de la conjonction *ni* peut dispenser d'exprimer l'adverbe de négation *ne* et vaut alors pour *ni...ne* ou *ne...ni*. La suppression de l'adverbe de négation *ne* peut être due à la présence d'une seconde négation et procéder de la volonté d'éviter l'accumulation de deux tours négatifs : *La Canicule, au plus chault de sa rage / Ne faict trouver la fresche onde si belle, / Ny l'arbrisseau si doulcement* [n'] *appelle / Le voyageur au fraiz de son ombrage :* (Du Bellay, *L'Olive*, 78, v. 1-4). L'adverbe peut toutefois être supprimé en l'absence d'une autre négation co-textuelle (voir l'exemple de Du Bellay ci-dessous).

La présence de l'adverbe *ne* est sentie comme le cas le plus correct. L. Terreaux (1968, p. 183) note que Ronsard rétablit le *ne* adverbial avec *ni ... ni* : *Quand le vent est ne tranquille ne fort -> n'est* (I, 38, 64 -> 1554) et ces vers de Du Bellay : *Si bien en moy a gravé le protraict / De voz beautez au plus beau du ciel nées, / Que ny la fleur, qui le sommeil attraict, / Ny toute l'eau d'oubly, qui en est ceinte, / Effaceroient en mil' et mil' années / Vostre figure en un jour en moy peinte.* (Du Bellay, *L'Olive*, 13, v. 9-14) attirent au poète ce reproche de Barthélemy Aneau, dans le *Quintil Horatian* : « Tu as escrit *effaceroient* pour *n'effaceroient* suyvant la phrase latine, ou [où] tu ne devois craindre à redoubler la negation, à l'exemple des Grecs, & selon le bon usage françois. » (cité dans Du Bellay, *Œuvres poétiques*, I : *L'Olive*, Paris, Klincksieck, 1989, en note de bas de page, p. 38).

Enfin, l'adverbe de négation *ne* peut être renforcé par un auxiliaire de négation : *Je ne fuys point, dy je, l'arc, ne la flesche :* (Scève, *Délie*, 5, v. 9).

8. La forme *ni* (< *ne*) apparaît au XIIIe siècle, mais ne s'impose qu'au cours du XVIe siècle.

La forme *ne* est étymologique (< latin *nec*) et domine pendant la première partie du XVIe siècle. Elle s'emploie encore durant toute la seconde partie (elle est attestée chez Montaigne ou d'Aubigné), mais est de plus en plus concurrencée par *ni* : Ronsard corrige ainsi les formes *ne* en *ny* : *Ton lait, ne ton vin nouveau* (V, 257, 104) corrigé dès 1554 ; *Je ne suis point, ma guerriere Cassandre, / Ne Myrmidon, ne Dolope souldart, / Ne cest Archer, dont l'homicide dart / Occit ton frere, & mit ta ville en cendre.* (Ronsard, *Les Amours*, 1552, S4, v. 1-4) où les trois *ne* conjonctifs sont remplacés par *ny* en 1584. L. Terreaux (1968, p.185-187) relève cependant des hésitations : *Ne son lut, ne la congnoissance* (III, 113, 271) corrigé en *Ni son chant* en 1553 puis en *Ne son chant* en 1560.

L'existence de ces deux formes concurrentes explique que l'on puisse trouver la forme élidée *n'* devant une initiale vocalique : *Je n'eusse peu* [pu] *de Service sortir, / N'ailleurs, que là, n'eusse trouvé des Dieux / Si à propos, ne qui me duissent mieulx.* (Marot, *L'Adolescence clementine*, « La première Eglogue des *Bucoliques* de Virgile », v. 85-87).

=> Au XVIIe siècle, *ne* subsiste dans des locutions figées. Vaugelas distingue *ne plus ne moins* qui signifie « comme, tout ainsi que » et *ny plus ny moins* qui exprime une quantité exacte (*Je ne vous dis que ce qu'il m'a dit, ny plus, ny moins*). Il précise que *ne* est « un vieux mot qui n'est plus en usage que le long de la rivière Loire, où l'on dit encore, *ne vous, ne moy* » (*Remarques*, 1647, « *Ne plus ne moins* », p. 36).

Les conjonctions *ains* / *mais*

9. *Ains* (< lat. pop. **antius* < lat. class. *ante*) marque une opposition en introduisant un second syntagme qui corrige, sous forme souvent positive, l'idée négative qui précède (= « mais », « plutôt », « ou plutôt ») : *Ce n'est pas nous mal faire, ains nostre mal guarir.* (Garnier, *Les Juifves*, v. 662).

Cette conjonction commence à être éclipsée par *mais* (< latin *magis* = « plus », « plutôt ») dès le XVe siècle, où certains auteurs, comme Villon, n'utilisent déjà plus que *mais* dans les cas où *ains* était préféré auparavant (C. Marchello-Nizia, 1997, p. 359).

La conjonction *ains*, cependant, peut être encore fréquente au XVIe siècle. L. Terreaux (1968, p. 184) remarque que c'est le cas chez Ronsard, qui corrige toutefois *ains que* [avant que].

=> Au XVIIe siècle, la conjonction *ains* est désormais archaïque. Vaugelas la cite parmi les cas de barbarisme consistant à employer un mot sorti de l'usage (*Remarques*, 1647, « Du barbarisme, premier vice contre la pureté », p. 568). Au début du siècle (1619), Marie de Gournay en défend toutefois l'emploi en raillant ceux qui, en son temps, condamnent un mot comme *ains* : « Ouy mesmes ils s'entretaillent de croire, qu'ils sçavent parler François : (...) Ils sçavent enfin eviter les mots que leur caballe reprouve : fuir un *ains*, un *jà*, un *jaçoit,* » : (*Deffence de la Poesie et du langage des Poetes*, dans *Œuvres complètes*, p. 1107). Ces trois mots sont l'enjeu d'un rude débat au début du XVIIe siècle (éd. citée, note B, p. 1091 ; voir F. Brunot, *La doctrine de Malherbe d'après son commentaire sur Desportes*, A. Colin, 1969, p. 254 et *HLF*, t. III, Partie 1, p. 351 et 377).

10. La distinction de *ains* avec *mais* n'est pas toujours facile à établir.

Ains peut ainsi avoir le sens de « mais » : *De mon soleil la clarté radieuse / Ne daignoit plus aparoitre à mes yeulx, / Ains m'annonçoient les flotz audacieux / De tous costez une mort odieuse.* (Du Bellay, *L'Olive*, 11, v. 5-8). La préposition n'oppose pas ici deux formulations différentes d'un même énoncé qu'elle vient rectifier, mais oppose, tout comme *mais*, deux idées divergentes et pourrait se paraphraser par « mais au contraire ». Tout au plus peut-on faire l'hypothèse que la forme *ains* est sentie comme une marque d'opposition plus nette et plus forte que *mais*.

A l'inverse, *mais* peut rectifier un énoncé en marquant une surenchère au sens de « mais plutôt » et en emploi concurrent avec *ains* : [Amital] *Ils iront, hostagers, decaptiver leur pere. /* [Le Prevost] *Mais ils l'iront remettre au thrône hereditaire.* (Garnier, *Les Juifves*, v. 1679-1680).

Les conjonctions de l'alternative : *ou* et *soit*

11. Deux constructions sont possibles, *soit... soit* ou *soit... ou* : *Soit pour punir leur coulpe ou pour leur pardonner.* (Garnier, *Les Juifves*, v. 898).

12. Au XVIe siècle, *soit* se ressent encore de son origine verbale (la conjonction dérive de l'emploi du verbe *être*, lequel peut s'employer sans *que* au subjonctif ☞ chapitre X.11) et peut se conjuguer en variant en nombre ou en temps et mode.

Exemple de variation en nombre : *Soit que le front je voye, ou les yeulx d'elle, / (...) / Soient ces coustaux d'albastre, et main polie,* (Du Bellay, *L'Olive*, 7, v. 3 et 9).

Exemple de variation en temps : *Et puis, elle a pleine boutique, / De mignotise mellifique, / De basme, de sucre et de miel, / Pour adoucir, fust ce du fiel, / fust ce un venin le plus amer ;* (Baïf, *Le Brave*, v. 543-547) ; *il se cognoissoit detteur de Dieu à glorifier son nom, fust par vie, fust par mort.* (Calvin, *Institution*, III, 9, p. 194 [1541] ; éd. O. Millet, XVII, p. 815 / 1702).

La possibilité d'une association de *soit...soit* avec la conjonction *ou* montre que la lexicalisation de *soit...soit* n'est pas encore achevée : *Et n'a, soit nuit ou soit jour / Un seul moment de sejour,* (La Péruse, *Poésies complètes, Mignardises*, « à la Francine de J. A. De Baïf », p. 39).

2) SYNTAXE

13. Au XVIe siècle, après deux syntagmes sujets coordonnés par *et, ou, ni*, le verbe peut être indifféremment au singulier ou au pluriel : *A son pied court l'une et l'aultre Riviere,* (Scève, *Délie*, 26, v. 3). *Qui voudra voir le plus precieux arbre, / Que l'orient ou le midy avoüe, / Vienne, où mon fleuve en ses ondes se joüe :* (Du Bellay, *L'Olive*, 62, v. 1-3).

=> Au XVIIe siècle, Vaugelas recommande le singulier après la conjonction *ou* à valeur disjonctive, mais constate que l'usage est partagé chez les plus savants (*Remarques*, 1647, « *Ou la douceur, ou la force le fera* », p. 149-150). Après *l'un et l'autre*, l'accord peut se faire indifféremment au singulier et au pluriel (*ibid.*, p. 141). Après *ni*, Vaugelas admet l'accord aussi bien au singulier qu'au pluriel dans la mesure où le verbe peut se rapporter à chacun des deux sujets pris séparément ou aux deux ensemble. Pour sa part, il préfère cependant le pluriel (*ibid.*, « *Ni la douceur, ni la force n'y peut rien* », p. 150).

=> N. Fournier (1998, § 20-21) déconseille « de parler abruptement [...] de latinisme (accord avec le donneur le plus proche) dans le cas d'un accord au singulier » (☞ chapitre IX.2). Elle opte pour une explication sémantique : le singulier « réunit les divers éléments du groupe nominal en une seule entité et dans un rapport unique au prédicat » et le pluriel « donne parfois une vision distincte de chacun des constituants du groupe sujet et de sa relation spécifique au prédicat ». Le pluriel s'impose toutefois au cours du siècle comme l'accord normal avec des termes sémantiquement proches.

14. On peut coordonner deux syntagmes qui diffèrent par leurs natures ou leurs constructions grammaticales ou encore mettre en facteur commun des éléments comportant des variations (zeugma) : *Je ne l'ay veue encor, ne toy congneue / L'erreur, qui tant de coulpe m'imposa :* (Scève, *Délie*, 34, v. 1-2) ☞ chapitre XVIII, 4-10.

15. Les deux syntagmes coordonnés peuvent être dissociés. L'on obtient un effet d'insistance et d'accumulation. Cette construction est encore possible au XVIIe siècle :

Exemple avec *et* : *Pauvre Prince et chetif,* (Garnier, *Les Juifves*, v. 425).

Exemple avec *ni* : *Mais mon plus grief tourment est ma vie obstinee, / Que les desastres n'ont ny les ans terminee.* (*ibid.*, v. 371-372).

II – LES CONJONCTIONS DE SUBORDINATION

1) QUE

16. Valeur polysémique : étymologiquement, la conjonction *que* apparaît comme l'aboutissement de *quia, quod, quid* et peut-être *quam* (F. Brunot et C. Bruneau, 1969, § 418). Elle devient ainsi une sorte de conjonction polyvalente et passe-partout, apte, en soi, à revêtir de nombreuses valeurs. Dans son dictionnaire (t. 6, p. 272), E. Huguet signale, entre autres, *que* à valeur temporelle (= « alors que »), causale (= « vu que », « car »), consécutive (= « de telle sorte que », « afin que »), comparative (« comme ») et restrictive (« si ce n'est »).

17. La conjonction *que* entre également dans la formation de locutions conjonctives qui sont particulièrement nombreuses à cette époque (☞ voir par exemple *infra* § 23, ainsi que chapitres V.25 et X.30-54).

Les deux éléments de la locution conjonctive peuvent être dissociés. La tmèse est en particulier courante avec un élément en incise : *Parce, respondit Panurge, qu'à tous periodes de propos Grippe-minaud ouvroit sa gibbeciere* (Rabelais, CL, 15, p. 760).

18. Emploi en tête d'une subordonnée indépendante de souhait. Dans son dictionnaire (t. 6, p. 273), E. Huguet atteste l'emploi de *que* devant un subjonctif de souhait dans des tours du type *que pleust à Dieu..., que puissiez vous...* : *Que vous puissent les Dieux un jour donner tant d'heur, / De rebastir en France une telle grandeur* (Du Bellay, *Les Antiquitez de Rome*, « Au Roy », v. 9-10). ☞ chapitre X.12.

19. Emploi en tête d'une seconde subordonnée coordonnée. Quand deux propositions sont coordonnées, la reprise de la conjonction est facultative, comme en ancien français, et plusieurs autres cas sont possibles.

Une simple juxtaposition avec une partie de la phrase sous-entendue : *A-ce esté quand mon fils lié comme un forçaire / Fut esclave pour vous, sa ville tributaire ?* (Garnier, *Les Juifves*, v. 1175-1176) = « et que sa ville fut tributaire ». ☞ Sur ce point, se reporter au chapitre XVIII.4.

La coordination par *et / ou* selon l'usage médiéval : *Que sur ton pestilent rivage / N'eussions-nous jamais mis le pié, / Et jamais Jacob nostre ancestre / N'y fust pour la faim eviter, / Avecques sa troupe champestre / Allé de Canan habiter.* (*ibid.*, v. 305-310).

L'emploi de la conjonction *que* vicariante. Exceptionnelle en ancien français (P. Ménard, 1988, § 213, rmq.), cette construction se répand en moyen français : elle est attestée dans presque tous les textes du XVe siècle, mais n'est pas encore systématique (C. Marchello-Nizia, 1997, p. 367) : *C'est pourquoy des Gentils nous sommes faits la proye, / Que Jacob est esclave,* (Garnier, *Les Juifves*, v. 1328-1329).

=> Au XVIIe siècle, Vaugelas conseille d'éviter la reprise de *si* dans une seconde proposition coordonnée et recommande de remplacer *et si* par *et que* (ce qui entraîne un changement de mode et le passage au subjonctif : *si jamais je suis aupres de vous, & que je jouisse de la douceur de vostre conversation*). La reprise de *si* n'est pas incorrecte, mais son remplacement est plus élégant (*Remarques*, 1647, « *Si*, conjonction conditionnelle », p. 62).

20. *Que* en emploi redondant : quand la conjonction *que* introduit une proposition immédiatement interrompue par une incise (une proposition au second degré le plus souvent conditionnelle ou temporelle), elle peut être reprise de manière redondante après l'incise afin d'assurer la clarté de la construction : *Et ne faut pas douter, (...) que, si la fievre continue peut atterrer nostre ame, que la tierce n'y apporte quelque alteration* (Montaigne, *Essais*, II, 12, p. 564-565 A).

=> C. Marchello-Nizia (1997, p. 368) souligne que ce cas est extrêmement fréquent en moyen français et qu'il ne peut donc s'agir d'une distraction de copiste. Cela semble une contrainte spécifique à cette conjonction de subordination.

=> Au XVIIe siècle, Vaugelas déconseille cette répétition, sauf lorsque la distance entre le *que* conjonctif introduisant la proposition et le propos est vraiment trop longue afin de soulager alors l'esprit du lecteur ou de l'auditeur (*Remarques*, 1647, « *Que* conjonctive, répétée deux fois (...) », p. 465-466).

E. Huguet, dans son dictionnaire (t. 6, p. 273), relève deux variantes de cette construction.

La première dans *L'Heptaméron*, où le *que* conjonctif est relayé, non pas par un second *que* de reprise, mais par la préposition *de* avec par conséquent une rupture de construction, la complétive attendue se transformant en infinitif complément : *vous me promectrez que, si j'accorde ce mariage, de n'en pourchasser jamais la consommation, que mon pere ne soit mort* (N21, selon la leçon du ms. fr. 1512 reproduite dans l'édition M. François, p. 162). Cette double construction est corrigée dans l'édition de Claude Gruget que reproduit N. Cazauran, p. 256 : *vous me promettez que, si j'accorde ce mariage, n'en pourchasserez jamais la consommation,...*

La seconde chez Monluc, avec un *que* conjonctif exprimant le souhait (et non un *que* complétif) repris après une relative déterminative : *Que ceux qui craignent tant le danger, qu'ilz demeurent au lict* (Monluc, L. V, III, 56).

21. Construction avec double *que* : dans les constructions qui appellent un double *que* (l'un amené par le verbe principal, l'autre par un adverbe ou une structure comparative), un seul est exprimé de l'ancien français au XVIIe siècle. Cette construction est permise par la polysémie que la conjonction tire de son étymologie multiple (☞ *supra* § 16).

Est-il possible de rien imaginer si ridicule que cette miserable et chetive creature, (...) se die maistresse et emperiere de l'univers, (...) ? (Montaigne, *Essais*, II, 12, p. 450 A). La construction superpose ici un *que* complétif (« imaginer que ») et un *que* comparatif (« aussi ridicule que »).

22. Avec un verbe principal sous-entendu. Ce type d'emploi s'observe avec un verbe sous-entendu de déclaration : *Speusippus, neveu de Platon, faict Dieu certaine force gouvernant les choses, et qu'elle est animale ;* (Montaigne, *Essais*, II, 12, p. 515 C), ce que l'on pourrait paraphraser par « Speusippus fait de Dieu une certaine force qui gouverne les choses et dit (précise) que cette force est animale ».

C'est en particulier le cas avec un verbe sous-entendu de déclaration solennelle (du type « jurer »), comme dans la locution *sus mon honneur* : *Sus mon honneur,* [je jure] *que ce sera à leur dommaige.* (Rabelais, GA, 43, p. 118). Sur ce point, voir E. Huguet, 1894, p. 322 et son dictionnaire à l'article « que » conjonctif, t. 6, p. 273-274.

23. L'étude d'O. Soutet (*op. cit.*) et les tableaux chronologiques qu'il donne des différentes locutions concessives (p. 210-211) mettent en évidence le rôle déterminant du moyen français et du français de la Renaissance dans la création ou dans le développement de locutions concessives différentes de celles en usage au moyen âge (à l'exception de *combien que*), mais également d'un emploi éphémère (à l'exception de *bien que*, qui se développe surtout à partir de la seconde moitié du XVIe siècle, et de *quoi que*, encore minoritaire au XVIe siècle). ☞ Pour le détail de ces locutions, leur datation et leur emploi, se reporter au chapitre X.29-40.

2) Si

24. ***Si*** (< latin *si*), conjonction à valeur conditionnelle ou interrogative (en interrogation indirecte), peut se présenter sous la forme *se* élidable (à la différence de *si* adverbe).

=> L'évolution *se*/*si* est assez confuse. Selon C. Buridant (2000, § 408), la conjonction se rencontre sous la forme *si* dans les premiers textes et passe à *se* au milieu du XIIe siècle, tandis que *si* reste « majoritaire » dans l'aire anglo-normande. P. Ménard à l'inverse donne *si* pour « rare », sauf « parfois » dans les parlers de l'Ouest (1988, § 263, p. 235, f). Selon C. Marchello-Nizia, la forme *si* est « déjà » fréquente en MF (1997, p. 362), le passage de *se* à *si* s'opérant, selon F. Brunot et C. Bruneau (1969, § 417), à partir du moment où l'*e* sourd de *se* commence à devenir muet.

Au XVIe siècle, la forme *se* est encore fréquente. Elle peut s'élider en *s'* devant une initiale vocalique : *Car s'on vivoit en paix, comme est mestier, / Rien ne vauldroit de ce lieu le mestier :* (Marot, *L'Enfer*, v. 67-68) ; *Tu voys assez, s'elle sert, ou affolle :* (Marot, *L'Adolescence clementine*, *Epistres*, XI « Epistre à son amy Lyon », v. 2). Dans ces exemples, le choix de l'ancienne forme *se* a pu être guidé par des raisons euphoniques et métriques, dans la mesure où, contrairement à la forme *si*, elle peut s'élider.

=> L. Terreaux (1968, p. 185) observe que Ronsard corrige *s'* en *si* à plusieurs reprises, de la même façon qu'il corrige *ne* en *ni* : *S'une autre parle à moi* (VII, 144, 5) devenu *Si quelqu'un parle...* en 1560.

=> Au XVIIe siècle, l'emploi de *si* se ressent encore de son ancienne forme *se* par ses fréquentes élisions. Vaugelas juge ainsi utile d'expliquer que *si* ne s'élide pas devant une voyelle, sauf devant *il(s)* : *mais s'il faut* (*Remarques*, 1647, « *Si*, particule conditionnelle », p. 372). Cette restriction demeure valable en français moderne.

=> L'on peut s'interroger sur cette élision de *si* devant *il(s)* : s'agit-il de l'ancienne forme *se* élidable, maintenue de manière figée afin d'éviter une cacophonie (*si il* que l'on ne peut pas corriger par un *l* euphonique comme dans *si l'on* et qui serait remplacé par *s[e] il*) ou d'une forme contractée de *si il* obtenue par écrasement et fusion des deux *i* en hiatus ? L'absence d'élision de *si* devant *elle* et *on* en FM peut faire préférer la seconde hypothèse.

25. *Si que* est une locution conjonctive à valeur consécutive qui signifie « de sorte que » : *Monstres marins veit on lors assommer, / Et consommer tempestes devallées, / Si que les Nefz sans crainte d'abismer / Nageoient en Mer à voilles avallées.* (Marot, *L'Adolescence clementine*, *Ballades*, 7, « De la naissance de Monseigneur le Daulphin », v. 21-24).

26. *Sinon* restrictif (G. Moignet, *op. cit.* p. 131-133) : à la différence de la construction adverbiale *ne...sinon*, en net recul, au XVIe siècle, devant *ne...que* + GN (☞ chapitre XV.43), *sinon que* est « le plus usité des exceptifs » quand il s'agit d'introduire une proposition et n'est que faiblement concurrencé, dans cet emploi, par *fors que* (qu'il a éclipsé depuis le XVe siècle), *excepté que* et *sauf que*. D'où chez Rabelais : *Je ne boy que à mes heures,* (GA, 5, p. 18) avec GN, mais *Je ne boy si non qu'on me flatte.* (*ibid.*, p. 19) avec proposition.

Les différents emplois de *sinon que* relevés par G. Moignet (*op. cit.*, p. 133) témoignent de son dynamisme syntaxique : la locution peut introduire une proposition à l'indicatif ou au subjonctif au sens « d'excepté (que) », revêtir une valeur hypothétique (« excepté si ») ou s'associer à une conjonction temporelle *sinon...quand / lorsque* (à la différence de *ne...que*).

A noter que *sinon que* permet également d'introduire un groupe nominal, en particulier en poésie : *Que te puis-je donner sinon que le Soleil ?* (Ronsard, *Le Premier Livre des Sonnets pour Hélène*, 39, v. 14).

=> Selon G. Moignet (*op. cit.*, p. 115), la forme *sinon (que)* qui apparaît au XVe siècle ne serait pas la continuation de *se... non*, mais un décalque du latin *nisi (quod)* dont elle reproduit le vocalisme. La possibilité d'une graphie non soudée *si non* nous amène cependant à nuancer cette hypothèse.

☞ Pour le *si* adversatif (*si, et si, si est-ce que*), chapitre XV.11-15.

CHAPITRE XVII : LES PRÉPOSITIONS

Compléments bibliographiques : A. Darmesteter, *Note sur l'histoire des prépositions françaises en, enz, dedans, dans,* Paris, Léopold, Cerf, 1885 ; rééd. dans *Reliques scientifiques*, Paris, Léopold Cerf, 1890, t. II, p. 178-187. B. Fagard, *Evolution sémantique des prépositions dans les langues romanes : illustrations ou contre-exemples de la primauté du spatial ?*, thèse de doctorat ss. la dir. de C. Marchello-Nizia, Université de Paris VII, soutenue en 2006, Lille, ANRT, 2007. B. Fagard et L. Sarda, « Etude diachronique de la préposition *dans* », à paraître dans *Syntaxe et Sémantique*, PU de Caen. G. Gougenheim, « Les prépositions "en" et "dans" dans les premières œuvres de Ronsard », *Mélanges de Philologie et d'Histoire littéraire offerts à Edmond Huguet*, Paris, Boivin, 1940, p. 97 *sq*.

Nous ne donnons pas ici les emplois, très étendus, des prépositions, et en particulier des quatre prépositions les plus fréquentes : *à, de, en, par.* Nous renvoyons, pour cela, au dictionnaire Huguet.

I – LES PRÉPOSITIONS-ADVERBES : CONCURRENCE DES FORMES SIMPLES ET COMPOSÉES DU TYPE *SOUS / DESSOUS*

1. Au XVIe siècle comme en ancien français, un grand nombre de mots invariables peuvent être employés à la fois avec ou sans complément (*parmi, près, après,...*) : *j'erre parmy la plaine,* (Du Bellay, *Les Regrets*, 9, v. 9) ; *il faut certes qu'il y ait du sort et du bonheur meslé parmy :* (Montaigne, *Essais*, I, 24, p. 127 A). G. Gougenheim parle d' « adverbes-prépositions » (1974, p. 140). Les dictionnaires distinguent les prépositions, construites avec complément, et les adverbes, employés seul, d'où par exemple *avec* préposition (*avec moi*) et *avec* adverbe (*faire avec*). Les grammairiens et linguistes actuels tendent, pour leur part, à considérer qu'il s'agit, dans les deux cas de prépositions, avec ou sans complément : P. Le Goffic (1993, § 295-296) parle ainsi de « prépositions avec complément zéro » et B. Fagard (*op. cit.* § 1.3.3.1) de « prépositions orphelines ».

=> Au XVIIe siècle, Vaugelas (*Remarques*, 1647, « *Sur, sous* », p. 125) pose la distinction traditionnelle que retiennent de nos jours les dictionnaires : les adverbes s'emploient « à la fin des periodes, sans rien regir après eux » (*je suis assis dessus*), « Au lieu que les prepositions sont perpetuellement suivies d'un nom, ou d'un verbe, ou de quelque autre partie de l'Oraison, comme le porte le nom mesme de preposition » (*dessus une table*).

=> B. Fagard (*op. cit.* chap. IV) étudie de nombreuses prépositions éphémères, apparues tardivement (en AF par grammaticalisation d'un substantif latin à l'exception de *enmi*) et disparues avant le français pré-classique : *lez, delez, pardelez, coste, encoste, decoste, d'encoste, par descoste, jouste, dejouste, pardejouste, enmi, aval, contreval, amont, contremont.* La base Frantext recense pour le XVIe siècle, avec ou sans complément : *aval, amont* et *contremont*, attestés durant tout le siècle ; *lez* et *delez*, moins fréquents ; *jouste* (1 occ. chez Rabelais en 1542) et *decoste* (uniquement chez P. de Vigneulles, *Les Cent Nouvelles Nouvelles*, 1515).

=> En français moderne, les emplois sans complément sont fréquents en langage familier *: faire avec, c'est selon, il est arrivé après...* ☞ Chapitre XV.19 pour l'emploi des adverbes de lieu en locution verbale avec un verbe de mouvement.

2. De l'ancien français au XVIe siècle, un certain nombre de formes composées s'emploient de manière courante comme prépositions (*dedans, dessus, dessous, devers, dehors*) et sont en concurrence avec la forme simple (*dans, sus / sur, sous, vers, hors*), alors que nous ne les utilisons plus que comme adverbes en français moderne : *une errante fleche / Fist dedans sa poitrine une mortelle breche :* (Garnier, *Les Juifves*, v. 399-400).

Certaines paires ont connu l'évolution inverse : par exemple, *depuis* est prépositionnel en français moderne, tandis que *puis* n'est plus qu'adverbial (ou élément de la conjonction *puisque*).

=> Vaugelas constate que « tout le monde presque employe indifferemment, & en prose, & en vers » les composés *dessus, dessous* pour *sur / sous*, mais demande d'employer toujours la forme simple de ces prépositions et de quelques autres devant un nom. Il opère ainsi la distinction des prépositions (formes simples) qui sont toujours suivies d'une autre forme grammaticale (nom, verbe ou autre) comme leur nom l'indique et des adverbes (formes composées) qui s'emploient seuls. Vaugelas tolère cependant l'emploi des formes composées comme prépositions en poésie pour des raisons métriques et en prose dans trois cas : quand on oppose deux prépositions (*ni dessus, ni dessous la terre*), quand il y a deux prépositions consécutives (*ni dedans, ni dessus le coffre*), quand une préposition précède immédiatement (*par dessus la teste*) (*Remarques*, 1647, « *Sur, sous* », p. 124-126 ; voir aussi « *Sur*, & *dessus* », p. 555-557).

=> Certaines formes composées (*dedans*, *dessus, dessous*...) sont encore prépositionnelles en français régional ou familier (*il est dedans la grange, dessous la table*...). ☞ Voir aussi *dessur* § 3.

3. Dans le cas de *sur, sus / dessus, dessur*, une distinction s'est opérée entre la forme simple et la forme composée, *sur* l'emportant pour la première et *sus* pour la seconde (*dessus*).

=> *Sus* < lat. *sursum* = « en haut » ; *sur* < lat. *super / supra* = « au-dessus » qui donne *sor* en ancien français, puis *sur* par croisement avec *sus*. La confusion s'explique donc par l'évolution phonétique de *sur* ainsi que par la proximité sémantique des deux mots.

=> *Dessur* s'est conservé jusqu'à nos jours en emploi prépositionnel ou adverbial dans certains parlers régionaux.

Au XVIe siècle, *sus* est supplanté par *sur*, mais est toujours attesté, avec ou sans complément : *lors les pionniers frapperent sus pour la desrocher* (Rabelais, PA, 33, p. 335) / *et là sus l'herbe drue dancerent au son des joyeux flageolletz* (Rabelais, GA, 4, p. 17).

Comme préposition (emploi avec complément), *sus* s'efface, au cours du siècle, devant *sur*. Cette forme est ainsi fréquente chez Rabelais (568 occurrences contre 179 de *sur*) et chez Des Périers, mais plus rare chez Du Fail (E. Huguet, 1894, p. 282-283). Montaigne présente 726 occurrences de *sur*, mais 3 seulement de *sus* (I, 12, p. 46 A ; II, 12, p. 471 A et III 13, p. 1115 C) : *Et au plus eslevé throne du monde si ne sommes assis que sus nostre cul.* (*Essais*, III, 13, p. 1115 C).

=> Sylvius (« La Préposition », p. 154 / 369-370) donne *sus* pour une ancienne préposition qui subsiste encore dans les composés (*suspendre*) et dans quelques expressions (*il est sur ou sus son pere*). Estienne (« Des prépositions », p. 86) signale que certains disent *sus* en tournant le *r* en *s* : *sus / sur le toict*. Dans leur liste des prépositions, Palsgrave (L2, f° 55 r°, p. 174 / 522), Meigret (p. 119 r°) et Ramus (1562, I, p. 74 , « Adverbe », dans la mesure où il classe les prépositions parmi les adverbes) donnent *sur* et *sus* sans commentaire ; mais en 1572 (I, 18, « de l'adverbe », p. 120), Ramus supprime la forme *sus*.

=> Au XVIIe siècle, Vaugelas précise que la préposition s'écrit *sur*, avec un *r* et estime que *par sus* et *par sus tout* ne se disent plus (*Remarques*, 1647, « *Par sus tout* », p. 526-527).

Comme adverbe (emploi sans complément), *sus* entre encore couramment dans un certain nombre de locutions adverbiales (comme *en sus* = « en haut » ou l'exhortation *or sus*) et de locutions verbales (*mettre / remettre sus* = « élever, relever, (r)établir, faire revivre »). Ainsi, chez Montaigne, *sus* est attesté 18 fois comme adverbe, avec 3 occurrences de l'exhortation *or sus* et plusieurs emplois avec un verbe : *remettre sus* (1 occ.), *arrêter sus* (1 occ.), *mettre sus* (3 occ.) et surtout *courir sus* (10 occ.).

II – LES PRÉPOSITIONS DE LIEU

1) EL, ES / AU, AUX

4. En ancien français, les emplois de *en* (attesté sous cette graphie dès le IXe s.) sont étendus. La préposition n'est pas vraiment concurrencée par *dedans / dedenz* (attesté dès milieu XIe siècle, d'emploi plus limité), ni par *dans / denz* très peu usité (et plus tardif, début XIIe siècle). La préposition présente les formes contractées : *en + le = el, eu, ou, on* ; *en + les = es / és*.

5. Au XVIe siècle, les formes *ou / on* deviennent archaïques et disparaissent progressivement (☞ chapitre II.2).

en + la et *en + l'* subsistent ;

en + le est remplacé par *au* (= *à + le*) ;

en + les est souvent remplacé par *aux* (= *à + les*), mais *es / és* reste cependant courant pendant tout le siècle.

6. Une confusion s'est donc opérée dès le XIVe siècle (C. Marchello-Nizia, 1997, p. 143) entre les formes contractées avec la préposition *à* et les formes contractées avec la préposition *en*.

Les deux formes peuvent se rencontrer dans un même type d'emploi alors qu'elles sont issues de prépositions différentes : *Face le ciel (quand il vouldra) revivre / Lisippe, Apelle, Homere, qui le pris / Ont emporté sur tous humains espris / En la statue, au tableau, et au livre.* (Du Bellay, *L'Olive*, 19, v. 1-4), *au* équivaut ici à *en + le*.

Cette confusion entraîne des ambiguïtés, *au* pouvant équivaloir à *à + le* ou à *en + le*. G. Gougenheim (1974, p. 182) relève chez Marguerite de Navarre : *amour ne change point le cueur, mais le monstre tel qu'il est, fol aux fols, et sage aux sages* (M. de Navarre, *L'Heptaméron,* N25, p. 312) en expliquant que l'on peut comprendre « montre aux folles qu'il est fol » (*à + les*) ou « montre qu'il est fol chez les folles » (*en + les*).

La vitalité au pluriel de la forme *es* fait qu'elle peut, à l'inverse, être employée pour *aux*. C'est en particulier le cas chez Rabelais : *Pantagruel dist es invitez.* (TL, 36, p. 466).

2) Dans / dedans

7. La préposition *dans* se développe dans la seconde moitié du XVIe siècle (sur ce point, consulter G. Gougenheim, art. cit.). L'évolution phonétique n'en est pas certaine et plusieurs hypothèses sont émises.

Arsène Darmesteter (art. cit., résumé par G. Gougenheim) a émis deux hypothèses concernant son origine. On peut y voir :

> soit une revitalisation de la forme médiévale *denz*, qui était très rare au moyen âge ;
>
> soit une création analogique à partir de *dedans* (attesté depuis le XIe siècle) sur le modèle des couples simple / composé (*dessous / sous => dedans / dans*).

B. Fagard et L. Sarda, qui consacrent un article à l'évolution diachronique de la préposition *dans* (art. cité § 2), proposent l'évolution suivante : latin *in > intus* par suffixation > *enz* > *denz* par préfixation en *–d* (également graphié *deenz* ou *dans*) > *dedenz* par double préfixation (comme dans *dedevers* ou *dedessus*). Les formes *denz* et *dedenz*, apparues aux XIe-XIIe siècles, ont *dans* et *dedans* pour variantes graphiques. B. Fagard et L. Sarda font les constats suivants :

> En AF et MF, *denz / dans* reste très rare. *Dedenz / dedans*, polysémique, s'observe en emplois spatiaux, temporels,

> abstraits et métaphoriques, mais avec une évolution contradictoire : « Dans une première phase, du XIIe à la fin du XIIIe siècle, les emplois spatiaux, majoritaires, cèdent progressivement la place à des emplois d'abord uniquement temporels puis abstraits. Dans une seconde phase, de la fin du XIIIe à la fin du XVe siècle, il y a un recentrage sémantique : les emplois spatiaux regagnent du terrain, et les emplois abstraits semblent avoir disparu. »
>
> A partir du XVIe siècle, et de manière relativement rapide (voir ci-dessous § 8), la préposition *dans* va se développer en apparaisant « non seulement avec les mêmes emplois que *dedenz* mais encore avec une répartition des emplois presque identique. »
>
> En FM, désormais, « on utilise la préposition *dans* dans la plupart des contextes où *en* était employé en AF [...] (*en la terre* "dans la terre"). Il [...] faut donc expliquer un double remplacement : (i) sémantiquement, l'ancien français *en* a été remplacé par *dans* (cf. De Mulder à paraître, Stichauer 2006) ; (ii) morphologiquement, l'ancien français *dedenz* a été remplacé par *denz/dans*. »

Robert Estienne (« Des prépositions », p. 85) fait pour sa part l'analyse suivante : « *Dedens*, ou *Dedans*, pour *Deintus*, en interposant ung *d.* pour rendre la prolation [prononciation] plus doulce, laquelle seroit rude en disant *Deens.* » Estienne se prononce donc pour la forme en *d* qu'il emploie comme préposition (*Il est dedens la maison*). Sa remarque pourrait expliquer pourquoi l'on a préféré pendant un certain temps la forme doublement préfixée *dedens / dedans*, plus douce à l'oreille que *deenz*, et qui se serait ensuite simplifiée en *dans*. Son hypothèse permet donc de concilier les deux précédentes.

8. Le développement tardif de *dans* est souvent justifié par la nécessité de pallier la disparition progressive de certaines formes contractées (*ou, on, el*) et la confusion entraînée par l'emploi de *au / aux* pour *en + le / les* (voir ci-dessus § 5-6).

Selon L. Terreaux (1968, p. 195), le véritable initiateur de son emploi serait Ronsard : « Bien qu'on trouve de rares exemples de la préposition *dans* avant Ronsard, celui-ci peut être considéré comme son véritable créateur, tellement l'usage qu'il en fait dès ses premières œuvres dépasse celui de ses contemporains. Mais, pris de scrupules, il la fait disparaître un très grand nombre de fois, tout particulièrement en 1567 et en 1578, plus d'une fois encore en 1587 ». G. Gougenheim (art. cit.) était parvenu à des constats identiques.

Cette régression ne s'observe pas que chez Ronsard. M. Huchon (1988, p. 110) souligne que, chez Montaigne, *dans* est très peu représenté : 282 occurrences seulement (essentiellement devant un élément concret) contre 5940 pour *en* (tous emplois confondus cependant).

B. Fagard et L. Sarda (art. cité § 2) montrent que *dans* s'est toutefois très vite imposé face à *dedans*. Le « tournant » de cette évolution se situe à la moitié du XVIe siècle : le *corpus* Frantext (romans) n'en donne aucune attestation avant 1526 ; sur la période 1526-1550, *dedans* (préposition) est encore majoritaire (350 occurrences contre 190 de *dans*) ; mais dès le quart de siècle suivant (1551-1575), *dans* prend le dessus avec 394 occurrences contre 222 de *dedans*.

=> Au XVIIe siècle, Vaugelas distingue désormais clairement forme simple et forme composée ☞ *Remarques*, 1647, « *Sur, sous* », p. 124, cité *supra* § 2.

=> Parmi les grammairiens de notre *corpus*, Meigret (« De la préposition », ch. 1, p. 123 r°) est le seul à mentionner la préposition *dans* qui s'emploie, comme *dedans*, avec un nom propre de ville.

III - EMPLOI DES PRÉPOSITIONS

1) La construction du complément du nom

9. En ancien français, trois constructions du complément du nom sont possibles (sur ce point, voir P. Ménard, 1988, § 4, p. 23-25 ; F. Brunot et C. Bruneau, 1969, § 388).

La construction sans préposition repose sur un cas régime et marque un lien étroit (possession, parenté, alliance,...). Le complément suit immédiatement le nom, à l'exception de quelques locutions figées comme *la Dieu merci* [= « grâce à

Dieu »]. Cette construction est rare et ne s'emploie qu'avec des noms de personne (rarement au pluriel), en concurrence avec la construction ci-dessous (avec la préposition *à*). Elle disparaît rapidement et ne subsiste que dans des locutions datant de l'ancien français et formant des noms (noms propres ou communs : Fête-Dieu, Hôtel-Dieu, bain-marie, et en particulier des noms de lieu : Bourg-la-Reine).

La construction avec la préposition *à* s'emploie avec un complément du nom indéterminé en particulier quand il désigne une personne. Elle est devenue provinciale ou familière au XVIIe siècle.

La construction avec la préposition *de* s'emploie en particulier quand le complément est un nom de chose mais a vite été étendue aux noms communs désignant un individu ou un animal, aux noms propres et aux pronoms.

10. La construction du complément du nom s'inscrit, au XVIe siècle, dans la continuité du système médiéval (G. Gougenheim, 1974, p. 232-234).

La construction sans préposition est parfois encore attestée, au début du siècle, quand le complément est une personne : *en la maison mon Pere,* (Marot, *L'Adolescence clementine*, *Epistres*, I « *Epistre de Maguelonne...* », v. 97).

=> Palsgrave (en 1530) témoigne de cet état de langue ancien en remarquant que l'on dit *la robe mon maistre* en omettant la préposition (L2, « De la préposition », 5e accident, f° 56 r°, p. 176 / p. 526). Meigret, qui évoque également cette construction (« De la Préposition », ch. 1, p. 118 v°), explique que la préposition *de* est omise dans certaines façons de parler comme *la rue saint Antoine, l'église saint Paul* pour *la rue de saint Antoine...* mais que cette omission n'est pas générale et qu'on ne peut dire *l'épée Pierre*. Les exemples cités limitent donc l'omission aux noms de lieu.

La construction avec la préposition *à* reste fréquente, surtout en poésie. E. Huguet, dans son dictionnaire (t. 1, p. 2), en cite de nombreux exemples, en majeure partie pour indiquer un lien familial (*la fille, le fils, l'époux, l'épouse à...*). Mais on la trouve également avec un nom désignant une personne de manière plus générale : *la bouche à Madame* (Belleau, *Petites Inventions*, « Amour médecin », cité par E. Huguet, *ibid.*) ; *Pour estre esclave au soudart estranger,* (Garnier, *Les Juifves*, v. 494) où le choix de la préposition peut traduire en outre une idée de mouvement. Voir également ci-dessous l'exemple d'Agrippa d'Aubigné qui distingue possesseur humain et non-humain.

=> Palsgrave (L3, annotations sur le 6e accident des substantifs, f° 16 r°, p. 215 / 575) signale la construction avec la préposition *à*, qui indique la possession et qui s'emploie là où la langue anglaise ajoute un *s* au substantif ou emploie un possessif : *chausse à femme, c'est la robe à mon maistre / a womans hose, this is my maisters gowne*. Sylvius et R. Estienne ne la mentionnent pas et Meigret la réserve à l'attribution (« De la Préposition », ch. 1, p. 118 v°) : « les noms ne peuvent gouverner nom, ni pronom, ni participe, que par les trois prépositions *de, du, des*. Et combien qu'on die [dise] *le bonnet à Jacques*, nous y surentendons [sous-entendons] qui appartient (...) car les prépositions *à, au, aux,* sont plutôt acquisitives, que possessives. » En 1572 (II, 12, « des prépositions », p. 189) en revanche, Ramus donne indifféremment *à* et *de* pour le génitif : *robe à homme*.

La construction avec la préposition *de* est la plus fréquente et s'emploie, en particulier, si le complément est un nom de chose : *La ruche de l'abeille et la loge au berger* (d'Aubigné, *Les Tragiques*, « Princes », v. 1525).

=> Pour les grammairiens de la Renaissance, les prépositions *de, du, des* expriment la possession en correspondant, entre autres, au cas génitif : Sylvius (« le nom », « La déclinaison », p. 96-98 / 311-313), Meigret (« De la Préposition », ch. 1, p. 118 r°-v°), Estienne (« Des prépositions, p. 84) et Ramus (1562 : II, « La syntaxe des adverbes, principalement des prépositions », p. 113-114 ; 1572 : II, 12, « des prépositions », p. 189).

2) LA CONSTRUCTION DU COMPLÉMENT D'AGENT

11. Au XVIe siècle comme en ancien français, le complément d'agent est introduit par les prépositions *de* ou *par*.

De est la plus fréquente et s'emploie également sous forme contractée avec un article défini (*de + les = des*) : *Ne soyez à punir commandé de cholere,* (Garnier, *Les Juifves*, v. 268) ; *Dessous le Veau deïfié / Des holocaustes pacifiques* (*ibid.*, v. 352-353).

Par s'imposera par la suite, mais reste encore rare.

=> L. Terreaux (1968, p. 193-195) constate que Ronsard emploie *par* lorsqu'est « mis en relief le caractère d'agent réel du complément » : *Il se verra renommé de ses vers* (I, 165, 54) > *Se cognoistra renommé par ses vers* (1567) et inversement : *La fable elabourée / Decrite heureusement / Par la plume dorée / Nous trompe doucement* (I, 131, 1-4) > *D'une* (1555). Si l'on suit le raisonnement de L. Terreaux, l'on peut dire que *plume dorée* est complément de moyen plus qu'agent réel, ce qui justifierait la correction. La distinction est toutefois ténue.

=> Selon Meigret (« Des significations, ou genres des Verbes », ch. 2, p. 65 r° ; « De la Préposition », ch. 1, p. 121 r°) et Ramus (1562 : II, « La syntaxe des adverbes, principalement des prépositions », p. 113-114 ; 1572 : II, 12, « des prépositions », p. 188-189), *de, du, des* sont les prépositions qui accompagnent un verbe passif. Ramus est le plus radical en déclarant qu'elles « sont de si grande efficace [efficacité], que jamais nom n'est gouverné du nom ni du verbe passif, sinon par le moyen d'elles : (...) *Tu es aimé de Dieu, du monde, des hommes* » (1562, p. 113-114). Meigret (p. 121 r°) est plus nuancé en précisant que, si *de, du, des* sont « les vraies prépositions » accompagnant un verbe passif, l'on peut également employer *par*, laquelle, toutefois, n'est pas aussi « naïve » [authentique].

3) La construction de l'attribut

12. L'attribut peut être construit avec ou sans préposition. Différentes prépositions peuvent l'introduire (*à, de, en,...*) : *tes yeux couvent incessamment ce peu qui t'est demeuré d'entier & d'irreprochable.* (Sponde, *Meditations sur les Pseaumes*, « Méditation sur le psaume L. », l. 548-549).

4) Emploi en coordination

13. Jusqu'au XVIIe siècle, on ne répète pas la préposition dans deux groupes coordonnés consécutifs (☞ chapitre XVIII.4) : *Mais j'ay beaucoup à craindre & beaucoup endurer.* (Garnier, *Les Juifves*, v. 678).

=> Au XVIIe siècle, Vaugelas n'exigera la répétition que devant des mots coordonnés de sens contraires ou différents et accepte l'omission dans le cas de termes « synonimes », « equipollens » ou « approchans » (*Remarques*, 1647, « Repetition des Prepositions aux noms », p. 50-51). L'usage moderne, qui impose la répétition dans tous les types de construction, sera établi à la fin du XVIIe siècle (F. Brunot et C. Bruneau, 1969, § 412).

☞ En complément de ce chapitre, l'on pourra consulter les chapitres I.20-21 (complément du comparatif) et XII, spé^t.6-20 (construction de l'infinitif), ainsi que le chapitre XV.6-8 (le *s* dit « adverbial »).

CHAPITRE XVIII : REMARQUES SYNTAXIQUES

Compléments bibliographiques : M. Papic, *L'expression et la place du sujet dans les « Essais » de Montaigne,* Paris, PUF, 1970. S. Prévost, *La Postposition du sujet en français aux XVe et XVIe siècles. Analyse sémantico-pragmatique*, Paris, CNRS Editions, 2001. P. Skårup, « L'inversion du sujet dans la prose du XVIe siècle », *(Pré)Publication*, Aarhus Universiteit, 32, p. 32-40.

En guise de conclusion à cette introduction à la langue française du XVIe siècle, ce chapitre présentera quelques constructions syntaxiques significatives, concernant plusieurs parties du discours précédemment abordées.

I – ORDRE DES MOTS : LA POSTPOSITION DU SUJET

1. S. Prévost (*op. cit.* p. 1-15) rappelle qu'en ancien français l'ordre des mots est relativement souple. Le sujet est fréquemment omis ; lorsqu'il est exprimé, sa place est variable et la postposition du sujet au verbe est fréquente, souvent sans valeur expressive particulière. Cette fréquence de la postposition tient à deux facteurs.

La présence d'une déclinaison du nom et du pronom permet de distinguer le sujet quelle que soit sa place.

La place à peu près stricte du verbe, en deuxième position de la phrase (l'ancien français est une « langue majoritairement V2 »), fait que le sujet se voit repoussé en troisième position - et donc postposé - dès qu'un autre élément occupe la place 1 (quelle que soit sa nature : conjonction, adverbe, groupe nominal, proposition,...).

L'ordre moderne, sujet-verbe, s'est progressivement défini du XIVe au XVIe siècle (corrélativement à la disparition progressive de la déclinaison ☞ chapitre I.1-3), pour ne s'imposer qu'au XVIIe siècle.

2. L'étude de S. Prévost (*op. cit.*), fondée sur la comparaison de six textes allant du milieu du XVe siècle au milieu du XVIe siècle (*L'Heptaméron* et le *Tiers Livre*), aboutit aux conclusions suivantes :

Les disparités sont grandes d'un texte à l'autre et l'on n'observe pas d'évolution régulière. Toutefois, l'on note une forte régression de la postposition nominale au milieu du XVIe siècle (très marquée dans *L'Heptaméron*) (p. 99-102).

Les énoncés avec postposition ont un caractère informatif marqué : « tous traduisent une continuité à l'égard de ce qui précède, mais celle-ci est indissociable d'une rupture, qui revêt des formes diverses (...), et qui s'accroît d'autant plus que l'inversion du sujet se marginalise » (p. 312).

3. Des différences apparaissent selon la nature du sujet : nominale ou pronominale.

La postposition du sujet est plus fréquente avec un sujet nominal qu'avec un sujet pronominal (p. 102 et 107).

Les pronoms personnels, en particulier, sont rares en postposition (sauf avec un pronom à valeur impersonnelle).

Les pronoms indéfinis sont les pronoms qui se postposent le mieux.

La nature de l'élément situé en première position de la phrase et entraînant la postposition varie selon la nature du sujet.

Avec un sujet nominal :

L'élément en première position a souvent une valeur spatio-temporelle (p. 249 et 265-269) : *Mais sur le temps de ce retour, vindrent les pluyes si merveilleuses, et si grandes, qu'il sembloit que Dieu eust oublié la promesse qu'il avoit faicte à Noé,* (M. de Navarre, *L'Heptaméron*, prologue, p. 55).

La postposition après la conjonction *et* (malgré une hausse à la fin du XVe siècle) est en nette régression au XVIe siècle (p. 249). On la trouve lorsque la conjonction introduit une conséquence, une surenchère informative, un enchaînement narratif prévisible ou une conclusion (p. 276 *sq.*) : *Ils trouverent tresjuste sa requeste, et accorda le plus jeune que le vieil commenceroit :* (M. de Navarre, *L'Heptaméron*, N5, p. 98), en introduisant la réussite de la ruse de la batelière, la conjonction amorce ici le retournement de situation.

L'élément en première position peut être un complément à

valeur d'emphase marquant une rupture syntaxique et contenant un mot fort (p. 284 *sq.*) : *Et bien malheureuse est la dame, qui ne garde soigneusement le tresor qui luy apporte tant d'honneur estant bien gardé,* (M. de Navarre, *L'Heptaméron*, N5, p. 100). A noter que, dans cet exemple, la présence de la conjonction *et* à valeur conclusive (elle introduit la morale) peut également jouer un rôle dans la postposition du sujet. *Lors quelle joye pensez vous estre entre ces officiers, quand ilz ont veu ce ruisseau d'or, qui est leur seul restaurant ? Plus grande n'est la joye des Alchymistes, quand aprés longs travaulx, grand soing et despenses, ilz voyent les metaulx transmuez dedans leurs fourneaulx.* (Rabelais, TL, 4, p. 366).

Avec un sujet pronominal :

La présence d'un terme fort (« thématique et / ou intensif » selon S. Prévost, *op. cit.*, p. 289) est plus fréquente encore qu'avec un sujet nominal : *Donnez-vous garde, Dagoucin ; car j'en ay veu d'aultres que vous, qui ont mieulx aymé mourir que parler. – Ceulx-là, ma dame, dist Dagoucin, estimay-je très heureux.* (M. de Navarre, *L'Heptaméron*, N9, éd. Garnier, p. 48-49 – la leçon est différente dans l'édition Folio fondée sur l'éd. de 1559 de Gruget).

L'élément en première position a également souvent une valeur argumentative (p. 253 et étude p. 289 *sq.*) : *Or, y avoit il long temps, qu'un varlet de son mary l'aimoit* (M. de Navarre, *L'Heptaméron*, N2, p. 77). Le pronom sujet postposé est ici à valeur impersonnelle. *Vous parlerez tant des finesses que vous vouldrez : mais si ay-je telle option de vous, si le cas vous estoit advenu, vous ne le sçauriez celer.* (*ibid.*, N6, p. 104).

Fréquemment aussi, l'élément en P1 peut être un adverbe de manière à valeur anaphorique (*ainsi, par adventure, aussi, aussi bien,...*) : *Nous parlons de harnoys fourbiz, et d'espées resplendentes. Ainsi n'est il de ton bragmard.* [poignard] (Rabelais, TL, 23, p. 424).

II - LE ZEUGMA GRAMMATICAL

4. La mise en facteur commun d'un élément de la phrase (ou zeugma grammatical) est courante dans la syntaxe de l'époque en cas de coordination ou de juxtaposition de groupes de mots ou de propositions. Elle intervient même avec des éléments de genres ou de nombres différents. *Les Juifves* de Garnier nous en fournissent des exemples avec les éléments suivants :

Un déterminant : *j'oy les fifres et [les] tabours*, (v. 517).

Une préposition : *Mais j'ay beaucoup à craindre et beaucoup [à] endurer.* (v. 678).

Une conjonction : *Las ! que tout autre cas plustost il nous commande, / [qu'il] Retienne le royaume,* (v. 1624-1625).

Un adjectif : *avec grand carnage et [grande] mortalité :* (Argument).

Un pronom relatif : *Nous te pleurons lamentable cité, / Qui eut jadis tant de prosperité / Et [qui] maintenant, pleine d'adversité / Gis abatue.* (v. 477-480).

Un nom : *Je mourrois moins dolent, si c'estoit pour l'honneur / Et non pour le mespris de Dieu nostre seigneur.* (v. 1341-1342) = « pour l'honneur de Dieu », l'élément en commun (le complément du nom) figure ici dans le second membre.

Un verbe : *A-ce esté quand mon fils lié comme un forçaire / Fut esclave pour vous, sa ville tributaire ?* (v. 1175-1176) = « et que sa ville fut tributaire ».

III - LA SYNTAXE DU VERBE

5. Une mise en facteur commun du verbe peut intervenir même lorsque le verbe sous-entendu devrait être d'une forme différente :

Affirmatif / négatif : c'est le cas avec *ains* qui permet de passer de la forme négative du verbe à sa forme positive sous-entendue : *las ! ce n'est pas à vous / De vous enfler de gloire, ains de complaire à tous.* (Garnier, *Les Juifves*, v. 1729-1730) ☞ pour *ains*, se reporter au chapitre XVI.9-10.

Singulier / pluriel : *Le cerne fut bien fait, les toiles bien tendues,* (Garnier, *Les Juifves,* v. 891) ; *quels yeux sont cecy qui ne se contemplent point eux mesme ? mais quels yeux plustost qui ne contemplent rien qu'eux mesme ? Et quoy en eux mesme ? Ce que le Paon, son plumage, & sa bigarrure.* (Sponde, *Meditations sur les Pseaumes*, « Méditation sur le psaume XIIII. ou LIII. », l. 178-181). Il faut rétablir le verbe *contempler* et lire « et que contemplent-ils en eux-mêmes ? ce que le Paon contemple en lui-même ».

Auxiliaire *avoir* / auxiliaire *être* : *Quand elle feut entrée en sa maison et fermé la porte aprés elle,* (Rabelais, PA, 22, p. 297).

Verbe pronominal / non pronominal : *Et après s'estre confessé, et receu son createur comme bon Chrestien,* (M. de Navarre, *L'Heptaméron*, N13, p. 185), la forme du verbe (pronominal / non pronominal) entraîne, en outre, ici, un changement d'auxiliaire : *s'être confessé* / *avoir receu* (se reporter au cas précédent).

=> Sensible aux constructions syntaxiques, Ramus organise sa grammaire en deux parties : étymologie et syntaxe. Dans le chapitre consacré aux « figures communes aux noms et verbes » (1562, II, p. 108 *sq.*), il relève trois types de figures syntaxiques : l'énallage, la prolepse et le zeugma dont il donne comme exemple : *A la mienne volonté que tes oreilles fussent faites sourdes, ou ta langue muette,* où il faut rétablir « fusse faite » (p. 110).

=> Bien que la construction soit « familière à un de nos meilleurs Escrivains », Vaugelas, au XVIIe siècle, condamne la tournure *il s'est bruslé, & tous ceux qui estoient aupres de luy* et recommande de dire : *il s'est bruslé & a bruslé tous ceux qui estoient aupres de luy* (*Remarques*, 1647, « *Il s'est bruslé...* », p. 358).

6. La mise en facteur commun est également possible lorsque le verbe sous-entendu se construit autrement que le verbe exprimé qui régit ainsi deux types de complément. Par exemple :

Pronom personnel et groupe nominal : *Tu l'aurois vainement elevé sur la terre, /... / Pourneant arraché le fardeau de son dos, / Et conduit à pié sec par le milieu des flots,* (Garnier, *Les Juifves*, v. 25-28).

Groupe nominal et proposition complétive : *Luy reproche les biens qu'il avoit eus de luy, / Qu'il l'avoit toutefois delaissé pour autruy,* (*ibid.*, v. 1941-1942).

Proposition infinitive et proposition complétive à un mode conjugué : *Ces gentils-hommes icy voyans la compaignie se departir, et que les mariz de leurs dames les emmenoient à part, penserent de les suivre de loing,* (M. de Navarre, *L'Heptaméron*, Prologue, p. 57).

=> Au XVIIe siècle, Vaugelas constate que les « excellens Escrivains modernes » condamnent avec raison une phrase comme *ayant embrassé, & donné la benediction à son fils*, la pureté du langage demandant que l'on coordonne deux verbes de même construction (*Remarques*, 1647, « Verbes regissans deux cas, mis avec un seul », p. 79-80). De façon générale, Vaugelas réprouve toute mise en facteur commun ou construction double et défend donc l'usage moderne.

7. Nous aboutissons à des constructions complexes : *Vous voyez par ce Roy (dont les ancestres ont / Porté si longuement le diadême au front, / Et ores vostre esclave,...)* (Garnier, *Les Juifves*, v. 933-935) : sont sous-entendus à la fois un relatif et un verbe différents de ceux de la première relative : *qui est / dont les ancestres ont.*

8. Un seul et même verbe peut admettre une double construction : *Si qu'étreinte de mal je ne luy peux rien dire, / Sinon entre mes dents son desastre maudire,* (Garnier, *Les Juifves*, v. 407-408). Le verbe *dire* admet ici un pronom personnel, complément d'objet second, tout en étant pris dans un tour restrictif. *Je te croy bien plus, Seigneur, qu'a ces incredules,* (Sponde, *Meditations sur les Pseaumes*, « Méditation sur le psaume XIIII. ou LIII. », l. 881). Le verbe *croire* admet deux constructions, l'une directe (*croire Dieu*), l'autre indirecte (*croire à*) réunies par un tour comparatif (*plus que*). L'auteur joue ici sur les diverses nuances du verbe : *croire Dieu* (*je te croy*) signifiant « croire en son existence », tandis que *croire à qqn* signifie « lui faire confiance ».

IV - LA CONSTRUCTION DES PROPOSITIONS

9. La concordance des temps et des modes, entre les verbes de deux propositions coordonnées ou subordonnées, peut s'opérer sur des critères distincts des nôtres.

Exemple de concordance des modes : *Si tu veux, & que tu ne puisses point, sera ce pas tesmoignage de ta temerité ;* (Sponde, *Meditations sur les Pseaumes*, « Méditation sur le psaume LXII. », l. 45-46). Dans cet exemple, le mode subjonctif semble amené par la construction : la proposition coordonnée ne peut fonctionner seule et ne fait sens que par rapport à *si tu veux* ☞ se reporter au chapitre X.1, en particulier au développement de Meigret sur le conjonctif / subjonctif : ce mode emprunte ses formes à l'indicatif et à l'optatif, mais s'en distingue par la construction syntaxique en ne s'employant qu'accompagné d'une conjonction (ici de coordination) qui introduit un verbe, c'est-à-dire associé à une autre proposition sans laquelle le sens est incomplet.

Exemple de concordance des temps : E. Huguet (1894, p. 187-191), qui parle pour sa part d' « indécision » et d'« incertitude » (p. 189), relève que, dans les propositions qui expriment une comparaison, l'on a souvent le verbe à l'imparfait du subjonctif après une principale au passé (alors que nous emploierions le plus-que-parfait du subjonctif) : *Mais les Geans estoient aises comme s'ilz feussent de nopces.* (Rabelais, PA, 29, p. 319). L'emploi de l'imparfait du subjonctif se justifie cependant par le fait qu'il marque la coexistence (ce qui est ici le cas) ou la postériorité, par rapport à l'action de la principale (tandis que le plus-que-parfait marquerait l'antériorité), selon un système hérité de l'ancien français (P. Ménard, 1988, § 157 b, p. 156). Le passage de l'indicatif (dans la principale) au subjonctif (dans la subordonnée) est amené par la virtualité qu'implique ici la comparative ainsi que par la construction syntaxique, puisque cette proposition est introduite par une conjonction et demeure sémantiquement incomplète en l'absence de la principale (voir exemple précédent).

10. Deux propositions coordonnées peuvent ne pas admettre la même construction : *Celle beaulté, qui embellit le Monde / ... / A imprimé en ma lumiere ronde / Non seulement ses lineamentz vifz : / Mais tellement tient mes espritz raviz, / ... / Que...* (Scève, *Délie*, 7, v. 1-7) ; *Voulant cacher le feu, que chascun voit. / Lequel je couvre, et celer ne le Puys.* (*ibid.*, 42, v. 9-10) ; *Car c'est un don de Dieu, / Qu'il peut reprendre, et t'en ostant la gloire / Mettre un malheur au lieu.* (Garnier, *Les Juifves*, v. 1802-1804).

11. La syntaxe de l'époque admet des enchâssements complexes, une première relative pouvant en régir une seconde : *Qui ses Prestres as mis au trenchant de l'épee, / Qui l'as dans le gosier des innocens trempee,* (Garnier, *Les Juifves*, v. 2147-2148) : le complément d'objet de la seconde proposition (*l'*) reprend un complément du nom de la première (*l'épée*). Les deux relatives ne sont pas mises sur le même plan par juxtaposition, la seconde dépendant en fait de la première par subordination au second degré.

12. En complément de cette étude, l'on pourra consulter les pages que les grammairiens de l'époque consacrent à la ponctuation, dans la mesure où ces chapitres, conclusifs de leur grammaire (Meigret, Ramus), nous renseignent sur la construction de la phrase au XVIe siècle : Meigret [1550], « Des points d'admiration, et interrogation : et de l'apostrophe. », ch. 1 p. 139 v°-141 v° et « Des points de soupir, de semipause, point final et parenthèse », ch. 1, p. 141 v°-144 r° ; Ramus, 1562, II, « Des formes de l'oraison. », p. 122-126 ; 1572, II, ch. 14, « des formes de l'oraison. », p. 206-210. Voir également : E. Dolet, « La punctuation de la langue francoyse » dans *La Maniere de bien traduire d'une langue en aultre*, [1540], p. 17-24.

Parmi les « points de ponctuation » viennent en premier lieu la virgule, la demi-pause et le point final.

La virgule (,), ou *incisum* en latin, est également appelée « point à queue » par les imprimeurs ou « soupir ». Meigret adopte cette dernière dénomination en s'inspirant des musiciens et Ramus suit son exemple en 1572. Ce « point » permet de « distinguer les dictions, et locutions l'une de l'aultre » (Dolet p. 20, et p. 20-21 pour les exemples) en intervenant dans plusieurs cas : tout d'abord pour séparer des mots simples de mêmes « espèces » (substantifs, adjectifs, verbes, adverbes ou participes) ; en second lieu pour distinguer des groupes de mots, comme substantif + adjectif (*Il est de grand courage, de prudence singuliere, et execution extreme.*), substantif + préposition (*il vit de raison, de justice, d'équité*), verbe + complément (« verbe régissant cas » - Dolet : *C'est chose louable de bien servir Dieu, secourir ses prochains, et n'offenser personne.*). En dernier lieu, la virgule délimite des « clauses », que Meigret définit ainsi : « j'appelle clause, un bâtiment de langage de nom, ou pronom, avec un verbe, soit que le sens soit parfait, ou non : comme, *les gens de bien seroient les plus malheureux de ce monde, s'il n'étoit point d'autre vie que cette ci après la mort* (p. 142 v°). Les grammairiens jugent utile de signaler explicitement que la virgule figure bien devant *et* / *ou,* en ne se mettant que devant le dernier s'il y en a plusieurs (*Sot, ou sage* ; *Soit ou par mer, ou par terre* – Dolet, p. 21).

Vient ensuite le comma (du nom grec et latin que retient Dolet, p. 21-22) ou demi-pause (Meigret), qui correspond au point-virgule en FM. Marqué le plus souvent par deux points (:), il s'emploie « en sentence suspendue, et non du tout finie. » (Dolet : *Il est bon de n'offenser personne : car il n'est nul petit ennemy : et chascun tasche de se venger, quand il est offensé.*).

Le « point final » (Dolet, Meigret), également appelé « point », « point rond » (*id.*) ou encore « pause » (Ramus), mais aussi *colon* en grec et *punctum* en latin, « faict pause à la fin du discours » (Meigret, p. 142 v°) et s'utilise uniquement « à la fin de la sentence », en étant suivi d'une majuscule (Dolet, p. 21).

S'y ajoutent la parenthèse, qui permet d'insérer un propos, en soi parfait, dans la phrase sans l'altérer (celle-ci demeurant compréhensible si l'on ôte le propos entre parenthèses) ; le « point interrogant [*sic*] » (Dolet) ou « d'interrogation » (Meigret) et le « point admiratif » (Dolet, Meigret – c'est-à-dire qui traduit l'étonnement ou l'exclamation, laquelle est une marque d'étonnement), dont Dolet précise qu'il peut procéder de la joie comme de la répulsion ou encore exprimer le souhait et le désir : « Brief : il peult estre par tout, où il y a interjection. » (p. 23).

> Meigret (p. 139 v°-140 r°) ajoute que le point d'admiration élève la prononciation sur le commencement de la « clause » (*O l'homme de bien !*), tandis que le point d'interrogation l'élève sur la fin (*Quel homme êtes-vous ?*).
>
> Dolet remarque, pour sa part, que les points « interrogant » et « admiratif » peuvent intervenir à la fin de la période, mais également en son sein (voir l'exemple un peu plus bas).

Cette présentation est compliquée par la multiplicité des noms et des signes utilisés.

> Pour chaque « point de ponctuation », les grammairiens indiquent leur terminologie, mais aussi celle des Grecs, des Latins, voire des imprimeurs, avec parfois des conflits patents, comme ici chez Dolet, qui s'écarte délibérément des Anciens : « Si en cest endroict quelcque maling detracteur veult dire, que j'entends mal ce, que les Grecs appellent comma, et colon : je luy responds, que combien que les Grecs ayent appellé comma, ce que j'appelle ung poinct à queue : & que dudict comma je marque ung colon : & que je constitue ung colon pour fin de sentence, certainement je n'erre en rien. Car les Latins interpretent comma pour incisum : & si les Grecs le prennent pour incision de locution, je le veulx prendre pour incision de sentence, c'est assavoir pour sentence moyenne, & suspendue : & le colon pour sentence finale du periode. Je dy cecy, pour obvier aux maldisants, & calumniateurs. » (p. 18-19).
>
> Quant à Ramus, il conçoit un système régi non pas par trois, mais par quatre signes principaux : la virgule, l'incise, le membre et la période, qu'il renomme, en 1572, soupir, demi-pause, pause et période. La demi-pause (ou incise) se marque par le point moyen (·) et sépare des « sentence[s] imparfaite[s] » ; la pause (ou membre), indiquée par un point haut (˙) intervient entre des « sentence[s] parfaite[s] » jointes l'une à l'autre et la période, notée par le point bas (.) est « une distinction de sentence du tout absolue » (p. 206-207).

La même complexité règne sur la terminologie employée pour désigner la structure du discours dont l'usage des points de ponctuation est étroitement tributaire. Les grammairiens consultés ne parlent ni de phrase ni de proposition, mais de période, de clause, de membre et de sentence. C'est pourquoi la ponctuation, au XVIe siècle, obéit à la logique de la prose oratoire et non à l'analyse syntaxique au sens où nous la concevons.

La sentence désigne le « sens », lequel peut être « parfait » ou au contraire « en suspens ». Cette notion est importante pour comprendre l'organisation de la période et de ses articulations internes.

La période ou clausule correspond à la phrase. Dolet en donne la définition suivante : « Periode est une diction Grecque, que les Latins appellent clausula, ou compræhensio verborum : c'est-à-dire une clausule, ou une compréhension de parolles. Ce periode (ou aultrement clausule) est distingué, & divisé par les poincts dessusdicts [les points de ponctuation présentés]. » (p. 19).

Cette période peut être divisée en plusieurs membres ; pas plus de deux ou trois toutefois, selon Dolet (*ibid.*), sous peine d'excéder « l'alaine [haleine] de l'homme » (le souci est donc bien oratoire). Ces membres correspondent à une articulation oratoire interne et sont séparés par une ponctuation moyenne (le comma). Dolet juge (p. 18) qu'en terme d'efficacité, il y a peu de différence entre colon (le point rond) et comma, sinon que ce dernier laisse le sens « en partie suspens », tandis que le premier « conclud la sentence », ce qui fait « que le colon peult comprendre plusieurs comma » et non l'inverse. Afin d'illustrer l'usage des différents points de ponctuation, Dolet donne (p. 20) l'exemple suivant : *L'empereur congnoissant, que paix valoit mieulx, que guerre, a faict appoinctement avec le Roy : et pour plus confirmer ceste amytié, allant en Flandre il a passé (chose non esperée) par le Royaulme de France : ou il a esté repceu en grand honneur, et extreme joye du peuple. Car qui ne se resjouyroit d'ung tel accord ? qui ne loueroit dieu de veoir guerre assopie [assoupie], et paix regner entre les Chrestiens ? O que long temps avons desiré ce bien ! ô que bien heureux soient, qui ont traicté cest accord ! que mauldicts soient, qui tascheront de le rompre !* Nous avons ici trois périodes (phrases) contenant chacune deux ou trois « membres », lesquels correspondent non pas à des articulations syntaxiques (propositions), mais oratoires (mouvements), marquées soit par un comma, soit par un point « interrogant » ou admiratif interne. Les deux dernières périodes attestent bien le double emploi possible du point « interrogant » et du point admiratif qui interviennent aussi bien en milieu (quand la sentence est en suspens) qu'en fin de phrase (quand la sentence est parfaite et totalement achevée). A l'intérieur des membres de la période, la virgule vient séparer les syntagmes coordonnés ou subordonnés.

Nous avons donc un système oratoire à trois étages : la période dans sa totalité est délimitée par le point final (ponctuation forte) ; elle est subdivisée en deux ou trois membres, distingués par le comma (ponctuation moyenne), à l'intérieur desquels les articulations sont marquées par la virgule ; ces articulations recouvrant aussi bien des syntagmes de même nature, que des propositions (ne pouvant constituer un membre au sens parfait).

Bien qu'ambiguë, la terminologie de Meigret maintient cette distinction tripartite fondamentale à la logique oratoire de la phrase renaissante.

L'ambiguïté tient à ce qu'il préfère au terme « période » (qu'il n'emploie pas) celui de « clause », dont il donne deux définitions différentes : « J'appelle une clause, ou plusieurs ensemble membre [*sic*] d'un propos quand à part soi elle a quelque sentence en soi parfaite, quoi qu'elle semble être prémisse de quelque autre » (p. 142 r°). Par exemple *tous animaux ont âme sensitive* est une clause dont la sentence (sens) est en soi parfaite tout en pouvant admettre une suite « mais pour autant qu'elle semble requérir quelque discours, nous la tiendrons pour membre de quelque conséquence », comme *tous animaux ont âme sensitive : le ver de terre est animal : il a donc âme sensitive.* Meigret donne ici un discours composé de trois « membres », dont il précise qu'ils ne peuvent être séparés par un soupir, qui n'est pas convenable dans cette fonction, mais par une semi-pause (:). La « clause » désigne donc ici ce que nous appellerions une proposition indépendante, qui se suffit à elle-même pour faire sens (elle constitue donc un membre), mais qui s'articule ici avec d'autres clauses dans la logique de la période.

Meigret donne toutefois une seconde définition une page plus loin : « j'appelle clause, un bâtiment de langage de nom, ou pronom, avec un verbe, soit que le sens soit parfait, ou non : comme, *les gens de bien seroient les plus malheureux de ce monde, s'il n'étoit point d'autre vie que cette ci après la mort.* » (p. 142 v°). Il s'agit cette fois d'illustrer l'emploi du soupir (la virgule) qu'il excluait de l'exemple précédent. La clause désigne alors une articulation interne à un membre, au sens imparfait (mais contenant un verbe et donc constituant toujours une proposition au sens où nous l'entendons, principale ou subordonnée cette fois, et non plus indépendante). L'ambiguïté de cette terminologie est que la clause peut donc recouvrir aussi bien un membre entier au sens parfait (première définition et premier exemple) que sa subdivision au sens en suspens (seconde définition et second exemple). Et c'est d'autant moins clair que Dolet rappelle que les Latins appellent quant à eux « clausule » la période entière.

Si la terminologie est donc ici obscure, la démarche n'en reste pas moins cohérente, l'analyse reposant toujours sur une logique oratoire et rhétorique : les syntagmes dont le sens est inachevé sont détachés par la virgule (Dolet parle de « diction » et de « locution ») ; ceux dont le sens est parfait (les membres), mais qui sont complétés par d'autres (également parfaits), sont distingués par le comma (Dolet parle de « sentence moyenne » et « en suspens ») et l'ensemble (la période) qui possède un sens englobant et parfait s'achève par un point (Dolet parle de « sentence finale »).

Ramus semble sensible à ce double sens de la « clause » chez Meigret, car le système quadripartite qu'il adopte permet de s'y adapter, comme le montre l'exemple qu'il propose. En raison de la difficulté à distinguer visuellement, pour le lecteur moderne, les points bas, moyen et haut, nous indiquons par un chiffre le signe employé, dans l'ordre de la liste de Ramus : 1 pour le soupir (notre virgule) ; 2 pour la demi-pause marquée par le point moyen ; 3 pour la pause marquée par le point haut (et correspondant en FM au point-virgule) et 4 pour le point bas (le point final) : *Aucuns philosophes de grande autorité, (1) séparent par pensée sévèrement et vertueusement ces trois espèces étant en elles unies et confuses. (4) Car ils estiment être profitable tout ce· (2) qui est juste· (3) Aussi jugent ils être juste tout ce· (2) qui est honnête· (3) Dont il faut conclure· (2) que tout ce· (2) qui est honnête· (2) que cela même soit utile. (4)*

Ce système introduit une distinction supplémentaire entre la virgule (correspondant chez Ramus au signe n° 1) et le comma (correspondant au signe n° 3). Ce signe supplémentaire (n° 2), est d'abord appelé « incise » en 1562, ce qui le rapproche de la virgule (*incisum* en latin), avant d'être renommé « demi-pause » en 1572, ce qui le rapproche cette fois du comma (que Meigret appelle d'ailleurs « demi-pause », mais que Ramus rebaptise « pause » du fait de l'introduction de ce signe intermédiaire qui s'arroge, chez lui, le nom de « demi-pause »). Ce rapprochement est confirmé par le système de signes adopté (les signes n° 2 et 3 étant tous deux notés par un point, respectivement moyen et haut).

Or, si l'on considère l'exemple fourni, l'on constate que la demi-pause (point moyen n° 2) sépare les clauses au sens 2 de Meigret (c'est-à-dire des membres imparfaits ne pouvant faire sens seuls) et que la pause (point haut n° 3) distingue les clauses au sens 1 de Meigret (c'est-à-dire les membres au sens parfait, correspondant à nos propositions indépendantes ; Ramus appelle d'ailleurs ce signe « membre » en 1562), tandis que la virgule (n° 1) est réservée aux groupes de mots non verbaux.

En 1572 (p. 207), Ramus précise que les points moyen et haut sont parfois remplacés par « , : » [dans les faits, les éditions présentent plus souvent « : », rarement « ; »], ce qu'il ne juge guère différent. Il y a là pourtant une distinction de taille, en ce que cela supprime la distinction entre syntagmes verbaux au sens imparfait (nos propositions principales et subordonnées) et syntagmes verbaux au sens parfait (pouvant inclure plusieurs propositions dont l'ensemble possède un sens parfait, mais pouvant être complété et prolongé au sein de la même période et donc constituant un « membre »).

Dans les faits toutefois, Ramus s'en tient à une ponctuation identique à celle de Dolet (voir exemples *supra* pour Dolet) et de Meigret, comme en témoignent ces lignes conclusives de sa grammaire que nous citons à titre d'exemple : *Je prie Dieu (mon trescher précepteur) qu'il m'en fasse la grâce, Je me sens obligé à jamais envers vous, d'une tant amiable et libérale instruction : Voire j'espère bien de cette même libéralité une largesse beaucoup plus ample : C'est que la Grammaire sera le premier des arts libéraux par vous donné à notre France, mais qu'elle ne sera point longtemps seulette, qu'elle n'attire à soi ses autres compagnes.* (1572, II, ch. 14, p. 210, fin). Et chez Meigret : *Voilà donc les considérations que j'ai pu trouver des parties nécessaires au bâtiment de notre langage : lesquelles j'ai dressé suivant l'expérience que j'ai de notre langage et de son usage, à l'imitation de l'ordre que tient Priscian en la Latine.* (p. 144 r°). Nous y reconnaissons le point rond en fin de période ; le comma (:) entre membres au sens parfait constitutifs de la période (pas plus de deux ou trois ici) et la virgule à l'intérieur des membres. Ce système, relativement uniformisé ici, présente néanmoins certaines fluctuations, comme la présence ou absence (selon les auteurs) d'une majuscule après le comma ou bien l'emploi de la virgule à l'intérieur des membres, qui n'est pas systématique devant chaque clause interne par exemple, mais semble plutôt obéir à des raisons rythmiques (le souffle de l'orateur), avec la même marge d'hésitation et de libre interprétation qu'en FM.

Si le discours, scandé par les points de ponctuation, obéit donc à une logique oratoire héritée du latin, la grammaire n'ignore pas pour autant la syntaxe, qui désigne l'ordonnance générale du propos.

Meigret attire l'attention sur son importance en choisissant de terminer sa grammaire par ce dernier point : « Voilà donc quant à ce qui concerne les matières nécessaires pour dresser un bon bâtiment de langage. Il ne reste plus que la partie que les Grecs ont appellé *Syntaxis*, et les Latins *constructio*, que nous pouvons appeler bâtiment ou construction, ou ordonnance bonne de paroles. » (142 v°) Il convient de savoir bien ordonner le discours, c'est-à-dire d'y mettre chaque terme à sa place. Cette remarque n'est pas innocente et vise explicitement (p. 143 r°) ceux qui sont « si friands de suivre le style Latin, et d'abandonner le nôtre, que combien que leurs paroles soient naivement Françoises, la mauvaise ordonnance rend toutefois le sens obscur. » Meigret pointe plusieurs différences entre l'ordonnance de la phrase latine et celle de la phrase française, les Latins plaçant souvent en début de discours ce que les Français placent à la fin ou encore antéposant (« préposant ») communément le complément (le « sousposé ») du verbe pour postposer le sujet (le « surposé ») : *Gallos vicit Cæsar* / *César a vaincu les Gaulois*. Meigret défend la logique de la syntaxe française qui place en premier l'« agent », devant « l'action » et « la passion » (ici le patient). A l'inverse du latin également, le français place le plus souvent l'effet avant la cause, laquelle, certes, a précédé l'effet, mais c'est toutefois celui-ci qui a d'abord été perceptible à l'homme qui en a ensuite recherché les causes. Encore une fois donc, l'ordonnance de la syntaxe (du bâtiment) français est donc logique et supérieure au latin. Sans blâmer donc le latin, il convient de ne pas s'y asservir.

Inspiré par son exemple, Ramus concevra une grammaire en deux parties, étymologie puis syntaxe, laquelle « enseigne le bâtiment des mots entre eux par leurs propriétés » (1572, II, ch. 1, p. 125), n'hésitant pas à pointer au besoin les lacunes de l'ordre latin : « Tout cela est commun avec les Grecs et Latins excepté l'ordre, qui est bien souvent par eux corrompu en transposant les mots çà et là, à cause du nombre rhétoricien [c'est-à-dire des exigences du nombre oratoire, le latin étant une langue nombrée, avec des syllabes longues et des syllabes brèves]. » (1572, II, ch. 2, « de la convenance des articles », p. 128-129).

Si donc Meigret conclut sa grammaire en rappelant qu'il a suivi Priscien (p. 144 r°), si Ramus ouvre son dernier chapitre, consacré à la ponctuation, en rapprochant le français du latin (« Il ne reste plus à dire que des formes de l'oraison. Ce reste est aussi du tout semblable au Latin, » - 1572, II, ch. 14 « des formes de l'oraison », p. 206) et si Dolet rappelle la terminologie grecque et latine relative à la ponctuation, tous trois n'en exaltent pas moins, à travers leur étude grammaticale, le génie et la spécificité de la langue française. En conclusion de sa grammaire, à la fin du chapitre consacré à la ponctuation, Ramus exhorte ainsi les « bons et savants esprits Français » à « orner et embellir leur patrie », en faisant de la Grammaire le « premier des arts libéraux » (*ibid.* p. 209-210.)

INDEX GRAMMATICAL

TABLE DES MATIÈRES

Pour chaque chapitre, nous détaillons en petits caractères son contenu, en précisant la numérotation des paragraphes.

Achevé d'imprimer par Corlet Numérique - 14110 Condé-sur-Noireau
N° d'Imprimeur : 65436 - Dépôt légal : décembre 2009 - *Imprimé en France*